Elogios feitos ao livro *Cloud FinOps*

Segurança é a tarefa 0, e FinOps é a tarefa 0.5. Assim como a segurança é tarefa de todos, o mesmo ocorre com FinOps. A segunda edição do livro Cloud FinOps fornece uma receita para o sucesso de FinOps.

– Marit Hughes, Deloitte

FinOps reúne negócios, finanças e engenharia para conduzir uma cultura de transparência e responsabilidade no gerenciamento de gastos com a nuvem. O Google Cloud e a Finops Foundation estão trabalhando juntos para introduzir padrões de cobrança abertos a fim de gerar mais transparência e aumentar o valor dos negócios na nuvem. Este livro resume esses esforços colaborativos.

– Mich Razon, Vice-Presidente e Gerente Geral,
Líder de Plataformas Comerciais no Google Cloud

Otimizar custos é crítico para o sucesso das migrações para a nuvem e para a mudança para modelos baseados no consumo. A otimização de custos da nuvem deveria ser uma área de foco prioritária para as empresas. O livro sobre FinOps define um roteiro para a condução da mudança cultural que é necessária entre as áreas de tecnologia, finanças e operações de uma empresa funcionando em grande escala na nuvem.

– Fred Delombaerde, Vice-Presidente de Atividades Comerciais Básicas
na Microsoft

Atualmente, o gerenciamento de custos de nuvem pública transcende qualquer fornecedor individual. Grandes empresas precisam normalizar e combinar vários custos de fornecedor e dados de uso em uma abordagem única, para permitir a tomada de decisões com base em dados pelas áreas de engenharia, negócios e finanças. É essencial que a FinOps Foundation continue a trabalhar no framework de FinOps e a facilitar a criação de um padrão aberto que os fornecedores possam usar para apresentar consistentemente seu custo e dados de uso, viabilizando o trabalho dos profissionais de FinOps.

– Udam Dewaraja, Líder de Gerenciamento Financeiro da Nuvem no Citi

Qualquer empresa que esteja tentando otimizar os custos da nuvem deve, em primeiro lugar, consultar o livro *Cloud FinOps* e, em segundo lugar, voltar-se para os materiais e a comunidade da FinOps Foundation. Juntos, esses recursos têm ajudado a definir uma base bem-sucedida para a prática de FinOps da Target Corporation. Tiramos proveito dos domínios e capacidades de FinOps para construir ferramentas para líderes e engenheiros. Com os sete novos capítulos inseridos na segunda edição de Cloud FinOps, que incluem conceitos essenciais como fornecer "Dados para a rotina do engenheiro" e beneficiar-se da "UI de FinOps", vamos amadurecer a prática e a adoção de FinOps para nossa utilização de nuvem pública e privada.

– Kim Wier, Diretora de Engenharia, Target Corporation

Pode ser difícil alguns executivos comprarem a ideia de FinOps conhecendo apenas a teoria. Há mais chances de os líderes apoiarem algo que já tenha demonstrado sucesso comprovado e quantificado. Prove o valor e você conseguirá o apoio que procura. Os novos capítulos do livro sobre FinOps, como "UI de FinOps" e "Adoção de FinOps", fornecem insights inestimáveis sobre como conduzir ações de engenharia para ter eficiência nos custos e ganhar apoio do nível executivo.

– Jason Rhoades, Intuit

A adoção de FinOps requer apoio tanto no nível executivo quanto no básico. Esta edição do guia definitivo de FinOps apresenta fundamentos de como criar uma parceria com as equipes de engenharia, como prever os gastos com precisão, como usar dados de outros frameworks para influenciar as decisões e como, em última análise, as mudanças culturais superam a duração de cargos.

– Beth Marki, Diretora Executiva de Gerenciamento Financeiro da Nuvem na JPMorgan Chase

FinOps surgiu como um novo modelo de definição de como as equipes financeira e técnica firmarão parcerias no futuro. O livro *Cloud FinOps* fornece um roteiro para essas áreas tentando melhorar a maneira como elas gerenciam e otimizam custos da nuvem, sem retardar as equipes técnicas e as inovações. Essa é uma leitura obrigatória para as equipes tanto financeiras quanto técnicas, que as ajudará a entender seu papel no mundo do gerenciamento financeiro da nuvem.

– Keith Jarrett, Líder de Gerenciamento Financeiro da Nuvem

Cloud FinOps

Tomada de decisões colaborativas em tempo real sobre o valor da nuvem

2ª Edição

J.R. Storment • Mike Fuller

O'REILLY®
Novatec

Editor: Rubens Prates
Tradução Aldir Coelho Corrêa da Silva
Revisão: Claudia Seffrin e Rodolfo dos Santos Silva
Revisão gramatical: Lia Gabriele Regius

ISBN impresso: : 978-85-7522-897-5

ISBN ebook: 978-85-7522-898-2

Histórico de impressões:

Abril/2024 Primeira edição

Novatec Editora Ltda.
Rua Luís Antônio dos Santos 110
02460-000 – São Paulo, SP – Brasil
Tel.: +55 11 2959-6529
Email: *novatec@novatec.com.br*
Site: *https://novatec.com.br*
Twitter: *twitter.com/novateceditora*
Facebook: *facebook.com/novatec*
LinkedIn: *linkedin.com/in/novatec*
GRA20240416

Para nossas famílias

Para Jessica e Oliver, que comigo formam o Triângulo, por também serem pacientes e prestativos nessa segunda edição. E para Wiley, cuja presença sentimos todo dia.
— J.R.

Lesley, Harrison e Claire, sem seu amor e apoio não seria possível escrever este livro.
— Mike

Sumário

Prefácio à edição em português

Agradecimentos

Primeiramente, agradecemos ao Rodolfo Silva por traduzir este prefácio para a edição em português.

Nosso muito obrigado à equipe da Novatec (Ana Carolina Prates e Rubens Prates) por trabalhar conosco na tradução e publicação do livro em português. Obrigado ao tradutor Aldir Coelho, que trabalhou diligentemente para traduzir todas as mais de 400 páginas desta segunda edição.

Nosso obrigado aos revisores técnicos, Claudia Seffrin e Rodolfo Silva, que garantiram que a mensagem de FinOps fosse mantida durante todo o processo de tradução.

Gostaríamos de agradecer a todos os membros da FinOps Foundation no Brasil, em Portugal e em outros países de língua portuguesa.

Agradecemos também aos organizadores dos meetups de São Paulo: Claudia Seffrin, Rodolfo Silva, Marcelo Scharan, Thiago Gil e André Fortes, bem como aos voluntários Camila Amaral, Felipe Campos, Fernanda Agapito, Gustavo Tortoza, Janaína Bogea, Mariana Pavesi e Vanessa Lovato, entre outros.

Prefácio

Por que uma edição em português deste livro? J.R. visitou São Paulo no final de 2023 e encontrou no Brasil uma comunidade vibrante de profissionais fazendo o trabalho de FinOps. Ele vivenciou o entusiasmo, a paixão e a maturidade de FinOps na região. Durante essa visita, J.R. conheceu pessoas de todos os setores, como bancos, varejistas e consultorias, e teve ciência de que todos estavam desenvolvendo práticas de FinOps, enfrentando desafios semelhantes aos das organizações de outras regiões.

Em razão disso, nós, como autores, pedimos à Novatec que tornasse esta tradução uma realidade. Sentimos que era importante oferecer uma edição em português devido à enorme concentração de esforços e comunidades de FinOps no Brasil e em outros países. E por estar em seu idioma nativo, esperamos que esta edição do livro diminua a barreira de entrada para aprender FinOps e também facilite compartilhar a mensagem com outras pessoas em suas organizações.

No início de 2024, São Paulo tinha mais praticantes individuais de FinOps do que qualquer outra cidade do mundo, e o Brasil, de modo geral, era o quarto em número de praticantes de FinOps no mundo, de acordo com dados da FinOps Foundation.

Independentemente de onde você mora, nós o convidamos a fazer parte dessa comunidade que fala português, esteja você em Angola, no Brasil, em Cabo Verde, Timor Leste, Guiné Bissau, Macau, Moçambique, Portugal, São Tomé e Príncipe ou qualquer outro país do mundo.

Sobre a FinOps Foundation

A FinOps Foundation, junto a seus membros voluntários, organiza encontros presenciais em várias cidades do mundo, além de trabalhar com os principais provedores de nuvem para reunir os interessados no tema FinOps (*events.finops.org*). Organiza também eventos virtuais regulares e oferece um espaço no Slack para que os membros mantenham contato e compartilhem práticas recomendadas (*finops.org/join/*). Mais informações sobre associação e eventos perto de você estão no site da FinOps Foundation (*finops.org*).

Com base no conteúdo deste livro, a FinOps Foundation oferece programas de treinamento e certificação (*learn.finops.org*) que podem reforçar seu aprendizado e demonstrar seu conhecimento. Há um programa de bolsas de estudo para aqueles que não podem pagar pelo treinamento. Somente em 2023, a FinOps Foundation concedeu mais de US$650 mil a centenas de pessoas, e a partir dessa experiência vimos histórias de sucesso de indivíduos que aprenderam FinOps, obtiveram a certificação FinOps e, em seguida, construíram suas carreiras. Para mais informações, acesse *https://learn.finops.org/page/finops-foundation-scholarship-program*.

Elogios da comunidade brasileira

FinOps é uma disciplina e prática cultural fundamental para a obtenção de valor com o uso da nuvem. Ela permite que as empresas otimizem seus gastos, gerenciem os custos de maneira eficiente e tomem decisões baseadas em informações. O livro *Cloud FinOps* traz uma excelente oportunidade de reflexão de como avançar com maturidade e estruturar uma mudança cultural com o engajamento das diferentes áreas para garantir que cada investimento na nuvem seja estratégico e contribua para o sucesso empresarial.

— *Andre Serafim, Estrategista de Tecnologia na Microsoft*

O livro *Cloud FinOps* vem como um guia para organizações que buscam aplicar práticas maduras de gerenciamento dos recursos na nuvem, visando o aumento da eficiência, agilidade e retorno de valor para o negócio. Essa leitura é essencial tanto para equipes financeiras quanto técnicas e de negócios, estimulando a sinergia entre todas as partes envolvidas e maximizando os benefícios da nuvem.

— *Marcelo Lucchesi, Lider de Cloud Economics na AWS*

Prefácio

Querido leitor,

Somos J.R. e Mike, coautores do livro que você está lendo. Começamos o projeto da segunda edição no início de 2022. Quando escrevemos a primeira edição deste livro em 2019, o mundo era um lugar diferente. A COVID tinha acelerado muito a migração para a nuvem, invalidando todas as estimativas anteriores de crescimento de gastos nesse ambiente. Depois de começarmos a escrever essa edição, uma desaceleração econômica global forçou as empresas — incluindo os principais fornecedores de serviços de nuvem — a elevarem a importância da eficiência dos gastos com a nuvem a discussões no nível da diretoria. O CFO da Amazon prometeu ajudar os clientes a diminuírem suas cobranças de serviços de nuvem, e o CEO da Microsoft deu indicações de que sua prioridade máxima era ajudar os clientes a obterem mais recursos com menos custo.

O mundo de cabeça para baixo

FinOps como conceito passou de um termo obscuro a uma necessidade empresarial. Em conferências antes de 2020, ouvíamos com frequência "O que é esse tal de FinOps?". Em 2023 foi previsto (*https://oreil.ly/uoyks*) que 80% das empresas que usam serviços de nuvem criarão um cargo dedicado a FinOps. A FinOps Foundation passou de um grão de areia para uma força global com quase 10.000 praticantes da profissão representando cada um dos principais setores empresariais e a maioria das empresas que faz parte dos índices Fortune 500, FTSE 100 e ASX 250. FinOps deixou de ser um termo periférico e passou a receber 10 vezes mais buscas e menções de analistas do que o termo alternativo "gerenciamento financeiro da nuvem" usado por nuvens grandes, como a da Amazon Web Services.

O modelo de pagamento por utilização (pay-as-you-go) — também conhecido como *modelo de gasto variável* — permite que os engenheiros ganhem acesso veloz à infraestrutura para que possam inovar rapidamente. As histórias que ouvimos continuam sendo: as equipes de engenharia ainda consomem recursos na nuvem sem priorização suficiente da eficiência nos gastos. As áreas financeiras tentam conhecer e acompanhar o que as equipes estão gastando e alocar apropriadamente investimentos na nuvem. Os líderes ainda não sabem que métodos usar para implementar uma transformação com FinOps e ter uma orientação maior para o investimento em custos da nuvem.

O problema se tornou ainda mais complexo nos três últimos anos. Os fornecedores de serviços de nuvem adicionaram centenas de milhares de SKUs (stock-keeping units, ou unidades de manutenção de estoque) de produtos, criados como consequência de milhares de recursos novos. Nos meses anteriores à publicação desta edição, o Google Cloud e a Azure estavam oferecendo maneiras totalmente novas de fazer acordos de desconto na forma dos Azure Savings Plans (Planos de Economia da Azure) e dos Flexible CUDs (Flexible Committed Use Discounts, ou Descontos Flexíveis por Compromisso de Uso) do Google, mudando o jogo mais uma vez.

Durante a última década de nossas respectivas carreiras, ouvimos uma reclamação constante tanto de profissionais da área quanto de executivos: há falta de orientações e informações disponíveis sobre o valor da nuvem. Mike a ouviu quando gerenciou a otimização do custo da nuvem para implantações massivas em nuvem da Atlassian. J.R. ouviu enquanto dava orientações para os maiores pagadores mundiais de serviços de nuvem, como cofundador da plataforma de gerenciamento de gastos de nuvem da Cloudability (adquirida pela Apptio em 2019), de 2011 a 2020, e posteriormente na função de diretor executivo da FinOps Foundation, como funcionário da Linux Foundation.

Devido a essa demanda por um recurso a partir do qual todos pudéssemos aprender, além da necessidade de alguém definir formalmente FinOps, unimos esforços no início de 2019 com 26 profissionais especialistas do setor para criar a FinOps Foundation.

A comunidade da FinOps Foundation, que agora tem quase 10.000 profissionais, forneceu a maioria das práticas recomendadas que abordaremos neste livro. Os exemplos contidos aqui vêm de sua experiência arduamente adquirida e de histórias de luta compartilhadas nos diversos fóruns da comunidade. Também incluímos frases deles para ajudar a conectar o conteúdo com pensamentos e opiniões da vida real sobre FinOps.

Quem deve ler este livro

Qualquer pessoa que trabalhe com engenharia, finanças, compras, gerentes de produto ou liderança em uma empresa que atue — ou queira atuar — na nuvem pública tirará proveito do livro. Quando a empresa sabe quais personas devem ser envolvidas em FinOps, ela pode mapeá-las para as equipes relevantes da estrutura organizacional.

Os *engenheiros* não costumam pensar em custos como preocupação diária. Na era pré-nuvem, eles se preocupavam principalmente com o desempenho relacionado ao hardware. Limitados pela área de compras e sem poder adquirir mais servidores quando precisavam deles, tiveram que planejar com antecedência. Eles precisavam considerar o custo de suas opções de infraestrutura e de seu impacto na empresa. Inicialmente, isso pode parecer estranho e em discordância com o foco primário de entregar melhorias em produtos e serviços. Com o tempo, entretanto, eles adicionaram o custo como outra métrica de eficiência a partir da qual podem fazer ajustes para afetar positivamente o negócio.

> *Muitos engenheiros resolvem problemas com hardware. FinOps requer que eles considerem o custo e as margens.*
>
> – John Stuart, VP, DevOps, Segurança e TI na Jobvite

Tradicionalmente, as áreas de *finanças* se concentravam na criação de relatórios retroativos de periodicidade mensal ou trimestral, baseados em orçamentos que rapidamente ficavam desatualizados. Atualmente a área evoluiu para ajudar a permitir que a empresa avance continuamente e para criar parcerias proativas com as equipes técnicas e de engenharia a fim de prever gastos, com base nas ações dos engenheiros (que não estão acostumados a pensar em custos). Em outras palavras, elas estão mudando da criação de relatórios opacos e fixos de CapEx (capital expenditure, ou despesas de capital) para previsões transparentes e fluidas de OpEx (operational expenditure, ou despesas operacionais). Como parte dessa nova função, as equipes financeiras se tornaram parceiras de equipes de engenharia que sabem quais são os impulsionadores de gastos na nuvem entre milhares de SKUs. Basicamente elas estão ajudando a reinventar como deve ser executada a função financeira, repensando ao mesmo tempo como relatar gastos com tecnologia para executivos e investidores.

As *equipes de compras* estão acostumadas a gastos rigidamente controlados, a negociações cuidadosas de taxas e a usar o poder das ordens de compra antes de os fornecedores serem pagos. Atualmente essas equipes se tornaram matrizes estratégicas de abastecimento (strategic sourcing). Elas inserem todos os gastos não previstos em um contrato empresarial com o provedor de serviços de nuvem a fim de obter as melhores taxas para os recursos que os engenheiros já estão usando para agregar valor para a empresa.

> *Não vencemos cortando centavos do provedor de nuvem. Vencemos entregando recursos para nossos clientes.*
>
> – Alex Landis, Autodesk

Os *gerentes de produto*, responsáveis pelo preço e margens de seus produtos, se esforçavam no mundo pré-nuvem para entender todos os custos associados ao atendimento de um cliente ou à operacionalização de uma oferta comercial. A nuvem permite que eles tenham todas as informações, ou grande parte delas, sobre o custo da entrega de valor digital, que conheçam o impacto de novos recursos sobre o custo e que identifiquem como os casos de uso dos clientes geram variabilidade no custo de uma aplicação. Isso possibilita que as equipes de produto colaborem com mais eficiência com as equipes de engenharia que os desenvolvem, para prever a receita e a margem com mais eficácia e atender à demanda dos clientes de maneira muito mais eficiente.

A *liderança*, os executivos do nível C, os VPs, os diretores ou os líderes de tecnologia que gerenciam os orçamentos de uma equipe costumavam perder o controle direto das decisões sobre gastos na nuvem e agora dependem de suas equipes para operar dentro dos limites orçamentários. Os executivos técnicos deixaram de planejar grandes compras com muita antecedência. Em vez disso, eles se concentram mais em como prever e gerenciar os gastos que já estão ocorrendo. A abordagem mudou de assegurar serviços que tenham capacidade para garantir que seja gasta a quantia certa para a realização da tarefa. Eles querem mais controle sobre quanto é gasto e mais poder para influenciar estrategicamente onde será aplicada a despesa.

Este livro tentará eliminar as barreiras existentes entre essas *personas* apresentando um vocabulário comum e um conjunto de práticas recomendadas a serem seguidas.

Sobre o livro

Nos próximos capítulos, definiremos formalmente FinOps. A definição que criamos foi formulada pelas equipes mundiais mais experientes de gerenciamento financeiro da nuvem, que administram centenas de milhões de dólares (ou bilhões, em alguns casos) por ano em custos da nuvem. Ouvimos quais são suas práticas comuns para atingir o sucesso na nuvem, assim como algumas armadilhas que elas identificaram e resolveram. Mostraremos como é uma abordagem eficaz de FinOps e como começar a transformação em sua empresa.

Anteriormente, a única maneira de obter acesso a esse conhecimento seria assistindo a eventos públicos nos quais esses especialistas apresentassem suas ideias. Este livro e a FinOps Foundation (*https://www.finops.org*) mudaram isso com uma comunidade vibrante, recursos de treinamento detalhados e padronização de práticas recomendadas.

Depois que você ler o livro, recomendamos que se envolva com os diversos programas da FinOps Foundation como maneira de continuar aprimorando suas habilidades e sua carreira. A missão da fundação é promover avanços para qualquer pessoa que gerencie o valor da nuvem. A comunidade está aí para ajudá-lo. Esperamos que as estratégias, processos e histórias do mundo real contidos no livro inspirem todas as pessoas a controlar de maneira mais eficaz os custos da nuvem. E no decorrer do processo, podemos tornar nossas empresas, e nossas carreiras, mais competitivas.

O que você precisa saber antes de continuar a leitura

Quando este texto foi escrito, previmos que seria necessário que os leitores tivessem um nível de conhecimento básico pelo menos dos três principais provedores de nuvem pública (Amazon Web Services [AWS], Azure e Google Cloud Platform [GCP]). Os leitores devem entender como a nuvem funciona e cobra por recursos. Também devem estar familiarizados com os tipos de recursos básicos, como computação e armazenamento, e com as ofertas de serviço de nível mais alto, como os bancos de dados gerenciados, as filas, e o armazenamento de objetos.

Um bom ponto de partida para o nível de conhecimento requerido sobre a AWS é o treinamento AWS Business Professional ou, o que seria ainda melhor, a certificação AWS Cloud Practitioner. Os dois abordam os aspectos básicos da operação na AWS. Para o Google, verifique o curso GCP Cloud Digital Leader. Quanto ao Azure, tente a linha de aprendizado Azure Fundamentals. Geralmente esses dois recursos podem ser concluídos em um workshop de um único dia ou por meio de treinamento on-line.

Os leitores também devem entender os fundamentos de como a computação em nuvem funciona; conhecer os serviços essenciais de seu provedor de nuvem, incluindo seus casos de uso comuns; e ter um conhecimento básico de como a cobrança e a definição de preços funcionam no modelo de consumo por utilização.

Por exemplo: como usuário da AWS, você já precisa saber a diferença entre EC2 (Elastic Compute Cloud) e RDS (Relational Database Service). Deve saber que existem diferentes maneiras de pagar por esses recursos, como pelas modalidades On-Demand (Sob Demanda), RIs (Reserved Instances, ou Instâncias Reservadas), SPs (Savings Plans, ou Planos de Economia) e Spot. Não há problema se você não souber os detalhes de como as RIs ou os SPs funcionam ou como planejar uma estratégia para comprá-los — abordaremos isso — mas é preciso já ter conhecimento de que eles podem ser usados para reduzir gastos em recursos de computação.

FinOps está evoluindo

Nos últimos anos, houve uma evolução muito grande que gerou o que atualmente chamamos de FinOps — e a evolução continuará. Enquanto os provedores de serviços de nuvem oferecerem cada vez mais serviços e continuarem fornecendo diferentes maneiras de otimizar suas plataformas, a disciplina de FinOps se manterá em ritmo de adaptação. Recomendamos sempre confirmar os detalhes das ofertas do provedor de serviços de nuvem que examinaremos no decorrer deste livro. Se houver correções, opiniões alternativas ou críticas relativas a qualquer conteúdo encontrado no livro, queremos que os leitores entrem em contato conosco. Afinal, foi necessário que especialistas corajosos desafiassem a maneira como as coisas são feitas para que fossem geradas as boas práticas de FinOps que temos hoje.

Convenções usadas no livro

As convenções tipográficas a seguir foram usadas no livro:

Itálico

Indica novos termos, URLs, endereços de e-mail, nomes de arquivo e extensões de arquivo.

Este elemento representa uma dica ou sugestão.

Este elemento representa uma nota geral.

Este elemento indica um aviso ou cuidado.

Como entrar em contato conosco

Envie comentários e dúvidas sobre este livro para: *novatec@novatec.com.br*.

Temos uma página da web para este livro, na qual incluímos a lista de erratas, exemplos e qualquer outra informação adicional.

- Página da edição em português

  http://novatec.com.br/livros/cloud-finops-2ed

- Página da edição original, em inglês

  https://oreil.ly/cloud-finops-2e

Para obter mais informações sobre livros da Novatec, acesse nosso site em:

https://novatec.com.br

Agradecimentos

Em primeiro lugar, queremos agradecer às nossas famílias (Lesley, Jessica, Harrison, Oliver e Claire), que sacrificaram tantas noites e fins de semana para permitir que escrevêssemos este livro, tanto na primeira vez quanto novamente na segunda edição, e que passaram por maus momentos porque só falávamos em FinOps: obrigado.

Obrigado à equipe da O'Reilly (Corbin Collins, John Devins, Kate Galloway, Kristen Brown e Sara Hunter): sem seus esforços este livro nunca teria sido escrito.

Agradecemos a Rob Martin, que releu, comentou e propôs alterações mais criteriosas (e geralmente extensas!) do que poderíamos imaginar.

Obrigado às equipes da Amazon Web Services, Google Cloud e Microsoft Azure por seu feedback e revisões contínuas.

Precisamos agradecer aos revisores técnicos, Jason Rhoades e Joshua Bauman, que intervieram rapidamente a fim de cooperar com uma complicada teia de comentários, revisões e sugestões no esboço da versão quase terminada.

Gostaríamos de agradecer a todos os membros da FinOps Foundation. Desde o início da FinOps Foundation, ficamos atônitos com o número de empresas e profissionais que estavam se cadastrando e com o empenho dos membros fundadores em ajudar a formalizar o que é FinOps.

Obrigado à equipe da FinOps Foundation: Andrew Nhem, Ashley Hromatko, Ben de Mora, Joe Daly, Kevin Emamy, Kyle McLaughlin, Natalie Bergman, Rob Martin, Rodolfo dos Santos Silva, Ruben Vander Stockt, Samantha White, Stacy Case, Steven Melton, Steven Trask, Suha Shim, Thomas Sharpe e Vasilio Markanastasakis. Apreciamos muito seus esforços para ajudar a construir a fundação.

Mike gostaria de agradecer à sua equipe de FinOps na Atlassian: Daniel Farrugia, Diana Mileva, Florence Timso, Letian Wang, Sara Gadallah, Teresa Meade e Tom Cutajar.

No decorrer dos anos, trabalhamos com muitas pessoas que compartilharam as histórias de suas empresas relacionadas aos seus desafios na nuvem e aos métodos que implementaram para resolvê-los. São muitas para podermos citar, mas a todos vocês: obrigado.

Para concluir, obrigado a todas as pessoas que nos ajudaram durante a jornada; sem seus esforços este livro não seria o que é hoje: Aaron Edell, Abuna Demoz, Adam Heher, Alex Hullah, Alex Kadavil, Alex Landis, Alex Sung, Alexander Price, Alison McIntyre, Alison Pumma, Ally Anderson, Amelia Blevins, Anders Hagman, Andrew Midgley, Andrew Thornberry, Anthony Tambasco, Antoine Lagier, Ben Kwan, Benjamin Coles, Bhupendra Hirani, Bindu Sharma, Bob Nemeth, Brad Payne, Casey Doran, Dana Martin, Darek Gajewski, David Andrews, David Angot, David Arnold, David Shurtliff, David Sterz, David Vale, Dean Layton-James, Dieter Matzion, Elliot Borst, Elliott Spira, Ephraim Baron, Erik Onnen, Gavin Cahill, Geoffrey Anderson, Ilja Summala, James Jackson, Jason Fuller, Jerome Hess, Jess Belliveau, John McLoughlin, John Merritt, John Stuart, Jon Collins, Justin Kean, Keith Jarrett, Ken Boynton, Lindbergh Matillano, Manish Dalwadi, Mark Butcher, Mark Richter, Marsha Shoemaker, Martin Bleakley, Mat Ellis, Matt Finlayson, Matt Leonard, Michael Flanakin, Michele Allesandrini, Nabil Zakaria, Naveen Chand, Pedro Silva, Phillip Coletti, Renaud Brosse, Rich Hoyer, Rick Ochs, Sarah Grey, Sascha Curth, Shane Anderson, Stephanie Gooch, Stephen Elliot, Tom Cross, Tom March, Tom Marrs, Tony Curry, Umang Sehgal, Virginia Wilson, Webb Brown, Wendy Smith e William Bryant.

Obrigado a todos que permitiram suas citações no livro.

PARTE I

Introdução a FinOps

Na primeira parte deste livro, abordaremos vários aspectos básicos, como o que é FinOps, como as equipes operam, a linguagem de FinOps e como os serviços de nuvem são cobrados. Além disso, há um roteiro para você começar sua própria jornada de FinOps guiada pelo Framework da FinOps Foundation.

CAPÍTULO 1

O que é FinOps?

Em uma explicação mais simples, FinOps traz responsabilidade financeira para o modelo de custo variável da nuvem. No entanto, essa descrição está relacionada apenas com o resultado. A mudança cultural da operação na nuvem move a responsabilidade pela tomada de decisões tecnológicas e financeiras para as áreas periféricas da empresa, abrangendo desde as equipes de compras até as de engenharia, arquitetura e produto. Ela dá poder aos profissionais de tecnologia, finanças e negócios para trabalharem juntos de maneiras mais eficientes.

Empresas do mundo todo estão migrando agressivamente para a nuvem, estejam elas prontas ou não. Como na transição dos mainframes para o ambiente cliente/servidor, para a web ou para os dispositivos móveis, a mudança para a nuvem (e de projetos para produtos) traz alterações massivas na maneira como as áreas das empresas serão responsáveis por seu uso, solicitações e gerenciamento dos custos com tecnologia.

FinOps exige que aceitemos que as maneiras antigas de gerenciar infraestrutura não são apenas ineficazes; elas criam situações em que custos de nuvem fora de controle podem ameaçar os negócios. As metodologias tradicionais de gerenciamento de infraestrutura ainda serão necessárias no futuro para infraestrutura própria, mas nenhum nível de adoção dessas tecnologias — que não manipulam bem o modelo de consumo variável da nuvem — permitirá que as empresas gerenciem a nuvem eficientemente sem a introdução de FinOps.

Definindo o termo "FinOps"

A partir do início de 2023, a FinOps Foundation começou a definir o termo da seguinte forma:

FinOps é uma disciplina e prática cultural de gerenciamento financeiro da nuvem que permite que as empresas obtenham o máximo valor nos negócios ajudando as equipes de engenharia, finanças, tecnologia e operações comerciais a colaborarem nas tomadas de decisões sobre gastos com base em dados.

Em sua essência, FinOps é uma prática cultural. É a maneira de as equipes gerenciarem seus custos de nuvem, em que cada pessoa é responsável por seu uso com o suporte de um grupo central de práticas recomendadas. Equipes multifuncionais com membros das áreas de engenharia, finanças, produtos e compras, entre outras, trabalham juntas para permitir a entrega mais rápida de produtos, ganhando ao mesmo tempo mais controle e previsibilidade em relação às finanças.

> FinOps é uma combinação das palavras "Finance" e "DevOps", que enfatiza as comunicações e a colaboração entre as equipes de negócios e engenharia. O termo Cloud FinOps às vezes é chamado incorretamente de "Cloud Financial Operations" (operações financeiras de nuvem), mas essa expressão está deixando de ser utilizada por ser confundida com a função mais tradicional "Financial Operations" (operações financeiras) que existe em finanças. Outros sinônimos para a prática seriam "gerenciamento financeiro da nuvem", "engenharia financeira da nuvem", "gerenciamento de custos da nuvem" ou "otimização da nuvem". Independentemente de como você o chamar, FinOps é a prática de obter o maior valor possível nos negócios a partir dos gastos com a nuvem.

Este capítulo discutirá os princípios básicos de FinOps, como as transformações culturais associadas começaram e por que todas as empresas precisam adotar essa disciplina para ter sucesso na nuvem.

No entanto, primeiro preparemos o terreno para a definição de FinOps com uma história típica da jornada individual de um profissional.

A jornada do herói de FinOps

Atualmente o líder de FinOps costuma vir da área de gerenciamento, planejamento e execução de operações tradicionais de TI e servidores virtualizados. Essa é uma história típica que é uma combinação que ouvimos com o passar dos anos. É provável que você esteja prestes a embarcar em uma jornada semelhante, esteja nela ou já tenha concluído partes dela. O herói da história se chama Finn.

Tudo era muito fácil para o Finn: relatórios financeiros retroativos eram feitos trimestralmente, e planejar a capacidade significava extrapolar as tendências de uso, de modo a prever as necessidades de produção da empresa para os próximos trimestres, a fim de atender às demandas variáveis de seus produtos. Não havia muitas surpresas nos gastos.

Então Finn observou um número cada vez maior de contas da AWS ou do Google Cloud chegarem sem ordens de compra anexadas. Uma de suas colegas conhecedoras da nuvem, Ana, explicou a natureza altamente variável dos serviços de nuvem e como esta é apenas, digamos, diferente dos datacenters locais — e que existe uma maneira totalmente nova de gerenciá-la, assim como uma nova disciplina profissional para fazer isso.

Finn considerou cuidadosamente as palavras de Ana. Pareciam realmente interessantes, e tentadoras. No entanto, Finn se lembrou de que os processos que ele tinha para os 8.000 servidores locais da empresa funcionavam muito bem. A nuvem não poderia ser tão diferente. É claro que se ele aplicasse os processos existentes com mais prudência, os custos da nuvem *também poderiam ser gerenciados.*

No trimestre seguinte, os gastos com a nuvem dobraram de maneira inesperada, e Finn voltou humildemente a falar com Ana. Ele se comprometeu a tentar usar um novo conjunto de processos que examinavam os gastos com mais frequência e a aumentar seu tempo de interação com as equipes de engenharia que estavam gerando a despesa.

Repentinamente, o líder financeiro, que nunca tinha se preocupado com custos da nuvem, *começou a pressionar Finn para voltar a emitir os relatórios trimestrais, dizendo que a abordagem em tempo real que ele estava adotando não combinaria com os outros processos da empresa. A líder de tecnologia também reagiu, dizendo que não poderia considerar os custos e, ao mesmo tempo, cumprir seus prazos de entrega de produtos. A equipe executiva de Finn recomendou o uso de uma metodologia de controle top-down. Finn voltou novamente a Ana para pedir ajuda, e ela o levou para um encontro com colegas que estavam fazendo a mesma jornada na FinOps Foundation. Aprendendo com seus erros e acertos, Finn começou a elaborar um plano de como redefiniria os processos da empresa e, o que era mais ambicioso, efetuaria a mudança cultural.*

Tinha chegado a hora de agir. Finn lançou uma nova estratégia de alocação de custos da nuvem, *diretrizes de identificação, critérios para rightsizing (isto é, redimensionar os recursos de nuvem para que atendessem melhor aos requisitos dos workloads) e um comprometimento inicial de seu provedor de nuvem com a otimização de taxas. Finalmente havia um caminho que parecia permitir que ele arcasse com os gastos e que as equipes obtivessem as tecnologias de que precisavam sem atritos. A migração para a nuvem começou a acontecer.*

Exatamente quando as coisas pareciam estar dando certo, um novo diretor financeiro foi admitido e disse que, em larga escala, a nuvem estava muito cara, defendendo um retorno generalizado ao datacenter. Chegou então a hora do maior teste de Finn:

trabalhar com seus colegas conhecedores da nuvem para mostrar que esta era mais do que apenas um centro de custos. Eles tinham que mostrar que a nuvem pode trazer inovações e velocidade de uma forma que não é possível para os datacenters locais, obtendo vantagem competitiva para a empresa. O CEO entendeu o cenário geral e concordou, pavimentando o caminho para uma estratégia cloud-first (que dá prioridade à nuvem).

Mais confiante, Finn seguiu em frente, derrubando barreiras entre as equipes e ajudando a conduzir uma mudança real na empresa. No entanto, ele enfrentou uma última batalha: agora os gastos com a nuvem estavam atingindo níveis materiais, afetando os resultados. O diretor financeiro interveio para interromper a tendência de subida e assegurar que as margens da empresa não fossem afetadas. Finn foi além da visão unidimensional de cuidar apenas dos gastos na nuvem *e mudou para um modelo de unidade econômica (unit economics model)*[1] *que associava os gastos novamente ao valor do negócio, o que lhe deu um contexto para demonstrar claramente que os gastos com a nuvem estavam no caminho certo.*

Finn percebeu então que a jornada estava apenas começando. A nuvem está sempre evoluindo, e FinOps a segue. Finn e Ana terão mais influência nessa nova área ajudando a definir suas práticas recomendadas, algo que eles veem como um modo essencial de colaborar com a comunidade que os ajudou em suas jornadas.

Você pode se identificar com alguns aspectos dessa jornada, e outros talvez façam parte do caminho ainda a ser percorrido. Agora que vimos uma história típica, saberemos onde FinOps surgiu.

De onde veio FinOps?

Empresas pioneiras como a Adobe e a Intuit, as primeiras desbravadoras da nuvem pública, forneceram para os coautores deste livro o primeiro vislumbre do que se tornaria FinOps ainda em 2012 na Bay Area (Área da Baía de São Francisco – região da Califórnia). No meio da década de 2010, eles interagiram com empresas maiores como a GE e a Nike quando estas começaram sua jornada inicial de FinOps associada à sua rápida expansão de uso da nuvem. Alguns anos depois, Mike testemunhou empresas visionárias na Austrália, como a própria Atlassian,

1 N. R.: O termo em inglês se refere a um conjunto de métricas financeiras que servem para avaliar a sustentabilidade e a viabilidade financeira de um negócio. Em português, optamos por usar o termo Unidade Econômica após um debate com a comunidade brasileira, que geralmente traduz Unit Economics dessa forma. No entanto, vale ressaltar que é possível também encontrar o termo em inglês traduzido como Economia Unitária ou Economia de Unidade.

e outras como a Qantas e a Tabcorp, começarem práticas semelhantes. Por fim, durante o período de dois anos de serviço militar de J.R. em Londres, de 2017 a 2019, ele testemunhou em primeira mão empresas como a BP, o HSBC e a Sainsbury's desenvolverem sua nova abordagem para as culturas de suas organizações. FinOps chegou em todo o mundo de maneira lenta e simultânea à medida que os desafios financeiros e contábeis da nuvem se apresentavam em grande escala em todos os locais, momento em que vários setores e regiões começaram a adotar quantidades relevantes de serviços de nuvem. A Figura 1.1 mostra a crescente prevalência do termo.

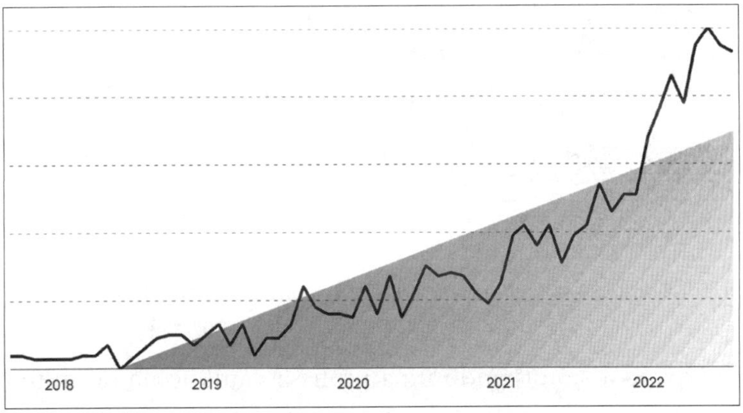

Figura 1.1: Solicitações de busca do termo "FinOps" entre 2018 e 2022 (Fonte: speakeasystrategies.com).

"FinOps" é um termo que começou a fazer parte do contexto com algum atraso. No início, as empresas chamavam essa prática simplesmente de "gerenciamento de custos da nuvem". Posteriormente, o termo "otimização de custos da nuvem" começou a se estabelecer, embora não abordasse os desafios de alocação da nuvem. A AWS e outros provedores de nuvem começaram a usar a expressão "gerenciamento financeiro da nuvem", um termo abrangente que aos poucos está sendo substituído por "FinOps", como podemos ver nas menções feitas em buscas e por analistas mostradas nas figuras. Outras empresas, como a varejista Target, chamam sua prática interna de "eficiência na engenharia". A Figura 1.2 mostra o crescente aumento nas menções a "FinOps" feitas por analistas do setor.

Na Figura 1.2, podemos ver o aumento recente do uso do termo "FinOps" nos artigos de analistas de nuvem para descrever essa prática, enquanto termos mais antigos como "gerenciamento financeiro da nuvem" são menos lembrados pelas pessoas. A escolha desse termo composto, que propositalmente lembra DevOps, dá destaque ao aspecto vital de caráter multifuncional e ágil do movimento.

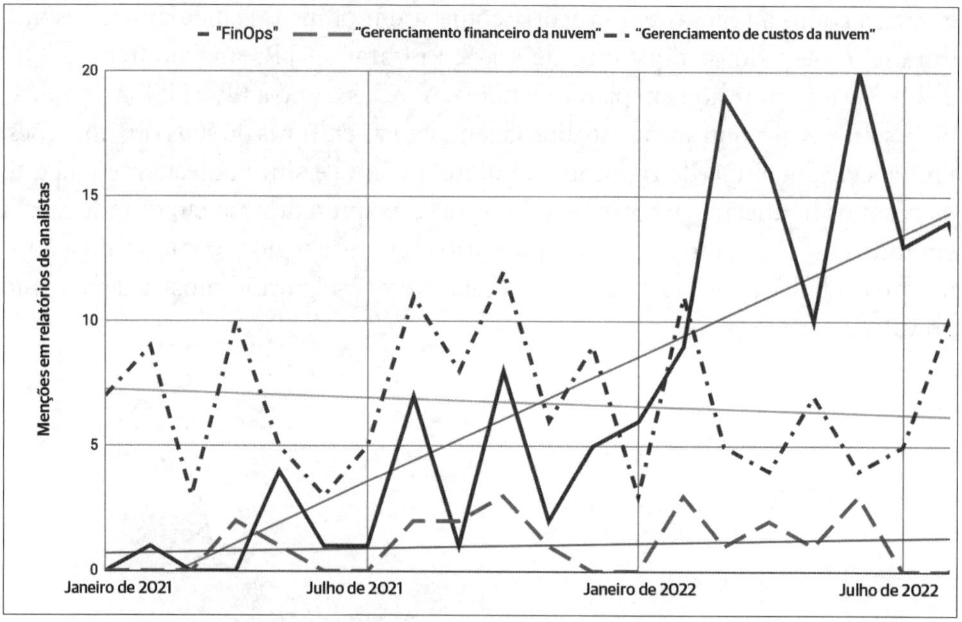

Figura 1.2: Menções em artigos de analistas com diferentes nomes para FinOps (Fonte: speakeasystrategies.com).

E agora FinOps está se tornando uma profissão autônoma no mundo todo. A Figura 1.3 exibe o crescimento da disciplina de FinOps como uma habilidade listada pelos membros da plataforma LinkedIn. Os dados da pesquisa State of FinOps de 2022 (*http://data.finops.org*) mostraram que quase todos os setores empresariais, que vão da área de serviços financeiros aos varejistas, fábricas e outros setores, têm atualmente uma prática de FinOps em andamento.

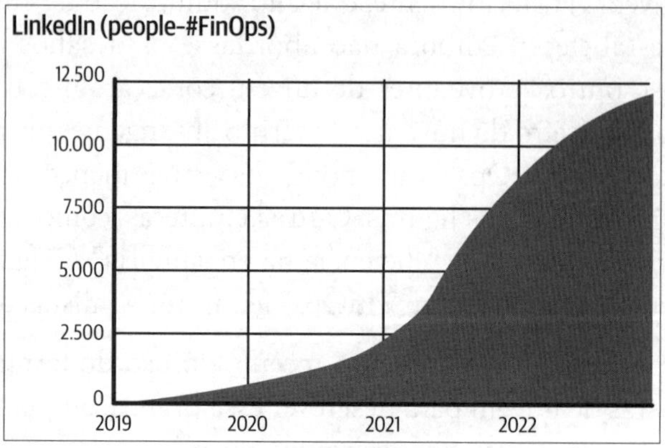

Figura 1.3: Número de pessoas que estão listando FinOps como um conjunto de habilidades no LinkedIn.

Os dados da pesquisa State of FinOps de 2021 mostraram que 95% das pessoas que trabalhavam na área consideravam FinOps como sua provável trajetória de carreira.

Listas públicas de vagas para profissionais de FinOps nas 500 principais empresas da Fortune, que vão da Apple à Disney, CVS Health e Nike, surgem com frequência no site da FinOps Foundation (*http://jobs.finops.org*).

O desafio atualmente não é tanto encontrar uma vaga em FinOps e sim as empresas encontrarem candidatos suficientemente capacitados para preencher essas vagas. Isso fez com que surgisse uma grande demanda por certificações de FinOps e habilidades relacionadas.

Histórias da nuvem – J.R.

Falei pela primeira vez sobre o conceito de FinOps em uma conversa sobre DevSecOps[2] com Emil Lerch da AWS na AWS Public Sector Summit em Washington, DC, em 2016. Começamos com a definição de DevOps do venerável Gene Kim, autor de *O Projeto Fênix*:

> Normalmente, o termo "DevOps" se refere ao emergente movimento profissional que preconiza um relacionamento de trabalho colaborativo entre as operações de desenvolvimento e TI, resultando em um fluxo rápido de trabalho planejado (isto é, implantação em alta velocidade) e aumentando ao mesmo tempo a confiabilidade, a estabilidade, a resiliência e a segurança do ambiente de produção.

Em seguida, com um pouco de ousadia, ou como uma homenagem, criei uma definição de FinOps baseada na definição de Kim:

> Normalmente, o termo "FinOps" se refere ao emergente movimento profissional que preconiza um relacionamento de trabalho colaborativo entre *DevOps e finanças*, resultando em *um gerenciamento de gastos de infraestrutura iterativo e com base em dados (isto é, melhorando a unidade econômica da nuvem)*, aumentando ao mesmo tempo *a eficiência na redução de custos e, consequentemente, a lucratividade no ambiente de nuvem.*

Desde então, a definição de FinOps evoluiu e se ampliou, mas reteve os importantíssimos princípios de motivar a criação de um relacionamento de trabalho colaborativo entre equipes, promover alterações iterativas com o uso de insights com base em dados e melhorar a unidade econômica.

2 Emil Lerch e J.R. Storment, "Leveraging Cloud Transformation to Build a DevOps Culture", AWS Public Sector Summit, 20 de junho, 2016, *https://oreil.ly/DCqfg*.

Tomada de decisões com base em dados

Com o uso de FinOps, cada equipe operacional (engenheiros, analistas, gerentes de produto) poderá acessar em tempo quase real os dados necessários para as tomadas de decisões embasadas que resultem em custos eficientes na nuvem, balanceando velocidade/desempenho, qualidade/disponibilidade dos serviços e custos atrelados.

> *Se não for possível superar seus concorrentes quanto ao tempo de lançamento de um produto no mercado (time to market) e quanto à agilidade, você estará perdido... Logo, quanto mais rápido você colocar esses recursos no mercado e testá-los, melhor será sua situação. A propósito, você reembolsará a empresa com mais rapidez pelo uso de capital, o que também significa que ela começará a lucrar mais rapidamente.*
>
> – Gene Kim, *O Projeto Fênix: um romance sobre TI, DevOps e sobre ajudar o seu negócio a vencer* (Alta Books, 2017)

Se estiver parecendo que o objetivo de FinOps é *economizar* dinheiro, é bom repensar. O objetivo é *maximizar valor para o negócio*. Os gastos com a nuvem podem trazer mais receita, sinalizar crescimento na base de clientes, permitir o lançamento de produtos e recursos com mais velocidade ou até mesmo ajudar a desativar um datacenter.

FinOps existe para remover obstáculos; dar poder às equipes de engenharia para entregarem recursos, aplicações e migrações melhores e com mais rapidez e tornar possível a ocorrência de uma conversa multifuncional sobre onde e quando investir. Em determinado momento, a empresa pode decidir "apertar o cinto" e, em outros, ela optará por investir mais. No entanto, agora as equipes saberão por que estão tomando essas decisões.

Feedback em tempo real (também conhecido como "Efeito Prius")

Existem três elementos que geram uma prática de FinOps bem-sucedida:

```
Relatórios em tempo real + processos just-in-time + equipes trabalhando juntas = FinOps
```

Veremos os outros dois elementos posteriormente no livro. Para começar, examinaremos o primeiro elemento.

O feedback loop (ciclo de feedback) do relatório em tempo real exerce uma influência poderosa sobre o comportamento humano. Pelo que sabemos a partir de nossa experiência, devemos dar feedback aos engenheiros sobre os impactos de suas ações o mais próximo possível da hora em que elas ocorrerem. Isso costuma gerar alterações comportamentais automáticas que produzem melhorias.

Qualquer pessoa que já dirigiu um carro elétrico provavelmente conhece o *Efeito Prius*. Quando pisamos com força no pedal, o painel do carro elétrico exibe a energia fluindo da bateria para o motor. Quando erguemos o pé, a energia flui de volta para a bateria. O feedback loop é claro e instantâneo. Podemos ver como a escolha que fizemos no momento — que no passado poderia ser inconsciente — está impactando a quantidade de energia que estamos usando.

> O feedback loop em tempo real influencia instantaneamente o comportamento de dirigir sem recomendações ou orientações explícitas para que isso ocorra.

Normalmente essas pistas visuais criam um efeito imediato. Você começa a dirigir com um pouco mais de cuidado e pisa no acelerador com menos força. Percebe que não precisa acelerar tanto para chegar onde deseja. Ou, se estiver atrasado, talvez decida que vale a pena gastar mais energia e pise no acelerador com mais força. Seja como for, agora poderá tomar uma decisão embasada para usar a quantidade de energia apropriada a fim de chegar onde precisa de acordo com o ambiente em que está operando.

> *Pergunte a você mesmo: como podemos fornecer as informações necessárias para as equipes tomarem uma decisão melhor?*
>
> – Ron Cuirle, gerente de engenharia sênior na Target[3]

Esse poder de uma tomada de decisão em tempo real baseada em dados é o que FinOps fornece. No mundo dos datacenters, os engenheiros executam ações individuais que não podem ser rastreadas facilmente quanto ao impacto financeiro que produzem na empresa, devido a compras de hardware de longo prazo e aos prazos de depreciação associados.

Histórias da nuvem – J.R.

Durante uma visita anterior a um dos maiores consumidores de recursos de nuvem do mundo, descobri que, apesar dos gastos com a nuvem equivalentes a nove algarismos ao ano, ninguém estava compartilhando esses custos com os engenheiros que os estavam gerando. Quando os custos eram finalmente revelados para a equipe de engenharia, normalmente isso ocorria 30 a 60 dias depois, durante uma revisão do centro de custo agregado. Eles tinham os dados brutos disponíveis, mas já que

3 Ron Cuirle e Rachel Shinn, "Better Insight: Measuring the Cost of an Application on GCP", Google Cloud Next '19, 9 de abril, 2019, vídeo do YouTube, 43:55, *https://oreil.ly/FJ1SP*.

não adotaram uma cultura de FinOps, não implementaram um feedback loop que alimentasse diretamente quem tomava as decisões sobre a quantidade de recursos de nuvem a ser usada.

Assim que o implementaram, os resultados foram drásticos e imediatos. Uma das primeiras equipes agraciada com essa visibilidade descobriu que estava gastando mais de 200.000,00 dólares por mês executando ambientes de desenvolvimento dos quais não precisava. Com apenas três horas de esforços da equipe de engenharia, eles desativaram esses recursos desnecessários e economizaram dinheiro suficiente para contratar uma equipe de engenheiros adicional.

A responsabilização fornecida por essa nova visibilidade revelou algo muito interessante. Ninguém deu instruções ou fez recomendações específicas para que ocorresse a mudança. Quando a gerente de engenharia conseguiu ver o custo dos ambientes individuais, ela tomou uma decisão embasada sobre o que a equipe podia fazer sem os ambientes de desenvolvimento adicionais. Ela não tomou nenhuma medida anteriormente porque não tinha informações suficientes para saber que deixar o ambiente sendo executado causaria grande impacto na empresa. Esse processo inicial de FinOps transformou o custo em mais uma métrica de eficiência que as equipes de engenharia começaram a considerar junto com outras métricas de desempenho e confiabilidade. Os engenheiros tendem a não gostar de ineficiências e, quando recebem os dados certos (e têm o apoio da liderança discutido no Capítulo 24), costumam otimizar os custos como fazem com outras métricas críticas.

FinOps tem como objetivo ajudar a empresa a tomar melhores decisões ao mesmo tempo em que avança com mais rapidez. A origem desse aumento na velocidade são as conversas sem conflitos que essa prática encoraja entre as equipes.

> *O que tornou as equipes ótimas foi o fato de os membros confiarem uns nos outros. Pode ocorrer algo poderoso quando existe essa dinâmica mágica.*
>
> – Gene Kim, *O Projeto Fênix*

As equipes que antes falavam línguas diferentes e queriam manter distância umas das outras (por exemplo, engenharia e finanças) agora constroem relacionamentos mais colaborativos focados no que é melhor para a empresa. Isso é FinOps em ação. Estabelecendo melhores práticas e definindo um vocabulário comum para os gastos com a nuvem como discutiremos no Capítulo 4, as empresas permitem que ocorram conversas equilibradas e produtivas.

Princípios básicos de FinOps

Quando falamos com profissionais que estavam introduzindo a cultura de FinOps com sucesso em suas empresas, surgiu um conjunto de valores ou princípios em comum. Definir valores de FinOps e assegurar que o processo, as ferramentas e as pessoas estejam alinhadas com os princípios básicos ajudará a atingir o sucesso. As equipes de FinOps que adotam esses princípios conseguem estabelecer uma cultura de autogestão consciente dos gastos que promove tanto a responsabilização pelos custos quanto à agilidade nos negócios e, dessa forma, têm um melhor gerenciamento e otimização das despesas, mantendo ao mesmo tempo os benefícios de velocidade e inovação da nuvem. Esses valores de FinOps são:

- As equipes precisam colaborar.
  - As equipes de finanças e tecnologia trabalham juntas em tempo quase real, já que a nuvem opera por recurso e por segundo.
  - As equipes trabalham juntas visando melhoria contínua e tendo como objetivo eficiência e inovação.
- As decisões são baseadas no valor da nuvem para os negócios.
  - A unidade econômica e demais métricas baseadas em valor demonstram melhor o impacto sobre a empresa do que gastos agregados.
  - Tomadas de decisões conscientes baseadas no equilíbrio entre custo, qualidade e velocidade.
  - É preciso considerar a nuvem como impulsionadora de inovação.
- Cada envolvido se responsabiliza pelo uso que está fazendo da nuvem.
  - A responsabilização pelo uso e pelo custo é levada ao limite, e os engenheiros se responsabilizam por custos que vão do design da arquitetura às operações em andamento.
  - Equipes individuais de recursos e produtos têm autorização para gerenciar seu uso da nuvem de acordo com seu orçamento.
  - Descentralização das tomadas de decisões no que estiver relacionado a uma arquitetura com custos baixos, com o uso de recursos e com a otimização.
  - As equipes técnicas devem começar a considerar o custo como uma nova métrica de eficiência desde o começo do ciclo de vida de desenvolvimento de software.

- Relatórios de FinOps têm que ser acessíveis e precisam estar disponíveis o mais rápido possível.
  - Processar e compartilhar dados de custo assim que eles estiverem disponíveis.
  - A visibilidade em tempo real leva autonomamente a uma melhor utilização da nuvem.
  - Feedback loops rápidos resultam em um comportamento mais eficiente.
  - Uma visibilidade consistente dos gastos com a nuvem é fornecida para todos os níveis da empresa.
  - A criação, o monitoramento e a melhora da previsão e do planejamento financeiros ocorrem em tempo real.
  - Análises de tendência e variância ajudam a explicar por que os custos aumentaram.
  - A avaliação interna das equipes leva a melhores práticas e comemora conquistas.
  - A análise comparativa (benchmarking) com outros integrantes do mesmo setor empresarial avalia o desempenho da empresa.
- Uma equipe centralizada conduz a prática de FinOps.
  - A equipe central encoraja, difunde e torna possível o uso de práticas recomendadas em um modelo de responsabilização compartilhada, de maneira muito semelhante a como ocorre na segurança, que tem uma equipe central e mesmo assim todos permanecem sendo responsáveis por sua parcela em relação ao todo.
  - É obrigatório o apoio dos executivos na disciplina de FinOps e às suas práticas e processos.
  - A otimização de taxas, compromissos e descontos é centralizada para a empresa se beneficiar da economia de escala.
  - A necessidade de equipes de engenheiros e de operações elaborando negociações de taxas é eliminada, permitindo que elas se concentrem na otimização do uso de seus próprios ambientes.
- Tirar proveito do modelo de custo variável da nuvem.
  - O modelo de custo variável da nuvem deve ser visto como uma oportunidade para a entrega de mais valor e não como um risco.

- Adotar a previsão, o planejamento e a compra de capacidade usando a abordagem just-in-time.
- Em vez de planos estáticos de longo prazo, é preferível um planejamento ágil iterativo.
- Adotar um design de sistema proativo com ajustes contínuos na otimização da nuvem em vez de limpezas reativas com pouca frequência.

Quando você deve iniciar a prática de FinOps?

A determinação de quando começar a prática de FinOps mudou muito desde a primeira edição deste livro. Alguns anos atrás, normalmente a prática começava quando a empresa estava passando por um momento de *pânico com os gastos* em que as despesas eram consideravelmente maiores do que o orçado. Atualmente a adoção da prática mudou para mais cedo no ciclo de vida de maturidade da nuvem. Agora é comum vermos empresas nos estágios iniciais de adoção da nuvem começando a usar a prática. Isso ocorre parcialmente por um conhecimento melhor dos desafios que as cobranças da nuvem apresentam e também por uma iniciativa dos três grandes provedores de nuvem de encorajar seus clientes a preverem qualquer problema de custo ainda no início do uso. Todos os três provedores tornaram mais maduras as ferramentas e os dados de custo fornecidos para permitir que os engenheiros e arquitetos considerem as despesas o mais cedo possível ao projetar soluções baseadas na nuvem.

Infelizmente, muitas pessoas ainda acham que o objetivo de FinOps é exclusivamente economizar dinheiro ou reduzir o consumo, portanto, elas tendem a acreditar que a hora certa para implementar FinOps deve ser avaliada pelo valor de seus gastos com a nuvem. Na verdade, de certa forma isso faz sentido. Por exemplo, alguém que gaste muito com a nuvem poderia detectar imediatamente possíveis maneiras de economizar. No entanto, gerar responsabilização pelos gastos com a nuvem e poder alocar totalmente os custos são componentes críticos de uma prática de FinOps de alto desempenho, que geralmente não são implementados se considerados do ponto de vista retroativo de economia de dinheiro.

Além disso, o conjunto de habilidades e as mudanças culturais que FinOps requer, tanto das equipes de engenharia quanto de finanças, pode levar anos para ser implementado. Quanto maior for a empresa e mais complexos forem seus ambientes, mais ela pode aproveitar os diversos benefícios de começar a prática mais cedo.

Uma prática de FinOps bem-sucedida não requer implantações consideráveis em nuvem ou uma conta de nuvem de vários milhões de dólares. Começar a prática de FinOps mais cedo facilita a tomada de decisões embasadas sobre os custos da nuvem, mesmo se as suas operações estiverem no estágio inicial de consumo. Logo, é essencial entender o desenvolvimento da prática de FinOps. A abordagem correta para a criação dessa prática é a empresa começar menor e aumentar em escala, escopo e complexidade à medida que o valor dos negócios garanta o desenvolvimento da atividade.

Como você aprenderá no Capítulo 6, não é possível instalar uma prática de FinOps totalmente formada a partir do zero, independentemente da experiência que você tiver. Leva tempo mudar a maneira como os engenheiros trabalham, educar os profissionais de finanças sobre como a nuvem funciona e obter o apoio dos executivos com as razões certas para o uso da nuvem. É uma mudança cultural no modo de trabalhar, e a solidez da responsabilização e da tomada de decisões com base em dados deve ser construída com o tempo.

Não é uma única equipe que executa a prática de FinOps; a equipe central de FinOps trabalha para permitir que as diversas equipes da empresa, que devem trabalhar juntas, gerenciem o valor da nuvem para os negócios. Além disso, as equipes de uma grande empresa podem ficar por um longo tempo em momentos muito diferentes em sua jornada de FinOps à medida em que cada uma for alcançando pontos críticos em que a adoção individual começar a fazer sentido.

Embora este livro possa conduzir uma empresa a práticas bem-sucedidas ajudando, ao mesmo tempo, as equipes a evitarem armadilhas comuns, nenhuma empresa consegue passar diretamente de uma prática de FinOps de nível zero para eficiente em um curto espaço de tempo. Cada empresa e equipe deve implementar os processos de forma incremental, tendo calma para o aprendizado mútuo à medida que avançam.

> Como a prática de DevOps que a antecede, a prática de FinOps é uma mudança cultural, e quanto mais cedo ela começar, mais cedo a empresa se beneficiará.

Nossa experiência nos ensinou que a prática de FinOps é aplicada a partir do primeiro dia, mas envolve cada vez mais processos à medida que cresce. Com o passar dos anos, vimos que normalmente as empresas começam a adotar FinOps em um dos dois momentos descritos a seguir:

- Anteriormente, a abordagem mais comum era fazer a implementação quando a situação saía do controle. Nesse cenário, os gastos chegam a tal ponto que um executivo faz uma interrupção forçada no crescimento da nuvem e exige que um novo modelo de gerenciamento seja implementado. Apesar de ser um impulsionador comum, esse não é um bom modo de optar pela adoção de FinOps. A inovação e as migrações tornam-se lentas — ou até mesmo param temporariamente — durante esse procedimento emergencial da área executiva.
- A abordagem mais inteligente é a adotada pelos executivos, que alinham o processo de migração para a nuvem com o modelo de maturidade de FinOps descrito em *FinOps.org*. A prática precisa se desenvolver em um ritmo que coincida com a posição da empresa no ciclo de maturidade de FinOps e com o incremento geral do uso que ela faz da nuvem. Inicialmente, uma única pessoa pode receber a atribuição de gerenciar os compromissos com os provedores de nuvem. Ela implementa uma hierarquia inicial de conta, rótulo e identificação. A partir daí, à medida que a prática cresce, cada parte do processo pode ser ampliada. Atualmente estamos vendo que a maioria dos novos praticantes que ingressa na FinOps Foundation tem essa história de adoção.

No entanto, independentemente de como a empresa chegou à decisão de implementar FinOps, a primeira etapa crítica é fornecer visibilidade dos gastos com a nuvem em tempo hábil e para as equipes relevantes, para que todos os envolvidos possam entender o que está ocorrendo e determinar como resolver o excesso de custos antes que ele se torne muito grande. Em uma prática madura, o excesso de custos é evitado por meio de um design de arquitetura criterioso antes mesmo que o excesso comece. Enquanto esse nível de visibilidade é atingido, a equipe de FinOps começa a educar os maiores stakeholders da empresa. À medida que as equipes multifuncionais forem trabalhando juntas, os profissionais de finanças conhecerão melhor a terminologia da nuvem, os engenheiros começarão a entender conceitos financeiros relevantes e os profissionais da área de negócios poderão tomar melhores decisões de onde investir os recursos.

O valor de começar essa mudança cultural o mais cedo possível não pode ser subestimado, e os benefícios de uma prática de FinOps podem ser sentidos e medidos quase imediatamente.

Como começar já pensando no fim: tomada de decisões baseadas em dados

Um dos conceitos mais importantes em FinOps é usar *métricas de unidade econômica para permitir as tomadas de decisões com base em dados pelas equipes de engenharia*. A ideia é medir os gastos com a nuvem em relação às métricas de resultado ou valor da empresa e então tomar medidas baseadas nos insights fornecidos. Esse é o feedback loop em tempo real, discutido anteriormente como o Efeito Prius, em ação.

Escolher as métricas de negócios certas a serem usadas para cada parte da infraestrutura é um processo complexo que será abordado no Capítulo 26. Por enquanto, precisamos lembrar apenas de que o fornecimento de métricas de unidade econômica que permitam a tomada de decisão baseada em dados depende de quase todos os elementos de FinOps, incluindo tagueamento (tagging), alocação de custos, otimização de custos, conectividade com outros frameworks financeiros e operações de FinOps.

A métrica de negócios é importante porque ela permite mudarmos a discussão que leva em consideração apenas os dólares gastos para uma discussão sobre eficiência e o valor dos custos da nuvem. Ao ser possível mostrar que "Custa $X atender a clientes que geram $Y em receitas", temos mais contexto que para decidir se $X e $Y são investimentos razoáveis para a empresa. Assim, quando os produtos evoluírem ou mudarem totalmente com novos recursos, as empresas poderão medir o impacto das mudanças com essas métricas de negócios.

O resultado é que poderemos determinar a diferença entre um bom e um mau custo da nuvem — e direcionar essas decisões com o tempo. Você deve se lembrar das métricas de valor dos negócios no decorrer do livro e quando implementar FinOps em uma empresa.

O progresso para o qual estamos seguindo é sua empresa tomar continuamente decisões de negócios com base em dados relacionadas ao valor que você está obtendo a partir de seus custos da nuvem.

Histórias da nuvem – Jason Fuller

Jason Fuller, que gerencia a nuvem na HERE Technologies, uma empresa multinacional que fornece serviços de mapeamento global, compartilhou a história de uma reunião da FinOps Foundation que ilustra bem a situação:

> Tínhamos uma equipe acima do orçamento usando nove bilhões de funções lambda por mês. Não tenho influência direta sobre isso. No entanto, o que

posso fazer é me sentar com a equipe, determinar a qualidade do algoritmo que está sendo escrito em lambda e resolver se ele pode ser mais eficiente.

Precisamos da exatidão em milissegundos que estamos fornecendo? Sim. Ok. Agora a empresa sabe que isso é importante.

Podemos então examinar o modelo de preços para venda do serviço. Tomaremos uma decisão de negócio baseada em quanto acreditamos que a oferta vale e no quanto achamos que podemos obter realmente por ela como produto no mercado.

Como resultado, não discutiremos mais sobre infraestrutura — teremos uma conversa sobre o valor do negócio.

Conclusão

Neste capítulo, definimos FinOps e descrevemos os princípios e valores básicos que guiarão qualquer empresa que iniciar essa prática para assegurar seu sucesso enquanto ela amadurece na longa jornada da transformação promovida com FinOps.

Resumindo:

- FinOps é uma mudança cultural que impulsiona a colaboração entre todas as equipes de uma empresa.
- Todos têm um papel a desempenhar e devem se preocupar com os custos: dos engenheiros e executivos aos profissionais de finanças e compras.
- Feedback loops em tempo real sobre os gastos encorajam a execução de melhorias contínuas para a obtenção de eficiência nas despesas.
- Use métricas de unidade econômica e de valor dos negócios para não considerar apenas o custo nas tomadas de decisões baseadas em dados sobre investimentos na nuvem.
- Implemente FinOps em sua empresa o mais cedo possível e aumente a prática incrementalmente.

Agora que você tem o conhecimento básico do que é FinOps, examinaremos o que a nuvem permite fazer dentro das empresas e como evitar a implementação de processos que dificultam o alcance de bons resultados de uma prática de FinOps bem-sucedida.

CAPÍTULO 2

Por que FinOps?

Quando analisamos por que as empresas usam a nuvem e que benefícios elas obtêm ao fazer isso, a importância e a necessidade da prática de FinOps ficam claras. Uma prática de FinOps bem-sucedida expande e acelera os benefícios que a nuvem proporciona para a empresa. A nuvem não deve ser vista apenas como uma alternativa de *rehosting*[1], ela também acelera os negócios. Da mesma forma, o objetivo de FinOps não é apenas a otimização de custos e sim maximizar o valor.

Use a nuvem pelas razões certas

Geralmente a economia nos custos é promovida como o principal benefício da nuvem. No entanto, as empresas cloud-first mais bem-sucedidas mostraram ao mundo que escalabilidade e inovação são as verdadeiras vantagens.

Considere o Spotify, que usa a escala da nuvem para transmitir conteúdo diretamente para os usuários do mundo todo. Ou o Flickr, que armazena uma enorme quantidade de dados de clientes seguramente na nuvem para fornecer acesso rápido e protegido. Graças à nuvem, essas empresas disputam espaço no mercado de uma forma que não conseguiriam com seus próprios datacenters. O preço é sempre um fator, mas vem em terceiro lugar depois da escala e da disponibilidade global.

Usar a nuvem também permite que as empresas se movam com mais rapidez e aumentem sua receita. Até mesmo empresas dos setores "não tecnológicos", como as de serviços financeiros, as linhas aéreas e as empresas varejistas, estão se voltando para os softwares e os dados para se diferenciar dos concorrentes. Para evidenciar isso, os principais setores representados nos dados da pesquisa State of FinOps de 2022 foram os de serviços financeiros e os bancos.

1 N.T.: migração de aplicações para outro local no estado em que se encontram.

Os softwares ajudam a conectar as empresas com seus consumidores, otimizam seus ativos físicos e monitoram suas fábricas. Eles distribuem a canção pop do momento, um pacote da indústria varejista e até mesmo as próprias pessoas em todo o planeta.

> *Não somos mais uma linha aérea. Somos uma empresa de software com asas.*
>
> – Veresh Sita, CIO da Alaska Airlines[2]

A partir do início de 2023, quase todas as empresas da lista Fortune 500 são consideradas grandes consumidoras da nuvem pública. Inclusive, os três maiores provedores de nuvem entraram, ou chegaram perto de entrar, no ranking das 15 empresas mais valiosas dessa lista. Os titãs tecnológicos Microsoft, Amazon, Alibaba e Tencent estão ao lado de ícones bancários como JPMorgan Chase, HSBC e Bank of America, todos usando a nuvem como a principal maneira de se conectar com seus clientes. Até mesmo as empresas dessa lista tradicionalmente não ligadas à tecnologia, como ExxonMobil e Johnson & Johnson, estão acelerando suas transformações digitais para se diferenciar de seus concorrentes.

Atualmente os componentes essenciais para o sucesso são a agilidade nos negócios e a velocidade na inovação. À medida que as empresas deixam de pensar na nuvem simplesmente como uma estratégia para evitar custos, cada vez mais elas a procuram como sua principal condutora de inovações. O XaaS (anything as a service,ou tudo como serviço) permite que as empresas testem mais tecnologias com mais rapidez, enquanto o IaaS (infrastructure as a service, ou infraestrutura como serviço) fornece recursos computacionais com velocidade e escala que antes não eram possíveis.

Agrupar servidores em um datacenter e trabalhar com o objetivo de obter soluções a partir do zero para "problemas já resolvidos" não é mais como as empresas tentam se diferenciar. A nuvem tornou as tecnologias mais recentes — infraestrutura escalável, machine learning, ou IoT (Internet of Things, ou Internet das Coisas) — disponíveis sob demanda para empresas de todos os tamanhos. Aumentando os esforços para gerir datacenters locais, as empresas tradicionais tentam competir contra a escala tecnológica do Google, AWS e Microsoft para administrar a infraestrutura e atrair talentos para respaldá-la.

As empresas vencedoras são as que capacitam seus engenheiros para escreverem códigos melhores e mais velozes a fim de agregar valor para seus consumidores. E esses engenheiros estão atingindo cada vez mais o que querem, sempre que

2 Derek E. Weeks, "All Day DevOps: Modern Infrastructure Automation," DevOps.com, 2 de agosto, 2017, *https://oreil.ly/K-G4k*.

precisam. Definitivamente a nuvem transformou sua habilidade de entregar produtos mais competitivos.

A proposta de valor da nuvem mostrada na Figura 2.1, do curso FinOps Certified Professional da FinOps Foundation, descreve o efeito volante (flywheel effect) que conduz os resultados dos negócios da empresa. Isso é empolgante para os executivos, que podem acabar descobrindo que sua área de TI tem potencial para conduzir o futuro digital da empresa e que a adoção da nuvem pública é uma ferramenta essencial para impulsionar essa visão.

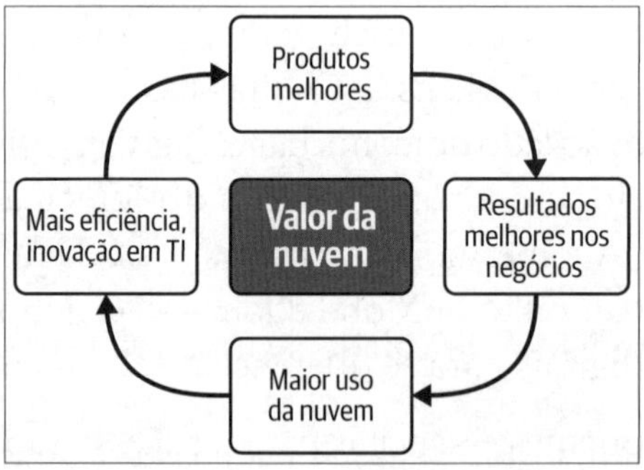

Figura 2.1: Proposta de valor da nuvem do curso FinOps Certified Professional.

Os provedores de serviços de nuvem se tornaram realmente multiplicadores de forças para a inovação dentro de qualquer empresa — com possibilidades quase ilimitadas.

Os gastos na nuvem continuam aumentando

Quando escrevemos a primeira edição do livro, os gastos na nuvem tinham começado a atingir um ponto crítico. Em 2019, a Gartner previu que os gastos com a nuvem em 2022 chegariam a cerca de 360 bilhões de dólares, mas os gastos reais de 2022 acabaram chegando perto de 500 bilhões de dólares. O prognóstico mais recente da Gartner (*https://oreil.ly/K9IuB*) prevê que mais da metade dos gastos de TI das empresas será destinada à nuvem até 2025. Isso equivale a 1,8 trilhão de dólares que pode ser direcionado para a nuvem. Pelo que sabemos a partir de nossa experiência, as empresas subestimam seus gastos na nuvem e as previsões são regularmente revisadas para cima. A nuvem está se tornando uma parte relevante dos orçamentos organizacionais de TI, impactando as receitas e despesas dos DREs (demonstrativos de resultado) das empresas. Normalmente, grandes empresas têm gastos da magnitude de nove dígitos por ano, e sabemos de várias empresas individuais cujas contas anuais de nuvem pública se estendem para mais de um bilhão de dólares.

Com todo esse crescimento, o conhecido isolamento existente entre as equipes de tecnologia, finanças, compras e negócios se tornou um problema. Para entender a razão, examinaremos nossa definição favorita de nuvem, que Dave Nielsen criou em 2011 em sua palestra "Cloud Computing Is OSSM" (*https://oreil.ly/v40Nn*). Dave disse que, para ser chamado de "nuvem", um provedor de infraestrutura tem de ser "OSSM":

- On-demand (sob demanda)
- Scalable (escalável)
- Self-service (com autoatendimento)
- Measurable (mensurável)

Na nuvem pública, as letras "OSS" de OSSM é que levam a uma inovação incrível criando ao mesmo tempo a necessidade de uma prática de FinOps. Os recursos de autoatendimento, escalabilidade e operação sob demanda permitem que um engenheiro invista o dinheiro da empresa apenas com um clique em um botão ou uma linha de código, sem passar pelos processos de aprovação tradicionais das áreas de finanças ou compras. Como resultado, as atribuições de todos os envolvidos mudaram.

Os dias da pré-compra de grandes quantidades de equipamentos em ciclos de três a cinco anos ficaram no passado. Na nuvem, o novo normal é comprar unidades de recursos muito pequenas, de centavos por hora por exemplo, o que inviabiliza os processos tradicionais de compras e finanças. Os engenheiros não precisam de aprovação com as equipes centrais de compras para cada recurso de nuvem consumido, e a ideia de tentar implementar um processo de microaprovação ameaça retardar a inovação, um dos maiores benefícios da nuvem.

Veja como eram os processos tradicionais do datacenter:

- Os equipamentos eram intencionalmente superdimensionados, com capacidade interna adicional para assegurar que um crescimento inesperado durante o prazo de depreciação pudesse ser acomodado.
- Se um serviço usasse mais capacidade do que o esperado, isso só seria um problema se a capacidade estivesse se esgotando.
- A redução do uso de recursos não costumava resultar em economia, e os serviços que consumiam mais capacidade geralmente não aumentavam os custos.

- O gerenciamento da capacidade era o principal controle de custos usado durante o ciclo de vida do equipamento. Quando a capacidade estava baixa, a alocação de recursos dos serviços era revisada e ajustada.
- O custo dos equipamentos era pago antecipadamente, e o impacto no resultado mensal eram as taxas de depreciação do datacenter e licenciamento de softwares, entre outros.
- Os custos eram divulgados em relatórios e revisados mensalmente ou até mesmo por trimestre. Era aceitável a entrega irregular de relatórios, porque os custos diários do datacenter não variavam.

E agora, em comparação, veja o que ocorre na nuvem:

- Não existe compra antecipada de equipamentos, e há sempre capacidade adicional disponível. A compra antecipada de capacidade não costuma ser requerida, e as empresas economizam ao não pagar pela capacidade quando ela não é necessária.
- Quando os serviços usam mais recursos do que o necessário, o resultado são custos operacionais maiores. Reduzir a quantidade de recursos alocada para os serviços resulta em diminuição real dos custos.
- Devido à disponibilidade de capacidade dos provedores de serviços de nuvem, o gerenciamento da capacidade não é uma grande preocupação. A remoção desse processo significa que os serviços deixam de ter limitações artificiais relacionadas à disponibilidade de recursos.
- Os recursos podem ser consumidos durante períodos ativos, sendo removidos em períodos mais ociosos depois. Esse modelo de consumo variável resulta em custos operacionais mais baixos, mas também dificulta prever os custos.
- A cobrança não é tão fácil de entender porque os recursos são cobrados individualmente em microquantias.

Rever os custos com periodicidade trimestral ou até mesmo mensal geralmente resulta em um susto maior quando um uso inesperado ou esquecido aumenta significativamente a cobrança.

A mudança drástica de gastos fixos para variáveis altera a maneira de como reportar os custos. Um conjunto de restrições foi removido, alterando fundamentalmente, para o bem ou para o mal, como as empresas criam e fornecem software. Hoje em dia, gerenciar a variabilidade desses gastos é uma tarefa muito diferente de como fazíamos quando a área de TI controlava seus negócios com base em custos fixos conhecidos.

Impacto da não adoção de FinOps

Dentro do datacenter existe um limite artificial para a capacidade disponível que as equipes de engenharia podem acessar rapidamente. Aumentos nos custos são controlados rigidamente por processos empresariais usados na revisão e aprovação de qualquer gasto adicional. Isso limita a velocidade com que os custos podem mudar e a rapidez com que as equipes podem fazer testes e inovar. A nuvem remove a limitação dos recursos de armazenamento e computação disponíveis e permite que as equipes de engenharia tenham acesso rápido aos recursos dos quais precisam. Elas não podem chamar uma API que provisione centenas de novos servidores para o datacenter, pelos quais seria necessário pagar. Na nuvem, os engenheiros fazem isso o tempo todo.

Quando nos concentramos na velocidade e na inovação, os gastos da nuvem começam a crescer com mais facilidade. Em resposta, as empresas tentam reprimir o uso da nuvem frequentemente, causando lentidão na inovação, o que pode torná-las menos competitivas.

Um estudo da McKinsey publicado em setembro de 2020, chamado "How CIOs and CTOs Can Accelerate Digital Transformations Through Cloud Platforms" (*https://oreil.ly/faDQY*), concluiu que as empresas que extraem valor das plataformas de nuvem tratam suas adoções como uma transformação na tecnologia dos negócios fazendo três coisas:

- Concentrando os investimentos em áreas de negócios em que a nuvem possa proporcionar aumento na receita e margens melhores.
- Selecionando uma tecnologia e um modelo de abastecimento que estejam alinhados com a estratégia da empresa e com as limitações por riscos.
- Desenvolvendo e implementando um modelo operacional que seja orientado à nuvem.

No entanto, eles também descobriram que os aspectos econômicos, as habilidades, os processos e as mudanças organizacionais exigidas pela nuvem são tão complexas e se estendem por tantas partes da empresa que os líderes de infraestrutura não conseguem gerenciar por conta própria. Isso fez com que instituições de grande porte sofressem um dos tipos de falha a seguir:

Perda de sustentação

As comprovações de valor dos workloads ou das migrações iniciais da nuvem são pequenas, impedindo que um caso empresarial bem-sucedido estenda o uso da nuvem.

Impasse na nuvem

Iniciativas baseadas na nuvem ficam paralisadas em filas porque a área de TI não consegue construir as arquiteturas de automação ou referências necessárias para o uso dos serviços da plataforma de nuvem pública de maneira segura, resiliente e compatível.

Falta de valor proveniente da migração "lift and shift"[3]

O suporte à nuvem colapsa após migrações que não se beneficiam de impulsionadores de otimização da nuvem ou tecnologias nativas, o que resulta em custos ineficientes e sem retornos de valor.

Caos na nuvem

A falta de orientação da liderança faz com que os engenheiros tenham que configurar os serviços de nuvem por conta própria, o que leva a problemas de custo, segurança e conformidade.

A McKinsey concluiu que, como resultado, embora os gastos estejam crescendo rapidamente, somente 10%-15% dos workloads das empresas tiveram uma transição bem-sucedida do datacenter para a nuvem.

O investimento permite que as capacidades de FinOps sejam desenvolvidos, o que leva a um melhor gerenciamento financeiro dos serviços de nuvem. Isso assegura que as iniciativas baseadas na nuvem agreguem um valor mensurável para o negócio, e consequentemente elas darão outro impulso ao efeito volante do valor da nuvem.

A extensão da proposta de valor da nuvem da Figura 2.1 pelo acréscimo de FinOps é mostrada na Figura 2.2. Para conseguirmos manter o investimento na disciplina de FinOps é essencial mostrar melhorias mensuráveis no valor da nuvem. Conquistas rápidas são necessárias até a empresa confiar na prática de FinOps e no valor da nuvem para os negócios. Sempre que uma iniciativa de FinOps resulta em melhoria no valor dos negócios, isso dá ao efeito volante do valor da nuvem e ao valor de FinOps um impulso adicional, desde que seja comunicado para os stakeholders que estiverem investindo na nuvem e em FinOps. Se essas melhorias no valor dos negócios não forem comunicadas, será como se elas não existissem, e a adoção da nuvem pela empresa pode ser interrompida.

3 N.T.: a abordagem de migração "lift and shift" (elevar e deslocar, em português) ocorre quando as aplicações e seus dados são enviados para a nuvem com pouca ou nenhuma alteração. As aplicações são "elevadas" dos ambientes existentes e "deslocadas" — exatamente como estão — para as novas plataformas de hospedagem (a nuvem).

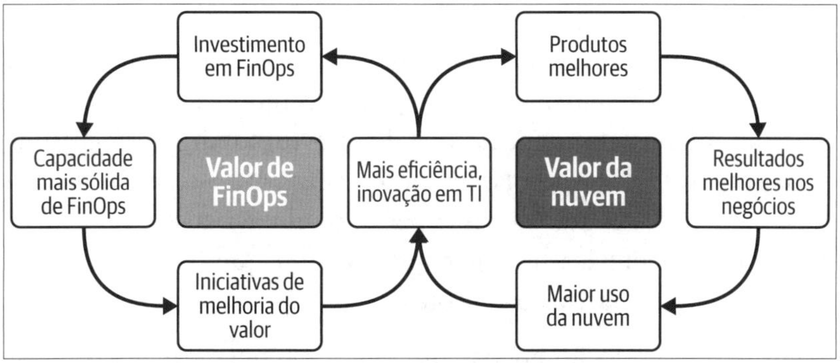

Figura 2.2: As empresas devem manter seu investimento em FinOps contanto que ele seja justificado por melhorias no valor da nuvem para os negócios (extraído do curso FinOps Certified Professional).

Negação consciente: por que começar agora?

Antes de abordar a *negação consciente* (informed ignoring) dentro de FinOps, falaremos simplesmente sobre a *negação* de FinOps. A negação ocorre quando não tomamos nenhuma medida para aumentar a eficiência no controle de gastos. Você (ou seu chefe) decidiu que *ainda* não precisa se concentrar nos custos da nuvem. O que lhe preocupa é que uma prática de FinOps retardará os processos. É preciso terminar a migração ou lançar um conjunto de recursos, não importa o custo.

Geralmente o cenário é este: a empresa decide que tem verba, digamos, 50 milhões de dólares, para realizar a migração. Declarações como a descrita a seguir são feitas: "Apenas faça os engenheiros terminarem o procedimento e nos preocuparemos com os custos depois". Os líderes da empresa acham que nunca chegarão a números tão altos com os gastos na nuvem, principalmente no início, em que as cobranças mensais vão de 5.000 a 50.000, 250.000 e 1 milhão de dólares. Em comparação a outros custos de TI de uma empresa grande, esses ainda são números baixos.

Logo, os engenheiros continuam trabalhando arduamente nas migrações, e durante o percurso eles geram muita ineficiência. Em algum momento, o custo começará a superar os benefícios e ficará fora de sincronia com as expectativas da empresa. Essa era a norma quando publicamos a primeira edição do livro, e invariavelmente as empresas só começavam a prática de FinOps após um momento de pânico em que os gastos forçavam essa ação.

Felizmente, temos visto uma mudança nos últimos anos, com profissionais mais conscientes definindo uma prática de FinOps ao mesmo tempo em que fazem a transição para a nuvem. Nesses cenários, vemos cada vez mais uma abordagem de *negação consciente*. Existe um desejo de conhecimento dos custos desde o início, assegurando que uma estratégia abrangente de alocação de custos seja definida, com a publicação de relatórios sobre grandes geradores de custos, o monitoramento de anomalias e a identificação de oportunidades para o aumento da eficiência no controle de custos. No entanto, ações para a redução de custos não são necessariamente executadas nesse período; em vez disso, existem medidas de monitoramento e previsão ativas para assegurar que os gastos permaneçam alinhados com as expectativas da empresa.

Inversamente, com a adoção apenas de uma abordagem de *negação*, ninguém presta muita atenção aos gastos a não ser quando pagam as contas. Em uma abordagem de *negação consciente*, a empresa monitora conscientemente o aumento nos custos, prevendo seu crescimento e analisando oportunidades de economia para saber quando alcançarão um ponto em que o nível de conforto force a tomada de medidas para a adoção de domínios adicionais da prática de FinOps, como a otimização do uso ou das taxas, como discutido na Parte III.

Existe um trabalho de preparo dos colaboradores para se envolverem ativamente com FinOps que está sendo feito: relatórios e medidas de visibilidade estão sendo elaborados, estratégias de comunicação entre equipes são implementadas e processos complicados, como a previsão dos gastos na nuvem, são aprimorados ao mesmo tempo em que os engenheiros continuam se concentrando na velocidade custe o que custar. Em algum momento, as previsões indicarão que eles farão gastos além do ponto de conforto em uma data específica, mas em uma abordagem de *negação consciente*, essa data estará meses à frente, o que proporciona um prazo para a alteração fluida do rumo tomado pela empresa em vez da necessidade de uma repressão agressiva dos gastos, que pode acabar dificultando a adoção da nuvem e prejudicando os objetivos das grandes empresas.

Essa é a parte sutil da prática de FinOps: manter os engenheiros conscientes, aprimorar a área de finanças para que consiga lidar com a nova complexidade e permitir que os executivos tomem decisões embasadas enquanto ainda há tempo. Usando essa visibilidade, com o tempo os engenheiros começarão a considerar os custos ao implantar a infraestrutura. Eles terão consciência de que, se o desperdício for muito alto, a empresa acabará pedindo que solucionem o problema. O feedback loop da eficiência nos gastos começará a germinar.

Na Figura 2.3, Forrest Brazeal mostra de maneira inteligente a diminuição do valor e os crescentes perigos de uma migração lift-and-shift para a nuvem. Empresas que obtêm as conquistas rápidas de uma migração lift-and-shift, mas não executam as etapas posteriores para se tornar nativas na nuvem (cloud native), veem o valor positivo criado pelo modelo lift-and-shift ser ofuscado pelos efeitos colaterais negativos, e o valor da nuvem é corroído simplesmente pela passagem do tempo. Avaliar e tomar decisões baseadas no valor derivado dos gastos ajuda a manter o valor obtido com a nuvem enquanto a empresa investe na redução dos perigos de sua migração.

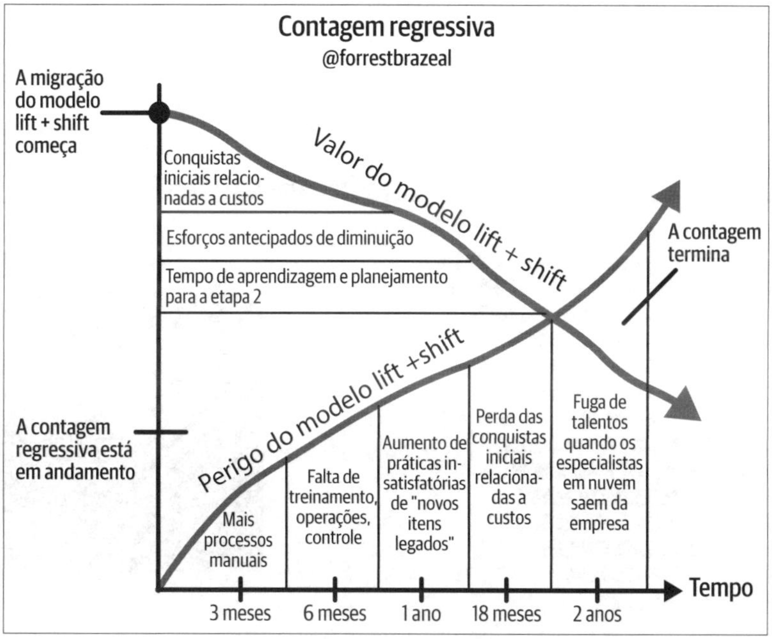

Figura 2.3: Ilustração de contagem regressiva do modelo lift-and-shift feita por Forrest Brazeal e publicada pela ACloudGuru em fevereiro de 2020.

A decisão tomada pelos líderes da empresa de ignorar oportunidades não ocorre apenas uma vez; ela é repetida à medida que a jornada na nuvem continua. Quando o limite do ponto de conforto com o nível dos gastos ou a quantidade de oportunidades de redução estiver perto de ser alcançado, os líderes podem mudar de opinião quanto a não se importar e começar a dar prioridade às atividades de FinOps. Se você não mantiver os líderes atualizados em relação ao volume de gastos e às oportunidades de redução, esses elementos permanecerão sem ser verificados, ficarão desalinhados com as expectativas e acabarão se revelando repentinamente.

O conceito básico da negação consciente é o de que não há problema se a empresa optar por não dedicar parte de seu tempo à redução de seus gastos na nuvem. No entanto, é preciso que haja conscientização dentro da empresa, principalmente entre os líderes de finanças e negócios, para que seja tomada a decisão de ignorá-los.

Para concluir, existem algumas decisões que não devem nunca ser ignoradas. Será muito difícil reverter uma metodologia de tagueamento/rotulação/contas — veremos mais sobre isso posteriormente na Parte II do livro — após você ter milhões de dólares de gastos com a nuvem. Como podemos ver na Figura 2.4, os dados da pesquisa State of FinOps de 2022 mostraram que a alocação de custos foi considerada a capacidade mais importante de FinOps. Se você ignorar as capacidades básicas de alocação, acabará não conseguindo criar os relatórios que lhe permitiriam adotar a negação consciente, ficando com a negação pura e simples como única opção.

Figura 2.4: A lista classificada por prioridade com as principais capacidades do framework de FinOps mostra que a alocação de custos e a análise de dados e showback são as partes mais importantes de uma prática de FinOps (Fonte: relatório State of FinOps de 2022 [http://data.finops.org]).

Mesmo se você não tiver tempo ou recursos para implementar uma prática de FinOps ativa, comece agora a prática de alocação, rastreamento e previsão de seus custos na nuvem de modo a estar pronto para otimizar quando precisar.

Conclusão

A principal vantagem da nuvem é a velocidade de distribuição e inovação, e não a economia nos custos.

Resumindo:

- Os gastos com a nuvem impactam — ou em breve impactarão — de forma considerável o balanço das empresas.
- A falta de investimento em FinOps desde o início pode fazer a adoção da nuvem enfrentar obstáculos ou ser interrompida.
- A equipe de compras não tem mais o controle dos gastos. Na nuvem, esse poder foi transferido para os engenheiros.
- A prática de FinOps permite que você opere à velocidade por segundo em vez de depender das tradicionais revisões de velocidade mensais ou trimestrais, o que possibilita evitar custos inesperados.
- Comece com uma abordagem de *negação consciente* até estar pronto para colocar em operação todos os domínios de FinOps para ter uma prática ativa.

FinOps é uma prática totalmente nova para a maioria das empresas, e embora ela não precise ser colocada em funcionamento de uma só vez, deve ser implementada e adotada em toda a empresa para ser bem-sucedida. O próximo capítulo examinará a cultura de FinOps e os papéis que todos os envolvidos devem desempenhar para possibilitar que ocorra uma prática de FinOps bem-sucedida dentro da empresa.

CAPÍTULO 3

Mudança cultural e a equipe de FinOps

FinOps é mais do que uma solução tecnológica ou uma lista de verificação passada para uma equipe. É uma maneira viva e humanizada de maximizar o valor da nuvem. Com certeza, a tecnologia ajuda a resolver problemas como o monitoramento de recomendações de otimização e a detecção de anomalias de custo, mas ela não pode entabular conversas sobre o valor dessas ações para os negócios.

Neste capítulo, examinaremos quem conduz a prática de FinOps e em que local da organização essas pessoas estão. Verificaremos as personas e os papéis desempenhados na prática de FinOps, porque no fim das contas são pessoas que a fazem funcionar.

No que diz respeito a gastos, a cultura da empresa deve evoluir com as ferramentas e os processos dentro da organização. Existem muitos obstáculos e desafios na implementação de uma prática de FinOps bem-sucedida. Eles serão causados ou resolvidos pelas pessoas e equipes. Tudo acaba sendo nossa responsabilidade. Suas equipes desenvolverão e adotarão os princípios e práticas certos para FinOps ter sucesso?

O que Deming diz sobre a transformação nas empresas

Enquanto pesquisava para a segunda edição deste livro, encontrei os princípios básicos de gerenciamento da transformação empresarial publicados em 1982 pelo renomado engenheiro e professor de administração W. Edwards Deming. Muitos dos principais aspectos de FinOps ecoam os princípios de Deming, logo, vale a pena examinar alguns dos seus princípios básicos.

Deming dava ênfase à constância de propósito. Ele achava que a melhor maneira de conduzir a empresa ao sucesso posterior era incentivar o pensamento de longo prazo e implantar melhorias constantemente.

Ele também salientava a importância de todas as equipes envolvidas em uma transformação trabalharem como uma unidade, eliminando as barreiras entre departamentos para permitir que a organização como um todo possa identificar problemas mais cedo e trabalhar de maneira colaborativa para encontrar soluções. Da mesma forma, uma transformação bem-sucedida obtida por meio da nuvem e de FinOps requer que todas as equipes se envolvam no gerenciamento da nuvem para entender que a transformação depende de todos.

Liderança e educação são presenças constantes nos princípios de Deming. O autor não recomendava que o gerenciamento feito pelos líderes fosse baseado somente em metas e números e sim que o sistema deveria ser gerenciado de maneira que a equipe pudesse contribuir e sentir orgulho de seu trabalho. No Capítulo 24, discutiremos o conceito relacionado que diz que o apoio da liderança a FinOps não é opcional e que atribuições para o alcance de metas arbitrárias acabarão falhando. Em vez disso, os líderes devem apoiar e conduzir uma mudança cultural que dê poder às equipes para tomar decisões que tentem encontrar um equilíbrio entre os custos e o valor da nuvem.

Deming também adicionou que um treinamento massivo é necessário para incentivar a quebra da tradição e que todas as atividades e cargos fazem parte do processo.

> A transformação de uma empresa por FinOps reflete de maneira muito próxima os princípios de Deming quatro décadas depois. Recomendamos que você leia todos os 14 princípios de Deming publicados em *Out of the Crisis* (MIT Press). Talvez seja útil consultar o trabalho de Deming quando implantar FinOps em sua empresa.

Quem conduz FinOps?

Da área de finanças à de operações e dos desenvolvedores e arquitetos aos executivos, todos os membros da empresa têm um papel a desempenhar. Preste atenção na grande variedade de cargos citados no decorrer deste livro e entenderá o que queremos dizer.

> *É missão de todos ajudarem a empresa a avançar mais rápido. Em um mundo ágil, somos todos líderes comprometidos a ajudar os engenheiros a entregar o trabalho que estão fazendo. Todos devem se colocar à disposição para facilitar a entrega.*
>
> – David Andrews, gerente sênior de tecnologia, Just Eat

Seja uma empresa pequena com apenas alguns membros na equipe implantando recursos de nuvem ou uma grande empresa com milhares de funcionários, práticas de FinOps podem e devem ser implementadas em toda a organização, porém com a exigência de diferentes níveis de ferramentas e processos e com ritmos distintos dependendo do valor distribuído em cada local.

No entanto, que habilidades e funções uma equipe de FinOps precisa ter? Posteriormente no livro, quando examinarmos a fase de *otimização*, veremos maneiras de uma equipe de FinOps gerar as recomendações que deverão ser consideradas pela empresa como um todo, como alterar configurações de recursos ou assumir compromissos com provedores de serviços de nuvem. Mesmo com a certeza de que essas ações economizarão dinheiro da empresa, é necessário que haja confiança entre as áreas de produto, finanças e engenharia para que elas sejam postas em prática.

Para construir essa confiança o mais rápido possível, a equipe de FinOps deve ser especialista em nuvem. Sem isso, as recomendações podem ter incorreções graves ou as equipes de engenharia perderão um tempo valioso de desenvolvimento tentando explicar por que não precisam fazer as modificações necessárias no desempenho. Uma equipe de FinOps com especialistas na área de serviços de nuvem constrói confiança e credibilidade.

FinOps deve ter apoio dos executivos. Para isso, é importante conseguir compartilhar melhores práticas e usar uma linguagem comum que una as disciplinas, como discutiremos no próximo capítulo. Além de ajudar a divulgar a mensagem de que FinOps é importante para a empresa, também assegura que a equipe terá um tempo reservado para a execução das tarefas requeridas. Quando executada da maneira correta, a prática de FinOps não aumenta o conflito entre as equipes técnica e de negócios. Na verdade, o conflito é removido. Isso ocorre quando as equipes usam uma linguagem comum que ajuda a gerar alinhamento com os objetivos da empresa, assegurando que todos conheçam e apoiem esses objetivos.

Uma equipe central de facilitação rfaceé o que dissemina a mentalidade de FinOps na organização, ensinando melhores práticas para a incorporação de considerações de custo nos planos de desenvolvimento. Os profissionais de FinOps executam algumas tarefas centralizadas, como o gerenciamento e a criação de relatórios de descontos baseados em compromissos para os provedores de nuvem ou a centralização dos relatórios para garantir que todos vejam os mesmos números. Isso impede que outras equipes reinventem a roda, e ao mesmo tempo elas se beneficiam das economias de escala relacionadas aos compromissos.

No entanto, a implementação de muitas das práticas recomendadas de FinOps deve ser descentralizada para os engenheiros das várias equipes de produtos e aplicações da empresa. Um bom exemplo seria o rightsizing e a redução da ociosidade. Embora uma equipe central de FinOps possa ajudar com a definição de dados e objetivos, engenheiros das diversas linhas de negócio devem tomar decisões guiadas por dados sobre quando fazer alterações na infraestrutura de acordo com o valor para os negócios e o nível de esforço.

> *Quando alertamos a área de finanças sobre a disparada dos custos em 24 horas e não no trimestre posterior, isso gera muita credibilidade. Se forem necessários vários meses para você descobrir o que ocorreu para causar um excesso de custos, a área de finanças não acreditará que a área técnica sabe o que está fazendo.*
>
> – Joe Daly, ex-diretor de otimização da nuvem, Nationwide

Outra função vital da equipe centralizada de FinOps é facilitar as conversas entre equipes e promover a confiança. As equipes financeiras devem firmar parcerias com os engenheiros, usando dados e relatórios compartilhados, para permitir que todos os envolvidos encontrem e resolvam rapidamente as situações que precisarem de solução.

De posse do conhecimento fornecido pelos relatórios e sobre as cobranças disponibilizado pela equipe de FinOps, os engenheiros poderão mostrar onde, quando e por que um plano ou custo está excedendo o orçamento. Esse conhecimento compartilhado constrói confiança, credibilidade e eficiência.

Em vez de dar ênfase à centralização das aprovações de custos, FinOps disponibiliza a visibilidade dos custos para as áreas criarem o senso de responsabilização. A especialização com consciência de nuvem da equipe de FinOps permite que as outras equipes saibam como cada item cobrável pode ser distribuído em chargeback e showback. Esses são termos usados para a maneira como exibimos e manipulamos custos. Examinaremos esse assunto com mais detalhes no Capítulo 11.

Por que uma equipe centralizada?

Até agora falamos muito sobre a equipe de FinOps e sobre as funções centralizadas que ela executa. É importante mencionar aqui que no decorrer do livro continuaremos nos referindo a uma equipe centralizada de FinOps, mas existem vários outros modelos de equipes de FinOps que funcionam. A maneira como será estruturada sua equipe de FinOps vai depender em grande parte do tipo de empresa em que você está e do modo como ela suportará o mecanismo de coordenação multidisciplinar que a equipe de FinOps representa.

Continuaremos usando o termo equipe de FinOps, e ele deve ser interpretado como o corpo de coordenação que conduz as melhores práticas de FinOps, mas não se esqueça de que qualquer que seja o design organizacional usado, existem ações que uma equipe de FinOps deve executar em toda a empresa para tornar a transformação o mais bem-sucedida possível.

A equipe central e imparcial, que tem vínculos com os líderes da empresa, as equipes de engenharia e as equipes de finanças, compartilha melhores práticas e recomendações objetivas. Os membros dessa equipe nunca são vistos priorizando um plano específico que beneficie mais uns do que outros, o que constrói mais confiança nas recomendações que fornecem. Eles também devem trabalhar para incorporar objetivos da empresa em cada workload da nuvem.

Quando esse grupo central gerencia as regras de alocação de custos e disponibiliza uma comunicação clara sobre como as equipes estão se saindo, todos os envolvidos têm certeza de que estão sendo monitorados e avaliados de acordo com os mesmos critérios. Se uma das equipes que gerencia o orçamento conduzir o processo, o que costuma ocorrer quando um grupo é responsável pela maior fatia dos gastos na nuvem, podem surgir dúvidas sobre a integridade das informações. Se a alocação de custos for feita de maneira independente por cada equipe, haverá inevitavelmente sobreposições ou lacunas nos dados de gastos. Nos dois casos, a desconfiança crescerá. E quando as equipes perdem a confiança nos dados, elas não podem ser responsabilizadas por eles.

Quando equipes individuais tentam criar seus próprios processos de relatório sobre a nuvem, surgem discordâncias sobre a correta atribuição dos custos. Uma equipe de FinOps com abrangência em toda a empresa resolve esse problema, promovendo um consenso de que os dados de gastos estão corretos e atribuindo objetivamente cada custo ao grupo de engenharia apropriado.

Para concluir, a equipe central define o que a empresa usará como métrica para os negócios. Na verdade, essa é uma tarefa inicial crítica da equipe de FinOps. Um dólar não é apenas um dólar quando se trata de custos da nuvem. Podemos optar por considerar o custo amortizado ou não amortizado, e com as taxas personalizadas aplicadas ou excluídas. Os custos de serviços compartilhados de uma aplicação podem ser incluídos ou ficar ocultos. Quando a métrica de negócios usada pelas equipes é definida claramente, todos falam a mesma língua. No próximo capítulo, examinaremos com mais detalhes a linguagem de FinOps.

Não é a equipe de FinOps que executa a prática de FinOps

É fácil achar que a prática de FinOps pode ser atribuída a uma equipe central e ficar isolada do trabalho do restante da empresa. No entanto, a prática de FinOps não ocorre apenas dentro da equipe de FinOps; esta é principalmente apenas uma equipe facilitadora que dá suporte ao restante da empresa com pessoas especializadas nas complexidades reais dos dados de cobrança e modelos de preço da nuvem, em dados e relatórios centralizados, no gerenciamento de compromissos e em funções relacionadas, ajudando ao mesmo tempo as equipes distribuídas de engenharia com os dados necessários para a tomada de decisões diárias sobre sua infraestrutura. Não devemos esperar que haja uma equipe central para o gerenciamento de infraestrutura ou a execução de grande parte das atividades de otimização. Essa responsabilidade é delegada aos grupos que conhecem melhor sua própria infraestrutura e seus objetivos em relação aos negócios. A equipe de FinOps tem como meta propagar padrões repetíveis para toda a empresa a fim de acelerar as práticas de FinOps nas outras áreas.

> *As outras equipes de nossa empresa me pediram para conversar com elas sobre FinOps e explicar como iríamos protegê-las do excesso de gastos. Respondi então que não iríamos protegê-las e sim ajudá-las a se proteger.*
>
> – Alison McIntyre, Cloud FinOps no Lloyds Banking Group em conversa no *The FinOpsPod*, 2022

Uma equipe de FinOps fará grande parte do trabalho inicial na fase de maturação da nuvem na empresa enquanto todos os envolvidos forem se familiarizando com suas novas responsabilidades. No entanto, com o passar do tempo, as equipes se tornarão mais autossuficientes, e a equipe de FinOps poderá se ocupar de uma quantidade menor das tarefas rotineiras e se dedicar a projetos mais complexos relacionados à eficiência na nuvem.

> *Por que são necessários especialistas em cobrança de nuvem? Como exemplo, o serviço de armazenamento S3 da AWS tem pelo menos seis tipos de "ações" diferentes pelos quais podemos ser cobrados — preço do armazenamento, preço de solicitação e recuperação de dados, preço da transferência de dados e de aceleração da transferência, preço de gerenciamento e análise de dados, preço de replicação e o preço para o processamento dos dados com o S3 Object Lambda. Também existem pelo menos oito tipos de armazenamento diferentes que vão do Standard e do Infrequent Access ao Glacier e ao Deep Archive. Isso totaliza 48 combinações de opções de preço para um único*

serviço. Atualmente, a Amazon tem centenas de serviços diferentes, todos com opções de preço distintas. O especialista de uma equipe de FinOps pode ajudar a esclarecer essa complexidade.

– Ashley Hromatko, ex-diretora de Cloud FinOps na Pearson

À medida que forem amadurecendo, as equipes de FinOps também podem assumir a responsabilidade adicional de automação das tarefas realmente rotineiras que não forem resultado da ineficiência das equipes de engenharia. Existe certo grau de débito técnico que é introduzido com a migração para a nuvem, como levar o armazenamento para uma camada mais cara do que seria necessário ou comprar níveis de serviço superiores ao requerido, casos nos quais a equipe de FinOps pode ter autonomia para correção por sua própria conta, depois de ter conquistado a credibilidade para agir e a confiança das equipes de engenharia.

Esse padrão de capacitação não é um conceito novo: considere a segurança na nuvem. É um modelo de responsabilidade compartilhada. Assim como a equipe de segurança de uma empresa não é a única responsável pela proteção, a equipe de FinOps não é responsável por todas as otimizações. Ela existe para fornecer os meios para os engenheiros mais envolvidos com os recursos da nuvem tomarem decisões sobre as otimizações apropriadas na hora certa, ou para deixar de tomá-las usando a *negação consciente*, abordada no Capítulo 2.

O trabalho que a equipe central de FinOps faz permite e acelera o uso mais eficiente da nuvem pela empresa. Ele não substitui as tarefas diárias das equipes de engenharia e dos líderes da empresa para a otimização contínua de sua infraestrutura.

O papel de cada equipe em FinOps

A Figura 3.1 demonstra como as empresas operam na disciplina de FinOps. Uma equipe multifuncional, como o CCoE (Cloud Center of Excellence, Centro de Excelência em Nuvem), gerencia a estratégia, a governança e as melhores práticas de nuvem e então trabalha com o restante da empresa para transformar como a nuvem é usada.

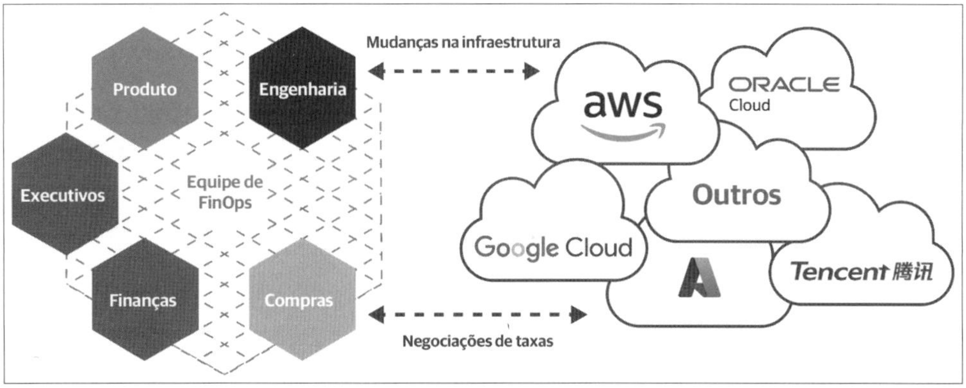

Figura 3.1: Interação das equipes em uma prática de FinOps.

Pessoas de todos os níveis e áreas de uma empresa têm diferentes papéis a desempenhar na prática de FinOps, e eles estão descritos a seguir.

Executivos e liderança

Os executivos (por exemplo, vice-presidente/líder de infraestrutura, líder de centro de excelência em nuvem, diretor técnico ou diretor de tecnologia da informação) se concentram em promover responsabilização e gerar transparência, assegurando que as equipes sejam eficientes e não excedam os orçamentos. Eles também conduzem a mudança cultural que ajuda os engenheiros a começarem a considerar o custo como uma métrica de eficiência, o que será discutido no Capítulo 24.

Engenharia e desenvolvedores

Os membros da equipe de engenheiros e desenvolvedores — como o líder em engenharia de software, o engenheiro principal de sistemas, o arquiteto de nuvem, o gerente de distribuição de serviços, o gerente de engenharia ou o diretor de engenharia de plataforma — se concentram na criação e no suporte de serviços para a empresa. O custo é introduzido como uma métrica da mesma forma que outras métricas de desempenho são rastreadas e monitoradas. As equipes consideram a eficiência do design e do uso de recursos por meio de atividades como o *rightsizing* (o processo de redimensionar os recursos de nuvem para que atendam melhor aos requisitos do workload), a alocação de custos de contêiner, a busca de recursos de armazenamento e computação não utilizados, e identificação de se são esperadas anomalias nos gastos.

Finanças

Os membros da equipe de finanças usam os relatórios fornecidos pela equipe de FinOps para contabilidade e previsão. Eles trabalham com os profissionais de FinOps para entender os dados históricos de cobrança a fim de criar modelos de custo mais precisos. Usam suas previsões e a especialização da equipe de FinOps para fazer negociações de taxas com os provedores de serviços de nuvem.

Compras e terceirização

Os profissionais de compras e terceirização gerenciam o relacionamento da empresa com fornecedores, incluindo os provedores de serviços de nuvem. Esse relacionamento pode ser bem diferente de outros relacionamentos envolvendo serviços de TI gerenciados pela empresa no passado e talvez seja mais complexo e diversificado. Eles tentam obter os melhores preços para os compromissos firmados pela empresa com cada fornecedor e se certificam de que com o tempo ela receba todos os benefícios provenientes de seus pagamentos e compromissos.

Equipes de produto ou negócios

Os membros da equipe de produto, como os gerentes de produto, os responsáveis por produtos, os responsáveis por portfólios, os responsáveis por serviços, os líderes de desenvolvimento de aplicações e líderes semelhantes são responsáveis por um serviço, um produto ou uma linha de produtos. Eles trabalharão com a equipe de FinOps para conhecer, geralmente de maneiras que não seriam viáveis utilizando datacenters, o custo total de execução dos recursos de seu produto ou aplicação. Os líderes de produto têm interesse em novos recursos para atender às necessidades do consumidor e poderão usar dados fornecidos por FinOps para conhecer a lucratividade do produto, se esforçar para aumentar a eficiência do custo direto e prever os gastos com mais precisão de acordo com os lançamentos de novos recursos.

Profissionais de FinOps

> *Os profissionais de finanças me veem como alguém da área de tecnologia. Os profissionais de tecnologia me veem como uma pessoa da área de finanças.*
>
> – Ally Anderson, gerente de operações comerciais, Neustar

Os profissionais de FinOps são o centro pulsante da prática de FinOps. Eles entendem diferentes pontos de vista e têm consciência e especialização multifuncional. São a equipe (ou a pessoa) central que conduz as melhores práticas na empresa, fornece relatórios de gastos feitos com a nuvem em todos os níveis necessários e age como uma interface entre várias áreas da empresa. Podem ser líderes financeiros conhecedores da nuvem ou engenheiros preocupados com custos.

Uma nova maneira de trabalhar juntos

Todas as funções anteriores precisam se integrar de um modo nunca visto. Algumas pessoas dizem que os engenheiros têm que pensar um pouco mais como os profissionais de finanças e estes têm que começar a pensar como engenheiros. Esse é um bom ponto de partida, mas a empresa inteira precisa mudar de um modelo de controle de custos centralizado para um modelo de responsabilidades compartilhadas. Só então a equipe central de FinOps permitirá que a empresa avance e inove com mais rapidez.

Essa mudança cultural também permite que os ocupantes de posições de liderança opinem nas tomadas de decisões de uma forma que atualmente não lhes é possível. Com base nas opiniões das lideranças, as equipes fazem escolhas embasadas sobre se darão ênfase somente a inovações, à velocidade da entrega ou ao custo do serviço. Algumas equipes investem tudo em uma única área com uma mentalidade de crescimento a qualquer custo. A conta da nuvem acaba ficando alta demais e elas precisam começar a pensar sobre crescimento e custo de forma conjunta. Por exemplo, "avance com rapidez, mas mantenha seu custo por transação de cliente abaixo de $0,45".

A quem a equipe de FinOps se reporta?

Geralmente, as equipes de FinOps se reportam ao líder de tecnologia, mas também podem se reportar à área de finanças ou a outras áreas. A pesquisa State of FinOps perguntou a quem as equipes de FinOps se reportam, e como você pode ver, os resultados da Figura 3.2 mostram que elas se reportam a muitas áreas dentro de diferentes empresas. O mais comum é que a equipe de FinOps seja alocada dentro ou no mesmo nível das equipes de tecnologia.

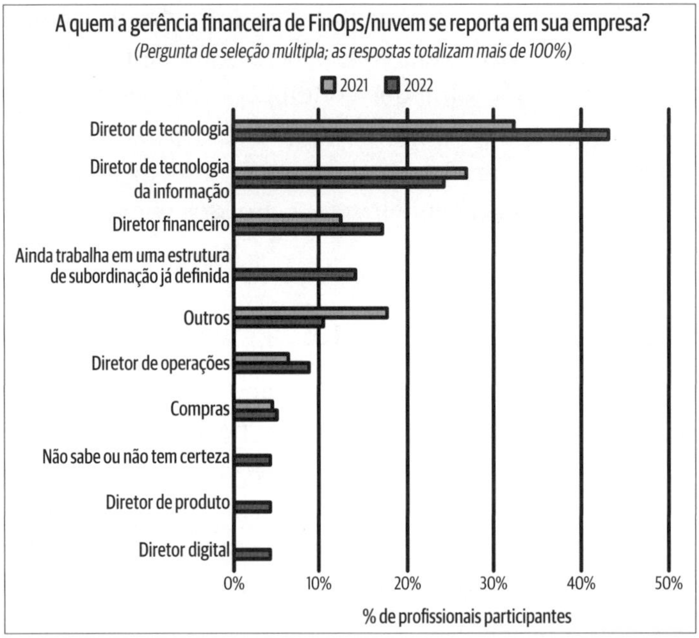

Figura 3.2: Executivos aos quais normalmente a equipe de FinOps se reporta; extraído do relatório da pesquisa State of FinOps de 2022 (http://data.finops.org).

Isso significa que normalmente ela faz parte da função de diretor de tecnologia ou líder de tecnologia. Algumas empresas também a situam dentro de uma função de diretor de tecnologia da informação, embora isso esteja diminuindo com o tempo. Atribuir à liderança de tecnologia a supervisão dos gastos com tecnologia é como deixar a raposa tomar conta do galinheiro, já que o grupo que está gastando o dinheiro também o está monitorando. No entanto, existem várias vantagens em deixar a área de FinOps ficar na gerência de tecnologia. Para começar, mais peso e credibilidade são dados às suas recomendações pelas equipes de engenharia e de desenvolvedores, que poderiam ficar indecisas com recomendações vindas de uma área de finanças. E o que é mais importante é que as equipes de tecnologia são as que entendem melhor as complexidades da nuvem e podem estabelecer mais rapidamente a prática de gerenciar seus gastos altamente variáveis. Geralmente, uma prática de FinOps conduzida pela área de finanças tenta aplicar primeiro os sistemas de relatório e previsão financeira já existentes não projetados para uma cobrança de nuvem, que pode ter milhões de cobranças individuais por mês, mudando diariamente conforme o uso e taxas variáveis. Estamos vendo cada vez mais o surgimento de uma função híbrida em que existe um diretor de operações ou diretor financeiro para tecnologia abaixo do diretor de tecnologia. Uma história da Equifax demonstra essa estrutura no Capítulo 6.

Independentemente de onde for alocada, a equipe central de FinOps deve ser parceira próxima das áreas de finanças e engenharia. Empresas pequenas podem não ter uma área dedicada à equipe de FinOps na estrutura organizacional. Um padrão comum nesse caso é atribuir a uma única pessoa ou reservar parte do tempo de uma pessoa à prática e à promoção de FinOps dentro da empresa. Uma empresa grande e complexa com gastos maiores pode ter 10 ou mais pessoas na equipe central de FinOps.

Compreensão das motivações

> *Geralmente a confiança surge quando conhecemos o contexto dos problemas de outras pessoas.*
>
> – Sascha Curth, líder de economia e governança de nuvem na OLX

Sempre que um grupo variado de pessoas inteligentes vindas de diferentes partes de uma empresa se reúne, invariavelmente ocorrem alguns conflitos, em grande parte porque elas têm objetivos e metas distintos. A área de finanças dá ênfase à eficiência nos custos e a assegurar que as metas do orçamento não sejam excedidas, enquanto a área de operações se concentra em oferecer um serviço de alta qualidade com um número mínimo de interrupções e problemas no atendimento.

Examinaremos mais detalhadamente as motivações das diversas personas envolvidas na prática de FinOps.

Engenheiros

- Querem trabalhar em problemas difíceis que sejam relevantes e desafiadores.
- Querem entregar softwares de maneira rápida e confiável.
- Têm aversão à ineficiência e querem que os recursos sejam usados eficientemente.
- Mantêm-se atualizados no que diz respeito às tecnologias mais recentes.
- São avaliados pelo desempenho, tempo de atividade e resiliência.
- Querem entregar recursos, corrigir bugs e melhorar o desempenho.

Geralmente os engenheiros se sentem mais motivados com a entrega dos recursos de software ou das correções de bugs mais recentes para os clientes do que com o lado financeiro das coisas.

As equipes de FinOps tendem a ter como foco principal pedir aos engenheiros para ajudá-las a entender os custos, rever seus ambientes visando possíveis otimizações e determinar o quanto eles estão sendo eficientes em relação aos gastos.

Jason Fuller, líder de recursos de nuvem na HERE Technologies, segue essa abordagem com seus engenheiros:

> *Deixe minha equipe e a área de FinOps fazerem isso para você. Definirei sua política de ciclo de vida de armazenamento. Você reconhece, como engenheiro, que precisa ter uma, mas essa preocupação é a de número 100 em uma lista de 100 itens. Portanto, me encarregarei disso. A estratégia que funciona melhor com eles é "Deixe-me ajudar. Resolverei tudo. Deixe-me padronizar e redigir suas políticas de ciclo de vida de armazenamento para que você não precise fazê-lo".*

Há casos em que um profissional de FinOps passa algum tempo executando essas tarefas repetíveis em parceria com os engenheiros, dando ênfase a dados que mostrem possíveis áreas em que os engenheiros possam fazer otimizações e ajudando-os removendo — e padronizando — processos que possam ser centralizados. Em certas situações, a equipe de FinOps delega aos engenheiros o controle dessa tarefa, com eles próprios fazendo as otimizações o mais cedo possível, e em outras tem sua confiança para assumir de forma automatizada parte da limpeza do débito técnico[1].

Profissionais de finanças

- Querem estimar e prever os gastos com precisão .
- Querem poder reverter e/ou alocar 100% dos gastos.
- Tentam amortizar os custos apropriadamente para as equipes responsáveis.
- Tentam separar custos compartilhados, como os de suporte e os de serviços compartilhados.
- Querem controlar e reduzir custos, mas mantendo a qualidade/velocidade.
- Querem ajudar os executivos a divulgar a estratégia de nuvem.
- Tentam conhecer antecipadamente os riscos que podem afetar o orçamento.

Os profissionais de finanças podem sofrer um impacto maior quando a empresa começar a adotar a nuvem. Podem ser angustiantes as alterações no processo de

1 N.T.: o termo "débito técnico" foi definido por Ward Cunningham (*http://en.wikipedia.org/wiki/Ward_Cunningham*) e descreve a dívida que a equipe de desenvolvimento assume quando escolhe um design ou abordagem fácil de implementar no curto prazo mas com grande impacto negativo no longo prazo.

aprovação de custos; a mudança das despesas de capital, com seus prazos de depreciação previsíveis, para as despesas operacionais, com gastos altamente variáveis e menos previsíveis; e a associação das informações de custo e uso. Eles podem não saber como ficar atualizados com o ritmo da mudança e não ter certeza de se podem confiar nos números que vêm dos dados de cobrança do provedor de nuvem.

Logo, é importante lembrar às equipes de finanças tradicionais que a nuvem se encaixa em um modelo que elas já conhecem. É simplesmente um serviço baseado em consumo como ocorre com os serviços públicos. Apenas tem 100.000 SKUs, move-se em microssegundos e seus gastos podem sair do controle no decorrer de um fim de semana. É claro que é um processo de terceirização e granularidade diferente, mas continua sendo o mesmo modelo financeiro. No entanto, para um profissional de finanças iniciante na nuvem, é fácil ficar receoso.

Executivos e liderança

- Querem direcionar a responsabilização compartilhada para as equipes.
- Desejam uma transformação digital para os negócios.
- Querem encurtar o tempo de lançamento de novos serviços no mercado.
- Buscam uma vantagem competitiva.
- Querem estabelecer uma estratégia de nuvem bem-sucedida.
- Precisam definir e gerenciar KPIs (key performance indicators, ou indicadores-chave de desempenho).
- Devem comprovar o valor dos investimentos em tecnologia.

O Capítulo 2 mostrou como as empresas usam softwares e tecnologias conectadas à internet para se diferenciar de seus concorrentes. A nuvem é uma das principais ferramentas para a aceleração dessa mudança digital. Os executivos estão definindo suas estratégias cloud-first e levando suas equipes para a nuvem. Conforme os gastos com a nuvem forem se tornando relevantes dentro da empresa, é essencial que esses mesmos executivos divulguem para as equipes de engenharia a importância de rastrear e balancear custos. Os executivos dão suporte à mudança cultural que os profissionais de FinOps se esforçam para implementar dentro da organização. De cima para baixo, a liderança dá orientações sobre o equilíbrio na priorização entre bom, rápido e barato. Para que FinOps funcione bem, os líderes e executivos também devem estar alinhados uns com os outros — entre as disciplinas e verticalmente entre os níveis — quanto aos objetivos da nuvem e aos controles de que eles desejam que orientem seu uso.

Profissionais de compras e terceirizações

- Avaliados tradicionalmente pelos descontos obtidos durante as negociações.
- Desejam assegurar que os gastos ocorram de acordo com os contratos com os fornecedores.
- Querem construir relacionamentos com fornecedores-parceiros estratégicos.
- Querem negociar e renovar contratos com fornecedores.

A área de compras não é mais a guardiã dos gastos de TI. Com os engenheiros definindo diretamente os recursos de nuvem, o setor de compras se tornou um ambiente de responsabilidade distribuída. Manter a visibilidade dos gastos com a nuvem e gerar previsões assertivas passaram a ser mais importantes para que esses dados possam ser usados para impulsionar relacionamentos com fornecedores e negociações de contratos. Quando a equipe de compras adota FinOps, ela não exige que sejam utilizados processos de microaprovação para custos da nuvem. Em vez disso, prefere ajudar a distribuir a responsabilização permitindo ao mesmo tempo que as equipes ganhem acesso aos recursos certos para promover a inovação.

FinOps em toda a empresa

Não é mais aceitável as equipes considerarem apenas suas próprias prioridades. Se a equipe de operações técnicas não levar em consideração os impactos de seus gastos com a nuvem, a área de finanças terá o impossível desafio de prever e orçar os gastos da empresa com a nuvem. Alternativamente, se a equipe de finanças assumir sozinha o controle dos gastos com a nuvem e demandar aprovações para cada recurso, será difícil a empresa se beneficiar do ritmo e da agilidade de ter recursos com gastos variáveis e infraestrutura sob demanda. Lembre-se de que a vantagem da nuvem é a velocidade na inovação.

Histórias da nuvem – Rob Martin

Rob Martin, diretor de aprendizado na FinOps Foundation, compartilhou essa história anônima de recentes cursos de treinamento FinOps Certified Practitioner sobre a maneira como as personas de FinOps trabalham juntas:

> À medida que a cultura de responsabilização usada na prática de FinOps é estabelecida na empresa, todas as áreas começam a trabalhar de forma mais próxima. Quando o gerente de produto identifica um novo recurso, ele pode detectar rapidamente o impacto que ofertá-lo causará na receita ou para os clientes e confirmar a margem que queria produzir. O líder responsável pelo

demonstrativo de lucros e perdas em que o produto é descrito pode aprovar o investimento e tem flexibilidade para ajustar os orçamentos das equipes que terão que desenvolvê-lo, para que elas possam planejar parâmetros de sucesso e estimar quanto ele custará e quanto venderá. Isso dá ao líder de engenharia uma direção clara para construir um plano, agendar os prazos de trabalho para criar o MVP (minimum viable product, ou produto mínimo viável), e estimar a curva de custo em relação ao tempo a fim de criar o diagrama ao qual a área de finanças tenha acesso. Todos os envolvidos podem voltar atrás à medida que o plano se solidifica, ajustes são feitos no orçamento, recursos são solicitados e, com o uso de tags apropriadas, mostra-se que estamos todos envolvidos. No passado, levava meses para esse processo ser esboçado, coordenado e para serem obtidas aprovações; atualmente podemos executá-lo em dias ou semanas.

Contratação para FinOps

É importante mencionar que você não conseguirá facilitar a mudança cultural para FinOps apenas contratando profissionais ou trazendo um prestador de serviços. Com FinOps, todos os funcionários da empresa têm um papel a desempenhar. Um requisito de FinOps deve ser adicionado a todas as contratações, seja de executivos ou de profissionais de finanças e operações: trata-se de listar FinOps—ou mais especificamente o gerenciamento do valor proveniente da nuvem — como parte de cada descrição de vaga ou fornecer treinamento de FinOps para a integração de novos contratados da empresa. Pergunte aos engenheiros como as métricas de custo podem ajudar na obtenção de um bom design dos serviços e pergunte aos profissionais de finanças como o gasto variável da nuvem muda as práticas financeiras comuns. Sem a contratação de novos talentos com conhecimento de FinOps ou o treinamento contínuo dos novos membros que ingressarem nas equipes, a cultura que você construiu será corroída lentamente pelo fato de a nova equipe não ter a mentalidade certa.

Os papéis a serem desempenhados evoluirão para atender às necessidades de FinOps. Funcionários com mais habilidades que tiverem mentalidade comercial, raciocínio financeiro e perspicácia tecnológica emergirão. Profissionais de finanças aprenderão o que é a nuvem, assim como os profissionais de TI aprenderão finanças.

Lembre-se de quando a ideia da existência de engenheiros full-stack era nova; chegou a hora de começarmos a pensar em pessoas full-business.

Veja alguns dos conjuntos de habilidades comuns que precisamos ter ao desenvolver a prática de FinOps:

Gestão de políticas

Cria documentos de políticas, padrões, KPIs (key performance indicators, ou indicadores-chave de desempenho), OKRs (objectives and key results, ou objetivos e resultados-chave) e frameworks de governança para guiar a alocação de custos e o uso da nuvem na empresa.

Redação técnica

Cria documentação sobre processos de FinOps, ajuda a disseminar padrões (tagueamento) e envia alertas de orçamento.

Análise

Investiga anomalias nos custos, pesquisa modelos de custo de nuvem e os explica para os engenheiros e profissionais de finanças, bem como cria e distribui relatórios para executivos.

Engenharia

Considera os custos de decisões sobre arquitetura e ajuda na automação de dados de cobrança, otimizações, relatórios de orçamentos e previsões, além de governança.

Engenharia de automação

Concentra-se na automação de ferramentas de nuvem, automatizando o gerenciamento de mecanismos de cobrança da nuvem, como os alertas de orçamento e compromissos, ou automatizando recomendações de otimização.

Engenharia de dados

Constrói sistemas que coletam, gerenciam e normalizam dados brutos convertendo-os em informações úteis para cientistas de dados e analistas de negócios a fim de que eles façam análises e gerem relatórios a partir delas. Os engenheiros de dados implementam métodos para melhorar a confiabilidade e a qualidade dos dados.

Treinamento

Deixa as equipes atualizadas no que diz respeito a qual é sua relação com FinOps; requer a disponibilização de materiais de treinamento e o gerenciamento de cursos autogeridos ou presenciais.

Evangelização/marketing

Constrói o perfil de FinOps dentro da empresa; requer esforços para a criação de uma base de promoção da prática e ao mesmo tempo convence os detratores ajudando-os a entender o valor que FinOps fornece.

Inicialmente, os conjuntos de habilidades anteriores podem ser fornecidos por profissionais curingas, mas com o tempo, à medida que a prática e os gastos crescerem, provavelmente eles serão divididos entre um grande número de especialistas. O Capítulo 6 discutirá os tamanhos de equipes comuns com base na maturidade e mostrará alguns exemplos de estruturas de equipes.

A cultura de FinOps em ação

Como exemplo de como uma cultura de FinOps, associada à terminologia da prática, pode capacitar a empresa, examinaremos como a introdução da conteinerização impacta a visibilidade dos custos. Com a introdução da conteinerização, as equipes de operações podem empacotar mais serviços nos mesmos recursos computacionais. Serviços como o Kubernetes fornecem controle e automação para as equipes de um modo nunca visto. É fácil notar que, para as equipes de operações, a implementação da conteinerização é uma ótima oportunidade. E ela tem se desenvolvido no setor com a adoção em larga escala de ambientes de contêiner.

Você poderia deduzir que incluir mais serviços nos mesmos recursos computacionais teria como resultado custos mais baixos, mas esses benefícios podem gerar perda de visibilidade. Os dados de cobrança da nuvem têm os custos das instâncias computacionais subjacentes, porém podem não ser fornecidos detalhes para ajudar a área financeira a saber que contêineres, referentes a quais aplicações, estão operando baseados em cada instância.

Considere como esse cenário ocorre sem uma cultura de FinOps.

Compreensivelmente, a equipe de finanças vai querer saber como deve dividir os custos dos recursos computacionais subjacentes para as unidades de negócios certas. Logo, ela pedirá ajuda aos engenheiros. Esse pedido significa que os engenheiros devem parar o que estão fazendo e voltar sua atenção para custos e dados financeiros. Já que essa mudança acabará resultando em perda de produtividade, a equipe de finanças pode chegar à conclusão — e começar a defender a ideia junto aos executivos — de que a conteinerização é ruim para as operações da empresa.

No entanto, quando aplicamos FinOps e introduzimos profissionais da prática no circuito, obtemos um resultado diferente. O profissional terá um conhecimento exato de que dados estão ou não disponíveis examinando os arquivos de cobrança do provedor de serviços de nuvem. A área de finanças aprenderá e entenderá os aspectos básicos da conteinerização e por que ela beneficia a empresa. Enquanto isso, a equipe de operações aprenderá a importância do chargeback e do showback.

Quando a equipe de finanças perguntar sobre as divisões de custos nos contêineres executados no cluster, um profissional de FinOps entenderá seu ponto de vista: eles só veem o custo geral do cluster. Por outro lado, embora as equipes de engenharia saibam que contêiner está agendado em cada instância do cluster, elas não podem associar facilmente esses dados à cobrança da nuvem. Contudo, quando compartilharem essas informações, o profissional de FinOps poderá assumir a tarefa de organizar os custos.

A equipe de FinOps pegará então esses dados de alocação e executará a análise necessária para combiná-los com os dados de cobrança. Agora a área financeira terá os relatórios de que precisa e as ocupadas equipes de engenharia poderão continuar trabalhando. Devido a essa abordagem multifuncional, a equipe de finanças consegue ver a conteinerização como impulsionadora da eficiência, e não como bloqueadora.

A dificuldade para motivar as pessoas não é nova

Nos últimos dois anos, a pesquisa State of FinOps mostrou que o principal desafio que os profissionais de FinOps enfrentam é motivar os engenheiros a se envolverem, como mostrado na Figura 3.3.

Histórias da nuvem – Mike

Uma vez eu estava conversando com uma equipe de FinOps dentro de uma grande empresa de tecnologia. A conversa mudou para como motivar os engenheiros a se envolverem quando um dos membros da equipe compartilhou uma história comigo. Seu pai já trabalhava há algumas décadas com tecnologia no Vale do Silício, e esse membro lhe falou sobre os desafios que estava enfrentando no trabalho para fazer alterações em suas configurações de nuvem. Durante a conversa, o pai riu e disse algo como: "Seu problema com a nuvem não é novo. Esse é o antigo problema de motivar outras pessoas a fazerem algo que você quer que elas façam".

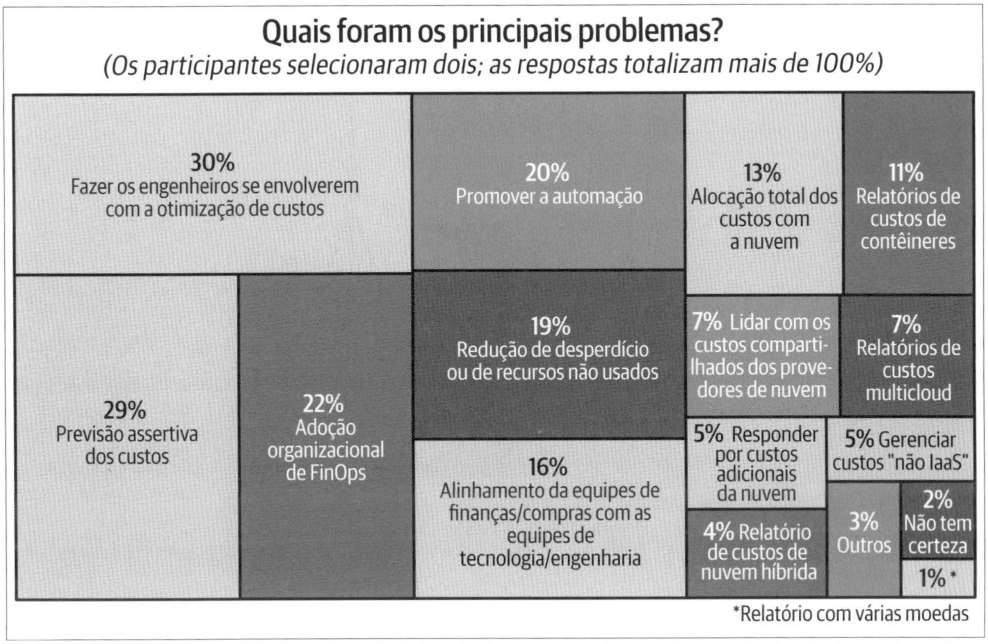

Figura 3.3: Respostas da pesquisa State of FinOps de 2022 da FinOps Foundation, mostrando que motivar os engenheiros é o principal desafio.

É fácil cair na armadilha de achar que esse problema só acontece com a nuvem. Como profissional de FinOps, você deve identificar oportunidades de otimização e relatá-las para as equipes de engenharia. As recomendações devem demandar que os engenheiros reservem algum tempo para examiná-las e fazer as alterações necessárias em seus recursos de nuvem. Essas recomendações individuais terão particularidades sobre como vários recursos de nuvem são cobrados e configurados e as opções alternativas disponíveis. Veja como em um nível individual esse problema parece específico da nuvem e o quanto a prática de realçar oportunidades para que os engenheiros as aproveitem é nova.

É importante deixar de lado os conceitos específicos da nuvem e começar a se concentrar no problema principal, que é o seguinte: como motivar outras pessoas a fazerem alterações e incorporar novos elementos em seu fluxo de trabalho? Considere a tarefa que você está tentando executar quando generaliza o desafio como se fosse tão simples como "você precisa que os engenheiros dediquem algum tempo à execução de uma ação recomendada".

Como visto na Figura 3.4, a escala da ação mostra o equilíbrio entre as probabilidades de os engenheiros implementarem as recomendações. A escala tem vários fatores que inclinam a balança a favor da ação ou contra ela.

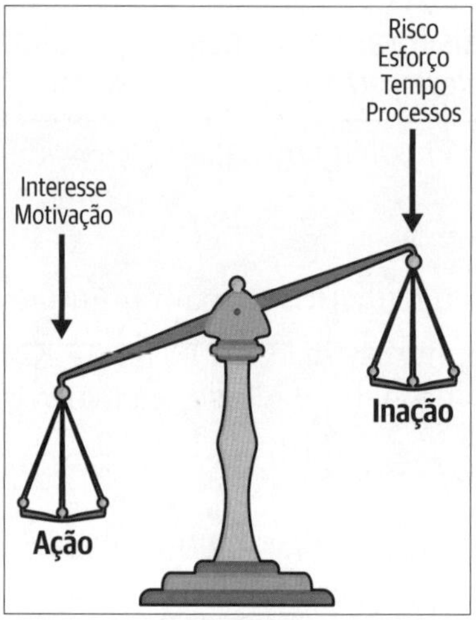

Figura 3.4: Escala da ação.

O que contribui para a ação

No lado da escala que inclina a balança a favor da ação temos:

Interesse

O quanto seus engenheiros estão interessados na recomendação? Em vez de apresentar uma recomendação com "Você precisa examinar essa recomendação", mude a linguagem para "Você sabe o que pode ter causado essa recomendação?". Geralmente o interesse na recomendação leva ao aumento da motivação.

Motivação

Quanto mais os engenheiros estiverem motivados — por estarem sendo avaliados ou recompensados pelos resultados relacionados a custos — a trabalhar nas recomendações feitas a eles, mais alta será a probabilidade de dedicarem seu tempo a examiná-las e implementá-las.

Compreensão

Para seus engenheiros se envolverem, eles devem entender as recomendações e saber como elas foram feitas, como devem ser consideradas e o que é necessário fazer para executar as alterações necessárias.

Desmotivadores da ação

Em oposição aos fatores que contribuem para a ação, temos os fatores desmotivadores atuando contra o envolvimento das equipes de engenharia:

Esforço e tempo

Duvidamos que seus engenheiros tenham muito tempo livre. A quantidade de horas que eles terão que dedicar à implementação de uma alteração recomendada diminuirá a probabilidade de se envolverem.

Processos

A motivação das equipes de engenharia diminui conforme a quantidade de processos que precisam ser seguidos aumenta, principalmente etapas manuais e aprovações.

Risco

Não existem recomendações sem risco. Alterar a configuração de recursos de nuvem pode levar a resultados inesperados. A confiança nas recomendações será afetada quando suas equipes de engenharia tiverem algum problema ou ouvirem falar de falhas em outras equipes.

Inclinação da escala a seu favor

Você pode superar o desafio de impulsionar a ação de duas maneiras: aumente os fatores de contribuição ou combata os fatores desmotivadores. Na verdade, será necessário agir das duas formas.

Aumente a motivação

Converse com seus engenheiros e pergunte a eles o que é necessário para que se envolvam. Mostre o caminho para que se familiarizem com a iniciativa. No entanto, tente não dar muitas ordens e deixe que decidam como o trabalho será feito. Quando tiver equipes envolvidas com o processo, mostre o sucesso de seus esforços a todas as equipes de engenharia para inspirá-las e, para concluir, demonstre apreciação e recompense seus esforços. Vimos equipes usarem blogs internos ou conversas em reuniões abertas/gerais celebrando o sucesso como um excelente método de divulgar a prática. Oferecer adesivos e camisetas no fim do treinamento pode ser uma ótima maneira de incentivar as equipes a conhecerem seu programa.

Eduque as equipes

Pense bem em como explicará o que é necessário que os engenheiros façam. Certifique-se de que seus engenheiros entendam por que você precisa que eles executem as tarefas e dentro de que período espera que o façam. Se os engenheiros não tiverem certeza de como devem executar as tarefas ou de quais são seus benefícios, ignorarão o pedido. Forneça treinamento, links para a documentação sobre como as recomendações foram feitas e como ajustar as configurações dos recursos de nuvem, e ponha-se à disposição para responder a perguntas.

Reduza o esforço

Quanto maior for o tempo que você passar validando a qualidade das recomendações, menos tempo os engenheiros precisarão para examiná-las. Trabalhe com seus engenheiros para determinar que informações você pode fornecer com seu pedido. Levar de uma só vez todas as informações relevantes que os engenheiros usarão reduzirá o esforço de coleta. A automação pode reduzir o tempo e o esforço necessários para a implementação das tarefas.

Evite a perda de confiança

Após uma falha, você terá que saber por que a tarefa não foi bem-sucedida. Remova as recomendações de alto risco e compartilhe com suas equipes de engenharia a melhor maneira de avaliar as recomendações para evitarem outro incidente.

Concentre-se em construir uma cultura na empresa que permita que as equipes de finanças desenvolvam uma parceria com as equipes de engenharia, e faça com que elas entendam as motivações umas das outras e adquiram uma compreensão coletiva de seus objetivos organizacionais. Para influenciar a mudança, dê poder às equipes para que se envolvam na criação dos processos que terão que ser seguidos e identifique itens que aumentem o interesse das pessoas em ajudar.

Conclusão

No decorrer deste capítulo, enfatizamos que todas as equipes devem adotar uma mentalidade de FinOps. As equipes da empresa devem trabalhar juntas para entender os objetivos umas das outras e uma equipe centralizada de FinOps ajudará a construir relatórios e práticas que serão usados por todos para o alcance de seus objetivos.

Resumindo:

- Todas as equipes têm um papel a desempenhar em FinOps.
- As equipes têm diferentes fatores que motivam a condução dos gastos e de economias.
- As equipes devem trabalhar juntas sendo equilibradamente solidárias com os objetivos umas das outras.
- Os profissionais de FinOps ajudam a alinhar as equipes aos objetivos organizacionais.
- Motivar os engenheiros a se envolverem não é um novo problema da nuvem e sim um antigo desafio enfrentado pelas pessoas.
- A escala da ação ajuda a visualizar os itens que contribuem para fazer os engenheiros se envolverem e os itens que os desmotivam.
- Para inclinar a escala da ação a favor do envolvimento, você precisa implementar programas para incentivar os fatores de contribuição e reduzir os fatores de desmotivação.

No próximo capítulo, examinaremos como as equipes conversam umas com as outras. Você verá que uma boa colaboração requer mais do que apenas colocar as equipes na mesma sala. A linguagem da área de finanças pode ser bastante diferente da usada na área de engenharia, logo, todos devem adotar uma linguagem comum.

CAPÍTULO 4

A linguagem de FinOps

Provavelmente cada equipe da sua empresa usa os termos específicos de sua área, considera os dados de cobrança da nuvem a partir de pontos de vista diferentes e tem fatores de motivação distintos para o que gostaria de obter. Este capítulo discutirá como você pode fazer com que as equipes colaborem de forma mais eficiente, educando os membros a respeito dos termos específicos que são utilizados por cada equipe e definindo um vocabulário comum para encorajar o alinhamento e a confiança.

> **Histórias da nuvem – Mike**
>
> Antes do início de uma prática de FinOps na Atlassian, as equipes controlavam seus próprios custos e usavam seus próprios métodos para decidir que partes de quais cobranças eram sua responsabilidade. Minha primeira ação foi criar relatórios e enviá-los para as equipes de negócios. No entanto, não me preocupei com uma etapa vital. As equipes leem os relatórios levando em consideração seu ponto de vista individual, como sempre fizeram. Meus relatórios não esclareciam os gastos com a nuvem — eles os tornavam confusos. Os termos que usei não faziam sentido para todos os envolvidos, logo, as equipes acabaram tendo opiniões divergentes sobre a validade do relatório.
>
> Ao perceber isso, notei que precisávamos de uma linguagem comum. Eu tinha que dar um significado mais amplo aos termos de FinOps e fornecer um conjunto de relatórios comum que todas as equipes pudessem usar para rastrear seus gastos e otimizações. Meus relatórios anteriores, repletos de termos de infraestrutura específicos da nuvem, causaram confusão e frustração para a equipe de finanças, o mesmo ocorrendo com as equipes de engenharia em relação aos relatórios direcionados aos aspectos financeiros da nuvem.

Normalmente, uma empresa no estágio inicial começa com a simples visibilidade dos gastos diários para mostrar às equipes suas respectivas despesas. Contudo, o vocabulário comum é importante não só para quem está começando em FinOps, mas até mesmo para as práticas de FinOps em que já existe mais conhecimento. À medida que sua maturidade na nuvem aumentar, a quantidade de termos usados em seu relatório de custos se expandirá. Conforme você for adicionando áreas de capacitação à sua prática de FinOps, aumentando o consumo de serviços de nuvem e se tornando mais granular em seus relatórios, acabará tendo uma terminologia ainda mais específica da disciplina. Isso aumentará a probabilidade de uso de termos ambíguos (ou duplicados), o que pode gerar confusão e falta de confiança nos dados. A consistência passa a ser ainda mais importante em estágios posteriores, para o fornecimento de uma melhor compreensão de como os relatórios estão relacionados uns com os outros e para o direcionamento da responsabilização para as respectivas equipes. Tente evitar o uso de termos incomuns específicos de finanças ou engenharia e empenhe-se para estabelecer um vocabulário padronizado.

Definição de um vocabulário comum

É fácil demonstrar a necessidade de um vocabulário comum: basta pedir a uma equipe de finanças e a uma equipe de engenharia para descreverem individualmente um serviço. Em geral, uma equipe de finanças considera os custos e as taxas de serviços, enquanto os engenheiros pensam mais na *disponibilidade do serviço*, na *confiabilidade* e na *capacidade disponível*. As duas abordagens estão corretas. A desconexão ocorre quando essas equipes tentam se comunicar uma com a outra, o que a nuvem as força a fazer com muito mais frequência do que era comum durante a época dos datacenters. Naquele passado não tão distante, as equipes de operações só interagiam com as de custos quando propunham compras de novos equipamentos. Fora isso, o trabalho diário estava relacionado com a eficiência e o desempenho de seus serviços. Por outro lado, as equipes de finanças se concentravam nos gastos que foram confirmados e em que orçamento deveria ser lançada a depreciação.

Ao distribuir o poder de compra de tecnologia por toda a empresa, temos que nos certificar de que as equipes estejam usando o mesmo vocabulário para descrever custos — e de não sobrecarregar os termos para expressar significados diferentes para pessoas distintas. A linguagem se torna mais complexa quando adicionamos termos específicos dos provedores de serviços de nuvem, e se aproxima rapidamente da incoerência quando nos alternamos entre vários provedores e sua nomenclatura individual específica.

Se cada relatório gerado também precisar incluir um dicionário de termos — ou pior, se alguém precisar ensinar a equipe a ler um relatório — isso prejudicará a colaboração entre equipes na parte mais importante da prática de FinOps. As pessoas não dedicarão aos relatórios o tempo necessário para entendê-los, e o profissional de FinOps pode ter problemas para manter todos os envolvidos informados.

Para que seja construída uma linguagem comum em toda a empresa, os relatórios devem usar consistentemente termos específicos, e as equipes devem aprender a interpretá-los corretamente. Embora alguém possa saber que *custos rateados* significa a mesma coisa que *alocação de custos*, esse não é um conhecimento que todos terão no começo de FinOps.

Sempre que possível, é melhor usar estruturas de linguagem existentes em vez de criar termos totalmente novos que as equipes precisarão aprender. E se um provedor de serviços de nuvem usar uma terminologia que não esteja alinhada com a linguagem de negócios existente, é melhor convertê-la antes de passar para as equipes.

Definição dos termos básicos

É claro que se todos lerem este livro, isso também ajudará a construir uma compreensão comum dos termos usados em FinOps. Definiremos alguns termos empregados no setor:

Alocação de custos (ou atribuição de custos)

Processo de ratear uma cobrança de nuvem e associar os custos a cada centro de custo. O Capítulo 12 abordará esse processo de forma mais detalhada. É importante que as equipes aprendam como os custos estão sendo alocados e que haja uma estratégia de alocação de custos centralizada, controlada e consistente.

Uso desperdiçado

Recursos que não são usados ativamente pela empresa. Se um recurso for provisionado, o provedor de serviços de nuvem cobrará por ele — mesmo se não for usado.

Superdimensionado/subdimensionado

Quando um recurso de nuvem é provisionado com uma dimensão maior do que a necessária, como quando temos memória ou poder computacional excessivo, ele pode ser considerado superdimensionado. É bom ressaltar que o oposto também pode ocorrer. No caso de recursos subdimensionados, você pode aumentá-los se o poder adicional gerar mais valor para os negócios.

Rightsizing

Rightsizing é o ato de alterar o volume de recursos provisionados para um que atenda melhor às necessidades.

Gerenciamento de workload

Prática de assegurar que os recursos provisionados na nuvem só sejam utilizados quando forem necessários. É uma das práticas que permite que os engenheiros otimizem o uso.

Taxa sob demanda

É a taxa normal ou básica paga por um recurso de nuvem. Esse é o preço público de um recurso de nuvem.

Redução de taxa

Uso de descontos baseados em compromissos como os SPs, (Savings Plans, ou Planos de Economia), as RIs (Reserved Instances, ou Instâncias Reservadas), os CUDs (Committed Use Discounts, ou Descontos por Compromisso de Uso), os Flexible CUDs ou acordos comerciais entre a empresa e um provedor de serviços de nuvem para pagar uma taxa menor pelos recursos utilizados.

Custo evitado

Pela redução do uso de recursos, por meio da remoção total ou do rightsizing da maneira certa, você pode evitar pagar por um recurso que teria cobrança. Esse método de redução de gastos na nuvem será abordado no Capítulo 15. É bom mencionar que não haverá nada nos dados de cobrança que ajude a rastrear o custo evitado; geralmente ele é medido como uma redução no volume de custos do ciclo de cobrança do mês atual.

Economia nos custos

Reduzindo a taxa paga pelos recursos, você gerará economia. Ao contrário da redução no uso, com a qual evitamos custos, a economia nos custos é representada nos dados de cobrança. O uso existe, mas pagamos uma taxa menor por ele. Geralmente podemos rastrear as economias diretamente nos dados de cobrança, pelo monitoramento de créditos aplicados a uma cobrança ou avaliando a taxa paga por um recurso versus o preço público comum. No entanto, os engenheiros devem verificar com os times de finanças o uso que está sendo feito da palavra "economia", já que algumas áreas financeiras interpretam o termo como a habilidade de reduzir o orçamento.

Economia realizada

Quando alguma economia é obtida nos dados de cobrança , temos como rastrear a quantia que foi economizada na conta de nuvem. Monitorando a economia realizada em relação aos esforços para sua geração e manutenção, é possível determinar a eficácia geral das práticas de FinOps.

Economia prevista

Examinando suas previsões de cobrança da nuvem, você pode estimar a quantia a ser economizada usando os compromissos e contratos comerciais existentes. No entanto, até que essa economia seja realizada nas contas, ela será apenas uma economia prevista.

Descontos baseados em compromissos

Ao reservar antecipadamente, com um provedor de serviços de nuvem, um nível específico de uso de recursos usando SPs, RIs ou CUDs, você receberá uma redução na taxa normalmente paga por esses recursos.

Compromissos não usados/não utilizados

A hora reservada de uso de um recurso que não foi utilizada é considerada reserva não usada ou não utilizada. Outro termo empregado nesse caso é *reserva disponível*.

Desperdício de compromisso

A existência de uma reserva com algum nível de subutilização não será um problema contanto que o desconto obtido seja maior do que o custo da reserva não usada. Quando a reserva custa mais do que o que seria economizado — isto é, ela não é utilizada até uma quantidade em que a economia é maior do que o custo da reserva — essa situação é chamada de desperdício de compromisso.

Uso coberto

Quando a cobrança de um recurso recebe desconto pela reserva, o uso é considerado coberto. O uso está sendo coberto pela reserva e o resultado é uma taxa de cobrança mais baixa.

Uso elegível à cobertura

Nem todos os usos da nuvem podem ser cobertos por um compromisso. Por exemplo, se você tiver um uso de recurso que atinja o pico durante o horário comercial e depois seja removido, firmar um compromisso pode resultar em desperdício e não gerará economia. Contudo, também é possível que um trabalho em lote durante a madrugada comece quando o uso diário for acionado, e um compromisso cobriria os dois workloads, resultando em economia para ambos. Quando o uso coberto por um compromisso resultar em economia, classifique-o como elegível para cobertura. O importante é que um conjunto de recursos forneça consistência suficiente para que um compromisso possa ser utilizado com o objetivo de economia financeira, e não que um único recurso seja executado consistentemente.

Taxas não combinadas (específicas para AWS)

Alguns recursos são cobrados com taxas que diminuem quanto mais eles forem usados. (Consulte o Capítulo 16 para saber mais sobre os descontos por volumes). Isso significa que serão cobradas taxas diferentes por recursos que você usar mais, ou que usar por longos períodos durante o mês. Examinando sua conta, você verá que os custos de alguns recursos são maiores do que outros, até para o mesmo tipo de recurso ou um recurso idêntico. Quando as taxas são apresentadas dessa forma, elas são chamadas de não combinadas (Unblended Rates) no jargão da Aws.

Taxas combinadas (específicas para AWS)

A AWS oferece uma taxa combinada (Blended Rates) em seus dados de cobrança. Ela padroniza a taxa paga pelo mesmo tipo de recurso distribuindo uniformemente as cobranças para cada recurso, exceto quando o uso é coberto por descontos baseados em compromissos. Embora a AWS forneça essa taxa combinada em seus dados detalhados de cobrança, geralmente os custos não são combinados de maneira perfeitamente uniforme, ou alguns custos de recursos não são combinados por serem cobertos por compromissos, o que pode gerar confusão sobre o custo real de um recurso. Também existe um caso de uso específico para taxas combinadas em conciliações de faturas quando do uso de arquivos de dados do CUR (Cost and Usage Report, ou Relatório de Custo e Uso), mas em outras situações raramente as taxas combinadas são úteis.

Custos amortizados

Alguns recursos de nuvem e descontos baseados em compromissos podem ser comprados com uma taxa antecipada. O custo amortizado (Amortized Costs) de um recurso leva esse pagamento inicial em consideração e o divide, atribuindo o custo a cada hora (segundo ou milissegundo) de cobrança. Por exemplo, um método de obtenção de compromisso com antecipação de um ano (SPs ou RIs) fará a divisão por todos os períodos em que esse compromisso foi aplicado a um recurso.

Custos totais

Os custos totais (Fully Loaded Costs) são amortizados, refletem as taxas reais com desconto que uma empresa está pagando pelos recursos de nuvem, incluem custos compartilhados e são mapeados para a estrutura organizacional da empresa. Eles mostram os custos reais da nuvem e os seus ofensores. A empresa pode optar por definir os custos totais diferentemente dependendo dos descontos e dos componentes de custo que for necessário incluir. Ou pode definir outro termo para representar esse cálculo em seu relatório.

Definição de termos financeiros para profissionais de computação em nuvem

Alguns termos que vêm da área financeira que os engenheiros podem achar útil conhecer são:

Princípio do confronto das despesas

As despesas devem ser registradas no período em que o valor foi recebido e não necessariamente durante o período em que o provedor de nuvem as faturou ou quando o pagamento foi feito. O princípio do confronto das despesas (matching principle) é aplicado ao regime de competência (accrual basis), e essa é sua principal diferença em relação ao regime de caixa (cash basis) na contabilidade. Na cobrança de IaaS, a fatura (normalmente mensal) recebida do provedor de nuvem pode incluir pagamentos antecipados para a aplicação de benefícios — descontos — aos recursos no prazo mais longo (12 ou 36 meses) do compromisso; grande parte do benefício do pagamento antecipado não ocorre nesse período contábil. Isso significa que você deve reportar os gastos usando os dados de cobrança (por exemplo, os Relatórios de Custo e uso da AWS, o Arquivo de Cobrança da Azure) em vez de usar as faturas do provedor.

Custo de capital/WACC/ICC

O custo de capital é o custo incorrido por uma empresa para aplicar seu dinheiro em um investimento. Também é chamado de ICC (Internal Cost of Capital, ou Custo de Capital Implícito). Na nuvem, o custo de capital é uma consideração importante quando avaliamos o pagamento antecipado por descontos adicionais em compromissos, como no caso das RIs. Por exemplo, se uma empresa tomar empréstimo a uma taxa de 8%, seu custo de capital será de 8%. Esses 8% se tornarão o limite que a empresa terá que exceder em seu retorno sobre o investimento. No entanto, o exemplo dos 8% é muito simplista. No mundo real, a maioria das empresas tem várias fontes para obter acesso a capital. Muitos tipos de financiamento de capital e de dívida podem ter taxas bem diferentes. Ao fazer cálculos de custo de capital nessas situações, as empresas devem usar uma combinação dessas taxas, chamada *WACC (Weighted Average Cost of Capital, ou Custo Médio Ponderado de Capital)*. A maioria das equipes financeiras sabe qual é seu WACC e deve considerá-lo ao fazer compras antecipadas de RI.

Custo das mercadorias vendidas (COGS)

O COGS (Cost of Goods Sold, ou Custo das Mercadorias Vendidas) mede quantos dólares precisamos desembolsar para gerar receitas em um período específico. Por exemplo, se uma empresa fornecedora de energia estiver retirando carvão do depósito e enviando-o para a usina, ela registrará o custo do carvão queimado. Esse custo não tem benefício futuro, logo, será uma despesa diretamente mapeável para a receita desse período, o que a tornará uma despesa COGS. O teste para a definição do COGS é: ele é gasto de forma direta e está relacionado diretamente com as receitas do mesmo período?

A inclusão de custos em R&D (pesquisa e desenvolvimento) pode receber um tratamento de taxas mais favorável do que o do gasto em COGS, portanto, a habilidade de diferenciar claramente as duas hipóteses é um recurso importante da prática de FinOps.

– Jason Rhoades, Intuit

Em uma empresa de software, o COGS seria a cobrança de nuvem mensal para a operação do software, as comissões dos vendedores e os custos de suporte. É claro que a nuvem é mais variável e tem mais potencial para otimização. Já que geralmente não é boa prática de negócios diminuir as comissões de vendas ou despedir os funcionários de suporte, isso leva à otimização dos gastos com a nuvem sem redução da receita.

Quando o COGS se torna ativo capitalizado

Existe algo inesperado que pode ocorrer de acordo com como as despesas são usadas. Digamos que uma empresa de energia pegasse parte de seu carvão e a usasse para fabricar diamantes. Se ela queimasse o carvão a fim de gerar energia para venda e obtenção de receita, contabilizaria o custo do carvão como COGS. No entanto, se fabricasse diamantes a partir do carvão e esses diamantes não fossem vendidos no período, mas colocados no depósito como estoque para serem vendidos em algum período futuro, o custo do carvão seria considerado gasto em R&D e, portanto, seria capitalizado como um ativo. Assim que os diamantes fossem vendidos, o custo do carvão voltaria a ser COGS durante o período da venda.

Para ilustrar, anteriormente vimos um varejista que estava desenvolvendo um novo produto de plataforma de compras e aplicando o COGS de maneira interessante.

A empresa contabilizou as horas da computação em nuvem usadas durante a geração do produto como ativo capitalizado não consumido no período. Ela pôde fazer isso porque o produto em desenvolvimento não estava gerando nenhuma receita. O varejista estava usando as horas de computação em nuvem para criar um ativo que geraria receita em períodos futuros, como a empresa de energia que estava criando diamantes a partir do carvão em vez de queimá-lo para gerar eletricidade.

Quando o produto de compras foi lançado, os custos de computação capitalizados começaram a ser amortizados nos períodos relevantes em que o produto começou a gerar receita. É bom ressaltar que o produto de plataforma de compras não é um ativo físico, logo, foi amortizado em vez de depreciado.

Na nuvem, é comum as RIs serem amortizadas no período em que são usadas ao longo de um ou três anos.

EBITDA

O EBITDA (Earnings Before Interest, Taxes, Depreciation, and Amortization; ou Lucros antes de Juros, Impostos, Depreciação e Amortização) é uma métrica de lucratividade corporativa amplamente usada. Essa métrica também exclui despesas associadas a dívidas adicionando novamente as despesas com juros e os impostos aos lucros. No entanto, é uma medida de desempenho corporativo mais precisa, já que pode mostrar os lucros antes da influência de deduções contábeis e financeiras. O EBITDA pode ser usado na comparação entre empresas e entre as médias de um setor. É uma boa métrica de tendências básicas de lucro porque elimina alguns fatores externos e fornece uma comparação mais exata das empresas.

A abstração ajuda a entender

Os seres humanos tendem a ter problemas com números muitos grandes ou muito pequenos. Por exemplo, se algo custasse 1 dólar por hora, seria relativamente simples calcular quantas horas obteríamos por 10 dólares. Contudo, se um recurso custar $0,0034 por hora, você precisará de uma calculadora para saber quantas horas obterá por 10 dólares. A formatação dos números também é importante. Sem formatação é difícil ler 100000000. A maioria das pessoas teria que contar os zeros e adicionar vírgulas para determinar a quantia representada.

Outro problema dos seres humanos no tratamento de números grandes é o de que tendemos a perder nosso senso de escala. Isso pode ser um problema em equipes que trabalham com grandes quantias em dólar, como milhares, milhões, dezenas de milhões ou mais. Como Hans Rosling descreve em seu livro *Factfulness* (Flatiron Books), a percepção de tamanho começa a incomodar quando os humanos lidam com números muito grandes ou muito pequenos, e temos que descobrir maneiras de resolver isso.

Em uma reunião da FinOps Foundation, um dos membros mostrou que usar a abstração pode ajudar a prática de FinOps. Ele reforçou o que queria mostrar comentando que a diferença entre um bilhão e dois bilhões não parece grande, mas na verdade há uma distância enorme.

Muitas empresas com grandes gastos na nuvem tentam fornecer para seus engenheiros métricas de custos compreensíveis. Suponhamos que uma empresa fosse gastar 100 milhões de dólares por ano com a nuvem. Nessa escala, os seres humanos se esforçam para entender a magnitude dos números envolvidos. E quando temos problemas com a escala, fica difícil responder a perguntas como:

- Uma otimização com economia mensal de 30.000 dólares representa muito ou pouco?
- Que nível de esforço valeria a pena aplicar para a obtenção da economia?
- Seria significativo para a empresa?
- Existem prioridades mais importantes?

Histórias da nuvem — J.R.

J.R. trabalhou com um usuário de recursos de nuvem do ranking Fortune 50 que por mais de um ano se recusou a usar a quantia de 1,5 milhão de dólares por mês de descontos baseados em compromissos disponível para ele. A justificativa constante do VP de tecnologia (que também era o diretor de operações do portfólio de TI) era: "Tenho um orçamento de TI de dois bilhões de dólares anuais. Essas otimizações não me empolgam nem um pouco dado o esforço requerido para implementá-las". Ele tinha algo maior com que se preocupar, que era o objetivo mais premente da empresa de fechar os datacenters o mais rápido possível. Embora possa não parecer, o VP estava executando FinOps com o conceito de *negação consciente* abordado no Capítulo 2. Ele sabia sobre a otimização disponível para a empresa e o esforço necessário para implementá-la; quando a equação valor versus esforço atingisse um limite, medidas seriam tomadas. Se a empresa tivesse priorizado a execução das otimizações em vez de se concentrar no fechamento dos datacenters, a economia obtida teria sido insignificante em comparação com os custos adicionais que seriam necessários ao negociar extensões de contrato com o provedor de datacenter.

Manter uma cultura de contabilização, tão vital para uma prática de FinOps bem-sucedida, se torna cada vez mais difícil quando os números são grandes demais para serem manipulados.

Para ajudar no contexto e na compreensão, às vezes é útil não usar o vocabulário comum, porque a quantidade específica de dólares gastos ou economizados pode não ser a lição principal. Se o impacto dos gastos ou da economia para a empresa puder ser expresso com o uso de outras unidades de medida, a mensagem será passada com muito mais clareza.

Por exemplo, um membro da FinOps Foundation associou a quantidade de economia nos custos à cerveja. Ele mostrou que se a equipe tomasse certo conjunto de medidas, poderia economizar o equivalente a mil cervejas. Nos anos após a primeira edição deste livro, esse mesmo praticante da *métrica da cerveja* conseguiu desenvolver seus relatórios para incluir métricas de negócios tangíveis, como as solicitações atendidas, a receita distribuída e os clientes atendidos em suas compras.

Esse distanciamento do relatório somente em dólares é importante, porque cada equipe envolvida com os gastos da nuvem tem um conjunto de fatores de motivação diferente. Usar as motivações das equipes para encontrar um exemplo apropriado é uma maneira de inserir os gastos com a nuvem em um contexto mais significativo. Por exemplo, um fator motivador em ascensão nas equipes de engenharia é a introdução de métricas de sustentabilidade, como as emissões de carbono. Consulte o Capítulo 19 para saber mais sobre sustentabilidade e FinOps.

Para os líderes das empresas, ver os custos de nuvem associados a uma métrica de valor de negócios importante, como o percentual de receita do produto ou o resultado de alguma atividade básica, fornece um cenário mais compreensível da eficiência geral dos gastos com a nuvem. A empresa pode então definir limites para o percentual de velocidade e usá-los para conduzir projetos de otimização empregando várias técnicas de redução do crescimento dos gastos na nuvem de acordo com o crescimento da receita. A Parte III discutirá os métodos de otimização.

No entanto, essa estratégia geral de negócios não está relacionada diretamente com as motivações das equipes. As equipes de engenharia, por exemplo, convertem seus esforços em funcionalidades para os usuários, logo, sua motivação vem do aumento da equipe e do fornecimento de mais funcionalidades. Um membro da FinOps Foundation descobriu que com um relatório de gastos na nuvem em função do custo mensal da equipe de engenharia, ele tinha encontrado uma maneira significativa de envolver os engenheiros. Ao avaliar uma ação de economia nos custos, a equipe saberia se uma otimização resultaria em um aumento específico de funcionários ou com que rapidez a ação pagaria o salário da equipe.

Conhecer as motivações das equipes o ajudará a encontrar uma maneira eficaz de envolvê-las. Para os gerentes de serviço, criar um relatório em unidades alternativas, como o custo por DAUs (Daily Active Users, ou Usuários Diários Ativos), é uma boa tática. Dividindo os custos da nuvem pelo número de DAUs de seus serviços, eles podem mostrar o montante que esses serviços estão gerando para os negócios por dólar gasto.

À medida que a prática de FinOps for amadurecendo e você começar a adotar métricas por unidade, será possível associar um custo real a uma função comercial e substituir as conversas sobre *custo* por conversas sobre *valor*. Para uma empresa de transportes, a métrica por unidade poderia ser os pacotes entregues, ou você poderia começar com uma métrica mais simples como o custo por requisição ou chamada de API. Quando conseguir associar um custo da nuvem a cada entrega feita pela empresa, poderá criar relatórios sobre otimizações de custo contendo quantas entregas adicionais seria possível fazer a partir da economia gerada. Toda essa contextualização ajuda a gerar uma compreensão comum entre as equipes.

Linguagem da nuvem *versus* linguagem dos negócios

Na criação de relatórios destinados às pessoas que não estão operando os recursos de nuvem ou à equipe de FinOps que está operando os programas de economia nos custos, faz sentido não levar em consideração os termos específicos da nuvem. Quando você substituir esses termos por termos comerciais mais genéricos, poderá resumir os relatórios e ao mesmo tempo ser preciso.

Como exemplo, examinaremos as reservas de recursos computacionais na nuvem. Elas serão abordadas com mais detalhes no Capítulo 17, mas a ideia geral é a de que se você firmar um compromisso com um provedor de serviços de nuvem e usá-lo eficientemente, conseguirá economizar dinheiro. Se não o fizer, perderá dinheiro. A AWS chama esses compromissos de Savings Plans ou Reserved Instances, com várias opções que permitem economizar diferentes quantias.

Se a equipe de FinOps criar um relatório para uso próprio, precisará dos detalhes sobre os compromissos individuais firmados. No entanto, quando você começar a enviar relatórios para a equipe de finanças e depois para a empresa como um todo, a mensagem importante será outra. O que ganhará destaque será o sucesso geral: houve economia ou perda de dinheiro? Quando você substituir termos específicos da nuvem como *utilização do compromisso* por termos comerciais mais genéricos como *economia realizada* nos relatórios, aumentará a clareza.

Reduzir o número de pessoas que precisariam de um conhecimento mais profundo sobre a nuvem, principalmente à medida que você se distanciar da tecnologia e se mover em direção a relatórios e a um monitoramento mais voltado aos negócios, diminuirá a barreira criada pela falta de conhecimento. E se, você basear seus relatórios no resultado real dos negócios, gerará mais confiança, credibilidade e compreensão.

Criação de um tradutor universal entre as equipes de DevOps e finanças

Anteriormente, nos referimos a isso usando o conceito de *Peixe Babel* citado na obra-prima de Douglas Adams chamada *O guia do mochileiro das galáxias* (Editora Arqueiro). No entanto, foi uma referência que nem todo mundo entendeu. Em vez dela usaremos uma referência de *Jornada nas estrelas* a uma ideia semelhante chamada Tradutor Universal. Em *Jornada nas estrelas*, o Tradutor Universal é empregado para traduzir idiomas alienígenas para o idioma nativo do usuário. Esse é exatamente o tipo de recurso que toda equipe de FinOps queria poder fornecer para as equipes de finanças, técnica e de produto a fim de que o entendimento mútuo fosse perfeito.

Por exemplo, participamos de reuniões em que a equipe técnica estava falando sobre os valores específicos que ela usava para identificar recursos de nuvem enquanto a equipe de finanças comentava, de maneira mais ampla, a necessidade de alocar custos. As duas equipes estavam descrevendo a mesma coisa, mas havia nuances nos relatórios examinados, como os detalhes de como o valor de uma tag era usado para alocar custos, que as impedia de entender uma à outra.

Elas podiam ter usado um tradutor para acabar com a confusão.

Contudo, quando tanto a equipe de finanças quanto a equipe técnica sabem com clareza como práticas de FinOps, como a alocação de custos, funcionam dentro da empresa, a conversa sempre começa a partir de um nível comum de entendimento — não é necessário um tradutor universal.

As equipes de finanças e engenharia são muito inteligentes. Você deve se lembrar, entretanto, de que elas têm práticas e terminologias diferentes. FinOps deve ajudar as equipes de finanças a entender a linguagem da nuvem, eliminando a terminologia específica para quem entende de dólares e centavos, e a equipe de finanças deve simplificar o linguajar financeiro para as equipes de engenharia.

Os profissionais de FinOps constroem relatórios e processos que reduzem a necessidade das equipes de finanças e de engenharia de precisarem aprender conceitos e trabalhar fora de suas áreas de especialização. A criação desses relatórios com uma linguagem consistente permite que as equipes se familiarizem com um conjunto comum de termos e então usem esses relatórios comuns para ter conversas em torno dos benefícios e custos da nuvem.

Precisamos de FinOps para garantir que as equipes se comuniquem com eficiência. O ideal seria não precisarmos de ninguém da equipe de FinOps na sala. A presença dessa pessoa será menos necessária quando todos compartilharem o mesmo vocabulário. No entanto, a equipe de FinOps sempre estará presente para ajudar a criar os relatórios a fim de que a confiança, a compreensão e a clareza continuem crescendo.

A necessidade de educar todas as áreas

As equipes de FinOps podem ajudar na coleta e na definição dos termos usados pela empresa para a descrição dos custos e da economia provenientes da nuvem. Termos específicos das disciplinas, termos do setor empresarial e variações usadas pelos diferentes provedores de serviços de nuvem devem ser adotados, e/ou adaptados, em um vocabulário comum.

Não devemos esperar que alguém das áreas de finanças, tecnologia, produto, compras ou gerenciamento aprenda as linguagens comuns de todas as outras equipes. O ideal é que os envolvidos saibam apenas o que é preciso, ou seja, que os profissionais de finanças aprendam os termos necessários usados para descrever os recursos de nuvem, que os engenheiros aprendam os termos empregados na descrição de custos e que as equipes de produto aprendam a se comunicar com essas duas outras equipes. Quando as equipes aprenderem mais detalhes da linguagem usada pelas outras equipes, as conversas levarão a resultados bem-sucedidos mais rapidamente.

Análise comparativa e gamificação

Quando relatórios gerais que medem os gastos e a otimização de cada equipe são criados com o uso da mesma linguagem, é possível comparar as equipes — e até mesmo criar uma concorrência saudável. O Capítulo 22 aprofundará as métricas usadas para comparar grupos, mas por enquanto considere apenas o fato de que podermos comparar as equipes pode levar à *gamificação*.

Por exemplo, medalhas de mérito virtuais podem ser concedidas às equipes pelo gerenciamento bem-sucedido dos custos da nuvem. Parabenizar as equipes que executarem mais otimizações, bem como realçar o efeito positivo específico sobre os gastos e a otimização da nuvem em geral, é uma ótima maneira de engajar e encorajar os times.

Alternativamente, a existência de relatórios que realcem os piores transgressores — aqueles que mostraram falta de ações de otimização, ignoraram os custos de nuvem de sua equipe ou foram lentos para responder a anomalias inesperadas — pode ser eficaz e até mesmo divertida, se os relatórios forem bem-feitos. Pelo que constatamos a partir de nossa experiência, as equipes não gostam de ser listadas como piores transgressoras e geralmente se esforçam para alterar sua posição na lista. Veremos mais informações sobre o que estamos chamando de "listas da vergonha/dos piores transgressores" no Capítulo 11, quando chegarmos às práticas que o ajudarão a alcançar seus objetivos de FinOps.

Conclusão

Você usará seu vocabulário comum para criar uma compreensão compartilhada de seus custos com a nuvem e de suas oportunidades de otimização.

Resumindo:

- Lembre-se de que diferentes equipes usam os termos específicos de sua área.
- Ajude a equipe a aprender o vocabulário comum e a manter a consistência com os termos usados nos relatórios, o que evitará confusão.
- A equipe de FinOps não precisa ser uma tradutora constante nas reuniões, mas deve ajudar no aprendizado e a permitir que cada vez mais as equipes se comuniquem por conta própria.
- Considere adicionar relatórios que usem unidades de medida resumidas para se comunicar com suas equipes de formas que sejam mais relevantes para elas.
- Relacionar os custos e economias com alguma unidade de valor relativa ao negócio permitirá que você avalie a eficiência de seus gastos com a nuvem.

Antes de poder otimizar seus custos com a nuvem, você precisa entender como eles são gerados. No próximo capítulo, examinaremos a estrutura da cobrança dos serviços de nuvem.

CAPÍTULO 5
Estrutura da cobrança de nuvem

Neste capítulo, examinaremos os fundamentos de como os serviços de nuvem pública são cobrados e a maneira como essas cobranças são representadas nos dados da conta. Entender a cobrança é essencial para podermos alocar e otimizar os custos da nuvem posteriormente no ciclo de vida de FinOps. A estrutura dos gastos de uma empresa com a nuvem também ajudará a determinar quem executará certas ações de otimização e como o trabalho de FinOps será delegado.

Em vez de verificar linhas individuais da cobrança (o que às vezes é necessário em inspeções detalhadas dos dados feitas pela prática de FinOps), este capítulo esmiuçará como os provedores de serviços de nuvem apresentam dados para as empresas a fim de fazer a cobrança dos recursos. Entender isso corretamente ajudará os profissionais de FinOps a criar relatórios impactantes que auxiliarão as equipes a entender a cobrança dos serviços na nuvem. No Capítulo 8, deixaremos que esses conceitos influenciem a UI (user interface, ou interface de usuário) de FinOps.

Tipos de cobrança de nuvem

Os principais provedores de serviços de nuvem oferecem acesso aos dados de cobrança de uma entre três maneiras:

Uma fatura

É péssima para a prática de FinOps, já que é uma maneira muito resumida e não fornece granularidade ou atualização suficiente dos dados. As faturas são úteis principalmente para fins de contabilidade financeira e geral.

Ferramentas de custo nativas da nuvem

As ferramentas nativas (por exemplo, o Cost Explorer da AWS) trazem visibilidade dos dados e podem ser ótimas se você estiver usando apenas um provedor de serviços de nuvem e se os seus relatórios precisarem ser bem básicos. No entanto, à medida que a complexidade e a escala do ambiente de nuvem aumentam — principalmente para empresas multicloud (multinuvem) — as ferramentas nativas apresentam limitações que podem afetar a maturidade da prática de FinOps.

Dados detalhados de cobrança de custo e uso

Geralmente dados de cobrança detalhados (por exemplo, o Cost and Usage Report da AWS ou o BigQuery Export do Google Cloud) podem ser acessados por meio de arquivos ou API. Esses dados são ótimos para vermos todos os detalhes disponíveis, mas são difíceis de usar e demandam conhecimento especializado e ferramentas de análise de dados para os compreendermos.

Complexidade da cobrança de nuvem

Os dados de cobrança da nuvem são complexos, e precisam ser assim para viabilizar a prática de FinOps. Na primeira edição deste livro, publicada em 2020, informamos que só a AWS tinha mais de 200.000 SKUs de produtos individuais, alguns sendo cobrados na modalidade por segundo. A partir da segunda edição, três anos depois, esse número tinha crescido para mais de 791.000 SKUs individuais listados somente na API de preços da AWS, sem contar os oferecidos pela Azure, Google Cloud, Oracle e outros. Normalmente os dados de cobrança detalhados chegam em várias atualizações diárias, com uma interconexão complexa das cobranças existentes por trás dos gastos, como horas de instância, gigabytes de armazenamento, e transferência de dados. Vimos grandes consumidores de nuvem com bilhões de cobranças individuais a cada mês nesses arquivos.

Embora existam plataformas e ferramentas nativas da nuvem (como abordado no Capítulo 8) para ajudar a decifrar a complexidade, é importante que haja pelo menos um profissional de FinOps na equipe com conhecimento profundo dos dados Além de ajudar os outros a entenderem os conceitos da cobrança, isso também facilita a interpretação dos dados e recomendações fornecidos pelas ferramentas de FinOps. Sabemos que especialistas em cobrança já identificaram discrepâncias nos dados de contas e as relataram a seus provedores de serviços de nuvem para ajustes e/ou reembolsos.

Os dados de fatura que a equipe de finanças for examinar podem parecer desalinhados com as informações de cobrança detalhadas (por exemplo, o AWS Cost and Usage Report) que são analisadas. Uma plataforma de FinOps externa pode ajudar a alinhar os dois para a conciliação mensal de faturas, mas os níveis de granularidade com os quais as faturas aplicam amortizações, taxas combinadas (no caso da AWS) ou descontos baseados em compromissos (como os dos SPs [Savings Plans] ou das RIs [Reserved Instances]) podem ser diferentes dos encontrados nos dados de cobrança detalhados ou do nível da conta/assinatura/projeto. Logo, é útil definir desde o início a expectativa de que a equipe só use as faturas para fins de contas a pagar e não para analisar partes dos gastos com a nuvem.

> Quase sempre as faturas são uma ferramenta de contas a pagar e não de FinOps. A prática de FinOps requer dados muito mais granulares e em tempo real do que uma cobrança mensal acumulada pode fornecer.

Para identificar os geradores de custos de um serviço, você precisa conhecer o que há por trás dos detalhes mensais e do nível dos serviços de nuvem fornecidos pelas faturas. Todos os principais provedores de nuvem (como a AWS, GCP, Azure e Oracle) oferecem ferramentas de custo nativas sólidas para podermos analisar os gastos em um nível mais alto, e elas nos ajudam a dar o primeiro e importante passo em direção à visibilidade. As ferramentas de custo nativas têm algumas limitações, como para a manipulação de várias cobranças de nuvem quando uma empresa passa a ser multicloud, no tratamento de taxas negociadas personalizadas, na extração de dados de gastos alocados para criar responsabilização na equipe ou na alocação de custos de contêiner. Lembre-se, entretanto, de que as ferramentas nativas da nuvem também podem ser usadas na execução de pesquisas e na criação de relatórios de custos específicos. Logo, você deve tentar conhecê-las bem e aprender a usá-las eficientemente mesmo se usar ferramentas de terceiros ou criadas internamente.

Formato básico dos dados de cobrança

Começaremos com o formato básico da maioria dos dados de cobrança, que vem de cada um dos três principais provedores de nuvem. Cada linha do arquivo enumera a quantidade de uso de certo tipo de recurso. Os atributos de um item de cobrança da nuvem também tendem a incluir um snapshot do uso durante um período específico. Teremos o seguinte anexado à linha de uso:

- Período de tempo
- Quantidade usada do recurso
- Detalhes das taxas usadas para a cobrança durante esse período
- Localização mundial por região
- ID do recurso
- Os atributos de metadados — como conta, projeto ou tag — que podem ser usados para a alocação dos gastos a um produto

Posteriormente, o Capítulo 12 abordará o tagueamento e como utilizá-lo para criar responsabilização. Por enquanto, examinaremos alguns exemplos de dados de cobrança de cada um dos principais provedores de nuvem para você começar a conhecer os elementos básicos que impulsionam seus programas de FinOps.

A Figura 5.1 mostra uma única linha de dados de cobrança, uma das possíveis centenas de milhões de linhas de dados de cobrança recebidas diariamente. Para o olho não treinado, os dados podem parecer ilegíveis, mas podemos distinguir vários atributos importantes:

- Quando o recurso foi usado
- A taxa e a cobrança aplicadas à conta
- O recurso que está sendo cobrado
- Se uma reserva foi aplicada, e caso tenha sido, qual foi usada
- As informações de tagueamento e os metadados que ajudam na alocação de custos
- A região e o serviço da cobrança

Toda essa granularidade dá muito poder à equipe de FinOps enquanto a prática é desenvolvida. No entanto, granularidade gera complexidade, e muito rapidamente os dados de cobrança se tornam tão volumosos que não podem ser gerenciados com planilhas. Qualquer quantidade relevante de gastos na nuvem gerará um volume massivo de cobranças: um grande consumidor de nuvem pode ter bilhões de itens nas linhas de cobrança por mês, com centenas de colunas de detalhes de metadados anexadas a cada item. Quanto mais nativo da nuvem você for, maiores serão os conjuntos de dados: funções serverless, uso de instâncias efêmeras, dados de cobrança por segundo e assim por diante, tudo isso gerando um problema de big data para o profissional de FinOps. Você deve usar técnicas de análise de big data como ajuda.

2019-07-22T00:00:00Z/2019-07-22T01:00:00Z,,AWS,Anniversary,01234567890,2019-07-01T00:00:00Z,2019-
08-01T00:00:00Z,09876543210,DiscountedUsage,2019-07-22T00:00:00Z,2019-07-
22T01:00:00Z,AmazonEC2,BoxUsage:m3.medium,RunInstances,us-east-1b,i-
0dd86597c590879b9,1.0000000000,USD,0.0000000000,0.0000000000,0.0402772184,0.0402772184,"Linux/UNI
X (Amazon VPC), m3.medium reserved instance applied",,Amazon Elastic Compute Cloud,,,,,,2.5
GHz,,,No,,,,,,,,,,3,,,,,,,,,,,,,,,,,,,,,General purpose,m3.medium,,,No License required,US East (N. Virginia),AWS
Region,,,,,,,,3.75 GiB,,,,,,,Moderate,Linux,RunInstances,,,Intel Xeon E5-2670 v2 (Ivy Bridge/Sandy Bridge),,,64-
bit,Intel AVX; Intel Turbo,Compute Instance,,,,,,,,,,,,AmazonEC2,ASDZTDFMC5425T7P,,,,,,1 x 4
SSD,,,,,,Shared,,,,,,,,BoxUsage:m3.medium,1,,,,,,3yr,convertible,No
Upfront,0.0670000000,0.0670000000,Reserved,Hrs,,,arn:aws:ec2:us-east-1:01234567890:reserved-
instances/36768f14-be7f-455f-9657-6d1c4e06401a,,,Infrastructure Svcs-
Software,,mfuller,serviceA,,Infrastructure Svcs,Infrastructure Svcs,,,2.0,2.0000000000,,,,,,,,,,,,,,,,,,,,,2,,,,us-east-
1,Amazon Elastic Compute
Cloud,,,m3,,,,serviceA,,0.0670000000,0.0670000000,0.0670000000,0.0670000000,,,,0.00000000,,0.04300000,,,0.
04300000,,,,,,,Public,"38.953116,-77.456539",,,,,,,s3://billing-
reports/cost_reports/hourly_with_resources/20190701-20190801/2755e466-dc41-4a04-9d9e-
f1771805729b/hourly_with_resources-059.csv.gz,,"Amazon Web Services, Inc.",Used,,,,,,,,,,,,,,,,,,,awseb-e-
myky2mqvfv-stack-AWSEBAutoScalingGroup-WAUJKY5MFRGL,,14292253,1947602408,infrastructure
svcs,,,,,,,,,,,,,,,,,,,,,,,,,,,,,,,,,,,2019-07

Figura 5.1: Exemplo de linha dos dados de cobrança do AWS CUR.

Contudo, não é possível simplesmente fornecer dados de cobrança brutos para um analista de dados. Nenhum dos sistemas financeiros existentes usados para o gerenciamento tradicional de gastos de TI pode manipular adequadamente o volume de dados sem um resumo, assim como não pode fornecer dados atualizados na velocidade quase de tempo real requerida para a prática de FinOps criar um feedback loop.

Cada nuvem tem diferentes níveis de granularidade e detalhes, assim como termos distintos para suas dimensões e métricas. Os diversos descontos baseados em compromissos são representados diferentemente conforme a maneira como são aplicados. Um conjunto de habilidades é requerido ao profissional que preencherá a vaga de engenharia de dados na equipe de FinOps (como descrito no Capítulo 3).

A manipulação dos dados deve ser uma consideração-chave no momento da decisão entre criar ferramentas internamente *versus* comprar uma plataforma de terceiros, o que será discutido no Capítulo 8. Os fornecedores removem o problema de atualização constante dos dados quando adicionamos novos serviços, além de garantir o controle de qualidade dos dados relacionados. Os próprios provedores de nuvem ajustam frequentemente seus dados quando novos serviços são adicionados ou funções de cobrança mudam. Gerenciar o fluxo de dados e essas mudanças é uma parte importante da gestão de ferramentas de FinOps.

Entender essa complexidade permitirá que você realize tarefas interessantes, como a detecção automatizada de anomalias quando algo *pequeno* mudar. Digo pequeno porque geralmente a eficiência da nuvem é afetada por vários itens menores.

Suponhamos que sua empresa gastasse 1.000.000 dólares por mês e uma equipe deixasse ativo um cluster não usado de 50 instâncias a um custo de $5.000/dia. Dada a grande diferença de escala entre esses dois números, provavelmente você nem notaria a mudança quando examinasse resumos do nível de serviço ou totais mensais, e mesmo assim essa pequena quantia *cresceria* rapidamente para mais de $150.000/mês — ou 15% do total de gastos mensais. É imperativo aplicarmos aprendizado de máquina aos dados para analisar as pequenas mudanças antes que elas se transformem em custos mais altos. Felizmente, os provedores de nuvem nos dão um poder imenso por meio da granularidade dos dados para podermos resolver as pequenas mudanças antes que elas se tornem os perigosos riscos de gastos excessivos.

Uma fórmula simples para os gastos

A fórmula para uma cobrança de nuvem é muito simples:

Gasto = Uso × Taxa

O uso pode ser o número de horas (ou segundos) durante as quais um recurso é usado. A taxa é a quantia por hora (ou por segundo) paga pelo uso desse recurso ou pela classe de armazenamento usada. Conceitualmente, é muito simples. Mude um desses itens e sua cobrança da nuvem aumentará. Aumente os dois e ela pode crescer de forma considerável.

Tempo, por que me punes?

Nos anos 1990, a banda Hootie and the Blowfish lançou uma canção chamada "Time". Eles cantavam como o tempo pode "nos ensinar sobre o amanhã e sobre as dores e tristezas". E que "amanhã é outro dia... E não acredito no tempo".

Provavelmente a banda não seria eficiente em FinOps porque a cobrança da nuvem está totalmente relacionada com o tempo. Quase todas as cobranças são baseadas no tempo. Até mesmo itens de taxa fixa são cobrados ao longo do período de um mês ou um ano. O mais comum é sermos cobrados por um segundo de uso de computação, um *GB mensal* de armazenamento ou pelo tempo durante o qual uma consulta foi concluída. Isso tudo está relacionado com o componente *uso* da fórmula para gastos: quanto de um recurso de nuvem você usou ao longo de um período de tempo. É claro que existem algumas exceções a essa regra. A computação serverless e a transferência de dados não são baseadas no tempo e sim no volume. As duas se enquadram no mesmo modelo de *volume × taxa*.

Por exemplo, uma transferência de dados de 720 GB poderia ser cobrada a uma taxa de $0,02 por GB. Ou 235.000 requisições de função poderiam ser cobradas a $0,001 por requisição. No entanto, esses exemplos também são baseados no uso. Você usou o recurso? Se usou, será cobrado. Se não usou, não será cobrado. Esse é outro exemplo do modelo de gasto variável da nuvem *versus* o modelo de gasto fixo da computação local.

> Existe uma nuance importante da cobrança da nuvem da qual devemos nos lembrar: você será cobrado se o recurso estiver ativo, independentemente de se foi usado eficientemente ou se não foi usado. Você é o único responsável por assegurar o uso eficaz e o dimensionamento apropriado dos recursos.

Considere como um recurso computacional é cobrado pelo provedor de nuvem. A cobrança é baseada em quanto tempo o recurso foi executado. Embora a maioria dos principais provedores cobre a computação por segundo, simplificaremos esse exemplo usando horas. Existem 720 horas em um mês de 30 dias e 744 horas em um mês de 31 dias (falaremos sobre fevereiro posteriormente neste capítulo).

Portanto, se você examinasse a cobrança do processamento de um recurso que foi executado durante todo o mês de janeiro e cobrado por hora, veria uma linha exibindo 744 horas de uso de computação para esse recurso. É claro que ela também incluiria a taxa que foi cobrada por essas 744 horas. É possível que todas as 744 horas fossem cobradas com a mesma taxa, mas é igualmente possível que, por exemplo, 200 horas tivessem um SP ou RI aplicado e o mesmo não ocorresse com as 544 horas restantes. Se fosse assim, haveria duas linhas de dados. Uma listaria as 544 horas com a taxa sob demanda, enquanto a outra listaria as 200 horas com a taxa do SP/RI. É o mesmo recurso com custos diferentes para números de horas distintos devido à aplicação, aparentemente aleatória, de descontos baseados em compromissos pelo provedor de nuvem nos dados da cobrança. Esse cenário é a regra e torna a normalização — e a explicação para a empresa — das taxas fluidas de cobrança da nuvem uma dor de cabeça constante do time de FinOps.

Soma de cada pequena parte

Todas essas minúsculas cobranças são agregadas para formar a cobrança total por serviço ou por mês. No entanto, cada cobrança tem suas próprias nuances e atributos que, se examinados com mais atenção, podem fornecer dados importantes e úteis sobre o uso. Lembre-se: você está sendo cobrado pelo tempo real do período em que o *item* estava *ativo*. Não interessa se ele foi *usado* e sim se estava *ativo*.

Costumamos explicar isso da seguinte forma: "Não se prenda aos recursos. Você não está comprando recursos isoladamente — está comprando uma proporção do uso de um recurso com o passar do tempo". No primeiro emprego de J.R. na área de TI no meio dos anos 1990 — no Observatório W. M. Keck no Havaí — ele trabalhou com servidores cujos nomes vinham de uma praia local: *Hapuna, Kiholo, Kaunaoa, Maumae*. Contudo, na nuvem, os recursos computacionais devem ser considerados efêmeros e substituíveis. Eles são como gado e não como animais domésticos.

Como explicaremos com detalhes posteriormente, até mesmo no caso de programas de descontos baseados em compromissos, como os SPs/RIs/CUDs, não importa a que servidor eles estão conectados. Eles simplesmente são conectados a um servidor que atenda a seus atributos específicos ou que forneça a maior oportunidade de economia. Quando aplicamos o mesmo raciocínio à cobrança da nuvem, percebemos que *estamos comprando tempo e não coisas*. E ainda que possa parecer óbvio para algumas pessoas, é essencial que as equipes financeiras tenham entendido esse conceito quando forem responsabilizadas pelas cobranças da nuvem e começarem a compreendê-las.

Uma breve história dos dados de cobrança da nuvem

Temos que admitir: somos totalmente nerds quando se trata de dados de custos da nuvem. Você poderia nos encontrar nas conferências AWS re:Invent ou Google Next, relembrando nostalgicamente as diversas renovações dos arquivos de cobrança da nuvem ocorridas na última década e as capacidades que cada renovação revelou. Mesmo correndo o risco de parecermos puristas nerds, a verdade é que essas renovações fazem o mapeamento perfeito para a típica jornada de uma empresa que está começando a prática de FinOps. Cada etapa das renovações reflete a maturidade da maioria dos consumidores de nuvem mais avançados da época. Se as empresas não estavam alinhadas em relação à jornada naquele momento, atualmente é muito provável que estejam em um nível semelhante da jornada. Logo, de um ponto de vista de adoção gradual, será útil nos aprofundarmos brevemente no que ocorreu durante os mais de 10 anos de atualizações dos arquivos de cobrança da AWS. Usaremos a AWS para descrever a história já que ela foi a primeira provedora de nuvem a fornecer esse tipo de dados de cobrança.

2008: Faturas

Foi aqui que tudo começou. Com essa modalidade de cobrança, víamos pelo que estávamos sendo cobrados no nível mensal e no nível de serviços, sem metadados da empresa, como as tags, e sem granularidade para entender as mudanças ou conhecer os geradores de custo. A equipe financeira examinava a conta e invariavelmente perguntava: "Essa fatura está certa?". Para responder a essa pergunta, foi preciso esperar a próxima renovação dos dados de cobrança.

2010: Faturamento consolidado

Pode parecer sem sentido agora, mas havia um período plurianual durante o qual a AWS não permitia que o pagamento fosse totalizado em uma única conta. Os primeiros pioneiros nos gastos com a nuvem chegaram a ter várias contas diferentes com cobranças separadas que não podiam ser pagas ou consolidadas em uma única conta. A expansão da nuvem se tornou um grande problema: os primeiros adeptos da nuvem costumavam ter contas incorretas de gastos ainda sendo pagas em cartões de crédito individuais que precisavam ser rastreadas por meio de relatórios de despesas. O faturamento consolidado adicionou o conceito de hierarquia de *pagador* e conta *vinculada*, permitindo um relacionamento de cobrança sintético independente de segurança ou permissões. Isso mudou o jogo, não só para fins de relatório, mas facilitando também a determinação de níveis de compromisso.

2012: CAR (Cost Allocation Report, ou Relatório de Alocação de Custos)

Em 2012, os usuários da AWS começaram a querer responder a perguntas como "Certo, sei que esse mês estou gastando 100.000 dólares, mas quais de meus produtos ou equipes geraram esse gasto?". O arquivo CAR introduziu o conceito de linhas de dados individuais para cada valor de tag e cada conta vinculada. Na época isso foi ótimo — podíamos finalmente alocar os gastos. No entanto, também foi frustrante porque os gastos eram relatados com granularidade mensal, logo, não podíamos determinar quando o gasto começou ou quando ocorreu algum pico. No CAR também existiam linhas agregadas mensais para gastos sem tags, mas não tínhamos como ver de que recursos elas eram compostas.

2013: DBR (Detailed Billing Report, ou Relatório de Cobrança Detalhado)

O DBR introduziu a série temporal para os gastos por números de serviço. Em vez de podermos ver apenas que serviço custou determinada quantia em um mês específico, víamos em que período do mês o serviço gerou esse custo. Isso nos permitiu começar a entender a elasticidade e as mudanças feitas dentro do mês pelas equipes que acabaram impactando os gastos. Contudo — alerta de spoiler — o DBR não tinha uma informação essencial que iria mudar o mundo do gerenciamento de custos.

2014: DBR-RT (Detailed Billing Report with Resources and Tags, ou Relatório de Cobrança Detalhado com Recursos e Tags)

O DBR-RT mudou tudo. Ele introduziu uma única linha para cada recurso usado em cada período de tempo, com uma coluna para cada chave de tag. O aumento nos dados foi impressionante: o DBR de um cliente grande raramente excedia os megabytes, mas um DBR-RT podia chegar a centenas de gigabytes de dados CSV (Comma-Separated Values, ou Valores Separados por Vírgula). Para alguns consumidores grandes, isso podia significar bilhões de vírgulas em um único arquivo. Esse arquivo nos permitia ver que ID de recurso, em que período e com que tag, estava gerando gastos, e se havia uma RI aplicada *naquele momento*. Repentinamente, podíamos detectar mudanças com muita precisão. Como resultado, os primeiros profissionais de FinOps começaram a dar recomendações mais apropriadas para as otimizações.

2017: CUR (Cost and Usage Report, ou Relatório de Custo e Uso)

Apelidado de "Origami" durante o desenvolvimento, o arquivo CUR era uma reformulação completa do esquema de cobrança. Pela primeira vez, a AWS passou do CSV para um formato JSON (JavaScript Object Notation), que era melhor para a ingestão programática. Como parte dessa evolução, certos dados, como as taxas, foram divididos em arquivos JSON separados, o que dificultou a criação de nossos próprios leitores de dados de cobrança, que muitas pessoas criaram para o formato mais simples do DBR. No entanto, isso não foi um problema porque o CUR tinha uma vantagem, pequena, porém poderosa: ele podia mostrar não só *se* uma RI foi aplicada, mas também *qual* RI (ou parte dela) foi aplicada naquele momento. Subitamente, tínhamos uma compreensão muito mais clara da utilização das RIs e de como elas podiam embasar decisões adicionais de compra e modificação. Nos anos após 2017, a AWS continuou renovando esse formato de arquivo e, no final de 2022, ele ainda era o padrão.

Agora que você conhece a história resumida, é fácil ver que ela segue a mesma abordagem de melhoria gradual de uma nascente prática de FinOps:

1. Você começa verificando o total que está gastando por serviço antes de fazer o pagamento ao provedor de nuvem. (Faturas)
2. Depois pode investigar que equipes ou produtos estão usando o serviço para executar um showback ou chargeback. (CAR)
3. Em seguida, começa a se perguntar quando os recursos estão sendo usados. (DBR)

4. Não satisfeito, você deseja detectar a aplicação específica de taxas de recursos e identificar onde existem lacunas na alocação de custos. (DBR-RT)
5. Com a utilização de uma crescente seleção de produtos do provedor de serviços de nuvem, você quer mais granularidade para fazer a filtragem por detalhes específicos do uso da nuvem. Além disso, deseja tornar programática uma parte maior de seu trabalho de FinOps e ter respostas para perguntas sobre o ROI e o valor de compromissos, como as RIs. (CUR)
6. Para concluir (ou pelo menos por enquanto, já que FinOps está sempre evoluindo), ofertas como o Amazon Billing Conductor permitem ajustar taxas, dividir cobranças e distribuir dados de cobrança personalizados para fins específicos individuais.

Essa evolução também pode ser mapeada para as jornadas da Cloudability, uma das primeiras plataformas de custos da nuvem. Em 2011 essa plataforma era apenas um conjunto de scripts que se conectavam à AWS (usando credenciais de root já que o IAM — Identity and Access Management, ou Gerenciamento de Identidade e Acesso — ainda não existia), faziam a raspagem de tela (screen-scrape[1]) de faturas, analisavam os itens da linha de gastos totais e enviavam um e-mail diário simples com os números. Até hoje, o recurso de e-mail diário ainda é a parte mais importante da plataforma, criando um feedback loop para as equipes. No entanto, à medida que os dados de cobrança foram se tornando mais complexos, todas as plataformas FinOps Certified (*https://oreil.ly/mubRR*) (como a CloudHealth, Spot e CloudCheckr, entre outras) se adaptaram e evoluíram com funcionalidades para atender às necessidades.

Contamos a história anterior levando em consideração os dados de cobrança da AWS simplesmente porque, quando este texto foi escrito, ela era a provedora mais madura. No entanto, certamente todos os outros provedores estão passando (ou já passaram) por uma jornada de maturidade de cobrança semelhante. Infelizmente, a jornada multicloud apresenta ainda mais complexidades. Há muito tempo a Azure suporta diferentes APIs baseadas no tipo de contrato fechado com a Microsoft (embora algumas dessas APIs tenham sido descontinuadas e consolidadas a partir do fim de 2022) e nem sempre as informações disponibilizadas são iguais. Em 2022, o Google Cloud ainda não tinha dados de nível de recurso totalmente granulares para todos os serviços por meio do mesmo mecanismo, mas existem vários paliativos. Contudo, todos os provedores de nuvem estão atualizando continuamente como fornecem seus dados de custo e cobrança e

1 N.T.: a raspagem da tela é o processo de usar um software para copiar dados visíveis na tela para um formato de arquivo editável.

fazendo modificações para suportar cada vez mais serviços, estruturas de cobrança e modelos de preço novos.

Importância dos dados por hora

Você deve estar se perguntando por que precisa considerar a granularidade de dados no nível por hora (ou por segundo) e no nível do recurso. A granularidade diária ou semanal no nível da tag não é suficiente? Uma resposta simples seria "não". E definitivamente a resposta é não quando a prática de FinOps está madura.

Os dados por hora são necessários para funções de FinOps de nível mais alto, como o planejamento de descontos baseados em compromissos. A compra de SP/RI/CUD é baseada na quantidade de certo tipo de recurso executada durante um período específico em relação ao ponto de equilíbrio pela não reserva do recurso. Se você somar os recursos ao longo de um mês, não obterá esse detalhe importante. Para determinar a quantidade de recursos necessária, terá que examinar a quantidade que estava sendo executada a cada hora (ou segundo), considerando também o limite base (waterline) de uso.

Não veremos detalhes disso aqui (essa história ainda está no estágio inicial de maturidade), mas lembre-se de que o acesso à visibilidade com alta granularidade que a AWS, GCP, Azure e outros provedores fornecem é crítico em um mundo de recursos variáveis que podem passar a existir, e ser cobrados, em questão de segundos ou minutos.

Um mês não é um mês

Suponhamos que uma empresa adotasse uma nova iniciativa de otimização de custos no início do ano. Ela começa em 1° de janeiro com uma lista de ações de corte de custos: "Desativamos instâncias não usadas, redimensionamos outras e compramos alguns Savings Plans". No mês seguinte, a conta da nuvem cai 10%. Sucesso!

No entanto, espere. Se você dividir o número de dias de fevereiro pelo número de dias de janeiro, obterá 90%. Isso parece óbvio, mas é incontável o número de vezes em que, mesmo com a diferença entre fevereiro e outros meses, uma equipe ficou falsamente convencida de que foi eficaz na redução de custos. É claro que logo em seguida, em 31 de março, inevitavelmente haverá pânico porque os custos subirão 10% mês após mês.

Vale a pena repetir que *a cobrança da nuvem está totalmente relacionada com o tempo*. Ela não usa um mês fixo como é costume em muitas equipes financeiras. É bem mais granular, e se você quiser fazer uma comparação usando os mesmos elementos, terá que examinar os mesmos períodos de tempo, sejam 10 dias ou 10 horas.

Esse é um grande salto quando saímos de um mundo de prazos de amortização em cascata em que os gastos anuais são divididos uniformemente por 12. E velhos hábitos são difíceis de abandonar. Vimos departamentos financeiros que estavam aprendendo a lidar com a nuvem criticarem amortizações apropriadamente calculadas por hora como estando erradas em 10% porque eles dividiam sua amortização por 12, quando deveriam ter obtido o custo amortizado por segundo (ou hora) e multiplicado pelo número de horas usadas. Esse é outro exemplo que mostra que FinOps requer uma nova mentalidade.

Um real não é um real

Embora estejamos no tópico de comparação de elementos iguais, lembre-se de que a taxa de um tipo de recurso específico em determinada linha pode ser diferente do mesmo tipo de recurso em um período diferente de seu uso. Ao contrário de um hardware que compramos ou alugamos, para o qual podemos definir uma taxa consistente pelos recursos ao longo de um período, as taxas da nuvem podem variar muito caso um desconto seja aplicado pelo provedor.

Além disso, a amortização de pagamentos antecipados de SPs ou RIs pode mudar ainda mais a equação, e você precisará decidir se os incluirá nas taxas que seus usuários estão vendo. Recomendamos incluí-los, já que isso significa que a quantia exibida representará mais apropriadamente a quantia que você usará posteriormente no chargeback. É claro que estamos supondo que você já tenha chegado a esse estágio em sua jornada de alocação.

Se você preferir não incluir os pré-pagamentos amortizados, suas equipes podem achar que estão gastando menos do que realmente gastam, principalmente no caso das RIs antecipadas que são oferecidas pela AWS e Azure. Quando elas não são incluídas, a linha dos dados de cobrança relacionada à parcela de uso aplicada acaba sendo igual a $0,00 — ainda que um recurso tenha sido usado e gerado um custo que foi pago antecipadamente. Você faria suas equipes se sentirem eficientes em relação à redução de custos, mas também lhes daria uma falsa impressão de eficiência.

Todos os provedores de serviços de nuvem também oferecem o que é chamado de *Nível Gratuito (Free Tier)* para alguns serviços, às vezes como uma promoção, e em algumas situações continuamente por mês. Geralmente é uma pequena quantia para grandes usuários da nuvem, mas essa é outra maneira de uma variação na taxa causar confusão. Não costuma haver consistência em relação a que workload se beneficiará do uso gratuito a cada mês, e isso pode fazer com que as equipes vejam uma variação pequena e estranha em seus custos de um mês para o outro.

Lembre-se de que as taxas e os custos podem mudar sem a equipe fazer nenhuma alteração na infraestrutura.

Dois impulsionadores que afetam a conta

A fórmula simples dos custos da nuvem fornece dois impulsionadores básicos que afetam os custos: *Uso* e *Taxa*.

Custo = Uso × Taxa

Essa será uma parte essencial da decisão de como serão feitas as otimizações e de quem na empresa as executará. Examinaremos primeiro *como* e depois discutiremos *quem*.

O primeiro impulsionador é reduzir o que está sendo usado. Essa medida se chama *custo evitado (cost avoidance)*, e você pode se beneficiar dela desativando recursos ociosos, fazendo rightsizing de recursos superdimensionados, diminuindo o número de recursos executados durante horas que não forem de pico ou desativando completamente tudo durante a noite e aos fins de semana.

O segundo impulsionador é pagar menos pelo que usamos. Isso se chama *redução de taxa*, e você pode obtê-la beneficiando-se de estruturas de cobrança da nuvem, como os Planos de Economia (Savings Plans — AWS ou Azure), as Instâncias Reservadas (Reserved Instances — AWS ou Azure) e os Descontos por Compromisso de Uso (Committed Use Discounts — GCP). Também há o desconto por volume baseado no uso (por exemplo, o Desconto por Uso Prolongado [Sustained Use Discount] do GCP) ou programas de preço personalizados que certos provedores de nuvem oferecem para consumidores de larga escala. Para concluir, algumas empresas usam instâncias spot ou instâncias preemptivas, que podem ser úteis se for desejável resolver uma possível perda repentina do recurso. Seja qual for a opção que você escolher, todas levam a pagar menos pelo que está sendo usado.

Quem deve evitar custos e quem deve reduzir taxas?

Tem havido debates sobre quem é responsável por cada processo quando se trata de tarefas de otimização. Após mais de uma década de trabalho com centenas de empresas que executaram a prática de FinOps insatisfatoriamente e com algumas (um número muito menor) que chegaram a estágios mais maduros, temos uma opinião sólida sobre isso:

> *As práticas de FinOps mais bem-sucedidas descentralizam a diminuição do uso (isto é, a ação de evitar custos) e centralizam a redução nos pagamentos (ou seja, a redução de taxas).*

Os tomadores de decisão descentralizada responsáveis por influenciar grande parte dos gastos na nuvem são os próprios desenvolvedores das aplicações, que fazem escolhas diretas sobre a infraestrutura. Eles têm melhores condições de tomar uma decisão sobre desativar recursos, redimensioná-los ou alterar a forma como ocorre a demanda. Devido à sua grande familiaridade com as necessidades de workloads, podem examinar os dados de utilização e determinar se a instância que parece estar ociosa precisa estar ativa ou pode ser desativada. A habilidade de tomar decisões sobre infraestrutura não pode ser centralizada eficientemente em uma empresa grande e distribuída. Forneça aos engenheiros/desenvolvedores de aplicações os dados e o poder para tomarem as decisões certas para os objetivos da empresa.

Por outro lado, normalmente esses mesmos desenvolvedores de aplicações não estão em posição apropriada para comprar RIs ou CUDs. Eles podem não conhecer bem os aspectos financeiros de como essas modalidades de pagamento funcionam ou não entender conceitos relacionados importantes como o custo de capital da empresa. Uma equipe de FinOps centralizada pode procurar no patrimônio da nuvem oportunidades para economizar. Ou, melhor ainda, pode ter profissionais de análise de compras ou finanças que entendam as nuances da análise de fluxo de caixa e conheçam tanto as necessidades tecnológicas quanto as restrições financeiras da empresa. Os capítulos 16, 17 e 18 fornecerão uma análise mais profunda dos diversos descontos baseados em compromissos disponíveis e das estratégias para que eles sejam usados eficientemente.

Avalie a equipe central de FinOps com métricas associadas ao aumento da cobertura por reservas/compromissos, redução de reservas não usadas e uso de descontos por volume ou preços negociados.

Centralização da redução de taxa

Um dos princípios de FinOps é o de que uma equipe centralizada melhora a prática de FinOps, e reduções de taxas centralizadas são uma de suas principais áreas de responsabilidade. As ofertas de redução de taxa podem ser difíceis de entender, e os provedores de serviços de nuvem as inovam constantemente. Enquanto estávamos escrevendo a segunda edição deste livro, tanto o Google Cloud quanto a Microsoft Azure anunciaram programas de descontos baseados em compromissos totalmente novos na forma de Flexible CUDs e Saving Plans, respectivamente. Tentar fazer com que cada equipe distribuída reserve algum tempo para aprender como cada novo programa de desconto funciona e definir qual seria a melhor maneira de monitorá-los, otimizá-los e operá-los não é eficaz.

Todas as unidades de recursos de nuvem que suas equipes esperam executar a uma taxa reduzida não virão de uma única equipe. Empresas de grande porte executam vários produtos e projetos que requerem de centenas a milhares de recursos de nuvem, e reunir todas as reservas em um meio de monitoramento centralizado aumenta a cobertura compartilhada.

Já que um único SP ou CUD pode ser aplicado a vários recursos — e no caso da AWS, a várias contas — fazer com que equipes individuais gerenciem seus próprios programas de redução de taxas geralmente resulta na redução das taxas gerais de cobertura, em uma cobertura muito alta para uma única área e em capacidade não usada de compromissos comprados. Um nível mais alto de economia é obtido quando o gerenciamento é realizado por uma equipe central com visão geral do que é necessário. Como abordaremos no Capítulo 18, sobre estratégias de descontos baseados em compromissos, há mais a ser considerado do que apenas o tipo de recurso na compra de compromissos.

Por exemplo, uma equipe poderia ter um alto uso de recursos durante o dia e a outra usá-los mais durante noite. Dependendo do uso, pode fazer mais sentido cada equipe firmar compromissos individualmente. No entanto, no geral, haverá uma base consistente de recursos sendo executados no período de 24 horas. A equipe central identificará a oportunidade de fazer uma reserva e economizará para as duas equipes a taxa que elas pagam pelos recursos. Uma imagem que podemos usar para visualizar esse comportamento é a de duas ondas senoidais com mudança de fase — veja a Figura 5.2; quando uma diminui a outra aumenta e, com o tempo, a área é preenchida em grande parte com alguma atividade.

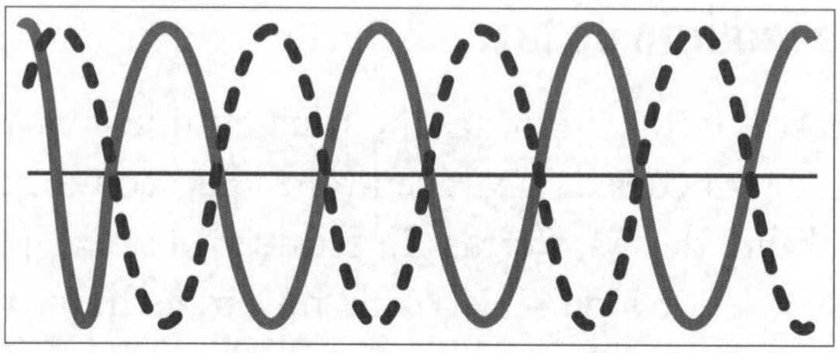

Figura 5.2: Sobreposição de mudança de fase.

Nos estágios mais avançados de maturidade da prática de FinOps, manter altas as taxas de cobertura de descontos e baixar a capacidade não usada requer gerenciamento constante. Além disso, pode ser difícil fazer as compras iniciais darem certo (vimos milhões de dólares serem desperdiçados em um único compromisso inadequado). A equipe de FinOps diminui a probabilidade de desperdício e ao mesmo tempo otimiza a cobertura para todos.

Por que você deve descentralizar a redução do uso

Inversamente, outro princípio de FinOps declara: "Cada um assume a responsabilidade pelo seu uso da nuvem". Com a redução de taxa agora estrategicamente centralizada, o custo evitado (redução do uso) se torna uma postura promovida pela atividade de todas as equipes da empresa. Na escala empresarial, os custos da nuvem podem ser compostos de centenas a milhares de operações executadas ao dia por várias equipes e engenheiros que dão suporte aos serviços que a empresa executa. Eles são o centro pulsante da máquina de inovação.

Para mantê-los em rápida movimentação, comece sendo proativo e estabelecendo um programa de educação leve para suas equipes de engenharia. Defenda a eficiência no controle de custos durante o desenvolvimento da arquitetura e explique métodos que os engenheiros possam usar para implantar a nuvem de maneira econômica; em seguida, aumente seus recursos conforme requerido pelos workloads. Alguns exemplos seriam o uso eficaz de arquiteturas escaláveis e de instâncias spot, arquiteturas fracamente acopladas, computação serverless ou contêineres, implementação de políticas de retenção de dados antes que as equipes comecem a armazená-los, incorporação da estimativa de custos de alterações antes que estas sejam lançadas e a sinalização de otimizações durante revisões de lançamento (reuniões de revisão de pull requests e/ou alterações), como atualizar o uso de instâncias de gerações antigas definidas na infraestrutura como código.

Embora as equipes descentralizadas geralmente estejam em melhor posição para tomar decisões sobre alterações na infraestrutura, é comum uma equipe central de FinOps fornecer dados e recomendações de otimização para elas considerarem. A equipe faz isso coletando dados de uso e aproveitamento e dando visibilidade das opções de recursos que atenderão melhor às necessidades do workload. O ideal é que essas recomendações sejam enviadas para as equipes em uma cadência regular, como um alerta de limite (para uma prática no estágio inicial) ou em sprints[2] de desenvolvimento por meio de sistemas de tíquete como o Jira ou o ServiceNow (em uma prática em estágio avançado). Abordaremos os principais critérios para essas recomendações com maiores detalhes no Capítulo 15.

Esse modelo assegura que os gerentes de recursos — que têm mais conhecimento sobre como um recurso é usado e sabem o que depende dele e se existe alguma razão operacional para que sua alteração impacte negativamente os serviços — tenham a chance de examinar todas as recomendações antes que elas sejam implementadas.

O profissional de FinOps dá poder às equipes de engenharia fornecendo a elas o insight e o acesso a dados para a tomada de melhores decisões de tecnologia em tempo quase real. Ele introduz tanto a possibilidade de geração de economia quanto impacto nos gastos como métricas de custo, que são agregadas às outras métricas que as equipes de engenharia já rastreiam.

Conclusão

A cobrança da nuvem é complexa. Dar acesso à granularidade de dados e ao escopo corretos envolve trabalho e escolhas. No entanto, essa mesma complexidade nos dá poder para analisar o que está gerando gastos e para capacitar as equipes para que tomem por conta própria suas decisões de otimização. Mesmo se for usada uma plataforma de FinOps para automatizar os relatórios e insights, você terá que conhecer o formato dos dados do provedor de nuvem para poder chegar a conclusões apropriadas a partir do que vê. Tente padronizar sua empresa usando um formato e um mecanismo de métrica de custos consistente para criar relatórios com eles. Provavelmente esses relatórios terão uma taxa amortizada, incluindo qualquer desconto personalizado fornecido por seu provedor de nuvem, pagamentos antecipados amortizados e os custos de suporte cobrados. Sem essa padronização, haverá muita confusão porque suas equipes analisarão os números diferentemente.

2 N.T.: sprint é cada um dos períodos utilizados para a conclusão de uma parte de um projeto.

Resumindo:

- Quase sempre os dados de cobrança são baseados no tempo e, portanto, isso requer atenção constante para sabermos se a execução dos recursos continua fornecendo valor.
- Só é possível fazer análises detalhadas dos dados de cobrança com um conhecimento profundo desses dados. Conheça os dados brutos para se tornar um profissional de FinOps eficiente.
- Pequenas alterações em sua conta de nuvem podem fazê-la crescer rapidamente. Logo, rastreie as alterações usando a detecção de anomalias automatizada e relatórios de variações para identificar o que está gerando o aumento.
- A fórmula simples da cobrança é *Gasto* = *Uso* × *Taxa*. Ela fornece os dois impulsionadores de otimização da conta: usar menos e pagar menos pelo que é usado.
- Descentralize a redução do uso (usar menos), centralizando ao mesmo tempo a redução de taxas (pagar menos pelo que você usa).
- Uma equipe central tem melhores condições de gerenciar os descontos baseados em compromissos devido à sua habilidade de levar em consideração tanto o patrimônio da nuvem como um todo quanto a complexidade de administrar um grande portfólio de compromissos.
- As equipes descentralizadas ganham autonomia quando recebem da equipe central dados e recomendações para otimização do uso, já que esses gerentes de aplicações descentralizados estão em melhor posição para tomar decisões de alterações na infraestrutura.

Preparamos o terreno introduzindo FinOps e por que você precisará dessa prática, mostrando que ela requer uma mudança cultural e, para concluir, descrevendo os insights que a cobrança da nuvem fornece. O próximo capítulo abordará o framework de FinOps. Descreveremos o que é o framework, como usá-lo e a estrutura de cada componente.

CAPÍTULO 6

Adoção de FinOps

FinOps é um jogo infinito. Com essa frase quero dizer que nunca chegamos a um ponto em que não precisamos mais tentar melhorar. E temos que partir de algum lugar.

> *Nos jogos finitos, como o futebol ou o xadrez, os jogadores são conhecidos, as regras são fixas e todos sabem quando o jogo termina. Os vencedores e os perdedores são facilmente identificados. Nos jogos infinitos, como nos negócios, na política ou na própria vida, os jogadores entram e saem, as regras podem mudar e não há um fim definido. Não existem vencedores ou perdedores em um jogo infinito; existe apenas o que passou e o que virá.*
>
> – SIMON SINEK, *O JOGO INFINITO* (SEXTANTE, 2020)

Uma das perguntas mais comuns que ouvimos da comunidade de praticantes é "Como faço para a diretoria aprovar a prática?" e depois "Como faço para a empresa adotar a prática envolvendo a ampla variedade de personas essencial para o sucesso?".

Este capítulo examinará as abordagens comuns para a obtenção de apoio organizacional apropriado dos líderes técnicos e financeiros da empresa. Sem isso, geralmente as nascentes práticas de FinOps ficam estagnadas em uma maturidade reativa de estágio intermediário (*https://oreil.ly/D6JpS*) competindo com outras prioridades da organização. O capítulo também examinará os processos do *Facilitador de FinOps*, a pessoa que reconhece a necessidade da prática e a defende internamente.

A Figura 6.1 mostra as principais personas a serem informadas e os objetivos a serem conquistados enquanto você ajuda a construir a prática e a cultura em sua empresa.

Figura 6.1: Roteiro de adoção de FinOps (https://oreil.ly/1fnHC); original de Mike Eisenstein e Dean Oliver (Accenture, LLP).

Uma confissão

Enquanto escrevíamos a segunda edição deste livro, meu coautor Mike Fuller confessou para mim: "Se bem me lembro, nós [a Atlassian] não estávamos levando FinOps a sério quando escrevemos a primeira edição do livro". Sim, FinOps era uma de suas áreas de responsabilidade, e ele passou anos trabalhando e pensando nos padrões de FinOps ao mesmo tempo em que gerenciava os custos da nuvem da Atlassian durante sua massiva migração e crescimento na nuvem, mas esse não era seu trabalho em tempo integral.

Na verdade, não era trabalho em tempo integral de ninguém na empresa. Não existiam objetivos top-down na empresa codificados como de nível C (diretoria) relacionados aos resultados de FinOps. A definição de metas era inconsistente, e os envolvidos não estavam se dedicando tanto a otimizações e processos quanto a objetivos mais imediatos. Mike sabia o que eles precisavam fazer e como levá-los até esse ponto, mas simplesmente essa não era a prioridade mais alta da empresa. E isso não era um problema. A empresa estava seguindo a *negação consciente* — tomando a decisão intencional de se dedicar a outras prioridades, como concluir as migrações e fornecer produtos com mais rapidez.

No início, fiquei boquiaberto. Eu vinha tomando notas sobre o pensamento avançado de Mike em relação ao gerenciamento de custos da nuvem desde que nos encontramos pela primeira vez em 2014, e ele — com seu modo calmo e confiável — me fez redefinir o que eu pensava sobre várias áreas básicas como a estratégia de uso de RIs e as fontes de dados.

No entanto, quanto mais eu pensava sobre isso, fui percebendo que a "confissão" de Mike sobre sua jornada (e por extensão, sobre a jornada da Atlassian) em direção à maturidade de FinOps mostrava que ela foi praticamente como a de qualquer outra pessoa. Invariavelmente, começamos FinOps como uma prática leve — ou no estágio de maturidade inicial — e com o tempo, à medida que os gastos na nuvem crescem e os objetivos da empresa se alinham, passamos a levá-la mais a sério. Mike sempre foi pessoalmente obcecado por FinOps, mas ele tinha um emprego que ocupava seu horário diurno (na época trabalhava dentro do CCoE da Atlassian), e a empresa (como quase todas) demorou um pouco para chegar ao ponto de decidir investir pesado em candidatos para ocupar as funções e cargos de FinOps necessários para a propagação da prática. Ele personifica o arquétipo clássico do facilitador de FinOps: a prática começa com uma pessoa que faz a divulgação e com o tempo se transforma no elemento de interesse da empresa com objetivos amplamente priorizados e apoiados pelos executivos.

Ao nos aprofundarmos nesse raciocínio, percebemos que geralmente existem alguns níveis de maturidade para a prática. É importante entender isso já no início deste capítulo porque a divulgação que você fará para os líderes será diferente dependendo do nível em que a empresa estiver. Antes de você divulgar FinOps internamente, precisa avaliar com seriedade onde a empresa se encontra em sua jornada de FinOps, o que normalmente está associado à sua jornada de adoção da nuvem e aos resultados que ela está priorizando mais ativamente.

O objetivo de FinOps não é economizar dinheiro e sim gerar dinheiro por meio de decisões baseadas em dados relacionadas a investimentos em tecnologia de nuvem. Se a sua principal prioridade for abandonar seus datacenters assim que possível, ou beneficiar-se da nuvem para transformar seu parque tecnológico e gerar mais receita, provavelmente não conseguirá muito apoio a otimizações de longo prazo; obterá apoio principalmente para acelerar migrações.

Embora a Atlassian estivesse praticando a negação consciente, isso não significa que não estava fazendo nada. Significa que estava se dedicando seletivamente às capacidades que considerava críticas e sendo passiva com as demais. A alocação de custos era vista como crítica para a responsabilização e estava sendo manipulada com empenho, enquanto os descontos baseados em compromissos e o rightsizing eram tratados com mais passividade.

Chegaram a um ponto, entretanto, em que Mike sabia que precisava converter a prática passiva em uma prática gerenciada ativamente.

Diferentes divulgações para executivos de níveis distintos

Para assegurar que você tenha o máximo sucesso, voltaremos ao modelo de maturidade de FinOps discutido no Capítulo 1. Nos estágios iniciais , você usará um discurso específico, baseado nos resultados que pretende obter. Para fazer isso, deve avaliar onde sua empresa realmente se encontra.

Nos estágios menos maduros, é provável que você esteja fazendo coisas que são *adjacentes a FinOps*, como revisar os gastos ou proceder otimizações ocasionalmente, mas não as faça em um ciclo de vida, executando um framework (como o framework da FinOps Foundation abordado no Capítulo 7) com capacidades ou adotando um playbook.

Posteriormente, Mike adicionou:

> Não estávamos executando FinOps de maneira estruturada como fazemos hoje. Durante anos executamos a prática de modo a atender a fins específicos. Nos estágios intermediários da maturidade de FinOps começamos a definir objetivos em todas as áreas de capacidades do framework e a estabelecer metas e limites para essas capacidades, rastreando para quais queríamos obter melhorias, avaliar os resultados de nossos esforços e criar relatórios.

Divulgação inicial

> *O que o sábio faz no início, o tolo faz no fim.*
>
> – Warren Buffett

Aqui estão algumas perguntas às quais você terá que saber responder ao divulgar a adoção de FinOps:

Por que você deve começar a executar FinOps?

Considere os primeiros capítulos deste livro como ajuda para compartilhar a *razão* de começar a prática.

Quais são os benefícios que cada executivo envolvido obterá?

Cada executivo se envolverá (e se beneficiará) à sua própria maneira. Se o executivo conhecer as peculiaridades da adoção da prática, isso o ajudará a desenvolver motivos para apoiar a iniciativa. Posteriormente neste capítulo, dividiremos os desafios, as motivações e os benefícios individuais dos executivos entre CEOs, CFOs, CTOs etc.

Quais benefícios a empresa terá em resposta à maneira como você está fazendo a adoção da nuvem e aos resultados obtidos?

Considere os principais resultados do framework de FinOps (que serão abordados no Capítulo 7). Examine também com mais atenção como está ocorrendo sua adoção da nuvem para determinar um equilíbrio entre benefícios como alocação de custos, otimização etc. Os objetivos da adoção da nuvem definem para onde no *Triângulo de Ferro* os esforços devem ser direcionados, como discutido no Capítulo 26.

Como FinOps pode ajudar a desbloquear o caminho para outras iniciativas importantes como segurança, GreenOps e sustentabilidade?

Estamos começando a ver semelhanças importantes entre as equipes de GreenOps e FinOps. Elas compartilham um conjunto de objetivos subjacentes. Associar objetivos de sustentabilidade à prática de FinOps pode ajudar na obtenção de fundos para a iniciativa; é matar dois coelhos com uma só cajadada. Consulte o Capítulo 19 para saber mais sobre a convergência entre sustentabilidade e FinOps.

Por que os frameworks financeiros existentes não resolvem o problema?

Geralmente os frameworks financeiros de TI funcionam em paralelo com a prática de FinOps resolvendo um conjunto diferente de necessidades da empresa. Consulte o Capítulo 25 para saber como outros frameworks comuns podem operar junto (ou não) com FinOps. É importante que haja respostas para essa pergunta quando você encontrar pessoas que estejam mais familiarizadas com os frameworks de TI tradicionais e não saibam lidar com a grande variabilidade e granularidade dos dados de gastos exclusivos da nuvem em larga escala.

Já que essa é uma divulgação inicial, você ainda não terá um framework de FinOps estruturado que descreva claramente as diferentes capacidades necessárias na empresa. Em vez disso, apresentará resultados de nível geral que responderão a perguntas como: conheço meus custos e uso, consigo identificar oportunidades de otimização etc.?

Divulgação avançada

Veremos alguns itens que você pode querer incluir ao fazer a divulgação para aumentar a maturidade da prática.

Um bom ponto de partida é avaliar o nível de sucesso de sua empresa em relação a cada capacidade de FinOps. Isso permitirá que você defina e divulgue para onde precisa ir em seguida. O foco desse estágio da divulgação será como investir mais pesadamente em áreas específicas e obter os resultados esperados.

Cada uma das capacidades da Tabela 6.1 deve ter uma avaliação de sucesso e um conjunto de resultados, o que será abordado com mais detalhes no Capítulo 7. Tente descrever o que deve ser feito para você chegar ao resultado do qual precisa e atingir a meta de sucesso almejada. Em seguida, conecte esses resultados aos requisitos que a empresa terá que atender para obtê-los, como:

- Comprometimentos de tempo firmados por outras equipes
- Dinheiro adicional a ser gasto ou pagamentos a serem feitos antecipadamente
- Aumento de integrantes na própria equipe de FinOps ou em outras equipes da empresa

Tabela 6.1: Avaliação simplificada da maturidade das capacidades do framework em uma prática existente

Domínio	Capacidade	Maturidade		
		Inicial	Intermediária	Avançada
Conhecer o uso e o custo da nuvem	Alocação de custos		Atual	Crescente
	Gerenciamento de custos compartilhados	Atual	Crescente	
Monitoramento e avaliação de desempenho	Previsão		Em construção	
Otimização de taxas da nuvem	Gerenciamento de descontos baseados em compromissos		Atual	Crescente
Otimização de uso da nuvem	Utilização e eficiência dos recursos			Em construção
Tomada de decisões em tempo real	Avaliação de custos unitários	Em construção		
Alinhamento organizacional	Interseção de FinOps com outros frameworks	Atual		Crescente

Aqui estão alguns exemplos de resultados de capacidades que você poderá alcançar com o aumento de investimento na prática de FinOps:

Alocação de custos

Aumenta o percentual de custos que são alocados corretamente às equipes.

Previsão

Aumenta a confiabilidade e a previsibilidade etc.

Medição de custos unitários

Identifica as equipes que podem utilizar uma métrica de valor obtido por um conjunto de produtos para a empresa e associá-la a relatórios para usar em conversas sobre valor.

Interseção de FinOps com outros frameworks

Fornece alinhamento entre equipes que gerenciam outras práticas financeiras e FinOps dentro da empresa, reduz a duplicidade de trabalho e melhora a consistência dos relatórios sobre os gastos na nuvem.

Gerenciamento de orçamento

Torna mais fácil ficar dentro do orçamento previsto e executar um gerenciamento proativo "desde o estágio inicial" para que as equipes de engenharia possam estimar, de maneira preventiva, o impacto de alterações sobre o custo e dar alertas para os líderes quando impactos relevantes forem esperados, de acordo com a previsão do orçamento.

Os dados da pesquisa State of FinOps de 2022 mostraram que equipes no estágio inicial tendem a ter de 1 a 3 pessoas, enquanto equipes avançadas chegam a mais de 13 pessoas dedicadas a facilitar a prática de FinOps na empresa. Os dados da pesquisa mais recente podem ser encontrados no site da FinOps Foundation (*http://data.finops.org*).

Voltando ao caso de Mike, aumentar a redução de custos era o tema original da divulgação. No entanto, no estágio avançado o tema passou a ser totalmente sobre a eficiência da engenharia. Mike tentou responder à pergunta "Como podemos evitar que os engenheiros travem e, em vez disso, aumentem a velocidade dos lançamentos?". Ele sabia que a melhoria da eficiência no controle de custos da engenharia permitiria que seu líder de tecnologia economizasse dinheiro e traria fundos para projetos adicionais e mais mão de obra: "Dê algum dinheiro agora para melhorarmos nossa prática de FinOps e você ganhará mais dinheiro depois para criar produtos mais inovadores com mais engenheiros".

O excesso de gastos pode limitar a velocidade da equipe de tecnologia. Geralmente, quando as equipes excedem os gastos, elas são solicitadas a desacelerar o desenvolvimento de recursos e se dedicar à redução de custos diminuindo o acúmulo de desperdícios. O ideal é que as equipes sejam estruturadas de modo a se anteciparem ao problema desde o primeiro dia e se conscientizarem dos custos ao avançar para evitar recuos. Essa é uma abordagem clássica de manutenção e KTLO (keep the lights on, ou manter os níveis de operação) *versus* ficar travado apagando incêndios. Ela proporciona workloads de engenharia previsíveis e estáveis em vez da ocorrência de grandes picos de trabalho que desviem a atenção dos lançamentos quando o desperdício for muito alto. Esse conceito costuma ser parte essencial da divulgação para avanço da prática.

FinOps pode revelar uma grande variedade de problemas a serem resolvidos na empresa. Os problemas serão diferentes uns dos outros. O cenário completo pode chegar ao ponto de exercer influência sobre em que a empresa deve investir. A Tabela 6.2 mostra alguns exemplos das áreas de foco a serem apresentadas para as diferentes personas.

Tabela 6.2: Exemplos das áreas de foco nas quais FinOps pode ajudar as diferentes personas

Persona	Foco
Líderes de negócios	Beneficiarem-se da nuvem para ser mais competitivos
Engenharia	Inovar aumentando ao mesmo tempo a eficiência do controle de custos e a velocidade da entrega
Finanças	Entender, alocar e prever os custos com precisão

Todas as áreas estão interessadas em obter alguma economia nos custos, mas cada uma tem suas próprias motivações básicas. Atualmente, menos empresas estão começando com FinOps na etapa zero; a maioria tem algum nível de atividade de FinOps já ocorrendo. Logo, você precisa saber onde se encontra hoje, para onde está indo e os benefícios dessa longa jornada.

Exemplo de planejamento de funcionários para o avanço de uma equipe de FinOps

A Tabela 6.3 é um exemplo de planejamento de funcionários a ser feita para um executivo da área de tecnologia, como parte da divulgação avançada de FinOps. Ela inclui funcionários adicionais para áreas importantes, como engenheiros de dados para a ingestão/normalização dos dados de cobrança e de feeds relacionados, analistas para investigar os dados e preparar relatórios para a empresa, engenheiros de custos incorporados às equipes de serviços para melhorar o nível de suas habilidades de otimização do uso, engenheiros de automação para conectar vários serviços de FinOps e fornecer templates para a empresa e líderes para gerenciar a própria equipe de FinOps.

Tabela 6.3: Exemplo de plano de contratação para uma prática de criação de relatórios do CTO

Ano fiscal	Engenheiros de dados	Analistas	Engenheiros de automação	Líderes de equipes	Investimento necessário
Ano fiscal de 2022	2	1	1	1	
Ano fiscal de 2023	2	2	2	1	+2
Ano fiscal de 2024	3	3	2	2	+3
Ano fiscal de 2025	4	5	3	2	+4

Sua divulgação avançada de FinOps deve incluir os resultados que você espera alcançar depois de obter os recursos necessários. Por exemplo, a empresa precisa de $X milhões em compromissos para reduzir as taxas, três funcionários novos e compromissos das três outras equipes (finanças, engenharia e compras) para construir um modelo de valor de negócio.

Histórias da nuvem – RJ Hazra

RJ Hazra, vice-presidente sênior e diretor financeiro de tecnologia na Equifax, compartilha como sua jornada de adoção mudou o foco das equipes de aplicações para o custo: "Elas estavam ocupadas principalmente com a movimentação de workloads em vez de examinar com atenção o melhor resultado para a empresa. Tivemos muito sucesso quando transferimos engenheiros que trabalharam em plataformas centrais com custo otimizado para equipes de unidades de negócios, o que mudou nosso foco, e agora podemos dizer que FinOps é responsabilidade de todos. Publicamos os playbooks, construímos e projetamos diagramas, você segue os padrões que definimos, e o avaliamos em relação a eles. Se os padrões não forem seguidos, faremos você diminuir o ritmo".

Divulgação para o executivo apoiador

A partir de 2022, os dados da pesquisa State of FinOps mostram que a maioria das equipes de FinOps se reporta a um executivo da área de tecnologia, como o CIO ou CTO. Um número cada vez maior de equipes se reporta a um diretor financeiro de tecnologia ou a alguém de um cargo híbrido relacionado. A primeira parte de sua divulgação deve descrever para o CTO (ou para o CxO certo de sua empresa) em que estágio você se encontra hoje. Isso inclui abordar o nível de visibilidade que é fornecido atualmente por relatórios, assim como uma avaliação da maturidade da empresa em relação às principais capacidades do framework de FinOps. Recomendamos começar com a avaliação open source de FinOps disponível no site da FinOps Foundation (*https://oreil.ly/5clVH*).

O mais importante é que você descreva o que espera mudar na cultura e nas maneiras de trabalhar da empresa quando a próxima fase da prática for implementada.

Aqui estão algumas perguntas para as quais você deve ter respostas na divulgação:

- De que forma o trabalho diário de um engenheiro mudará?
- Quais programas e normas a empresa precisa introduzir?
- Como fazer os gerentes de engenharia começarem a pensar em FinOps?
- Como a empresa pode assegurar que eles tenham os recursos certos?
- No que diz respeito às vantagens da visibilidade, que unidade econômica e relatórios a empresa poderia usar?

A seguir temos mais algumas perguntas que começam a modelar alguns cenários específicos:

- Que alternativa a empresa deve usar para tentar evitar custos: concentrar-se mais na redução do uso ou na redução de taxas?
- Quantos SPs ou CUDs a mais a empresa poderia adquirir se tivesse mais tempo e pessoas para fazer sua manutenção apropriadamente?
- Quanto a mais você poderia ter economizado ano passado se pudesse gerenciar os compromissos e a utilização de recursos com mais eficiência?
- O que você precisa mudar para, quando olhar para trás daqui a um ano, ver que sua eficiência certamente melhorou?
- Em quanto a empresa poderia aumentar a redução do uso se tivesse objetivos e um apoio maior dos executivos direcionados para essas alterações?

A divulgação deve abordar qual é o real significado da prática para a empresa. Não se trata apenas de quanto ela custa, do número de pessoas necessárias e dos dólares economizados. Na Atlassian, assim como na maioria das empresas, era importante o CTO ponderar o impacto que a adoção de FinOps causaria na equipe de engenharia (o ativo mais importante de uma empresa de tecnologia) antes que a proposta de valor trazido pela economia e eficiência fosse avaliada.

Logo, antes de fazer a divulgação para o CTO da Atlassian, Mike obteve feedback das equipes relevantes. Ele entrevistou os integrantes da equipe de finanças para conhecer os problemas que eles tiveram com a alocação de custos e para fazer uma previsão assertiva de custos variáveis. Mike conversou com os gerentes de serviços de engenharia sobre o nível de visibilidade que eles tinham dos custos e para saber do que precisariam para poder explicar para os líderes o que causou a ocorrência de anomalias. Em todas as conversas, ele prestou atenção em como a equipe central de FinOps que estava sendo divulgada poderia ajudar.

Essas conversas também começaram a preparar as equipes para as mudanças que estavam chegando: o esperado era que os gerentes de serviços soubessem quais eram seus custos e estivessem preparados para discussões quando os gastos mudassem. Mike disseminou a estratégia essencial de fazer os dados passarem pelos engenheiros (consulte o Capítulo 8 para ver detalhes sobre esse conceito). Ele começou a definir expectativas para o que cada nível da equipe de engenharia faria uma vez que os objetivos e a prática mais estruturados de FinOps fossem lançados.

No caso de Mike, as verbas vieram do CTO, portanto, a conversa foi baseada nos ganhos da engenharia. Na divulgação para um CFO, deve ser dada mais ênfase na emissão de relatórios que exibam melhor os custos por meio de alocação mais clara, previsão mais precisa e variações mais baixas em relação às metas do orçamento, cuja melhora dependeria de mais investimento.

Envolvimento de seu público-alvo

Para propor a adoção de uma equipe de FinOps dentro da empresa, faça uma apresentação para várias personas da equipe executiva (líder de engenharia, líder de finanças etc.) a fim de conquistar aprovação, apoio e envolvimento na condução da prática e no alcance de objetivos.

Mostrarei a seguir cada persona da equipe executiva e seus objetivos, preocupações, mensagens-chave e KPIs úteis. Conhecendo as motivações de cada persona do nível executivo, o defensor de FinOps poderá descrever o valor da prática com mais eficiência, reduzindo o tempo e o esforço para a conquista de alinhamento.

Principais personas que o facilitador deve influenciar

A Figura 6.2 mostra como o facilitador e a equipe de FinOps devem se comportar inicialmente entre os vários stakeholders, ajudando a traduzir necessidades e construir pontes que lhes permitam trabalhar com mais proximidade autonomamente.

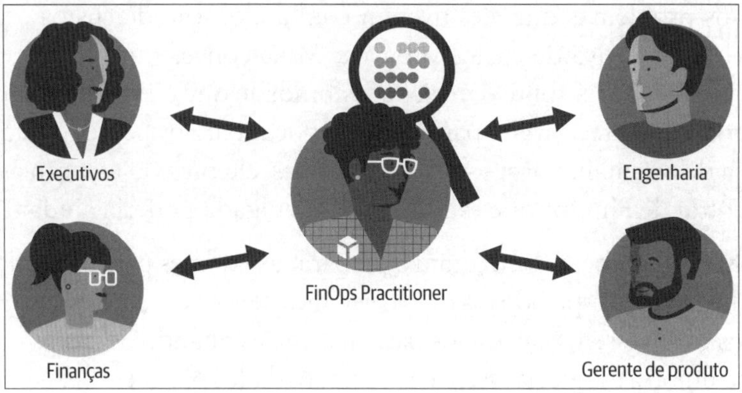

Figura 6.2: Interações das personas com o FinOps Practitioner.

Para ter uma visão mais abrangente das diversas personas e papéis envolvidos na construção de uma prática de FinOps, consulte as motivações de cada persona no Capítulo 3. Algumas partes das próximas seções foram adaptadas do projeto open source Adopting FinOps (*https://oreil.ly/r1MSH*).

Persona do CEO

No que diz respeito a uma prática de FinOps, o objetivo do CEO é assegurar que os investimentos na nuvem estejam alinhados com os objetivos da empresa. Consulte a Tabela 6.4 para ver exemplos.

Tabela 6.4: Objetivos comuns do CEO para a empresa e FinOps

Objetivos	Frustrações	Principais métricas	Benefícios de FinOps
Crescimento anual acelerado da empresa Vantagem competitiva estratégica Tempo de lançamento mais rápido no mercado Entrega de soluções inovadoras e líderes no mercado com controle de custos eficiente	Gastos na nuvem imprevisíveis e às vezes caóticos Dificuldade de detectar uma conexão entre as iniciativas de engenharia e os objetivos da empresa Incerteza do retorno sobre o investimento feito pela empresa na nuvem	Crescimento da receita Margens brutas COGS (Cost of Goods Sold, ou Custo das Mercadorias Vendidas) Unidade econômica	Gerencia riscos Conecta as decisões de engenharia aos resultados da empresa Prevê como os gastos na nuvem aumentarão à medida que a empresa cresce Leva a empresa a fazer bons investimentos na nuvem

Persona do CTO/CIO

Usa a tecnologia para dar à empresa uma vantagem competitiva e mercadológica. Consulte a Tabela 6.5 para ver exemplos.

Tabela 6.5: Objetivos comuns do CTO/CIO e FinOps

Objetivos	Frustrações	Principais métricas	Benefícios de FinOps
Crescimento anual acelerado da empresa Vantagem competitiva estratégica Tempo de lançamento mais rápido no mercado Entrega de soluções inovadoras e líderes no mercado com controle de custos eficiente	Forte pressão para justificar ou diminuir a cobrança da nuvem Sem proteção contra gastos Engenheiros insatisfeitos Continuidade da operação Confiabilidade	Crescimento da receita Margens brutas COGS (Cost of Goods Sold, ou Custo das Mercadorias Vendidas) Unidade econômica Tempo de lançamento de novos recursos/produtos no mercado Produtividade da engenharia Monitoramento dos gastos com P&D *versus* produção Manutenção das operações dentro do orçamento	Prevê como os gastos na nuvem aumentarão à medida que a empresa cresce Leva a empresa a fazer bons investimentos na nuvem Permite que as áreas de engenharia tenham mais liberdade para utilizar tecnologias de nuvem mais recentes e lançar soluções no mercado com mais rapidez

Persona do CFO

Aumenta a precisão e a previsibilidade dos relatórios e das estimativas de custo. Consulte a Tabela 6.6 para ver exemplos.

Tabela 6.6: Objetivos comuns do CFO e FinOps

Objetivos	Frustrações	Principais métricas	Benefícios de FinOps
Visibilidade, granularidade e precisão dos custos Redução geral do custo por unidade/COGS Gerenciamento de custos durante o crescimento, monitoramento da redução desproporcional dos custos durante períodos ociosos/de declínio	Gastos na nuvem imprevisíveis e às vezes caóticos Incerteza do retorno sobre o investimento feito pela empresa na nuvem Flutuações e novidades nos custos não alinhadas com os ciclos orçamentários	Crescimento da receita Margens brutas COGS Unidade econômica Previsibilidade	Maior responsabilização pelos custos da nuvem Maior confiança nos modelos orçamentário e de previsão Impacto direto sobre os lucros da empresa

Persona do líder de engenharia

Aumenta a velocidade dos lançamentos mantendo, ao mesmo tempo, um controle de custos eficaz e permitindo inovações. Consulte a Tabela 6.7 para ver exemplos.

Tabela 6.7: Objetivos comuns do líder de engenharia

Objetivos	Frustrações	Principais métricas	Benefícios de FinOps
Exigir comprometimento das equipes de engenharia responsáveis pelas aplicações/serviços Fornecer orientações às equipes de engenharia para obter uma aplicação/serviço com controle de custos eficaz identificando anomalias e melhores práticas Trabalhar com as equipes de engenharia para identificar taxas que possam ser reduzidas e custos que possam ser evitados Alocação de custos	Engenheiros insatisfeitos com o crescimento contínuo do seu workload Longos ciclos de entrega Impossibilidade de prever o impacto sobre o orçamento Dificuldade de identificar a responsabilidade pelo serviço ou aplicação Impossibilidade de prever os custos com precisão suficiente para o desenvolvimento de novos recursos e produtos	Receita por custos de infraestrutura Custo por serviço implantado e taxas de utilização de serviços Showback e chargeback dos custos de TI para a empresa	Aumento de visibilidade dos custos da nuvem Conexão com o gasto na nuvem e com a unidade econômica Mais responsabilização pela utilização Incentivo a princípios sólidos de arquitetura que levem em consideração a eficiência

Roteiro para a adoção de FinOps

Estamos fornecendo esse guia do iniciante para ajudá-lo a construir uma apresentação e informar a outras equipes, colegas de equipe e stakeholders sobre os benefícios do desenvolvimento de uma prática de FinOps. Ele inclui etapas de preparação, a responsabilização e as expectativas por papel e persona, um roteiro detalhado e muito mais.

Os estágios a seguir foram baseados nos resultados de sprint do grupo de trabalho do projeto open source Adopting FinOps da FinOps Foundation, que incluiu contribuições importantes de Mike Eisenstein (Accenture), Idaliz Baez (*RealOps.io*), Natalie Daley (HSBC), Rejane Leite (Flexera), Mike Bradbury (JunoCX), Tracy Roesler (dbt Labs), Bailey Caldwell (McKinsey), Rich Gibbons (ITAM Review), Erik Peterson (CloudZero), Nick Grab (Ellix GmbH), Anthony Johnson (Box), Kim Wier (Target), Melvin Brown II (governo dos Estados Unidos) e Mandy van Os (TechNative).

Estágio 1: Planejamento de FinOps em uma empresa

Como mencionado no início do capítulo, FinOps é um jogo infinito. Nunca chegamos realmente ao fim. É crucial que você comece assim que possível e vá fazendo pequenos avanços em direção ao desenvolvimento das capacidades que forem mais importantes para sua empresa. O objetivo desse estágio é a criação de um plano adequado para a transformação que FinOps trará para a empresa, com adaptação aos recursos que estiverem disponíveis e aos objetivos descritos como mais importantes.

Faça sua pesquisa

Procure os stakeholders certos dentro da empresa. Como a pessoa que trará FinOps para a empresa, você precisará de apoio de nível sênior e de apoiadores empenhados para fazer as coisas andarem. Aqui estão algumas medidas que você pode tomar:

- Procure seu possível porta-voz/defensor/executivo/apoiador e tenha conversas individuais com ele usando um material de introdução personalizado sobre FinOps ou perguntas direcionadas para determinar a estratégia de adoção.
- Durante suas conversas, identifique os problemas que a empresa vem enfrentando, como os custos da nuvem estão prejudicando casos de negócio, a percepção geral de excesso de custos, a falta de visibilidade dos custos pelos usuários da nuvem etc.
- Nas conversas, detecte as pessoas, as equipes e os grupos impactados. Quem é afetado pelos problemas?

Crie um plano

Elabore um quadro do estado futuro. Ele deve estar relacionado aos negócios (aceleração dos negócios devido ao valor trazido pela tecnologia de nuvem, melhorias na unidade econômica etc.). Veja algumas medidas que você pode tomar:

- Identifique as ferramentas necessárias. Determine se as ferramentas já adquiridas podem atender às necessidades do plano.
- Defina em que unidade organizacional ficará a equipe de FinOps. Ela poderia ficar em um CCoE, na área de finanças ou na área de TI. Dependendo da complexidade da estrutura organizacional, criar uma equipe dedicada a FinOps pode exigir uma abordagem em fases. Algumas empresas

(1) estabelecem uma central de transformação multifuncional e criam fluxos de trabalho/grupos de trabalho, (2) criam uma função de FinOps como parte do Cloud Business Office[1]/CCoE e (3) evoluem para uma equipe dedicada de Cloud FinOps.

- Detecte equipes candidatas a adeptas iniciais que possam ser evangelistas.
- Identifique KPIs para avaliação da função de FinOps e encontre maneiras de medir o engajamento e o desempenho dos stakeholders, como as unidades de negócios e as equipes de aplicações. Esses KPIs são preliminares e evoluirão durante o Estágio 2, mas é importante que haja um conjunto inicial.
- Prepare um plano de comunicação para ser usado no Estágio 2.

Histórias da nuvem – Jason Rhoades

Jason Rhoades, da Intuit, compartilhou a importância da obtenção de conquistas grandes e rápidas no início do processo para aumentar o investimento feito pelos executivos:

> É claro que cada empresa tem suas peculiaridades, mas para mim, na Intuit, conquistas reais antecederam todos os investimentos adicionais em FinOps. É difícil para alguns executivos apreenderem o que é FinOps na teoria. Você pode ter problemas com o CTO que vê a prática apenas como um esforço da área tecnológica, enquanto o CFO a vê como puramente relacionada a finanças. Digamos que pudéssemos descrever cenários como "economizamos $XM mês passado com nossa iniciativa pré-paga de FinOps e ainda temos $YM para economizar" ou "rastreamos a causa raiz do pico de gastos na nuvem como sendo uma ação executada por uma equipe específica e poderíamos tê-la evitado com investimentos". Quando estamos na fase de planejamento, esses resultados iniciais comprovados e relativamente fáceis de obter demonstram para os executivos uma situação mais tangível/visceral e compreensível de como FinOps pode adicionar e adicionará valor no longo prazo. É muito mais provável que os líderes apoiem uma atividade que já tenha mostrado sucesso comprovado e quantificado do que alguma cujo potencial esteja apenas sendo alardeado. Comprove o valor e obterá o apoio que procura. O plano de comunicação não deve destacar demais os detalhes de FinOps e sim informar o que FinOps pode fazer para a empresa.

Obtenha apoio

Reúna os apoiadores engajados e explique por que é importante adotar FinOps:

- Realce o estado atual, os problemas e outras questões.

1 N.T.: o Cloud Business Office assegura o gerenciamento eficiente da organização na adoção e aceleração do uso da nuvem pública em toda a empresa.

- Identifique ameaças e forneça os cenários que podem ocorrer se medidas não forem tomadas.
- Demonstre como ficaria a empresa com a maturidade de FinOps.
- Examine oportunidades que deveriam, ou poderiam, ser exploradas.
- Apresente um roteiro para implementação do plano.
  - Obtenha feedback do executivo apoiador e faça ajustes quando necessário.
  - Inclua o tamanho inicial da equipe, o orçamento e a linha do tempo para a inicialização.
  - Inclua a proposta de valor (por exemplo, o ROI, na forma do custo da existência de uma função de FinOps versus um excesso de gastos razoável e contínuo na nuvem).
- Faça a apresentação para outros stakeholders, apoiadores e um conjunto inicial de pessoas não familiarizadas com o projeto, como os líderes de unidades de negócios.

Ocupe-se da obtenção inicial de recursos

Uma prática de FinOps bem-sucedida requer a obtenção de recursos dedicados com conjuntos de habilidades relevantes:

- Peça ajuda ao apoiador para recrutar outros líderes executivos como colaboradores.
- Forme uma coalizão de mudança composta dos stakeholders e influenciadores reais da empresa.
- Obtenha aprovação do orçamento para recrutamento de funcionários.
- Selecione ferramentas nativas, de terceiros ou criadas internamente dependendo da necessidade.

Estágio 2: Divulgação de FinOps para adoção em uma empresa

FinOps é uma mudança cultural que requer a aceitação de muitas equipes e personas diferentes da empresa. Portanto, são essenciais a comunicação e os feedback loops projetados para encorajar a adoção da prática. O objetivo desse estágio é divulgar o plano de FinOps criado no Estágio 1 para todos os stakeholders relevantes. O tutorial de divulgação de FinOps descrito a seguir ajudará a disseminar a prática de maneira clara, rápida e fácil de ler.

Divulgue valores

Como os principais stakeholders promovem FinOps na empresa:

- Divulgam os valores que são essenciais para a mudança.
- Compartilham um breve resumo de como *veem* a empresa no futuro.
- Compartilham um roteiro de nível geral.
- O material de divulgação *What Is FinOps* disponível no site da FinOps Foundation (*https://oreil.ly/8Z7zN*) é um bom ponto de partida para a difusão, mas deve ser personalizado para sua empresa de modo a incluir seu plano.

Obtenha feedback das equipes

Marque conversas sobre FinOps com as equipes impactadas identificadas, como com os líderes de finanças, produtos e engenharia, para:

- Passar o conhecimento do que é FinOps.
- Conhecer seus problemas e dar explicações/sugestões de como FinOps pode ajudá-los.
- Discutir propostas de KPIs e fazer ajustes conforme os feedbacks obtidos nas conversas.
- Estabelecer um modelo de interação entre FinOps e os principais parceiros (áreas de TI, supervisores, equipes de aplicações).
- Identificar futuros membros durante a divulgação para o CCoE e o comitê executivo.

Defina o modelo inicial de FinOps

Seu modelo deve incluir recursos, um modelo operacional, padrões para interação multifuncional e KPIs relacionados para relatórios sobre o progresso:

- Personalize o modelo de FinOps (*informar, otimizar e operar*) para a empresa.
- Identifique a equipe de FinOps com transferências internas em que haja sobreposição com papéis ou pessoas existentes; preencha as lacunas restantes por meio de recrutamento/contratação.
- Faça o mapeamento da rede de mudanças de FinOps na empresa — apoiadores, influenciadores, adeptos. Crie uma estratégia clara de treinamento e comunicação que assegure a cobertura completa de todos os recursos impactados.

- Crie um modelo hub-and-spoke[2] para tornar FinOps escalável dentro de organizações muito grandes, o que será detalhado posteriormente neste capítulo.
- Roteiro de KPIs: finalize o primeiro conjunto de KPIs e relatórios e identifique e planeje a próxima geração.

Estágio 3: Preparação da empresa para FinOps

Uma vez que você tiver feito a divulgação e obtido apoio para as mudanças culturais, terá chegado a hora de avaliar e engajar as diversas partes da empresa. O objetivo desse estágio é dar início ao efeito volante de FinOps em sua empresa para que você possa começar a amadurecer as muitas capacidades e domínios do framework de FinOps.

Avalie a prontidão de FinOps

A execução de uma avaliação da maturidade da empresa nas principais capacidades frequentemente inclui o seguinte:

- Defina tags, metadados e a taxonomia organizacional.
- Implante, configure e faça o smoke-test das ferramentas.
- Finalize a primeira onda de KPIs. Os KPIs/métricas de adoção na empresa podem evoluir ao longo dos "períodos de adoção" para a criação de uma mentalidade de maturidade gradual de FinOps sem a exigência de maturidade completa imediata. Isso permitirá que equipes e executivos menos maduros não "se assustem" e avancem etapa a etapa.
- Defina baselines de uso e gastos para alertas e limites de relatórios.
- Defina e prepare painéis (dashboards) de autoatendimento baseados nas personas. Eles devem exibir métricas importantes, como a primeira onda de KPIs, alocação de custos, anomalias no orçamento, recomendações de otimização e outras visualizações de interesse dos stakeholders.
- Prepare o modelo de previsão com cálculos de custos unitários incluídos. Nesse momento, provavelmente ele será apenas uma planilha.

Engaje os stakeholders

Agora você está pronto para dar início às cadências e processos contínuos de implementação de seu modelo:

2 N.T.: o modelo hub-and-spoke é um design de rede em que o elemento central, ou hub, está conectado a vários outros elementos, ou spokes.

- Determine o que as unidades de negócios desejam em termos de nível de compromissos (custo total das negociações de descontos da empresa, RI/SP/CUD/etc.).
- Engaje a equipe inicial de adeptos para que obtenham conquistas em otimizações (por exemplo, desativar ambientes ou instâncias de teste que não estejam mais sendo usados para mostrar economias relevantes). Elas são importantes para a divulgação, lançamentos e a posterior obtenção de adoção adicional.
- Obtenha algumas vitórias iniciais adicionais na governança para fazer a prática de FinOps ser implementada (por exemplo, política de tagueamento, automação etc.).
- Dê início a uma cadência regular de reuniões. A equipe de FinOps/CCoE deve conversar regularmente com as unidades de negócios, as equipes de aplicações, os profissionais e os stakeholders para implementar melhores práticas e monitorar KPIs.

Lembre-se de que se a empresa tiver várias unidades de negócios funcionando a partir de um modelo operacional de nuvem federada, elas terão diferentes níveis de maturidade (*https://oreil.ly/D6JpS*). É importante que o gerenciamento da mudança considere isso e permita que as unidades executem a adoção em ritmos distintos.

Parabéns, você começou a prática de FinOps!

Tipo de alinhamento da empresa

Normalmente vemos três tipos de equipes de prática de FinOps: centralizada, descentralizada e hub-and-spoke.

No caso de uma equipe de FinOps *centralizada*, ela se reporta diretamente ao CIO, CFO ou CTO e age como um serviço para as unidades de negócios. Pode fazer parte de um CCoE, ou não, se a empresa não tiver um. As unidades de negócios com gastos na nuvem interagem com essa equipe de FinOps dedicada para colaborar em atividades de FinOps, e a equipe de FinOps centraliza as capacidades — como o gerenciamento de descontos baseados em compromissos — que mais se beneficiam da centralização.

Vantagens

Autoridade, especialização, economia de escala

Desvantagens

Muitos stakeholders, a capacitação e a educação são essenciais, os executivos devem comprar a ideia para que ocorra o convencimento.

Quando é usada uma equipe de FinOps *descentralizada*, ela se reporta a uma unidade de negócios específica e atende aos interesses dessa unidade. Cada uma das BUs (Business Units, ou Unidades de Negócios) que tiver gastos significativos com a nuvem incluirá uma pessoa de FinOps dentro de seu grupo, mas não haverá uma equipe central abrangente impulsionando melhores práticas e padrões repetíveis dentro da empresa.

Vantagens

Muito ágil; incorporada às equipes de engenharia

Desvantagens

Não há maximização de taxas, há trabalho duplicado, é suscetível à perda de talentos importantes

Normalmente vemos equipes descentralizadas quando há o reconhecimento na empresa de que a prática de FinOps precisa ocorrer, mas não há um convencimento central na área executiva para o estabelecimento de uma prática formal centralizada. Para a maioria das empresas, é um estado transitório no começo da prática.

As equipes hub-and-spoke permitem uma combinação das abordagens centralizada e descentralizada.

Vantagens

As BUs mais importantes têm recursos dedicados de FinOps nas áreas descentralizadas; a prática de FinOps do hub central se concentra em maximizar taxas e ativar mais áreas descentralizadas

Desvantagens

As equipes precisam de mais investimento, treinamento e contratação das pessoas certas no nível descentralizado

A Fidelity Investments tem um duradouro e bem definido modelo hub-and-spoke para FinOps que a empresa mostrou na conferência FinOps X de 2022 (*https://x.finops.org*). Uma equipe central gerencia os compromissos e desenvolve capacidades, como as previsões das diversas equipes, mas cada unidade de negócios de maior importância também tem especialistas em FinOps dedicados e incorporados pagos por suas respectivas unidades.

Tempo integral, meio expediente, tempo emprestado: uma nota sobre os recursos humanos

Os recursos humanos da equipe de FinOps acabam se tornando totalmente dedicados à prática; no entanto, eles costumam começar como uma linha pontilhada com um percentual de alocação de tempo. Uma combinação dos dois modelos também é comum: há um líder dedicado de FinOps com uma linha pontilhada de subordinação aos parceiros de finanças ou engenharia.

No começo, não tenha medo de considerar prestadores de serviços ou consultores externos para iniciar, acelerar ou até mesmo executar partes de sua prática central. É muito difícil contratar bons talentos que conheçam bem FinOps; os consultores disponíveis podem ser a melhor opção. A FinOps Foundation tem uma lista de FinOps Certified Service Providers (*https://oreil.ly/mFcxZ*).

Geralmente, uma equipe virtual e não dedicada de FinOps pode fazer a empresa iniciar a prática. Use uma para começar a construir alguma capacidade, como a base para o conhecimento de seus gastos na nuvem e para a identificação dos maiores geradores de custo. Quando você ficar bom nisso, seu sucesso passará a ser seu discurso para a contratação de pessoal dedicado. Comece pequeno, busque vitórias, promova-as amplamente.

Como Mike descobriu na Atlassian, a empresa sabia que a otimização de gastos geraria valor e que havia a necessidade de conhecer os custos, mas só depois que ele conseguiu mostrar que o impacto seria grande é que obteve a aprovação para contratar uma equipe dedicada. Isso ocorreu graças ao uso de dados sólidos com exemplos do mundo real em vez de projeções. O interessante nos membros da equipe de FinOps é que eles costumam devolver o que custaram. É raro podermos dizer para o diretor: "Dê-me cinco funcionários e lhe devolverei o dinheiro".

No entanto, o que aconteceria se a sua solicitação fosse rejeitada e você não conseguisse fundos para a equipe? É hora de descobrir por que a empresa fez essa escolha. Poderia ser o que chamamos de *síndrome do bolso profundo*, em que a prioridade é migrar a qualquer custo, e em primeiro lugar os executivos querem que as equipes terminem o trabalho. Nesse caso, você pode ter que começar a praticar a *negação consciente* até a empresa estar pronta e passar a dar visibilidade para os diversos stakeholders. Não tente forçar os engenheiros a executarem a otimização de custos. Empenhe-se na alocação de custos, explore os dados com ferramentas nativas da nuvem e descubra qual a capacidade básica você pode começar sem a equipe dedicada.

Uma das conquistas iniciais pode ser explorar descontos baseados em compromissos, como discutiremos no Capítulo 16, para obter ganhos rápidos de otimização de custos. Esses mecanismos de desconto podem ser operados de maneira transparente para as equipes de engenharia, o que as manteria ocupadas com tarefas de prioridade mais alta.

Um sistema complexo projetado a partir do zero nunca funciona

Antes de elaborar sua divulgação, considere a citação a seguir:

> *Sempre descobrimos que um sistema complexo que funciona evoluiu de um sistema simples que funcionava. Um sistema complexo projetado a partir do zero nunca funciona e não podemos corrigi-lo para fazê-lo funcionar. É preciso começar de novo com um sistema simples que funcione.*
>
> – John Gall, *Systemantics: How Systems Work and Especially How They Fail* (Quadrangle, 1977)

Se você criar um plano muito complexo, provavelmente ele não será bem-sucedido. Seu plano de adoção deve descrever apenas as etapas que a empresa executará para começar — ou expandir — FinOps e os benefícios de dar início à prática.

Mantenha o plano simples. Não complique. Detecte as partes mais críticas e comece por elas. Defina quem serão os stakeholders, determine que conjuntos de habilidades você já tem e que lacunas ainda precisam ser preenchidas, estabeleça objetivos realizáveis e comece a elaborar uma estratégia de alocação de custos.

Você também deve deixar claro que a mudança cultural que ocorrerá na empresa é um processo longo que pode levar anos. FinOps deve crescer em estágios e amadurecer com o tempo à medida que as equipes e processos associados reconhecerem as mudanças necessárias para o gerenciamento eficaz do valor da nuvem.

Como o sistema imunológico dos seres humanos, uma prática de FinOps não nasce totalmente formada. Para estar pronta para responder a desafios, ela deve começar como um sistema básico e aprender com os padrões, os hábitos e as respostas requeridos para a adaptação a um cenário em constante mudança.

Conclusão

A adoção de FinOps pela empresa requer um planejamento cuidadoso e saber o que motiva os executivos, além de muita pesquisa sobre como a organização funciona.

Resumindo:

- A divulgação da prática avançada deve incluir uma avaliação da prática atual e um plano para FinOps dentro da empresa que inclua os investimentos adicionais para a aceleração de capacidades específicas e dos resultados esperados.
- Não tente ir além do necessário em seu plano inicial para a prática de FinOps. Comece pequeno, obtenha conquistas e insista com o passar do tempo.
- Cada executivo tentará obter um resultado com a prática de FinOps; certifique-se de conhecer suas diferentes motivações antes de fazer a divulgação para cada um.
- A divulgação para o começo de uma prática de FinOps deve se concentrar nos objetivos mais fáceis de serem atingidos com investimento cuidadoso.
- Lembre-se de divulgar ao máximo e compartilhar seus esforços em todos os estágios para chamar a atenção dos diversos stakeholders.

Não se esqueça: desenvolver uma prática de FinOps requer a criação de um consenso. É preciso conquistar corações e mentes e mudar processos existentes há muito tempo. No próximo capítulo, examinaremos o framework de FinOps, que fornecerá várias capacidades para você escolher à medida que for levando a prática para o próximo nível, não importa de onde tenha começado.

CAPÍTULO 7

O framework da FinOps Foundation

O framework da FinOps Foundation (*http://www.finops.org*) é um conjunto de elementos constitutivos em contínua evolução que nos permitem criar uma prática de FinOps adaptada à maturidade e complexidade da nuvem na empresa. Este capítulo introduzirá o que é o framework e como usá-lo em sua prática de FinOps. O capítulo também explicará a estrutura do framework e mostrará como você pode adaptá-lo para que atenda às necessidades de FinOps de sua empresa com as implementações relacionadas, como guias, avaliações e playbooks.

A adoção do framework em sua prática evitará que você precise reinventar a roda e lhe permitirá recombinar rapidamente os conhecidos componentes constitutivos que há anos existem em várias formas. Algumas partes do framework são relevantes para todas as práticas, como a alocação de custos (isto é, metadados e hierarquia) e o estabelecimento de uma cultura de FinOps, enquanto outras só são relevantes para cenários específicos, como o gerenciamento de custos compartilhados ou a integração do gerenciamento de ativos de TI.

O framework descreve os princípios, personas, características de maturidade e principais capacidades para a estruturação das atividades e a avaliação de sucesso necessárias para uma prática de FinOps bem-sucedida. A comunidade de profissionais da FinOps Foundation, os provedores de serviços de nuvem e os membros parceiros deram contribuições para o framework. Tudo o que se encontra neste livro pode ser associado ao framework.

Todas as empresas que adotarem a nuvem precisarão desenvolver mecanismos para gerenciar seus custos. O framework fornece um modelo operacional para a prática de FinOps alinhado com as melhores práticas de gerenciamento de custos da nuvem.

Em vez de descobrir armadilhas novas e desconhecidas à medida que o amadurecimento vai acontecendo, você pode usar o framework para estruturar sua prática e manter o foco em todas as áreas de FinOps que o ajudarão a atingir seus objetivos mais cedo, permanecendo, ao mesmo tempo, alerta para os elementos nos quais não está se concentrando atualmente.

O framework também serve como um mecanismo para o estabelecimento de uma comunicação melhor entre todas as pessoas da empresa encarregadas de responsabilidades relacionadas a FinOps. Ele forma a base para implementações como a do FinOps Assessment (*https://oreil.ly/5clVH*), que ajuda a avaliar e alinhar os principais stakeholders de acordo com uma estimativa comum de maturidade da empresa.

Um modelo operacional para sua prática

Considere o framework como um modelo operacional para sua prática de FinOps. Ele não é uma lista específica de tarefas a serem concluídas em determinada ordem, já que as práticas de FinOps não são exatamente iguais; em vez disso, o framework é uma lista abrangente de atividades às quais você poderá recorrer em sua prática quando necessário.

Suponhamos por um momento que você estivesse plantando flores. Todo dia avalia o que vê e decide que tarefa fornecerá mais valor. Pode plantar, podar, regar, fertilizar, adubar e assim por diante. Existem muitos guias que podem ajudá-lo a conhecer e desenvolver a lista de habilidades requeridas de um jardineiro. Seu jardim está crescendo e apresenta necessidades que mudam constantemente. Você não terá o melhor jardim do mundo apenas adubando-o. Seguindo a mesma lista de tarefas todo dia você não conseguirá ajustar as prioridades de modo a beneficiar melhor o jardim naquele momento específico. É preciso desenvolver um *modelo operacional* e um feedback loop que ajustem as atividades diárias às necessidades do jardim, bem como adicionar e consolidar capacidades de acordo com as plantas que você tiver, a condição do jardim, o tipo de clima do local, o volume de chuva sazonal, mudanças na condição do solo e outros fatores variáveis.

Da mesma forma, em sua prática de FinOps não haverá uma lista simples de tarefas para você seguir que sempre levarão a resultados positivos. O framework foi criado para ajudá-lo a conhecer a lista de capacidades, e a estrutura básica de como elas são implementadas dentro de diferentes empresas, além de permitir que você selecione as capacidades e os detalhes de implementação que atenderão à empresa em um momento específico.

O modelo do framework

A Figura 7.1 mostra uma visão geral dos componentes primários do framework da FinOps Foundation. Esta seção descreverá resumidamente cada um de seus elementos de suporte: princípios, personas, maturidade e fases. A seção seguinte descreverá os domínios e capacidades que formam os principais componentes do framework.

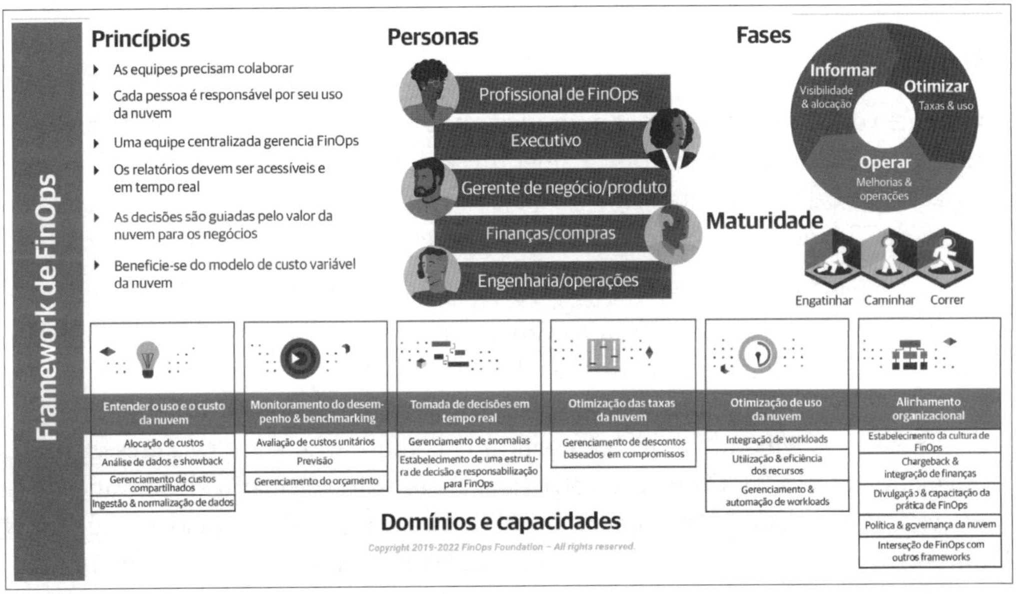

Figura 7.1: Pôster de 2022 do framework da FinOps Foundation disponível on-line (http://FinOps.org).

Princípios

O framework inclui os princípios de FinOps, abordados no Capítulo 1. Todas as atividades que você executar em sua prática de FinOps devem ser consistentes com os princípios. Os domínios, capacidades, personas e fases reforçam os valores que eles expressam. Ao estender o framework de FinOps e personalizar seus componentes para sua empresa, lembre-se sempre dos princípios e mantenha a consistência com eles em sua prática.

Personas

Embora o profissional de FinOps precise estar envolvido em todos os aspectos do framework, todas as pessoas envolvidas em FinOps também se beneficiarão ao conhecer sua estrutura. Os líderes da empresa vão querer conhecer os resultados

dos domínios e saber em quais devem investir para assegurar que suas perguntas sejam respondidas e que os objetivos sejam atingidos. As equipes de engenharia devem saber como cada tarefa contribuirá para uma capacidade específica, e o framework fornecerá contexto para os resultados de seus esforços. Uma linguagem consistente de FinOps pode ser obtida por meio da terminologia do framework e ajudará cada persona a entender o papel que ela precisa desempenhar.

Maturidade

O framework é aplicável a todas as práticas independentemente do nível de maturidade. À medida que sua prática amadurecer, com o tempo você adotará mais capacidades e definirá metas cada vez maiores para as avaliações de sucesso. As próprias capacidades estarão individualmente em estágios diferentes de maturidade.

Cada capacidade do framework terá uma avaliação de maturidade. Você deve tentar se familiarizar tanto com as capacidades com as quais for lidar imediatamente quanto com as que for usar depois. A lista de capacidades não é uma lista que precise ser seguida cegamente. O amadurecimento de uma capacidade é demorado e demandará iteração contínua conforme sua empresa crescer nas atividades requeridas. O objetivo não é estar em um nível de maturidade avançado em cada capacidade e sim estar no nível de maturidade da capacidade que for apropriado para as necessidades da empresa. Primeiro você deve avaliar quais dos domínios o ajudarão a obter os resultados esperados e depois que capacidades dos domínios precisarão de melhorias.

Os custos compartilhados são um exemplo comum de uma capacidade à qual muito tempo é atribuído desde o início. Geralmente eles ocorrem quando um único recurso ou serviço da nuvem é usado por várias equipes. Embora você possa introduzir modelos de compartilhamento detalhados por meio de seu próprio data crunching[1] ou de ferramentas de análise de dados para realocar custos de acordo com o uso em tempo real, nem sempre essa especificidade é necessária. As ferramentas e as práticas recomendadas dessa área melhoraram muito nos últimos anos, mas você deve avaliar se, por enquanto, apenas a existência de um percentual fixo aprovado não seria suficiente — como dividir alguns custos compartilhados com base em um percentual aprovado. Geralmente soluções de alocação simples podem atender às necessidades da empresa no início da prática sem adicionar a complexidade de uma capacidade de custos mais madura e compartilhada dinamicamente.

1 N.T.: Data crunching consiste nas principais etapas iniciais requeridas para a preparação de grandes volumes de dados brutos para análise.

Fases

O Capítulo 9 abordará o ciclo de vida de FinOps e as três fases do ciclo: informar, otimizar e operar. As *fases* o ajudarão a organizar as atividades de cada capacidade em uma ordem consistente. Elas o lembrarão de sempre trabalhar de maneira iterativa e cíclica fazendo melhorias incrementais ao ganhar maturidade.

Domínios e capacidades

O framework de FinOps se beneficia de uma coleção de domínios e capacidades para a implementação dos conceitos dos princípios de FinOps.

Os domínios de alto nível englobam um conjunto de resultados desejados para a empresa. Os domínios e seus resultados podem mudar com o tempo, logo, recomendamos visualizar o framework no site da FinOps Foundation (*http://finops.org*). A Tabela 7.1 mostra a lista de domínios e o resultado primário quando da publicação.

Tabela 7.1: Domínios do framework e seus resultados primários

Domínio	Resultado primário
Entender o uso e o custo da nuvem	Gera responsabilização e transparência
Monitoramento do desempenho e benchmarking	Define o que é considerado como tendo um bom nível
Tomada de decisões em tempo real	Permite que o feedback loop seja rápido para decisões sobre gastos baseadas em dados
Otimização de uso da nuvem	Assegura o uso eficiente de recursos da nuvem, reduzindo ao mesmo tempo gastos desnecessários
Otimização das taxas da nuvem	Usa os diversos programas de descontos baseados em compromissos para reduzir o valor pago pelos recursos usados
Alinhamento organizacional	Alinha o uso da nuvem aos objetivos e à estrutura da organização

Esses resultados o ajudarão a responder às perguntas do mundo real que lhe serão feitas por sua empresa, como:

- Qual é o maior gerador de custo dessa aplicação? (entender o uso e o custo da nuvem)
- Como você pode reduzir os gastos de um serviço específico? (otimização de uso, otimização das taxas)
- Como o uso que você está fazendo de uma categoria de recurso mudou com o tempo? (monitoramento do desempenho)

Cada domínio identifica um conjunto de capacidades que ajudarão a resolver os desafios específicos que você enfrentará ao tentar obter os resultados requeridos. Cada capacidade descreve as ações, as métricas e os dados que contribuirão para o sucesso da capacidade.

Estrutura de um domínio

As principais seções de cada domínio seguem uma estrutura padrão:

Definição

Ajuda a conhecer as atividades de alto nível que você terá que executar em sua prática de FinOps para obter os resultados desejados e as perguntas primárias que o domínio responderá.

Capacidades

Fornece uma lista de capacidades para a obtenção dos resultados desse domínio. Falaremos sobre as capacidades com mais detalhes posteriormente no capítulo.

Fornecedores e provedores de serviços

Uma lista de ferramentas e provedores de serviços que fornecem soluções para nos ajudar nesse domínio. Alguns fornecedores de soluções são especializados em ferramentas destinadas a um único domínio aprofundando-se mais nele, e outros oferecem soluções holísticas para vários domínios.

Treinamento e cursos

Uma lista dos treinamentos fornecidos pela FinOps Foundation e por parceiros de treinamento certificados que ajudarão a instruir você e sua equipe sobre esse domínio.

Alguns domínios podem ter conteúdo adicional relacionado especificamente a eles.

Estrutura das capacidades

Cada capacidade representa as áreas de atividade funcionais que suportam os domínios de FinOps correspondentes. As principais seções de cada capacidade seguem uma estrutura padrão.

Definição

A definição descreve o escopo da capacidade, o que o ajudará a saber que capacidade está alinhada a um objetivo ou resultado específico.

Avaliação de maturidade

A avaliação de maturidade fornece exemplos da capacidade em vários estágios de maturidade, o que você pode usar para avaliar onde se encontra atualmente e qual direção seu trabalho deve tomar em seguida.

Enfoques de avaliação (assessment lenses)

Examinando sua prática de FinOps usando vários enfoques, você pode avaliar os pontos fortes de cada enfoque, relacionados à empresa como um todo e a grupos-alvo específicos. Como descrito por Ben de Mora da FinOps Foundation, existem cinco enfoques com os quais podemos avaliar nossa maturidade na capacidade:

Conhecimento

Seu grupo-alvo sabe o que a capacidade envolve? Até onde esse conceito, seus mecanismos, termos e processos são conhecidos?

Processo

Seu grupo-alvo pode descrever um processo para a condução da capacidade em seu contexto? Considere a eficácia, a validade e a prevalência desses processos.

Métricas

Essa capacidade pode ser medida? Você tem uma maneira de provar que está progredindo com o passar do tempo? Como está obtendo essas medidas e o quanto elas são relevantes para os resultados da empresa?

Adoção

Com que amplitude a capacidade tem sido adotada e aceita por sua empresa como parte de suas funções integrais e críticas? Considere a prevalência e a presença dessa capacidade na empresa como um todo.

Automação

Seu grupo-alvo está automatizando essa capacidade de maneira repetível, consistente, eficiente e que reduza o trabalho?

Atividades funcionais

Atividades funcionais são tarefas ou processos que permitem que várias personas atendam iterativamente às demandas de uma prática de FinOps ao longo das fases do ciclo de vida de FinOps (abordado posteriormente neste livro). Essas atividades e procedimentos atendem a um ou a mais de um dos objetivos a seguir:

Capacitação
: Desenvolver capacidades que ajudem outras pessoas a executar uma atividade de FinOps.

Educação/compartilhamento de conhecimento
: Ensinar outras pessoas a executarem uma atividade de FinOps.

Promoção
: Ajudar outras pessoas a entenderem a importância da capacidade.

Tarefas acionáveis
: Criar e divulgar uma tarefa que demande que alguém da empresa assuma a ação.

Aumentar a maturidade da prática de FinOps
: Desenvolver processos e ferramentas que permitam que a prática de FinOps se torne mais bem-sucedida dentro da empresa.

O número de atividades funcionais implementadas dentro de uma prática de FinOps ativa crescerá à medida que a maturidade aumentar.

Medidas de sucesso

Cada capacidade precisa ter pelo menos uma métrica que monitore seu desempenho e permita que o profissional de FinOps defina metas. Essas métricas e as metas associadas medirão qual é o nosso nível de sucesso em uma capacidade específica. Conforme a prática amadurecer, aumentaremos as metas, o que permitirá que objetivos de longo prazo sejam definidos e objetivamente medidos. As medidas de sucesso também podem nos ajudar a identificar que atividade está nos impedindo de atingir os objetivos.

Alguns exemplos de medidas de sucesso para várias capacidades seriam:

Alocação de custo

Percentual dos custos na nuvem que pode ser alocado para a área responsável por eles.

Variância da previsão

Percentual de variação entre o gasto previsto e o gasto real.

Utilização de recursos

Limite percentual de gastos mensais na nuvem que são gerados por recursos ociosos ou ineficientes.

Entradas

As entradas que podem contribuir para o sucesso de uma capacidade incluem as fontes de dados externas, os relatórios, whitepapers e treinamento. Alguns exemplos seriam os frameworks de adoção da nuvem, recomendações de otimização feitas por fornecedores e políticas/padrões empresariais. Essa lista de facilitadores pode ser uma ótima maneira de você se instruir melhor ou começar a coletar as informações necessárias para a definição de atividades funcionais.

Adaptação do framework para que ele atenda às suas necessidades

Já que cada empresa tem suas próprias necessidades operacionais que moldam seu caminho para o sucesso, o framework de FinOps foi projetado deliberadamente para ser direcionado, pelo fornecimento de parâmetros de sucesso por meio de um conjunto de KPIs, pela descrição de características de maturidade no contexto das atividades requeridas e pela definição da responsabilidade de cada persona de FinOps. Por exemplo, um setor público ou uma agência governamental terá um processo de criação de orçamento e previsões muito diferente do de uma empresa privada. O framework deve ser ajustado e atualizado para atender às necessidades operacionais de sua empresa.

Os provedores de serviços de nuvem e as ferramentas de terceiros que você estiver usando também influenciarão como suas equipes executarão atividades específicas dentro da prática de FinOps conforme descrito pelo framework. A abordagem recomendada é começar com o framework de FinOps e modificar as atividades funcionais para que capturem atividades organizacionais ou específicas do setor.

Alguns exemplos seriam os fluxos de trabalho de gerenciamento de mudanças ou os processos de aprovação de compras. Atribua cada atividade a uma persona específica da empresa, instrua a equipe sobre o processo a ser seguido e explique a importância de concluir a atividade.

As implementações do framework (*https://oreil.ly/I3mM4*) são recursos criados pela comunidade que fornecem receitas de sucesso específicas do setor empresarial e do fornecedor. Esses recursos podem ter vários formatos, que incluem guias de execução, playbooks de capacidades e até mesmo apresentações em vídeo. As implementações são contribuições de membros individuais e grupos de trabalho da comunidade, assim como de membros parceiros. Seu objetivo é fornecer abordagens contextualmente relevantes para a superação de desafios a fim de melhorar as capacidades de FinOps. Elas podem descrever como devem ser usadas ferramentas específicas, processos ou atividades funcionais refinadas para uma capacidade individual, um domínio ou o framework de FinOps inteiro.

Histórias da nuvem – Comunidade de FinOps

Uma seção composta de várias agências do governo dos Estados Unidos se reuniu no início de 2022 para criar o primeiro playbook governamental de como executar a prática de FinOps dentro das restrições únicas dos processos e regras de compras do governo. Aproximadamente 24 agências participaram, incluindo o Exército, a Administração Federal de Aviação, a Casa Branca, a Administração de Pequenas Empresas, o Departamento de Habitação e Desenvolvimento Urbano, a Administração de Serviços Gerais e o Departamento do Interior. Elas foram instruídas por Melvin Brown II, Deputy CIO do OPM (Office of Personnel Management, Escritório de Gestão de Pessoal).

Como declarado na primeira versão de seu guia de implementação:

> Esse playbook (***https://oreil.ly/Gx1kd***) foi projetado a partir do framework de FinOps para ajudar as agências federais quando elas começarem (ou estiverem amadurecendo) sua jornada na nuvem. Embora cada agência deva personalizar sua implementação de FinOps de acordo com o estado atual da organização e com os resultados desejados, o playbook destaca áreas do framework de FinOps que provavelmente terão uma personalização menor para um caso de uso de setor público.
>
> O playbook ajudará a guiar as agências federais em direção a uma prática bem-sucedida de gerenciamento financeiro da nuvem, permitindo que resultados essenciais sejam obtidos graças à visibilidade dos custos da nuvem quase em tempo real, e que relatórios com detalhes de nível executivo alinhem as operações na nuvem aos objetivos estratégicos da agência.

O playbook foi organizado em três estágios projetados para ajudar a agência a se preparar para a implementação de FinOps, o que permitirá que você faça uma transição sem percalços para a operação de FinOps dentro de sua organização.

Quando você desenvolver suas próprias soluções, poderá enviá-las como contribuição para a comunidade como guias de implementação que ajudarão outras pessoas que estiverem em situação semelhante.

Os guias de implementação são um excelente material de consulta para quem quiser desenvolver a prática de FinOps vendo como outras empresas implementaram capacidades individuais ou até mesmo o framework inteiro. Se você não conseguir encontrar um exemplo que atenda aos seus objetivos, recomendamos que participe da FinOps Foundation para se consultar com a comunidade de profissionais que a compõem. Eles estão sempre dispostos a responder a perguntas, compartilhar seus insights e demonstrar as soluções que funcionaram em seu caso.

Conexão com outros frameworks/modelos

A existência de outros modelos e frameworks financeiros, como o IT Financial Management, o TBM (Technology Business Management), o ITAM (IT Asset Management) ou o ITSM (IT Service Management), também pode exercer influência sobre quais personas, processos específicos e atividades funcionais serão implementados. Muitas equipes bem-sucedidas de FinOps trabalham em suas empresas com esses modelos operacionais existentes. Não se ganha muito quando a prática de FinOps replica ou substitui capacidades existentes em modelos operacionais que estão funcionando bem. FinOps pode conectar os desafios de gerenciamento financeiro da nuvem que esses diferentes modelos operacionais trazem e integrá-los para combinar as áreas que se beneficiariam de um único sistema holístico. O framework de FinOps tem capacidades específicas para o compartilhamento de resultados com essas outras práticas.

Para FinOps funcionar bem com outros frameworks/modelos operacionais, você precisa identificar as atividades funcionais pelas quais a prática será responsável e quais serão as do outro modelo. Também precisará rastrear quais informações você compartilhou com os dois para manter a consistência entre eles. Essas informações serão abordadas com maiores detalhes no Capítulo 25.

Conclusão

O framework de FinOps é um recurso valioso não só para os profissionais que estão começando a prática, mas também para adeptos maduros.

Resumindo:

- O framework de FinOps é um conjunto de elementos constitutivos que permitirá que você crie uma prática de FinOps bem-sucedida correspondente à sua maturidade organizacional na nuvem.
- Adotar a terminologia usada no framework será de grande ajuda pelo fornecimento de uma linguagem comum sobre FinOps a ser empregada por todas as personas dentro de sua empresa.
- O framework permitirá que você avalie onde se encontram seus pontos fracos e fortes.
- O framework não é só para o profissional de FinOps, mas também para todas as personas de sua empresa.
- Você deve aplicar o framework à sua prática adaptando as capacidades para que se adequem à maneira como sua empresa opera.

O próximo capítulo examinará considerações para a construção dos relatórios e painéis (dashboads) que compõem a *UI (User Interface, ou Interface de Usuário)* de FinOps.

CAPÍTULO 8

A UI de FinOps

Seus relatórios e dashboards serão os componentes usados na UI (User Interface, ou Interface de Usuário) da prática de FinOps em sua empresa. Examinando seus relatórios como uma UI, você poderá aplicar décadas de pesquisa a um design de UI eficaz. Você deve examinar esses relatórios cuidadosamente como *produto* de uma prática de FinOps. Como tal, essa será a interface por meio da qual seus usuários interagirão com os dados. A maneira como você apresentar os dados de FinOps nos relatórios influenciará o sucesso da capacitação de FinOps em sua organização. O produto de FinOps deve ser tratado como um workload de produção: a qualidade, a clareza e a UX (User Experience, ou Experiência do Usuário) são importantes. Elas levam à confiança nos dados, o que facilita a tomada de decisões pela equipe e evita desperdício de tempo com a proteção da qualidade dos dados.

É fácil criar relatórios contendo gráficos e tabelas de dados elegantes; o que é difícil é contar uma história para os usuários baseada no que eles precisam saber e permitir que tomem decisões sobre quais ações devem executar. Este capítulo abordará alguns conceitos importantes para ajudá-lo a construir relatórios de FinOps de alta qualidade. Usaremos a palavra *relatório* no restante do capítulo, mas os conceitos e sugestões podem ser igualmente aplicados aos dashboards e sistemas de inteligência artificial empregados para fornecer dados de FinOps para os usuários.

Construir *versus* comprar *versus* nativo

Ao pensar nos relatórios que você criará como parte de sua prática de FinOps, considere primeiro as ferramentas e plataformas das quais precisará para fazer o trabalho. Como vimos no Capítulo 5, o volume de dados que precisarão ser processados continuamente para a criação de relatórios de FinOps pode ser imenso, logo, provavelmente você terá uma caixa de ferramentas inteira. O problema é quais tipos de ferramentas devem ser usados. Os conceitos deste capítulo não têm como objetivo sugerir que você deve comprar uma plataforma de relatórios de FinOps. Também não se destinam a desencorajá-lo de fazer isso. Normalmente existem vários tipos de ferramentas para o gerenciamento bem-sucedido dos dados de FinOps:

- *Ferramentas nativas* como o AWS Cost Explorer, o Google Cloud Cost Management ou o Azure Cost Management são sempre um bom ponto de partida para alguém que está começando sua jornada de FinOps.
- *Plataformas SaaS (software-as-a-service, ou Sotfware como Serviço)* como as Certified FinOps Platforms disponíveis em *FinOps.org* costumam ser adquiridas porque são superiores às ferramentas nativas e aceleram o time to value[1] em comparação a uma situação em que você criasse seus próprios sistemas. Elas também agirão como uma camada de abstração crítica entre você e o cenário em constante mudança dos dados da cobrança multicloud.
- *Comprar e depois ampliar* é um tema cada vez mais comum em que grandes consumidores da nuvem pegam as APIs de ferramentas nativas ou de plataformas e adicionam funcionalidades personalizadas aos seus escopos, assim como fazem a inserção e a extração de dados nelas.
- O segmento de ferramentas *criadas internamente* foi o que cresceu com mais rapidez segundo os dados da pesquisa State of FinOps de 2022; às vezes as ferramentas são criadas a partir do zero, mas geralmente são baseadas em ferramentas de BI (Business Intelligence) (por exemplo, Tableau ou Looker) ou usam soluções específicas de nuvem (como os Cost Intelligence Dashboards da AWS ou o BigQuery Export do Google).

Como ocorre em muitas situações, a resposta para qual abordagem você deve usar vai depender dos recursos, da cultura e das habilidades dos profissionais de sua empresa. Conhecemos algumas práticas de FinOps amplas e bem-sucedidas que usam apenas a plataforma e outras que empregam somente ferramentas criadas internamente. A maioria das empresas, quando não todas, usa um conjunto de ferramentas e abordagens, que podem mudar à medida que a maturidade aumenta e o uso da nuvem varia. Não há uma resposta certa.

Quando usar ferramentas nativas

Cada provedor de nuvem oferece seu próprio conjunto de ferramentas de gerenciamento de custos. Normalmente são fornecidas as capacidades básicas necessárias

1 N.T.: Time to Value (TTV) é uma métrica crítica que indica quanto tempo seus clientes levam para perceber o valor de seu produto ou serviço.

para os estágios de maturidade iniciais. Conforme os gastos na nuvem e a complexidade aumentarem, provavelmente você vai precisar de mais recursos do que os oferecidos pelas ferramentas nativas. Quando isso ocorrer, a questão passará a ser se é melhor criar ou comprar. Independentemente do caminho adotado, as ferramentas nativas ainda servirão para você verificar a integridade dos dados emitidos por sua plataforma e se comunicar com as equipes de suporte do provedor de serviços de nuvem. Mantenha as ferramentas nativas atualizadas e certifique-se de que as pessoas certas de sua empresa tenham acesso a elas.

Normalmente existem duas categorias de ferramentas nativas. Em primeiro lugar, temos as ferramentas de gerenciamento de custos de uso específico como o AWS Cost Explorer, o Google Cloud Cost Management e o Azure Cost Management. Em segundo lugar, à medida que você amadurecer, também estarão disponíveis ferramentas de BI — como o Looker do Google e o QuickSight da AWS — com templates de relatórios fornecidos pelo provedor de serviços de nuvem, que lhe permitirão personalizar seus relatórios mais profundamente usando ferramentas.

Quando devemos criar

No podcast FinOpsPod (*https://oreil.ly/FI_SU*), Kim Wier, Diretora de Engenharia Eficiente da Target, contou que seu CEO vê a Target como uma empresa de produtos e, portanto, grande parte do desenvolvimento ocorre internamente:

> *Precisamos ter o conhecimento internamente na Target. Nosso CIO não quis contratar o conhecimento técnico de outras empresas. O desenvolvimento na Target ocorre, em grande parte, dentro da empresa. Construímos nossa cultura de engenharia de software, então, nós mesmos executamos todo o desenvolvimento.*

Como resultado, a Target investiu em uma sólida equipe de engenharia para FinOps, que gerencia os pipelines e a ingestão de dados, e em equipes de desenvolvimento frontend trabalhando na criação de dashboards para as diversas personas, como os engenheiros e os líderes.

Aqui estão algumas razões comuns para as pessoas optarem pela criação de sua própria camada de relatórios:

- Controle sobre seus dados
- Fácil integração com dados internos (dados de unidade econômica, de taxonomia, de desempenho e assim por diante)
- Personalização de capacidades com base em necessidades específicas da empresa

- Geralmente os modelos SaaS não têm a conformidade requerida (por exemplo, não estão em conformidade com o FedRAMP nem com o SOC 2)
- Nem sempre as estruturas das taxas acompanham a escala do valor
- Flexibilidade nos relatórios
- Possibilidade de fazer alterações rapidamente
- Habilidade técnica para executar desenvolvimentos complexos de software e análise de dados dentro da empresa
- Convencer a empresa a continuar investindo no conhecimento de detalhes de dados da nuvem, que evoluem e se expandem constantemente

Histórias da nuvem – Comunidade de FinOps

Essa história do fórum Slack de membros da FinOps Foundation foi compartilhada por Lindbergh Matillano, Diretor de Otimização de Custos da Avalara:

> Sigo a filosofia que tem como princípio Pessoas, Processos e Ferramentas. Primeiro precisamos ter as pessoas certas, depois os processos e então as ferramentas. Costumo ver empresas investindo em ferramentas antes de terem as pessoas e os processos certos. Geralmente isso leva à subutilização da ferramenta ou a processos ineficazes/ineficientes projetados a partir dela.

Comecei/executei práticas de FinOps para pelo menos quatro empresas. Quando entro em uma empresa, a primeira coisa que faço é emitir um relatório de uso para responder às seguintes perguntas:

- Quantas pessoas acessaram a plataforma nos últimos três meses?
- Que relatórios são usados regularmente?
- Que recursos estão sendo usados?

Se houver baixa utilização, tento encontrar a origem das razões culturais subjacentes que estão levando a esse baixo uso ao avaliar o ROI de uma plataforma.

Com frequência descubro que os stakeholders:

- Preferem ferramentas nativas (por exemplo, o Cost Explorer)
- Solicitam modificações de relatórios padrão que não fazem parte da capacidade de uma plataforma
- Só usam 10% da capacidade de uma plataforma (relacionados em grande parte a relatórios)
- Tentam entender o código de automações da plataforma para que ele não permita correção automática, principalmente em instâncias de produção

- Tentar personalizar uma plataforma conforme as necessidades específicas de uma empresa geralmente requer fazer ajustes ou criar soluções que adicionam custo à ferramenta.

Para que a criação ou a compra de uma plataforma seja bem-sucedida, ela precisa ter o suporte de uma cultura de conscientização de custos, porque as ferramentas falham sem o foco cultural subjacente de FinOps nos custos e no valor da nuvem.

Em alguns casos, comprar uma plataforma economiza recursos e tempo de desenvolvimento. No entanto, acredito que envolver os engenheiros na criação de soluções ajuda a introduzir uma cultura de conscientização de custos.

Por que devemos comprar

Inversamente, RJ Hazra, CFO de Tecnologia Global da Equifax, optou por comprar uma plataforma para passar mais rapidamente a se dedicar aos aspectos culturais de FinOps, e também para se concentrar em esforços de automação:

> *Usamos uma plataforma de FinOps comprada para gerar visibilidade. Contudo, não foi suficiente — tínhamos que poder tomar medidas rapidamente sobre a visibilidade. As áreas de finanças e engenharia precisavam se relacionar com uma proximidade maior do que jamais tiveram. O CTO priorizou uma transformação cultural de FinOps e deu poder a SREs [Site Reliability Engineers, ou Engenheiros de Confiabilidade de Sites] na empresa para ajudarem a capacitar e convencer outros engenheiros. Precisávamos de um engenheiro conversando com outro engenheiro sobre otimizações de uso em vez de criar ferramentas. Tínhamos que descobrir como estruturar os compromissos dos provedores de nuvem, portanto, também trouxemos as funções de terceirização/compras para nossa equipe.*

Michael Barba, Gerente Sênior de Cloud FinOps na Couchbase, forneceu seu ponto de vista sobre *por que devemos comprar* uma plataforma de FinOps:

> *Muitas empresas podem não ter recursos de engenharia para a criação interna de ferramentas, ou quando têm, essas pessoas são mais importantes em outras funções. Para a Couchbase, isso fez com que nos concentrássemos na criação dos serviços que vendemos em vez de criar os relatórios internos que podíamos terceirizar por meio de software.*

Aqui estão algumas razões comuns para as pessoas optarem por comprar uma plataforma SaaS:

- Rápida obtenção do time to value: geralmente não dá muito trabalho configurar o console de IAM e de nuvem

- Ferramentas simples para a criação de agrupamentos personalizados que mapeiam gastos
- Cálculos complexos, como o mapeamento do RI amortizado, já são feitos
- Recursos de otimização mais detalhados do que os oferecidos por ferramentas nativas
- Acesso a especialistas nos assuntos das empresas de plataforma
- Os provedores de plataforma diminuem os riscos de alterações nos dados da nuvem e na qualidade dos dados

Histórias da nuvem – Comunidade de FinOps

Essa história do fórum Slack de membros da FinOps Foundation foi compartilhada por Angel Alves da Saint-Gobain, uma empresa multinacional francesa de produtos manufaturados:

> Quando entrei em minha empresa anterior, eles já estavam usando uma ferramenta de terceiros. Tentei reverter essa decisão para uma solução criada internamente, mas o desafio era a falta de recursos. Eu poderia substituir relatórios semelhantes (único fornecedor, sem Kubernetes), mas nosso roteiro tinha a adoção de outro provedor de nuvem, além de Kubernetes. Quando estávamos considerando criar uma solução para dar suporte a esse roteiro, ficou decidido que existiam outras prioridades para os recursos de engenharia, logo, resolvemos continuar pagando pela plataforma de terceiros e nos concentrar na adoção das tecnologias do novo provedor e de Kubernetes.

Outra pessoa entrou então na conversa no Slack dando sua opinião sobre o que achava das plataformas:

> No nosso caso, apenas não temos os recursos ou o tempo para nós mesmos criarmos a plataforma. Usando uma plataforma de terceiros economizamos muito tempo e podemos nos manter atualizados automaticamente (novos serviços da AWS, suporte a Kubernetes etc.). Embora estejam melhorando, as ferramentas nativas ainda não são boas o suficiente, pelo menos por enquanto. Vemos com frequência pessoas fazendo perguntas sobre "como fazer isso ou aquilo", tarefas que geralmente já são oferecidas pela ferramenta de terceiros que usamos.

Recomendamos que você considere os conceitos deste capítulo como meios pelos quais é possível tornar mais bem-sucedido qualquer caminho que discutimos. FinOps tenta facilitar a responsabilização e a tomada de decisões, o que torna a prática inerentemente um desafio de UX que vai desde as conversas com colegas aos dados apresentados em relatórios.

Relatórios operacionalizados

Seus relatórios e dashboards devem apresentar informações constantemente, com dados de alta qualidade e com alto nível de revisão e controle. Você deve tratar seus relatórios de FinOps da mesma forma que as equipes de engenharia tratam seus serviços de produção, com controles, verificações de qualidade e revisões rigorosas. Se os relatórios falharem ou começarem a apresentar informações incorretas ou até mesmo inconsistentes, a prática de FinOps será afetada adversamente dentro de sua empresa.

Qualidade dos dados

A colega de Mike, Diana Mileva, uma analista sênior de negócios de Cloud FinOps na Atlassian, fez uma apresentação na FinOps X (*http://x.finops.org*) de 2022 sobre qualidade dos dados dentro de relatórios de FinOps. Diana explicou a importância da qualidade dos dados e mostrou os diferentes modos como as equipes de FinOps lidam com problemas nos dados. Os principais itens de sua apresentação foram atrasos e imperfeições nos dados, verificações de qualidade e os desafios que os profissionais de FinOps enfrentam para criar relatórios.

> *Quando alguém questiona nossos dados de FinOps, tratamos o problema como um bug na produção e emitimos um tíquete do Jira para investigar. Executamos verificações de qualidade de dados automatizadas, examinando todo o conjunto de dados com SLOs (Service Level Objectives, ou Objetivos de Nível de Serviço) de pontualidade e precisão. Tentamos detectar qualquer problema antes de nossos usuários, informando-os proativamente para que eles não tomem decisões baseando-se em informações incorretas.*
>
> – Diana Mileva, Analista Sênior de Negócios na Atlassian

Quando este livro foi impresso, na maioria das nuvens havia um atraso entre o uso de um recurso da nuvem e o recebimento dos dados de cobrança por sua utilização. O atraso tende a ser de 24 a 48 horas. Infelizmente, ele não é consistente e pode ser maior, principalmente perto do início e do fim de um mês. Às vezes dados parciais são enviados referentes ao período mais recente de dados de cobrança disponíveis. Como resultado, os relatórios de FinOps mostram erroneamente uma queda nos custos durante as horas mais recentes e não exibem os dados do último ou dos dois últimos dias — veja a Figura 8.1.

Uma abordagem comum é remover os últimos dois dias de dados dos relatórios para evitar essa queda nos custos. Embora remover os dados disponíveis seja muito útil para tornar consistentes os dados apresentados, não é uma solução mágica que elimine a necessidade de monitoramento adicional e de alertas sobre a qualidade dos dados relatados.

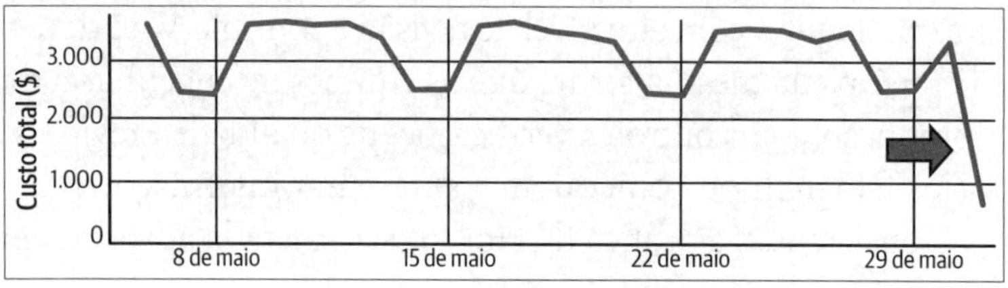

Figura 8.1: Dados de custos da nuvem mostrando uma queda nos dias mais recentes devido a atrasos no fornecimento de dados.

Para profissionais avançados que estejam criando seus próprios relatórios, recomendamos exibir duas datas, uma representando quando o relatório foi atualizado pela última vez e a outra indicando o quanto os dados disponíveis eram recentes quando da criação do relatório. Isso é importante principalmente em relatórios que não exibam uma divisão por hora ou diária e só ofereçam dados resumidos.

Em várias ocasiões, os provedores de serviços de nuvem têm vivenciado problemas no fornecimento de dados de cobrança de clientes que resultam em dados incompletos ou inexatos por determinado período, antes de serem corrigidos na cobrança final após o fim do mês. Geralmente essas imperfeições nos dados causam problemas — com o uso de ferramentas internas ou de soluções oferecidas pelo fornecedor — com o aumento dos dados de cobrança do fornecedor no pós-processamento.

Para detectar problemas nos dados de cobrança, é importante que você monitore a qualidade dos dados em seus relatórios. Isso lhe permitirá alertar sua equipe quando os dados apresentados nos relatórios tiverem algum problema. Ser proativo emitindo alertas para a equipe o ajudará a manter a confiança nos relatórios de FinOps. O provedor de serviços de nuvem pode alterar a maneira como os dados são apresentados. Embora os principais provedores ofereçam atualmente mais detalhes sobre a estrutura de seus relatórios e publiquem informações com frequência sobre alterações futuras, nem sempre isso ocorre. Temos visto correções serem feitas pelos provedores de serviços de nuvem em inconsistências nos dados de cobrança que podem levar à invalidação dos métodos definidos pela empresa para a manipulação dos dados inconsistentes.

Os relatórios de FinOps são baseados em consultas que podem tratar inconsistentemente eventos específicos. Alguns exemplos seriam a mudança do ano, caso em que uma consulta é escrita incorretamente e trata a data entrando também no ano seguinte, e consultas que presumam que valores específicos estejam presentes, o que fará com que ocorra acidentalmente a exclusão de dados por filtragem. É importante que você valide suas consultas não só quando criar seus relatórios, mas também enquanto eles estiverem disponíveis. Isso pode ser importante principalmente quando da adoção de relatórios criados por outras pessoas, internamente em sua empresa ou externamente pela comunidade. Conhecer as limitações das consultas usadas para esses relatórios pode evitar uma situação em que as informações apresentadas sejam interpretadas erroneamente ou estejam incorretas.

Se os seus usuários descobrirem que os dados apresentados em seus relatórios são incorretos ou inconsistentes, não confiarão mais nos relatórios. Essa perda de confiança pode levar à inação dos engenheiros ou à proliferação de ferramentas e relatórios não autorizados, que geralmente não apresentam consistência com os relatórios oficiais de FinOps, resultando em decisões que deixarão de ser tomadas ou em decisões tomadas com dados incorretos. Relatórios inconsistentes também levam a mais tempo gasto na reconciliação das diferenças e a discussões sobre a precisão dos dados. A equipe de FinOps deve fornecer uma UI com dados consistentes sobre os custos da nuvem para economizar o tempo e o esforço gastos pelas equipes de engenharia na solução desses detalhes. Se elas não confiarem no relatório, além de não ocorrer a economia nos custos, valiosas horas de trabalho de engenharia também serão perdidas.

Como Diana Mileva declarou em sua apresentação na FinOps X de 2022, "relatórios individuais de qualidade dos dados são tratados como incidentes de produção para serem investigados rapidamente e há o retorno consistente de informações para o criador do relatório e um post mortem de qualquer problema real. Usando esse processo melhoramos continuamente a qualidade de nossos dados e também ganhamos a confiança dos stakeholders porque eles sabem que levamos a sério problemas de qualidade dos dados".

É importante impedir que dados incorretos entrem nos relatórios, mas às vezes é impossível evitar que isso ocorra. Logo, criar processos que detectem problemas nos dados e alertar proativamente os usuários pode ajudar a manter a confiança nos relatórios.

Feito é melhor do que perfeito

Qualidade dos dados não significa 100% de precisão em tempo real e nos mínimos detalhes. Significa dados que tenham consistência suficientemente boa para a tomada de decisões fundamentadas. É inevitável que alguns erros ou imprecisões entrem nos relatórios devido a um ou mais dos problemas discutidos. No entanto, a missão da equipe de FinOps é tomar medidas — executar ações comercialmente sensatas — para assegurar que os dados apresentados sejam consistentes, atuais e tenham precisão suficiente para permitir que as decisões certas sejam tomadas para a empresa. Com o tempo, ajustes podem ser feitos no momento correto para o processamento das informações disponíveis, nos processos de ingestão e normalização, nas fontes de dados adicionadas e no refinamento das consultas.

> *O mais importante é exibir os dados.*
>
> – Edward R. Tufte

Relatórios por níveis

Os relatórios que você criar para exibir dados para suas equipes não serão igualmente úteis ou oficiais. Existirão relatórios para representar informações oficiais de chargeback e outros apenas responderão a uma pergunta específica. Dispor os relatórios em níveis pode ser uma maneira eficaz de diferenciá-los.

Diana prosseguiu com sua apresentação e compartilhou: "Internamente marcamos nossos relatórios como *gerenciados* ou *não gerenciados*. Se você quiser algo que tenha uma função específica, criaremos um relatório não gerenciado e o marcaremos como tal. Existe uma longa lista de relatórios não gerenciados que não são atualizados. Por exemplo, a consulta pode precisar ser atualizada à medida que novos esquemas de dados forem inseridos nos dados de cobrança, ou ser escrita de maneira específica para o mês em questão. Para fortalecer a confiança nos relatórios, certifique-se de indicar quais são seus relatórios gerenciados e quais não são mantidos".

Uma prática de FinOps madura pode acumular centenas de relatórios com o passar do tempo, muitos dos quais criados em um momento específico para esclarecer uma dúvida da empresa. O ideal é que a equipe tente sempre desenvolver um conjunto menor e mais direcionado de relatórios primários que representem o padrão ouro para o qual ela achar que as equipes distribuídas devem prestar mais atenção.

Histórias da nuvem – Jason Rhoades

Jason Rhoades, Gerente de Desenvolvimento na Intuit, compartilhou:

> Temos menos de dez relatórios oficiais que respondem a todas as perguntas cuja maneira certa de se responder é com um relatório gráfico. Os dados desses relatórios são resumidos a uma porção da nuvem que interessa a um grupo por meio de filtros.

Ele deu prosseguimento mencionando que pode ser útil democratizar os dados, com alguns cuidados:

> Você não vai querer se fechar para todas as pessoas; ao mesmo tempo, a abertura traz o risco de o usuário dos dados cometer erros — ou até mesmo apenas tomar decisões diferentes — em relação a como construirá seus produtos personalizados, o que fará a equipe de FinOps ter que explicar por que os números do relatório personalizado da Equipe X diferem do relatório convencional.
>
> Isso é realmente um risco, mas ele deve ser pesado em relação à ideia de que esses grupos podem descobrir ou provar o valor de um novo ponto de vista ou capacidade no qual a equipe principal não tinha pensado, ou para o qual ela não tinha ciclos para desenvolver por conta própria. Trata-se de inovação de FinOps por meio de uma colaboração coletiva eficaz.
>
> Limites de responsabilidade claros devem ser estabelecidos quando a equipe de FinOps se tornar a provedora de dados para que ela não seja responsabilizada caso os dados sejam usados ou entendidos incorretamente pela equipe usuária.

Com esse crescente conjunto de relatórios, não ficará claro para os usuários quais são importantes, quais estão atualizados e se eles podem confiar nos dados. Marcando seus relatórios com clareza, você permitirá que os usuários os diferenciem.

O ideal seria aplicar um sistema de níveis ou classes nos relatórios, que iria dos relatórios de baixo nível, marcados com uma data de criação e rotulados como não mantidos, aos relatórios de produção de alto nível que seus usuários poderão identificar facilmente, sinalizando que têm manutenção adequada, a qualidade é monitorada e são confiáveis.

Relatórios criados para uma finalidade específica a fim de responder a uma pergunta em um momento no tempo são uma parte importante do processo de FinOps. No entanto, você deve tentar remover constantemente relatórios antigos que não sejam mais relevantes ou forneçam valor. Isso tornará menos provável que sua equipe encontre o relatório errado e o use para tomar decisões.

Dê a um membro da equipe o link para um relatório específico e ele voltará na semana seguinte para obter o link de outro relatório. Dê o link de uma lista atualizada com seus relatórios de produção e ele não voltará mais. É claro que essa é uma brincadeira que usa um provérbio comum relacionado à pescaria[2], mas é útil para mostrar como você deve direcionar sua equipe para os dados de FinOps que foram disponibilizados. Embora seja vantajoso enviá-los diretamente para o relatório que os ajudará na situação atual, certificar-se de que também

2 N.T.: "Não dê o peixe, ensine a pescar".

saibam como encontrar os relatórios no futuro reduzirá a carga de suporte da equipe de FinOps.

Lançamento de alterações

Com o tempo, seus relatórios precisarão mudar: novos dados estarão disponíveis e alguns deixarão de ser relevantes. A próxima seção abordará o relatório universal, mas em algumas situações talvez os relatórios tenham que ser divididos em dois. A alteração dos relatórios de produção sem aviso afetará a prática de FinOps, já que seus usuários não saberão por que as alterações foram feitas, o que os novos dados representam e onde podem ir para ter acesso aos dados que foram removidos.

Alterar manualmente seus relatórios de produção pode acabar deixando o relatório em um estado inválido, o que fará com que os usuários o considerem pouco confiável e evitem que os dados sejam passados adiante. A existência de uma cópia de preparação dos relatórios de produção permitirá que você teste as alterações que pretende fazer e fornecerá o local para a criação de uma documentação para os usuários lerem antes que as alterações sejam realizadas. Deixar seus usuários atualizados com as alterações à medida que forem implementadas assegurará que eles saibam como continuar a usar seus relatórios.

O ideal é que seus relatórios de FinOps possam ser configurados com o uso de uma API ou salvos e restaurados com algum tipo de upload de arquivo. Então você poderá armazenar as configurações dos relatórios em um sistema de gerenciamento de configurações ou em um repositório de códigos. Mantenha as configurações anteriores de seus relatórios para poder restaurá-los rapidamente para um estado correto conhecido se uma alteração não funcionar como planejado.

Relatório universal

À medida que o número de relatórios cresce, os profissionais ficam tentados a consolidar todos os dados de FinOps no que chamamos de *relatório universal* — um relatório que controla tudo. Esse relatório universal ficará sobrecarregado com todos os dados que você puder inserir, sem que seja levada em consideração a mensagem apresentada por eles ou a clareza com que os dados estão sendo exibidos para os usuários. Quase sempre o relatório universal é difícil de ler, e isso diminui a possibilidade de os usuários entenderem as informações que estão sendo transmitidas. Geralmente esses relatórios não têm estrutura ou organização para os dados e apenas fornecem várias informações sem nenhuma conexão entre elas.

Consolidar relatórios por meio de agregação é aceitável quando existe uma conexão clara entre os pontos de dados e um roteiro para os usuários lerem e entenderem o relatório. Por outro lado, você deve rever seus relatórios e identificar se não seria melhor que eles fossem divididos em dois ou mais relatórios mais claros e mais fáceis para os usuários entenderem.

Ao projetar um novo relatório de FinOps, tente mantê-lo simples. Inclua apenas as informações necessárias, resumidas até onde for possível. Você poderia adicionar centenas de colunas de dados, mas incluir informações demais fará com que o relatório seja mais difícil de entender. Ou, o que seria ainda melhor, forneça relatórios interativos que permitam que os usuários busquem as informações desejadas, adicionem mais contexto ou só conectem mais pontos de dados quando precisarem fazê-lo.

Isso será particularmente importante quando você criar relatórios para serem fornecidos para os usuários *versus* relatórios que eles carregarão quando precisarem dos dados. Os relatórios fornecidos chegarão sem contexto e precisarão ser curtos e claros no que diz respeito à mensagem passada. Se um relatório fornecido for complexo e tiver muitas informações, os usuários o arquivarão para ler quando tiverem mais tempo, o que é claro que nunca ocorrerá.

> *Desordem e confusão são falhas de design e não atributos das informações.*
>
> – Edward Tufte

> Se tivermos a possibilidade de definir documentos que alertem sobre mudanças, poderemos criar relatórios para monitorar o que não esperamos ver, como custos de produtos de nuvem não usados, volumes de armazenamento não anexados ou saltos diários nos custos que ultrapassem um percentual estabelecido. Já que esses relatórios terão uma função de notificação, você não precisará verificar seu status todo dia. Em vez disso, deixe que o relatório o informe no momento em que você o ler.

Os relatórios de FinOps são mais bem-sucedidos quando identificamos as perguntas às quais a equipe precisará responder e os destinamos a fornecer as respostas. Considere a questão "Que pergunta estou tentando responder com esse relatório?" e certifique-se de que o relatório atinja esse objetivo. Considere também as informações que sua equipe precisará conhecer para usar o relatório. Por exemplo, se as pessoas precisarem saber o nome de uma aplicação ou o número de um centro de custo, assegure-se de primeiro direcionar seus usuários para relatórios que os ajudem a obter essas informações.

Imagine seus relatórios como um bolo em camadas, com os relatórios da camada superior precisando usar menos informações, e fornecendo apenas informações suficientes para o uso dos relatórios da camada inferior seguinte. À medida que seus usuários descerem pela hierarquia de relatórios, eles terão acesso a mais detalhes de uma área específica, com granularidade mais fina. Só será necessário acessar detalhes das informações quando os usuários precisarem de dados adicionais para obter respostas para suas dúvidas.

Acessibilidade

É essencial que você disponibilize os relatórios de FinOps para toda a sua equipe. Ao criar os relatórios, considere que não será possível explicá-los para todos os usuários. Se você tiver que estar presente quando seus colegas lerem os relatórios, será mais difícil expandir a prática de FinOps para toda a empresa.

Esta seção fornecerá algumas diretrizes comuns de design usadas em UIs que ajudarão seus relatórios de FinOps a serem mais úteis. Se a empresa tiver equipes profissionais de criação de relatórios ou de UI/UX, elas também poderão fornecer exemplos de casos já em uso que ajudarão ainda mais.

> Com o passar dos anos, muitos livros de boa qualidade foram publicados na área de design de informações. Um que poderíamos recomendar para leitura é *Envisioning Information* (Graphics Press, 1990), de Edward Tufte, autor que é citado no decorrer do capítulo.

Cores

Ao projetar a primeira edição deste livro, um erro que cometemos foi escrever conteúdo que fazia referência às cores das figuras que incluímos. O livro acabou sendo impresso em preto e branco, as figuras passaram a ter vários tons de cinza e o conteúdo apresentava coisas como "a linha vermelha *versus* a azul". Essa remoção das cores fez muitas de nossas figuras perderem a clareza, tendo sido necessário redesenhá-las e reescrever as referências. Embora a acromatopsia — ver somente em preto e branco — seja incomum, podemos ter membros nas equipes com daltonismo, principalmente em empresas maiores. Portanto, você não deve usar apenas cores para representar os diferentes elementos de seus relatórios. Em vez de incluir apenas uma linha vermelha e uma azul, faça com que uma seja sólida e a outra tracejada. Em vez de gráficos de barras com cores sólidas, use um gráfico com listras e o outro com pontos. Se não for possível alterar o formato dos gráficos, pode ser uma ideia melhor usar dois gráficos *versus* um com vários itens empilhados.

Hierarquia visual

Disponha o conteúdo em seus relatórios e dashboards com os itens relacionados perto uns dos outros. Crie bordas visuais ao redor de conteúdos relacionados e crie uma delineação clara entre conteúdos conectados indiretamente. Considerar como serão organizados os conteúdos tornará a leitura de seus relatórios mais intuitiva para seu público-alvo.

Você deve considerar uma hierarquia visual para a organização das informações nos relatórios. Em geral, as informações resumidas ficam no topo ou à esquerda, enquanto informações mais detalhadas — ou menos importantes — ficam na parte inferior ou à direita.

Usabilidade e consistência

Seus usuários deixarão de lado rapidamente os relatórios e dashboards se a interação com eles for difícil e lenta — o que aumentará o desafio de implementar FinOps em toda a empresa. Ao criar um conjunto de relatórios e dashboards, tente manter o desempenho e a consistência, tornando mais fácil para sua equipe entender como usá-los.

Linguagem

O Capítulo 4 abordou a linguagem de FinOps. Usar os mesmos termos em seus relatórios ao discutir FinOps ajudará a manter a consistência. Não altere termos entre relatórios ou use termos pouco claros que façam seus usuários perguntarem o que você quis dizer. Quando profissionais de FinOps criam relatórios, vemos com frequência eles serem inconsistentes no uso do termo *custo*. Como mencionado no Capítulo 4, esse termo pode ser referir a várias coisas, como custos não combinados, amortizados ou totais.

Consistência das cores e da representação visual

A necessidade de usar mais do que apenas cores como diferenciador não exclui o uso da cor. No entanto, tente ser consistente com seu uso de cores e a representação visual. Se apresentar a economia como uma linha verde pontilhada em um gráfico e usar uma linha azul sólida em outro gráfico não ficará claro para o leitor que as duas linhas representam a mesma coisa. Pior ainda talvez seja usar o mesmo estilo de cor/linha em vários gráficos para representar itens diferentes, forçando o usuário a recorrer cuidadosamente às legendas de cada gráfico para saber a diferença. A inconsistência dentro do mesmo relatório ou em um conjunto de relatórios de FinOps fará sua equipe ler as informações incorretamente e, com o passar do tempo, minará a confiança.

Reconhecimento versus lembrança

Quando os dados são apresentados juntos, o usuário consegue reconhecer mais facilmente a conexão entre informações distintas. Se você apresentar informações referentes a dados que não estejam na tela ou se encontrem em outro relatório, forçará sua equipe a se lembrar das informações apresentadas anteriormente, o que a levará a buscar onde elas estão ou a alternar-se entre relatórios para se lembrar dos valores. A separação de informações relacionadas pode tornar difícil para o leitor fazer a conexão. Essa conexão é essencial para relatórios longos ou grandes dashboards. Você deve tentar manter os itens relacionados juntos e evitar forçar o usuário a se lembrar de informações apresentadas em outros locais. Se precisar referenciar informações apresentadas em outro lugar, deve repetir as informações críticas ou ajudar a direcionar o usuário para o local correto.

> *Comparações devem ser impostas dentro do escopo de alcance da visão, uma questão fundamental que na prática ocasionalmente é esquecida.*
>
> – Edward Tufte

Você pode perceber que as mesmas três caixas de resumo (summary boxes) superiores aparecem em vários dashboards diferentes que você está produzindo, porque algumas informações de nível de resumo são sempre relevantes como ponto de partida, mas as tabelas ou números que surgem em níveis mais baixos são diferentes para cada persona ou fim empresarial.

Conceitos psicológicos

Dale Carnegie, autor do inventivo livro *Como fazer amigos e influenciar pessoas* (Sextante), disse que "o sucesso em lidar com as pessoas depende de uma compreensão clara do ponto de vista da outra pessoa". A prática de FinOps exige fornecer as informações certas de maneira correta e na hora oportuna para influenciar e estimular o comportamento de outras pessoas.

Projetar relatórios pensando na usabilidade é importante, mas considerar que informações você deve incluir também pode influenciar o que os usuários obterão deles. A área cognitiva-comportamental ou de psicologia cognitiva explodiu nos últimos 20 anos, fornecendo cada vez mais informações sobre os vieses e comportamentos que são comuns a nós, humanos, e sobre como podemos aplicar técnicas para nos beneficiarmos desses vieses (ou reduzi-los).

Devo deixar claro que este não é um capítulo sobre como levar as pessoas a fazerem coisas com a ajuda da ciência cognitiva-comportamental. Em vez disso, ele explicará como entender algumas inclinações que as pessoas têm, porque são pessoas, ao ler os relatórios de FinOps, e como projetar com base nesses vieses ou apresentar informações de maneiras que evitem que os tomadores de decisões caiam em conhecidas armadilhas cognitivas.

Veremos como algumas teorias psicológicas podem ser aplicadas para tornar seus relatórios de FinOps mais eficazes.

Viés de ancoragem

Geralmente um *viés cognitivo* está atuando quando alguém incorre em erro ao considerar ou interpretar informações. O *viés de ancoragem*, ou *efeito de ancoragem*, é um tipo de viés cognitivo em que as informações apresentadas para o usuário em uma fase inicial afetam como ele percebe outras informações posteriormente. O texto a seguir foi extraído da Wikipédia (*https://oreil.ly/iAoKz*):

> *O efeito de ancoragem é um viés cognitivo em que as decisões tomadas por uma pessoa são influenciadas por um ponto de referência específico ou "âncora". Por exemplo, uma pessoa pode ficar mais propensa a comprar um carro se ele for colocado ao lado de um modelo mais caro (a âncora). Preços discutidos em negociações que forem mais baixos que a âncora podem parecer razoáveis, talvez inclusive baratos para o comprador, mesmo se forem relativamente mais altos do que o valor de mercado real do carro.*

Seu varejista local usa isso o tempo todo. Sempre que você entra em uma loja e vê uma TV cara com uma etiqueta de preço quase irreal, isso faz sua mente fixar como ela é cara, logo, todas as outras TVs que você estaria mais inclinado a comprar parecerão, em comparação, um ótimo negócio.

Considere um relatório que apresentasse às suas equipes de engenharia os custos de seus serviços (veja a Figura 8.2). No início do relatório, você incluiu os 10 serviços mais caros de toda a empresa, o que colocará (ancorará) seus engenheiros contra o custo desses serviços e pode afetar como eles veem seus serviços.

Apresentar os custos dos serviços individualmente, sem o gasto de outras equipes, ajudará a evitar esse viés e permitirá que suas equipes avaliem o custo de maneira mais justa.

Relatório semanal de FinOps

Principais serviços dessa semana	
Nome do serviço	Custo semanal
Aplicação 1	$10.000
Aplicação 2	$8.000
Aplicação 3	$7.500
Aplicação 4	$6.300

Equipe A - Custos do serviço

Nome da aplicação	Nome da aplicação
Aplicação 5	$2.000
Aplicação 6	$560
Aplicação 7	$200
Aplicação 8	$1.250

Figura 8.2: Exemplo de relatório semanal de FinOps que será apresentado a uma equipe.

Embora a decisão de incluir essas informações adicionais possa ter como finalidade informar, para obter o resultado desejado do relatório você deve considerar que informações são necessárias e avaliar o efeito de adicionar pontos de dados extras que possam ancorar seus usuários.

Viés de confirmação

Outro tipo de viés cognitivo é o viés de confirmação. Os usuários buscam informações nos relatórios e as interpretam de maneira a reforçar suas crenças anteriores. O texto a seguir foi extraído da Wikipédia (*https://oreil.ly/oTEdI*):

> *Viés de confirmação é a tendência de procurar, interpretar, favorecer e se lembrar de informações de maneira a confirmar ou reforçar as crenças ou valores anteriores de alguém. As pessoas exibem esse viés quando selecionam informações que suportem seus pontos de vista, ignorando informações contrárias, ou quando interpretam evidências ambíguas como reforçando suas atitudes.*

Fornecer informações em diferentes relatórios permite que os usuários selecionem as que estejam de acordo com o que pensam. A consistência e o reconhecimento podem ajudar a combater o viés de confirmação.

Evitar o design de relatório universal também pode combater o viés de confirmação, porque isso concentraria cada relatório ou dashboard em uma questão específica, em vez de fornecer 10 ou 20 pontos de dados a partir dos quais o usuário talvez encontre *alguma* informação de interesse à qual queira dar atenção.

Como exemplo, a existência de um relatório que incluísse todos os 40 mil recursos computacionais que poderiam ser redimensionados, agrupados pela equipe da aplicação, nos permitiria encontrar alguém que estivesse em uma situação pior que a nossa. Um relatório diferente chamado "Recursos cujo rightsizing [Suaequipe] precisa ajustar assim que possível", com os 5 ou 10 principais recursos que geram economia, forneceria uma lista que ninguém poderia questionar.

Efeito Von Restorff

Outra teoria psicológica relacionada a como as pessoas se lembram de informações é o *efeito Von Restorff*, também conhecido como *efeito de isolamento*. O texto a seguir foi extraído da Wikipédia (*https://oreil.ly/qdp-Q*):

> *"O efeito Von Restorff, também conhecido como 'efeito de isolamento', prevê que quando vários estímulos homogêneos são apresentados, o estímulo que difere dos outros tem mais probabilidades de ser lembrado".*

Na apresentação de um grupo de itens, o que diferir dos outros terá mais probabilidades de ser lembrado. Se o efeito for aplicado a seus relatórios de FinOps, é mais provável que os itens maiores ou menores sejam aqueles dos quais sua equipe se lembrará (consulte a Figura 8.3 para ver um exemplo). Ou, se um de seus gráficos usar cores ou estilos únicos, ele será retido na memória com mais intensidade do que os outros.

Nome do serviço	Custo semanal	Diferença desde a última semana
Application 8	$1.250	+$1.000
Application 6	$560	+ $50
Application 5	$2.000	+$15
Application 7	$200	- $25

Figura 8.3: Custos dos serviços incluindo a diferença semanal.

Se você apresentar a seus engenheiros um relatório que mostre o custo de seus serviços e somente os gastos atuais semanais de cada serviço (como na Figura 8.2), eles se lembrarão do serviço de custo mais alto. Se em vez disso você também incluir quanto cada serviço cresceu de um mês para o outro, poderá influenciar os engenheiros a se lembrarem do serviço que está crescendo mais rapidamente. Usando esse efeito, você poderá direcionar os engenheiros para os resultados que deseja que sejam alcançados quando lerem seus relatórios, isto é, que eles se concentrem nos itens com maior crescimento.

Lei de Hick

Para ajudar a equipe a tomar uma decisão, geralmente os relatórios apresentam várias opções para serem escolhidas. A *lei de Hick* é uma ideia simples que diz que à medida que o número de opções apresentadas cresce, o mesmo ocorre com o tempo da tomada de decisão. O texto a seguir foi extraído da Wikipédia (*https://oreil.ly/RKR47*):

> *A lei de Hick descreve o tempo necessário para uma pessoa tomar uma decisão como resultado das opções disponíveis: o aumento do número de opções aumentará logaritmicamente o tempo da tomada de decisão. A lei de Hick-Hyman avalia a capacidade cognitiva em experimentos de reação a opções. O tempo necessário para o processamento de uma quantidade específica de informações na lei de Hick-Hyman é conhecido como "taxa de ganho de informação".*

Os relatórios de otimização em FinOps costumam incluir algumas recomendações alternativas para as equipes de engenharia considerarem. Você deve tentar apresentar apenas as melhores recomendações, que tiverem mais probabilidades de ser selecionadas.

Suponhamos que uma recomendação apresentasse cinco opções.

Duas dessas opções resultariam apenas em uma pequena redução nos gastos na nuvem, e a outra é uma mudança de alto risco para os engenheiros. A remoção dos itens que não são eficazes reduzirá de cinco para dois o total de itens que os engenheiros precisarão considerar e deve resultar em uma tomada de decisão mais rápida. Na Figura 8.4, o console do AWS Compute Optimizer está limitando as recomendações apresentadas para o usuário e exibindo a diferença de preços e o risco ao desempenho para ajudar o engenheiro a tomar uma decisão. Manter uma quantidade mínima de recomendações tem o benefício adicional de reduzir o tempo que os engenheiros precisarão reservar para ler todas as opções e pode levar a uma produtividade mais alta.

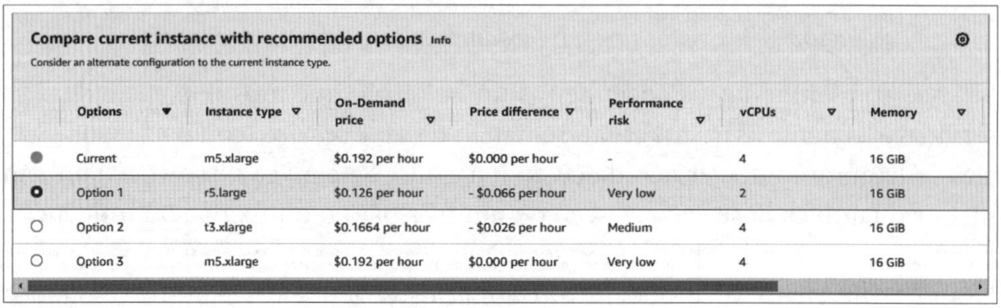

Compare current instance with recommended options Info

Consider an alternate configuration to the current instance type.

	Options	Instance type	On-Demand price	Price difference	Performance risk	vCPUs	Memory
●	Current	m5.xlarge	$0.192 per hour	$0.000 per hour	-	4	16 GiB
◉	Option 1	r5.large	$0.126 per hour	- $0.066 per hour	Very low	2	16 GiB
○	Option 2	t3.xlarge	$0.1664 per hour	- $0.026 per hour	Medium	4	16 GiB
○	Option 3	m5.xlarge	$0.192 per hour	$0.000 per hour	Very low	4	16 GiB

Figura 8.4: Console do AWS Compute Optimizer, mostrando recomendações para o rightsizing de uma instância EC2.

A lei de Hick e as limitações que ela impõe sobre as opções combina bem com a finalidade do framework da FinOps Foundation: estabelecer uma estrutura de tomada de decisões e de responsabilização para a prática de FinOps (*https://oreil.ly/GWNO-*). Decisões baseadas em políticas como a de que tipos de otimizações serão recomendadas (só as que ultrapassarem um limite específico na economia gerada, as que afetarem certos tipos de recursos, as de equipes que adotaram determinado nível de eficiência, as de recursos que estiverem abaixo de um limite mínimo de eficiência etc.) fornecerão um modelo para a redução das opções que a equipe de FinOps apresentará e tornará transparente a razão para você ter selecionado ou excluído certas opções.

Perspectivas para os relatórios

Ao avaliar o design de seu conjunto de relatórios de FinOps, considere as perspectivas discutidas nesta seção. Elas ajudarão a compor os resultados desejados de seus relatórios e influenciarão os elementos essenciais que você precisará incluir.

Personas

Contrariando o conceito de relatório universal discutido anteriormente neste capítulo, considere em quais situações pode ser melhor criar relatórios direcionados às personas com os detalhes requeridos por um cargo específico da empresa *versus* criar um único relatório que responda a todas as perguntas de todas as personas. Por exemplo, manter os relatórios dos líderes — que resumem os detalhes específicos em uma visão geral de como está o desempenho de FinOps dentro da empresa — separados dos relatórios que os engenheiros usam para rastrear os custos individuais de seus serviços. Isso permitirá que você crie relatórios direcionados, que serão mais eficazes para influenciar os resultados de FinOps. É essencial que esses relatórios sejam consistentes entre si em termos de definições de métricas e linguagem. Se um de seus relatórios exibir que uma métrica não está sendo cumprida, o outro deve refletir oportunidades relevantes para a melhoria dessa métrica.

Maturidade

À medida que sua prática de FinOps amadurecer, a quantidade de informações que poderão ser apresentadas crescerá rapidamente. E conforme você implementar capacidades adicionais do framework da FinOps Foundation, adicionará outras medidas de sucesso que precisarão ser rastreadas e apresentadas. A inclusão de mais capacidades também criará outras atividades funcionais que sua equipe terá que executar. Use seus relatórios para saber se existe uma tarefa que precisa ser concluída e para medir os resultados que a execução da tarefa retornará.

À medida que sua adoção dos serviços de nuvem aumentar, a quantidade de informações que precisarão ser apresentadas também aumentará. Geralmente as equipes utilizam serviços de nuvem básicos, por exemplo, computação, banco de dados e armazenamento, mas à medida que a maturidade do uso da nuvem na empresa aumentar, você verá uma lista mais longa de serviços nativos da nuvem sendo usados pelas equipes, como FaaS (Function as a Service, ou Função como Serviço), Machine Learning (ML) ou serviços de aplicações de mais alto nível. Cada um dos serviços adicionados introduzirá diferentes estruturas de cobrança. Alguns cobram por unidade de tempo, como por segundo ou por mês; outros cobram de acordo com a quantidade, ou pode ocorrer até mesmo uma combinação das duas modalidades. Quanto maior for o número de serviços definidos como usados em sua cobrança de nuvem, mais complexa será a tarefa de criar relatórios sobre os seus custos.

Multicloud

Quando sua empresa começar a usar de maneira relevante vários provedores de nuvem, inicialmente a equipe de FinOps empregará relatórios separados, principalmente se você preferir utilizar as ferramentas de cobrança de cada um dos provedores de serviços de nuvem. Embora muitos dos termos e conceitos empregados pelos principais provedores de nuvem sejam funcionalmente semelhantes, existem diferenças nas convenções de nomenclatura e nas categorizações de serviços que podem ser confusas, e alguns elementos costumam ser próprios de um provedor de nuvem específico. Uma interessante divisão das diferenças entre as estruturas de tagueamento e metadados da nuvem pode ser encontrada no Capítulo 12.

A separação de dados de diferentes nuvens forçará seus usuários a se lembrarem de informações de vários ambientes e a conectarem conceitos semelhantes. Como Edward Tufte disse, "Comparações devem ser impostas dentro do escopo de alcance da visão".

Para diminuir o trabalho e a confusão associados aos relatórios multicloud, será melhor se você combinar os dados da nuvem em relatórios consistentes nos quais a complexidade de unir as informações tiver sido manipulada corretamente. Para fazê-lo, provavelmente será necessário ir além das ferramentas nativas e usar ferramentas internas ou de um fornecedor externo.

A ingestão e a normalização de dados (*https://oreil.ly/RGnoB*) são capacidades básicas do framework da FinOps Foundation para permitir a utilização de outras capacidades. Uma prática de FinOps eficaz requer o acesso a fluxos regulares de dados detalhados de uso, aproveitamento e custo, que possam ser categorizados e analisados para conduzir a tomada de decisões. Plataformas de monitoramento, plataformas de segurança e aplicações de operações empresariais também podem fornecer dados com informações de aproveitamento, localização, valor e uso, geralmente com níveis semelhantes de volume e granularidade. O desafio da ingestão e normalização de dados cresce à medida que a complexidade e a diversidade dos dados aumentam. Ao determinar como manipulará seus dados, certifique-se de examinar as medidas de sucesso da capacidade necessária apresentada com o framework.

Passagem dos dados por cada persona

Os dados de FinOps são necessários para a maximização do valor dos gastos com a nuvem e, infelizmente com frequência, eles ficam ocultos em ferramentas e relatórios específicos de FinOps. Quando esses relatórios são abandonados em um dashboard que não faz parte dos fluxos de trabalho diários, são subutilizados pelas diversas equipes de engenharia, líderes de negócios e equipes financeiras que precisam deles. Para combater isso, tente fazer os *dados passarem pelos* meios de trabalho já estabelecidos por cada persona.

Dados passando pela equipe de finanças

Geralmente a primeira persona que vê algum tipo de dado de FinOps é a equipe financeira. Isso provém de um interesse mútuo, já que a equipe financeira precisa que sejam adicionados dados de gastos com a nuvem a seus sistemas de relatórios financeiros. Os gastos com a nuvem são conectados primeiro a pedidos de compra para serem atribuídos aos orçamentos certos. Inserir dados de FinOps nos sistemas financeiros permitirá que os processos financeiros existentes trabalhem com os gastos resumidos da nuvem e reduzirá o conflito com as equipes de finanças, que têm requisitos de relatório e auditoria bem estabelecidos que precisam ser atendidos.

Dados passando pelos líderes

Os relatórios dos líderes e executivos também devem incluir dados de FinOps mostrando informações de gastos com a nuvem em relação às métricas empresariais existentes. Para os líderes tomarem decisões, certifique-se de que informações importantes sobre gastos com a nuvem, economias e oportunidades estejam presentes, entre outros dados que eles costumam usar. Separar os dados de FinOps de outros dados empresariais reforçará a percepção incorreta de que a prática de FinOps está desconectada do restante da empresa. Como veremos no Capítulo 26, você deve tentar fornecer *métricas de unidade econômica* nos relatórios dos líderes, que associem os gastos com a nuvem às métricas empresariais para mostrar o valor e o impacto do uso da nuvem para a empresa, e não apenas o custo.

Dados passando pelos engenheiros

A última e talvez mais importante recomendação é que você tente fazer os dados de FinOps passarem por seus engenheiros. Quando os engenheiros começarem a pensar em FinOps, isso não deve desviá-los drasticamente de seus bem estabelecidos rituais diários, isto é, não queremos que eles deixem de executar DevOps para ter tempo para *se ocupar de* FinOps. O ideal é que tudo passe a ser um esforço integrado e necessário em um único processo coeso.

Costumamos dizer que *custo é apenas outra métrica de eficiência*. As equipes de engenharia terão dashboards e rituais dedicados a uma longa lista de métricas cruciais. Esses dashboards monitorarão métricas de segurança, desempenho e confiabilidade para garantir que os serviços sejam executados na nuvem com sucesso. Tente adicionar dados importantes de FinOps a esses locais e sistemas existentes. Introduza os dados necessários para eles começarem a considerar alterações nos gastos com a nuvem — como valores reais *versus* previstos e oportunidades de reduzir custos — em seu planejamento contínuo de sprints. Conversas e dados de FinOps isolados criam uma carga e uma distração cognitivas que invariavelmente resultam em um trabalho de análise de custos reativo que só ocorre quando exigido. Como resultado, os engenheiros verão as tarefas de FinOps como interrupções em seu trabalho em vez de como fazendo parte dele.

Se introduzidos no início do ciclo de vida do desenvolvimento e em processos existentes, os dados de FinOps podem encorajar os engenheiros a considerarem o custo em cada etapa de design de uma nova arquitetura ou de melhorias no código. Eles precisarão alocar a quantidade de tempo certa para as atividades de FinOps a fim de obter os resultados desejados pela empresa referentes à eficiência da nuvem.

Conexão de FinOps ao restante da empresa

> *Escutar vai além de ficar quieto enquanto a outra pessoa fala até você poder dizer o que precisa.*
>
> – Krista Tippett, jornalista

Não reinvente a roda; provavelmente já existirão equipes produzindo relatórios de finanças, de engenharia e executivos com os quais a equipe de FinOps poderá se associar para integrar seus dados. Isso trará a oportunidade de educar essas personas sobre FinOps e continuar o trabalho de eliminar barreiras entre silos de disciplinas dentro da empresa. Também fornecerá um ponto de contato importante para a abordagem dos conceitos de UI discutidos anteriormente neste capítulo, assegurando que a linguagem seja consistente e dados sejam apresentados para encorajar a ação. Esses grupos existentes geralmente são especialistas no uso de APIs e transformam dados complexos em relatórios legíveis e consistentes.

A ideia por trás do conceito de *passagem de dados* não é pegar tudo que esteja relacionado com FinOps e incluir no meio dos relatórios de outras pessoas. Traga apenas as informações críticas que facilitem as conversas e decisões direcionadas exigidas por FinOps sem interromper os rituais atuais. Quando surgirem perguntas originárias dessas informações, que demandem análises e relatórios mais aprofundados, terá chegado a hora de apresentar à sua equipe os relatórios mais detalhados que você tem disponíveis em seu arsenal de FinOps.

Sua missão é assegurar que cada equipe receba um contexto para entender os dados de consumo da nuvem, e que quando de posse dele, façam as suposições certas que levem às ações que sejam corretas para a empresa. Isso é o máximo que uma equipe pode obter dos dados brutos mesmo se tiver uma boa integração com outros fluxos de trabalho.

Primeiro tente entender

Ao olhar uma recomendação de otimização ou algum tipo de dados de pontuação de eficiência, podemos ser levados a presumir que o responsável pela infraestrutura não está pensando em custos, está ignorando a eficiência ou simplesmente não está engajado. Em vez de fazer suposições, use dados de FinOps para iniciar uma conversa imparcial e tente entender as decisões antes de tentar influenciá-las.

Kim Wier, Diretora de Engenharia Eficiente na Target, sabe usar esse modelo. Sua equipe central de capacitação de FinOps vai às diversas equipes de engenharia e pede que os participantes lhe digam o que consideram ser um uso eficiente de seus recursos. Kim diz que "é importante perguntar como eles querem que sejam exibidas as métricas de eficiência". "Os engenheiros querem utilizar sua infraestrutura da melhor maneira possível a favor da Target." Dessa forma, ela pode fornecer para uma equipe específica os dados de FinOps relevantes alinhados aos objetivos da empresa. Kim também disse: "Tentamos exibir recomendações baseadas no que nossos parceiros veem como importante para a plataforma. Se fizermos uma recomendação e a equipe de engenharia tiver uma boa razão para não poder segui-la, eles devem dar um retorno sobre a recomendação".

Histórias da nuvem – Jason Rhoades

Nem sempre a UI/UX de FinOps é somente de leitura. Em geral as informações dos relatórios e dashboards fluem das fontes de dados para o usuário final, mas pode haver o retorno de informações dos usuários finais para o sistema.

Jason Rhoades, Gerente de Desenvolvimento na Intuit, compartilhou:

> Na Intuit, um grande avanço foi deixar para trás o conceito de relatórios somente de leitura, com a introdução dos fluxos de trabalho relacionados a FinOps que demandavam que nossos usuários finais executassem atividades de escrita. Isso poderia ocorrer para algo simples como a condução de um fluxo de trabalho de aprovação a fim de que algum desperdício de uso da nuvem fosse excluído/ficasse oculto em um relatório. Ou um contrato entre dois grupos de unidade de negócios antes de uma nova cobrança cruzada que afetasse a forma como o relatório foi estruturado. Ou ainda uma equipe ajustando como alocar seus ativos de nuvem para fins de previsão e conciliação. Ao começar a ir além dos relatórios simples para permitir o uso desses tipos de recursos, descobrimos que poderíamos resolver um número muito maior de problemas, de maneira mais abrangente. No entanto, foi necessário aumentar a equipe de FinOps e adicionar alguns conjuntos de habilidades novos para usarmos recursos de relatório mais interativos e iterativos.

Isso é o contrário da abordagem incorreta que Noel Crowley, da Fidelity, descreveu no FinOpsPod como a mais comum adotada por práticas imaturas: "O que costuma ocorrer é uma equipe de FinOps enviar as recomendações de otimização de suas ferramentas nativas ou de plataforma para as equipes e tentar fazer com que elas tomem medidas relacionadas. As equipes recebedoras dessas recomendações dão então um retorno com várias razões para a alteração não fazer sentido para a empresa, dizendo coisas como 'Sim, eu poderia definir o rightsizing, mas não o farei porque blá, blá, blá'". Inversamente, a abordagem de Kim na Target permite que seus parceiros de engenharia a levem a uma solução que faça mais sentido para o papel que eles desempenham na empresa, em vez de tentar impor a todos uma abordagem ineficaz padronizada.

Conclusão

Os relatórios e dashboards que você criar serão ferramentas muito importantes para a criação de uma prática colaborativa de FinOps. Pensando em seus relatórios como a UI de FinOps, você poderá usar considerações comuns de design de UI para torná-los mais eficazes na transmissão das informações certas, permitindo que ações positivas sejam executadas.

Resumindo:

- Trate seus relatórios e dashboards como itens de produção, com as alterações passando por testes em um ambiente de preparação antes de serem implantadas.
- Confiar na qualidade de seus relatórios e dashboards é essencial para o sucesso de FinOps.
- A consistência nos relatórios evita confusões ou o viés de confirmação.
- Considere as condições que afetarão como seus relatórios serão vistos.
- Selecione cuidadosamente as informações que apresentará nos relatórios para ter mais influência sobre os resultados que deseja obter.
- Projete seus relatórios com base nos pontos de vista do público-alvo. Reavalie as decisões de design já tomadas à medida que sua jornada na nuvem progredir.
- Para tornar FinOps parte da cultura empresarial, faça os dados da prática passarem pelos relatórios e rituais existentes usados pelos engenheiros, profissionais de finanças e líderes.

Isso conclui a Parte I deste livro. Estabelecemos as bases introduzindo FinOps e porque você precisa dessa prática, mostrando que ela requer mudança cultural, quais são os insights que a cobrança de nuvem fornece, o que é o framework da FinOps Foundation e, por fim, o que é a UI de FinOps. A Parte II será mais divertida: implementar o ciclo de vida de FinOps dentro de sua empresa.

PARTE II

Fase Informar

Agora que você conhece os fundamentos de FinOps, chegou a hora da diversão. Nesta parte, abordaremos a fase "informar" do ciclo de vida de FinOps e o conduziremos pelos detalhes mais granulares da alocação de custos, previsão, visibilidade de mudanças na cobrança e monitoramento de otimizações. Essa é a fase do ciclo de vida que gera responsabilização para suas equipes e o prepara para a definição de objetivos para melhorias futuras.

CAPÍTULO 9

Ciclo de vida de FinOps

No Capítulo 1, discutimos os princípios básicos de FinOps. Os princípios são ótimos para ajudar a guiar ações, e no Capítulo 7 discutimos o framework de FinOps, que se baseia neles. Este capítulo abordará as fases contínuas e iterativas do ciclo de vida de FinOps e como aplicá-las às capacidades. Os princípios não mudaram muito desde a primeira edição deste livro. No entanto, vimos várias empresas e organizações começarem a construir e solidificar a prática de FinOps baseando-se neles, apropriando-se dos princípios. Como ocorre com o framework de FinOps, que é um conjunto de elementos constitutivos para serem combinados de maneiras relevantes para a empresa, os princípios também são bases open source para você combinar e construir um plano de FinOps para sua organização.

Os seis princípios de FinOps

Mais uma vez, os princípios são os seguintes:

- As equipes precisam colaborar.
- As decisões são baseadas no valor da nuvem para os negócios.
- Cada envolvido se responsabiliza pelo uso que está fazendo da nuvem.
- Relatórios de FinOps têm que ser acessíveis e precisam estar disponíveis o mais rápido possível.
- Uma equipe centralizada conduz a prática de FinOps.
- Tirar proveito do modelo de custo variável da nuvem.

Examinaremos como cada princípio se desenvolve na interação com casos do mundo real e posteriormente você verá que determinadas capacidades do framework foram projetadas para que o usuário se beneficie delas e assim possa atingir objetivos específicos.

Nº 1: As equipes precisam colaborar

Antes de qualquer coisa, FinOps é uma mudança cultural que visa eliminar as barreiras entre equipes que historicamente não trabalhavam de maneira integrada. Quando a prática de FinOps é bem executada, a equipe de finanças usa uma linguagem e relatórios que acompanham a velocidade e a granularidade da nuvem, os gerentes de produto ajustam suas previsões de escalabilidade das aplicações para acomodar a receita esperada de novos recursos e as equipes de engenharia consideram os custos como uma nova métrica de eficiência.

Ao mesmo tempo, a equipe de FinOps trabalha para melhorar continuamente métricas aprovadas de medição de eficiência. Essas métricas ajudam a definir o gerenciamento e a estabelecer parâmetros de uso da nuvem que proporcionam controle, mas, principalmente, a ênfase em assegurar a criação de inovações, sendo que a velocidade da entrega pode surgir junto com a eficiência no controle dos custos.

A incorporação de uma cultura sem culpabilização a esse princípio permite que a empresa aprenda com os erros. Eliminar a necessidade de culpar uma pessoa/equipe pelo excedente de custos permite que o post-mortem se concentre em como o excedente pode ser evitado no futuro e quais alterações a empresa precisará fazer como lição aprendida com o incidente.

> *Se uma cultura de culpabilização e vergonha por "fazer" a coisa errada prevalecer, as pessoas não falarão sobre seus problemas por medo de punição.*
>
> – Betsy Beyer e colaboradores, *Engenharia de Confiabilidade do Google* (Novatec)

Nº 2: As decisões são baseadas no valor da nuvem para os negócios

Pense primeiro no valor dos gastos com a nuvem para os negócios e não no custo. É fácil pensar na nuvem como um centro de custo, principalmente quando os gastos alcançam níveis relevantes. A nuvem é geradora de valor, mas quanto mais a usamos, mais custos ela gera. O papel de FinOps é ajudar a maximizar o valor criado por esses gastos. Em vez de se concentrar no custo por mês, avalie a métrica de custo por negócio, e tome decisões sempre levando em consideração o valor para os negócios.

Nº 3: Cada envolvido se responsabiliza pelo uso que está fazendo da nuvem

Os gastos na nuvem são baseados no uso, o que gera uma correlação direta: se você estiver usando a nuvem, vai gerar custos e, portanto, será responsável pelos gastos feitos na nuvem. Reforce esse fato levando a responsabilização pelos gastos com a nuvem aos limites da empresa, até chegar aos engenheiros e suas equipes. Além disso, forneça informações e orientação para que eles possam fazer esse importante trabalho para a empresa.

Nº 4: Relatórios de FinOps têm que ser acessíveis e precisam estar disponíveis o mais rápido possível

No mundo dos recursos computacionais medidos por segundos (ou até mesmo por microssegundos), armazenamento ilimitado em nuvem, clusters Kubernetes compartilhados, implantações automatizadas e serviços que podem gerar custos de acordo com gatilhos controlados externamente, os relatórios mensais ou trimestrais de gastos com a nuvem não são suficientes. A tomada de decisões em tempo real exige o envio rápido de dados — como mudanças nos gastos ou alertas de anomalias — para as pessoas que implantarão e gerenciarão os recursos na nuvem.

Como discutido no Capítulo 8, os dados de FinOps devem passar pelas pessoas que tomam decisões de infraestrutura, transmitindo as informações necessárias sem que elas precisem procurá-las. Decisões tomadas em tempo real permitirão que essas pessoas criem um feedback loop veloz com o qual poderão melhorar continuamente seus padrões de gastos, tomar decisões inteligentes e aumentar a eficiência.

Seja persistente na obtenção de dados limpos para a tomada de decisões. As decisões de FinOps devem ser baseadas em custos totais e apropriadamente alocados. Os custos devem ser amortizados para incluir qualquer pagamento antecipado feito como parte de programas de compromissos e refletir as taxas de desconto reais que a empresa está pagando pelos recursos de nuvem. Eles também devem incluir custos compartilhados e ser mapeados para a estrutura organizacional da empresa. Sem esses ajustes nos dados de custos, suas equipes tomarão decisões baseadas em dados incorretos e impedirão a geração de valor.

Nº 5: Uma equipe centralizada conduz a prática de FinOps

A mudança cultural funciona melhor quando alguém defende a causa. Uma equipe central de FinOps conduz as melhores práticas na empresa por meio de educação, padronização e divulgação. É nessa equipe centralizada que estarão os especialistas, que farão as mudanças na cultura organizacional. A equipe de FinOps melhora os dados disponíveis usando ferramentas mais adequadas e modifica os processos empresariais que permitirão que a organização *execute a prática de FinOps*. Você maximizará os resultados pela otimização das taxas centralizando-as, o que permitirá que as equipes das outras áreas melhorem os resultados a partir da otimização do uso. Lembre-se de que as empresas mais bem-sucedidas descentralizam a responsabilidade de usar menos e centralizam a responsabilidade de pagar menos.

Os profissionais de FinOps usam análises de comparação de desempenho a fim de fornecer contexto para como a empresa está se saindo. A análise de desempenho dá para a empresa evidências objetivas de qual é o seu nível de sucesso. Ela permite que as equipes saibam se estão gastando a quantia correta ou se poderiam gastar menos, gastando de outra maneira, ou de um modo melhor. As empresas devem usar análises internas para determinar como as equipes individuais estão se saindo em áreas importantes, como na otimização, em comparação umas às outras, bem como análises externas baseadas nos padrões do setor para comparar a empresa como um todo a outras como ela.

Nº 6: Aproveitamento do modelo de custo variável da nuvem

No mundo descentralizado da nuvem, o planejamento de capacidade passa de uma perspectiva de visão de futuro do tipo "Do que precisarei para atender à demanda?" para uma perspectiva de tempo real "Como podemos permanecer dentro do orçamento considerando o que já estamos usando?". Em vez de basear as compras de capacidade na possível demanda futura, baseie o rightsizing, os descontos por volumes e as compras de RI/SP/CUD em seus dados de uso reais. Já que é sempre possível comprar mais capacidade para atender à demanda, a ênfase passa a ser em tirar o máximo proveito dos serviços e recursos que você está usando atualmente e utilizá-los em menor quantidade e pelo maior período de tempo possível.

À medida que sua prática amadurecer, tente se beneficiar de serviços nativos da nuvem cujo dimensionamento você possa aumentar conforme a demanda e de modelos como as instâncias spot que podem usar recursos de baixo custo quando necessários.

Ciclo de vida de FinOps

Agora que detalhamos os princípios básicos, examinaremos sua implementação em três fases distintas: informar, otimizar e operar. (veja a Figura 9.1). Essas fases não são lineares — você deve se planejar para percorrê-las em um ciclo constante:

1. A fase *informar* fornece visibilidade para a alocação e para a criação de responsabilização compartilhada mostrando às equipes o que elas estão gastando e por quê. Essa fase conscientiza as pessoas, que agora poderão ver o impacto de suas ações na cobrança.
2. A fase *otimizar* permite que as equipes identifiquem e meçam otimizações de eficiência, como o rightsizing, a frequência de acesso ao armazenamento ou a melhoria da cobertura por RI. Os objetivos são definidos de acordo com as otimizações identificadas, com alinhamento à área de foco de cada equipe.
3. A fase *operar* define e implementa os processos que atingirão os objetivos das áreas de tecnologia, financeira e de negócios. A automação pode ser implementada para permitir que esses processos sejam executados de maneira confiável e repetível.

Figura 9.1: Ciclo de vida de FinOps.

O ciclo de vida é inerentemente um loop que nunca termina. As empresas mais bem-sucedidas usam uma abordagem de aprimoramento gradual e melhoram a cada passagem pelo ciclo, construindo uma memória sólida por meio da repetição e da prática.

Em cada fase do ciclo de vida você tomará medidas e executará atividades de acordo com o estado de seus gastos com a nuvem e de sua prática de FinOps. O Capítulo 7 abordou o framework da FinOps Foundation, que descreve esses aspectos do modelo operacional de FinOps. Descrevemos isso usando a metáfora de um jardim em que você se dedicava às tarefas que precisavam ser executadas todo dia — regar, adubar e capinar — dependendo do estado em que encontrasse o jardim naquele momento.

É na fase informar que você examinará o estado de seu jardim de FinOps. Na fase otimizar verificará qual das capacidades tem a ação que você pode executar para tornar seu jardim de FinOps mais saudável. E na fase operar você executará essas ações no ambiente de sua empresa para se certificar de que seu jardim floresça.

Algumas das capacidades são adequadas para uma fase específica do ciclo de vida e outras podem ser usadas em mais de uma fase ou em todas elas.

Examinaremos cada fase e algumas das ações que você executará ao percorrer o ciclo de vida. É importante mencionar que você não executará todas as ações durante cada passagem pelo ciclo de vida. O Capítulo 1 abordou o Efeito Prius, que converte feedback loops em tempo real em tomadas de decisões baseadas em dados. Da mesma forma, cada passagem pelo ciclo de vida deve ser baseada nos dados mais recentes disponíveis para que você direcione seus esforços para o menor conjunto de atividades mais importantes necessárias naquele momento.

Informar

É na fase informar que você começará a entender seus custos e o que os está gerando. Ao permitir que as equipes visualizem seus custos quase em tempo real, você promoverá um comportamento melhor. Durante a fase informar, você poderá visualizar os gastos feitos na nuvem, descerá a um nível de alocação granular de custos e criará responsabilização compartilhada. As equipes saberão o que estão gastando, em quais serviços e por que, usando várias análises comparativas e relatórios. Pela primeira vez, as pessoas poderão ver o impacto de suas ações sobre a cobrança.

Algumas das atividades dessa fase são:

Mapear os dados de gasto para os negócios

Antes de você poder implementar um chargeback preciso, deve mapear apropriadamente os dados de gastos para a hierarquia organizacional por centros de custo, aplicações e unidades de negócios. As tags e contas definidas pelas equipes de engenharia não costumam estar alinhadas com a visão de mundo que as equipes financeiras têm, assim como não incluem as totalizações adequadas que os executivos exigem.

Criar relatórios de showback (e de outros tipos)

Para direcionar a responsabilização por gastos para outras áreas da empresa, você deve mostrar para cada grupo o que ele está gastando por meio de showback ou de um modelo semelhante como o de chargeback. Essa visibilidade é o elemento essencial para a criação de responsabilização pelos gastos e da obtenção do maior valor possível a partir deles.

Definir orçamentos e previsões

A equipe de FinOps deve fornecer os dados necessários para as demais equipes gerarem previsões de uso da nuvem para diferentes projetos e proporem orçamentos para cada um deles. Esses orçamentos e previsões devem considerar todos os aspectos de uma arquitetura de nuvem, incluindo serviços nativos, contêineres e custos relacionados. O gerenciamento de equipe de acordo com orçamentos permitirá que você saiba quando deve ajudar com otimizações ou com a correção dos gastos. Ele também permite que seja iniciada uma conversa sobre por que os gastos mudaram.

A previsão de gastos deve ser feita para cada equipe, serviço ou workload com base nos custos totais e em custos apropriadamente alocados, com a possibilidade de mudanças no modelo da previsão se houver entradas diferentes, como o histórico e a base de custos.

Definir a estratégia de contas

A maneira de sua empresa distribuir e usar contas da AWS, projetos do Google Cloud, assinaturas/grupos de recursos da Azure ou outros agrupamentos hierárquicos terá grande impacto sobre como poderá ser feita a alocação de custos, uma das capacidades críticas utilizadas na fase informar. Grande parte do trabalho pesado de alocação de custos pode ser feita empregando-se uma maneira consistente e lógica de distribuir as contas para que elas possam ser usadas como limites para os custos, como o são para segurança, recursos e outros fins técnicos.

Definir a estratégia e a conformidade das tags

A criação de uma estratégia de metadados (tagueamento e rotulação), que será abordada com mais detalhes posteriormente, é tanto arte quanto ciência. Mesmo se houver uma sólida hierarquia de contas, é crítico que exista um alinhamento inicial com uma estratégia de uso de tags para aumentar a granularidade. Sem isso, a definição das tags será deixada para as massas (ou abandonada) e a expansão tornará rapidamente qualquer tag inutilizável.

Identificar recursos não tagueados (e não tagueáveis)

Existem dois tipos de empresas: as que têm recursos não tagueados e as que se enganam achando que não os têm. Atribuir recursos não tagueados às equipes ou workloads — e aplicar uma metacamada de alocação aos não tagueáveis — é crítico para um chargeback apropriado, para a visibilidade e para qualquer otimização posterior.

Alocar os custos compartilhados equitativamente

Como os serviços de suporte e os serviços compartilhados, os custos compartilhados devem ser alocados para os grupos responsáveis na proporção apropriada. Existem algumas maneiras de fazer isso, incluindo compartilhá-los igualmente com base em uma métrica de uso, como o gasto e as horas de computação. Geralmente é menos recomendável deixá-los em um repositório de custo central, já que assim as equipes não verão o custo real de suas aplicações.

Calcular dinamicamente taxas e amortizações personalizadas

Uma visibilidade precisa dos gastos requer que a empresa inclua taxas personalizadas, que descontos de RIs/SPs/CUDs sejam aplicados e que pré-pagamentos amortizados provenientes de RIs/SPs/CUDs sejam considerados. Isso assegurará que as equipes rastreiem os valores certos dos gastos e não se surpreendam se a cobrança da equipe financeira não estiver de acordo com seus relatórios de gastos diários.

Analisar tendências e variâncias

A identificação dos geradores de custos geralmente requer comparações específicas por períodos de tempo e a possibilidade de obter informações desde um nível mais alto (por exemplo, centro de custo) até o nível de recursos (ou contêineres, funções etc.) para entender quem gerou os custos.

Criar scorecards

Os scorecards permitem que a equipe de FinOps analise a diferença de desempenho das equipes de projeto em termos de otimização de custos, velocidade, e qualidade. Eles são uma maneira rápida de procurar áreas que possam ser melhoradas, o que deve ser feito com o uso dos custos totais e apropriadamente alocados mencionados anteriormente.

Fazer análises comparativas entre integrantes do mesmo setor empresarial

Baseando-se no conceito dos scorecards internos, as equipes mais avançadas de FinOps estendem sua análise para fazer comparações com dados de gastos de outros integrantes do mesmo setor empresarial e identificar sua eficiência relativa usando um conjunto normalizado de caraterísticas de custo.

Identificar anomalias

A detecção de anomalias não está relacionada apenas com a identificação de limites de despesas — também é importante identificar picos de uso incomuns. Dado o drástico aumento na diversidade de serviços cobrados variavelmente disponibilizados pelos provedores de nuvem, uma detecção de anomalias que procure qualquer desvio nos gastos o ajudará a encontrar a agulha no palheiro que pode precisar de uma correção rápida.

Otimizar

A fase otimizar identifica as melhorias que podem ser feitas no uso da nuvem e define objetivos para a fase operar que vem a seguir. Metas de custo evitado e otimização de custos entram em cena durante essa fase, com o custo evitado sendo a principal prioridade.

São necessários processos que definam e rastreiem as tomadas de decisões de negócios quase em tempo real para permitir que a empresa otimize seu uso da nuvem. Também examinaremos as ofertas do provedor de serviços que poss
ajudar a reduzir os gastos na nuvem. Essa fase inclui as atividades a seg

Analisar KPIs e definir objetivos

É durante a fase otimizar que você examinará seus KPIs e de
atingi-los incrementalmente. Tendo uma visão geral do
atingir, você poderá definir objetivos de etapas interr
tempo, chegar onde deseja. Isso é útil durante a fase
a definir o escopo das oportunidades encontrada
da fase operar posterior.

Encontrar e relatar serviços subutilizados

Uma vez que as equipes pudere
alocados, poderão começar a id
principais geradores de gasto
armazenamento ou rede). Voc

nas recomendações geradas para eliminar coisas que não estejam sendo usadas, dimensionar de maneira correta itens utilizados apenas periodicamente, rightsizing algo que cronicamente tenha o tamanho errado ou reprojetar itens que estejam operando insatisfatoriamente.

Avaliar opções centralizadas de descontos com base em compromissos

Como medida de redução de custos, a equipe de FinOps pode avaliar métricas sobre RIs existentes da AWS/Azure, SPs da AWS ou CUDs/Flexible CUDs do Google Cloud para verificar se o que eles têm está sendo usado eficientemente e procurar oportunidades para comprar mais (ou vender ou modificar os existentes). Eles rastreiam os compromissos e as reservas, analisando o portfólio inteiro em toda a empresa para detectar e conhecer a eficiência de uso e os valores reais do custo evitado, bem como para visualizar expirações futuras.

Operar

Enquanto a fase otimizar define os objetivos de melhoria, a fase operar estabelece os processos de execução de ações para o alcance desses objetivos. Essa fase também dá ênfase à melhoria contínua dos processos. Uma vez que as automações estiverem definidas, a gerência tomará cuidado para assegurar que os níveis dos gastos fiquem alinhados com os objetivos da empresa. É um bom momento para discutir projetos específicos com outros membros da equipe de FinOps a fim de determinar se a equipe deve fazer alterações. Aqui estão algumas das atividades ...orrem durante a fase operar:

...dos de gastos para os stakeholders

... do Efeito Prius discutido no Capítulo 1 requer que os stakeholders ...rmente como estão se saindo em relação a seus orçamentos. ... diária ou semanal fornecerá um feedback loop que lhes ... decisões certas para a empresa. Durante a fase operar ...r em como esses relatórios serão distribuídos para os ... os processos e a automação que os gerarão e os

...mento com os objetivos

...s para entender, considerar e formar ...nais de modo a gerar inovação. As ...audaciosas agentes de mudança que deixam de ser bloqueadoras de investimentos e passam a formar parcerias com as equipes de negócios/tecnologia a fim de encorajar a inovação. Cada equipe deve melhorar de maneira constante e iterativa seu conhecimento da nuvem e aumentar a eficiência de seus relatórios.

Fornecer o rightsizing para instâncias e serviços (ou desativá-los)

Durante a fase operar, você pode descobrir que está pagando por recursos computacionais mais poderosos do que seria necessário. As recomendações que foram geradas serão postas em prática durante essa fase. Os engenheiros as examinarão e farão ajustes onde apropriado — por exemplo, mudando para instâncias menos poderosas e menos caras, substituindo armazenamento não usado por alternativas de tamanho menor ou usando diferentes camadas de armazenamento para atender melhor às necessidades de acesso. Equipes maduras de FinOps fazem isso em todos os principais geradores de custos.

Definir governança e controles para o uso da nuvem

Lembre-se de que o principal valor da nuvem é a velocidade de distribuição, que promove maior inovação. Ao mesmo tempo, o custo deve ser considerado, portanto, empresas maduras avaliam constantemente as proteções que aprovaram, para quais tipos de serviços de nuvem podem ser usados, a fim de se certificar de não estar prejudicando a inovação e a velocidade. Exagere o controle e perderá os benefícios básicos da migração para a nuvem.

Melhorar continuamente a eficiência e a inovação

São processos contínuos e iterativos de aprimoramento de metas e objetivos para a obtenção de resultados empresariais melhores. Chamamos isso de *otimização de custos baseada em métricas*, como será discutido no Capítulo 22. Em vez do uso de uma cadência para ações de otimização (o que fica propenso à ineficiência ou à negligência humana), a otimização de custos baseada em métricas define métricas importantes com limites anexados e monitorados para a execução de futuras ações de otimização.

Automatizar a otimização de recursos

Equipes maduras passam a detectar de forma programática as alterações necessárias em recursos dimensionados incorretamente e oferecem a possibilidade de limpeza automática dos recursos subutilizados.

Integrar as recomendações aos fluxos de trabalho

Equipes maduras param de exigir que os desenvolvedores de aplicações façam login para ver recomendações e começam a enviar itens, como recomendações de arquitetura, recomendações para o rightsizing, oportunidades de modernização e outras oportunidades de melhoria nas ferramentas de planejamento de sprints. Algumas dessas informações consistirão em dados táticos de otimização de custos, enquanto outras podem ter natureza estratégica, ajudando as equipes a entender como projetar ou construir seu software de maneira a gerar eficiência no controle de custos a fim de evitá-los.

Integrar o chargeback aos sistemas internos

Quando o chargeback é implementado e a visibilidade é fornecida, as equipes maduras de FinOps integram esses dados programaticamente às ferramentas de gerenciamento financeiro e aos sistemas de relatórios internos relevantes por meio de sua API (Application Programming Interface, ou Interface de Programação de Aplicações).

Estabelecer a remoção de tags com base em políticas e definir diretrizes para o ciclo de vida de armazenamento

Equipes maduras começam a remover programaticamente as tags por meio de políticas como tag-or-terminate or tag-on-deploy. Elas também implementam ciclos de vida de armazenamento baseados em políticas para assegurar que os dados sejam armazenados automaticamente na camada de menor custo.

Considerações

Existem algumas considerações importantes que você deve fazer em sua prática de FinOps quando começar sua jornada pelo ciclo de vida. Elas estão relacionadas com as ideias básicas de FinOps: ter uma compreensão clara de seus gastos, criar um movimento que se estenda por toda a empresa, gerar inovação e, para concluir, ajudar a empresa a atingir seus objetivos.

Você deve avaliar o seguinte:

Unidade econômica

Uma etapa importante é associar os gastos feitos com a nuvem aos resultados reais da empresa. Se a sua empresa estiver crescendo e você estiver aumentando seu uso da nuvem, gastar mais dinheiro não será necessariamente algo ruim.

Isso é verdade principalmente quando sabemos qual é o custo de atender a um cliente e conseguimos diminuí-lo continuamente. Associar métricas de custos a métricas de negócios é uma etapa essencial da jornada de FinOps.

A unidade econômica fornece uma linguagem clara e comum para que todos os níveis da empresa possam discutir os gastos com a nuvem de maneira significativa. Em vez da definição de objetivos de gasto arbitrários, ela nos permite estabelecer metas que estejam associadas aos resultados. O conselho para o gerenciamento passa a ser "Não se preocupe com o total da cobrança: apenas verifique se está baixando o custo a cada uso", em vez do conselho mais restritivo "Gaste menos com a nuvem".

Cultura

A fase operar é um bom momento para avaliarmos se a cultura de FinOps está sendo adotada adequadamente. Problemas como a utilização ineficiente de recursos ou uma cobertura inapropriada de RIs costumam ocorrer devido à comunicação insatisfatória e ao isolamento das equipes. Procure sinais de que as equipes estão sendo proativas, projetando serviços que usem a nuvem eficientemente. Avalie se o treinamento de FinOps disponível está sendo concluído pela equipe e se a comunicação entre finanças e engenharia está fluindo facilmente.

Velocidade de distribuição

A velocidade de distribuição é controlada pelo equilíbrio entre custo e qualidade. A gerência pode querer discutir projetos específicos com os membros da equipe de FinOps para decidir se seria adequado ajustar esses dois níveis a fim de aumentar a velocidade de distribuição.

Valor para a empresa

Novamente, a gerência pode querer avaliar se os gastos com a nuvem refletem o valor do projeto para a empresa. Essa é outra oportunidade de discutir projetos específicos com os membros da equipe de FinOps para decidir se seria interessante continuar a operá-los como se encontram ou se é possível fazer algumas alterações.

Onde começar?

Comece fazendo perguntas que iniciem a fase informar. Pense no ciclo de vida de FinOps como uma pista de corrida de circuito fechado — você pode entrar em qualquer ponto e acabará voltando para o local de onde saiu. No entanto, recomendamos que comece na fase informar antes de passar para as fases otimizar e operar. Dê visibilidade para o que está ocorrendo em seu ambiente de nuvem e faça o difícil — mas importante — trabalho de ajustar a alocação para saber quem é realmente responsável por cada parcela antes de começar a fazer alterações.

E independentemente de onde estiver no ciclo de vida, você deve se concentrar de forma contínua na cultura e na governança. O verdadeiro poder de FinOps vem da combinação de ações e ferramentas com mudanças culturais que alterem como toda a empresa se relaciona com o uso da nuvem.

Faça o que quiser, mas não tente fazer o impossível. Há alguns anos, vimos um grande varejista tentar passar a cobertura de RI de 0% a 80% em uma única compra. A empresa estudou sua infraestrutura, consultou suas equipes de engenharia, verificou seus sistemas operacionais e fez uma compra de US$2 milhões. Os gerentes se cumprimentaram maravilhados e voltaram ao trabalho durante as semanas seguintes. No outro mês a conta da nuvem foi consideravelmente alta e o VP ficou furioso. Depois de fazer uma análise, a empresa descobriu que tinha comprado as RIs erradas para o sistema operacional incorreto devido ao desconhecimento de como os modelos BYOL ("Bring Your Own License", ou Traga Sua Própria Licença) são aplicados. Atualmente esse mesmo varejista tem 80% de cobertura, mas foi necessário um esforço de vários anos para que as equipes de finanças e as unidades de negócios se recuperassem já que ficaram receosas após o desastre anterior. Tenha calma. Como acontece com qualquer coisa, construir competência é demorado, mas é possível acelerar aprendendo com quem iniciou o processo antes de você.

Você não precisa encontrar todas as respostas

Antes de falar para as equipes para desativarem esse recurso ou calcularem o rightsizing para aquele outro, você tem que descobrir quem são os geradores de custo e deixar as equipes verem o impacto de seus gastos para a empresa.

Essa abordagem gerará alguns resultados autônomos surpreendentes. Vimos um ótimo exemplo disso em uma mensagem de um membro da equipe postada no Slack, em que uma empresa de manufatura obteve economias de seis dígitos ao ano simplesmente mostrando a uma equipe o que ela estava gastando (veja a Figura 9.2).

A melhor parte dessa história é que a equipe de FinOps não fez nenhuma recomendação para a outra equipe. Ela apenas mostrou o uso que estava sendo feito da nuvem. A equipe responsável se encarregou de fazer melhorias de acordo com o que sabia sobre o custo da infraestrutura. É por isso que você deve deixar a redução de uso para as equipes responsáveis pelos gastos.

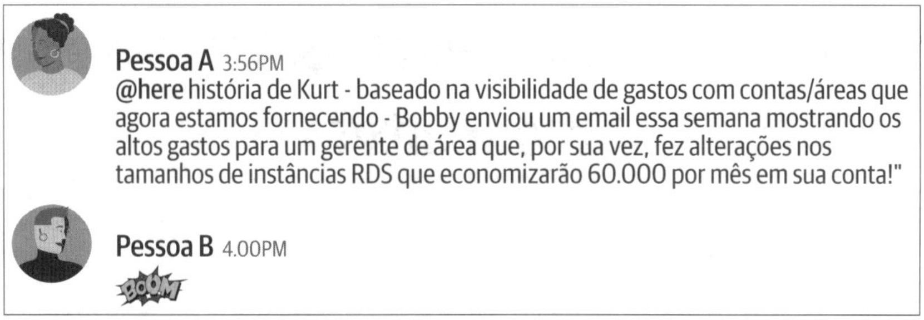

Figura 9.2: Conversa real sobre os resultados da visibilidade dos custos.

Conclusão

Lembre-se: dominar o ciclo de vida de FinOps é uma habilidade iterativa que requer anos de educação e melhorias nos processos em uma grande empresa.

Resumindo:

- O ciclo de vida de FinOps é composto de três fases principais que você percorrerá continuamente.
- Melhore a cada iteração do ciclo de vida — não tente fazer tudo de uma só vez.
- Envolva todas as suas equipes multifuncionais desde o início e com frequência para que elas possam aprender com você.
- Procure constantemente oportunidades de melhorar seus processos, mas passe rapidamente de uma fase para outra.
- A medida mais crítica que você pode tomar é fornecer para suas equipes visibilidade granular e em tempo real de seus gastos.
- Antes de fazer o que quer que seja, você precisa totalizar e alocar seus custos, incluir as taxas personalizadas, preencher lacunas de alocação, distribuir custos compartilhados, remapear os gastos para sua estrutura organizacional e levar as amortizações em consideração.

Pode parecer trabalhoso, mas na verdade é um processo inicial fácil. Em seguida, percorreremos a primeira fase do ciclo de vida para que você possa começar a abordar as perguntas que precisa responder.

CAPÍTULO 10

Fase informar: onde você está nesse exato momento?

Comece sua prática de FinOps fazendo perguntas. É sobre isso que é a fase informar. À medida que você encontrar respostas para essas perguntas, poderá começar a avaliar o estado da sua conta na nuvem. Neste capítulo, examinaremos algumas das perguntas com as quais você deve iniciar, e veremos amostras do que pode ser considerado ótimo em algumas capacidades comuns. Tudo isso o ajudará a saber ao que deve se dedicar quando chegar à fase otimizar.

Como mencionamos, FinOps não é um processo linear; é um ciclo. A visibilidade que você obtiver na primeira fase será essencial para que possa entrar na fase seguinte. Você passará grande parte de seu tempo na fase informar. Erros que custam caro são facilmente cometidos quando passamos para a fase otimizar rápido demais. Como os carpinteiros nos ensinaram desde que os prédios começaram a ser construídos, "meça duas vezes, corte uma vez". A medição fornecerá informações para você fazer alterações, e então você deve medir essas alterações levando em consideração suas métricas operacionais, e assim por diante. Você sempre voltará ao ponto de partida trazendo mais informações para embasar as alterações e para verificar novamente que ações serão benéficas para a empresa.

A primeira pergunta à qual você deve tentar responder é: "Qual é o gasto total na nuvem, sua previsão e sua taxa de crescimento?". Se esses números forem irrelevantes para a empresa, pode chegar a hora de pensar melhor no assunto após o relatório mais básico estar definido. Lembre-se do conceito de negação consciente do Capítulo 2.

Os dados são irrelevantes sem contexto

É claro que encontrar os dados não é suficiente. Você precisa interpretá-los. Seu objetivo é se educar. Você precisa iniciar conversas com seus colegas de finanças, engenharia e negócios sobre o que deseja pôr em prática.

Para que isso ocorra, profissionais habilitados em FinOps farão perguntas que os prepararão para construir estruturas de alocação apropriadas, como discutido no Capítulo 11. Lembre-se de que você não está tentando fazer o impossível. O objetivo é identificar perguntas que serão respondidas no decorrer do ciclo de vida de FinOps.

Esse processo também aperfeiçoará a linguagem comum que discutimos no Capítulo 4. Ele evitará a falta de confiança nos dados e também a culpabilização que costuma ocorrer quando não há alinhamento entre as equipes.

> *Qualquer melhoria feita, seja onde for, que não esteja relacionada a um gargalo, é ilusão.*
>
> — Gene Kim, *O Projeto Fênix*

Até mesmo os profissionais mais experientes de FinOps — os que construíram várias práticas maduras — seguem um ritmo de evolução gradual do processo quando definem uma prática. Você deve ter como objetivo inicial obter algumas conquistas fáceis, atingir as metas mais simples, construir uma memória sólida[1] e ganhar credibilidade. Pense na abordagem DevOps, e não em cascata. Lembre-se de Gene Kim, e não de Winston W. Royce.

Primeiro tente entender

Ao iniciar essa fase, você pode encontrar imediatamente algum desperdício. É compreensível e natural que fique tentado a corrigi-lo. No entanto, pergunte primeiro: "De onde está vindo o desperdício?". Isso o ajudará a identificar a causa raiz e a evitar que ela ocorra na próxima vez. Em outras palavras, você deve resistir à tentação de fazer alterações de imediato em seu patrimônio na nuvem e, em vez disso, deve se concentrar primeiro em responder às perguntas.

Uma das maneiras mais eficazes de determinar as perguntas que você deve fazer é entrevistando os diversos stakeholders da empresa. Quando você souber com o que eles estão preocupados, poderá usar esse conhecimento para construir o contexto necessário para as estruturas de seus relatórios e de alocação.

1 N.T.: o autor está se referindo às pessoas envolvidas fixarem na memória e em suas rotinas o que devem fazer para que a prática de FinOps passe a ser hábito na empresa.

Aqui está um conjunto de perguntas para ajudá-lo a começar:

- Que tipo de informações você deseja tratar? Centros de custo, aplicações, produtos, unidades de negócios ou qual outro tipo?
- De onde vem a maior parte dos gastos, isto é, de que conjunto de serviços?
- Você vai usar chargeback? Pretende usar showback? Existem benefícios no uso das duas abordagens, mas qualquer uma delas ajuda a gerar responsabilização.
- Se você centralizar o gerenciamento de taxas, o interesse geral da empresa será prioridade ou será mais importante recuperar os custos por chargeback?
- Ver as tendências de gastos é suficiente, ou você precisa recuperar os custos com a precisão de centavos? Tendências são o objetivo no começo; posteriormente uma alocação granular será importante.
- Como você lidará com alterações nos centros de custo? No início talvez haja uma planilha ou um CMDB (Configuration Management Database, ou Banco de Dados de Gerenciamento de Configuração), mas posteriormente você terá uma metacamada de dados de alocação em sua plataforma de FinOps para fazer o remapeamento dinâmico para a estrutura em constante mudança de sua empresa.
- Como você lidará com pessoas ou aplicações que se alternarem entre equipes, ou com a recombinação em diferentes equipes? Após a mudança, como obterá as informações que agora forem importantes para essas equipes, já que sua parcela dos dados será diferente?
- Como você notificará às pessoas sobre mudanças ocorridas nas estruturas de alocação?
- De que tags você realmente precisa? No início talvez existam somente três, mas posteriormente pode haver várias. No entanto, se você fizer mesmo a expansão para várias, provavelmente terá tags demais, e em uma futura passagem pelo ciclo de vida poderá otimizar o número de tags com base nos objetivos atualizados definidos na fase otimizar.
- Você fará coisas como "lunch and learns"[2] a partir de seu CCoE para apresentar regularmente as melhores práticas e empolgar as pessoas?

À medida que percorrer o loop de FinOps, você terá respostas para mais perguntas. Você é eficiente? Será preciso percorrer o loop para saber. E após algumas

2 N.T.: "*Lunch-and-learn*" é uma sessão de treinamento informal, geralmente executada durante o almoço.

passagens pelo loop, você perceberá que na verdade nunca chegará ao fim. Apenas ficará melhor e suas perguntas serão mais detalhadas:

- Que equipes estão gerando os custos? Elas estão sendo eficientes? É possível vincular os seus custos a métricas por unidade?
- Você tem orçamentos definidos para cada equipe? Está gerenciando as equipes seguindo esses orçamentos? Consegue apurar custos com base nas atividades?
- Qual é o estado de sua estratégia de tagueamento? Considera quais tags foram definidas e o que elas estão relatando? Considera lacunas na cobertura? Considera como alocar custos não tagueáveis ou compartilhados?
- Como você manterá suas estruturas de alocação em sincronia e atualizadas? Usará uma planilha? Terá uma sincronia com seu CMDB com base em cadência? Haverá a integração por API entre sua plataforma de FinOps e seu CMDB?
- Qual é a estratégia de descontos baseados em compromissos? Que programas de descontos baseados em compromissos existem? Eles estão sendo bem utilizados? Como poderiam ser otimizados? Que programas novos você deveria ter?
- E então... *Volte e repita*, insistentemente.

Você selecionará a meta mais fácil em cada fase e depois passará para a próxima. Em seguida, reajustará seus objetivos e voltará ao início. No entanto, deve sempre começar com a visibilidade dos gastos. No próximo ciclo, defina então os orçamentos básicos, discutidos no Capítulo 13. E no ciclo seguinte, eles serão gerenciados.

A cada vez você fará perguntas mais difíceis, verificando sempre se as outras equipes estão acompanhando. Na verdade, o fato de elas estarem se educando talvez seja mais importante do que as habilidades do profissional de FinOps. A cultura de FinOps bem-sucedida é como uma comunidade que trabalha em conjunto, e não como uma sala com pessoas tentando aprender o mais rápido possível algumas mudanças abrangentes.

Trabalho organizacional durante essa fase

Além do trabalho de análise dos dados de gastos, há muito trabalho organizacional e cultural a ser feito para a criação de uma cultura de FinOps. Durante essa fase, de uma prática salutar de FinOps, você também se esforçará para:

- Fazer os executivos ficarem alinhados com os objetivos e as alterações trazidas pela nuvem aos seus modelos de trabalho.
- Ajudar os engenheiros a entender seu papel expandido de influenciar os negócios, principalmente ao considerar os custos como uma nova métrica de eficiência a ser levada em conta.
- Assegurar que as habilidades certas estejam presentes em sua equipe (*FinOps.org* tem mais detalhes).
- Construir interações com colegas nas equipes de engenharia, finanças, TI, arquitetura, compras, produtos, nos grupos de ITAM, e assim por diante, com a divulgação do trabalho de FinOps internamente por meio de eventos como o FinOps day, para ajudar a compartilhar os conceitos, o impacto e conquistas iniciais.
- Criar um alinhamento com as equipes de engenharia (e ajudar a aliviar sua carga de trabalho) gerenciando o maior número possível de otimizações de taxas e assegurando ao mesmo tempo que elas tenham os dados necessários para gerenciar a otimização do uso.

Transparência e o Feedback Loop

No Capítulo 1, vimos o Efeito Prius e o impacto que a visibilidade em tempo real causa em nosso comportamento. Em um carro elétrico, o painel de fluxo de energia nos permite ver como a escolha que fizemos — uma escolha que no passado poderia ser inconsciente — afeta a quantidade de energia que está sendo usada. Da mesma forma, na fase informar será preciso que dados cheguem constantemente para impulsionar a tomada de decisões em tempo real e gerar responsabilização.

Recentemente recebemos a seguinte pergunta: "Dados quase em tempo real são necessários para tudo que acontece na nuvem?". Consideramos essa pergunta, mas não conseguimos pensar em um exemplo de relatório que só precisasse ser verificado uma vez por mês. As coisas acontecem com muita rapidez na nuvem, o que se deve não tanto aos computadores e sim ao comportamento humano que impulsiona as inovações na nuvem. Durante a fase de maturidade inicial de FinOps, os relatórios são visualizados com periodicidade diária ou semanal. À medida que a prática amadurece eles são vistos em uma cadência com a qual as partes concordam (ou com base em anomalias), e em práticas de FinOps muito avançadas são vistos após um alerta que mostre que uma das métricas ultrapassou o limite. O Capítulo 22 detalhará como se parece esse cenário de estágio avançado.

Gastar muito tempo e/ou dinheiro para tornar seus dados mais imediatos do que precisam ser para os processos que você tem dentro de sua empresa pode ser uma fonte de frustração para novos profissionais de FinOps. Tente ter dados de gastos com a nuvem que sejam atualizados com frequência, mas não vá além do que for benéfico para a empresa. Lembre-se: não tente fazer o impossível para acabar otimizando apenas o gargalo.

Uma capacidade crítica nessa fase é a habilidade de detectar anomalias nos gastos feitos com a nuvem. Anomalias são gastos que se desviam de um valor típico (média), um desnível (tendência) que ocorre com o tempo ou um padrão cíclico repetido (sazonalidade). Elas são a proverbial agulha no palheiro que pode ser difícil de detectar entre a complexidade (e tamanho) da maioria das cobranças de nuvem. Contudo, também podem aumentar bastante as contas.

Histórias da nuvem – Comunidade de FinOps

Uma equipe remota de engenharia de uma empresa farmacêutica multinacional colocou em execução três instâncias x1e.32xlarge em Sydney para o teste de bancos de dados in-memory. Na época, uma instância desse tamanho custava mais de 44 dólares por hora. As três instâncias juntas custavam mais de 3.000 dólares por dia, ou aproximadamente 98.000 dólares por mês. Esses números podem parecer altos até considerarmos que a cobrança de nuvem mensal da equipe era de mais de 3.500.000 dólares. Logo, a mudança teria resultado em um insignificante aumento de 2% nos custos e não seria vista facilmente nos relatórios de alto nível.

Para ajudar a ocultar essa anomalia nos gastos, a equipe central tinha acabado de comprar RIs para outro conjunto de máquinas, uma transação que anulou a variação nos custos gerada pelas novas instâncias X1e. No entanto, já que a equipe de FinOps tinha uma detecção de anomalias baseada em machine learning, eles descobriram o uso das instâncias grandes no mesmo dia e puderam ter imediatamente uma conversa sobre se tanta potência era ou não necessária. Como esperado, descobriu-se que ela não era necessária.

Essa é a história de uma empresa em um estágio mais maduro. Normalmente uma prática de FinOps menos madura começa com uma visibilidade simples dos custos diários que mostra as equipes e seus respectivos gastos. Até mesmo esse nível de visibilidade passa a influenciar o comportamento das equipes.

Felizmente, já que a identificação de anomalias é uma questão tão importante, todos os provedores de nuvem, ferramentas e plataformas de terceiros fornecem a possibilidade de detectar anomalias com mais facilidade. Para gerenciar anomalias de forma eficiente, você deve:

1. Ter uma estratégia sólida de alocação de custos — o que será abordado no próximo capítulo.

2. Verificar com frequência — ou triar programaticamente — o relatório de anomalias.
3. Atribuir as anomalias à equipe apropriada responsável pelo gasto.
4. Seguir um processo para a investigação e o fechamento de tíquetes de anomalias.

É uma pena que, com frequência, as anomalias custem às empresas imensas quantias em dinheiro que poderiam ser bem menores se elas simplesmente prestassem atenção nos alertas de anomalia ou soubessem com quem falar após a anomalia ser detectada. O gerenciamento de anomalias começa na fase informar. Se você não está verificando seu relatório de anomalias, pare de ler este livro, ative o relatório e volte para terminar o capítulo. É realmente importante.

Análise comparativa do desempenho das equipes

Usar scorecards para a comparação do desempenho das equipes é a melhor maneira de descobrir como as equipes estão se saindo em comparação umas com as outras. Os scorecards nos permitem saber quais são as equipes de desempenho mais baixo e gastos mais altos e também fornecem insights para a comparação com outras equipes do mesmo setor empresarial.

Os scorecards também devem mostrar oportunidades de melhorias relacionadas às métricas básicas de eficiência. Eles devem fornecer para os executivos uma visão da empresa como um todo (ou de parte dela) para que eles verifiquem como cada área está se saindo e possam descer até o nível de uma equipe individual e ver dados acionáveis. Os scorecards são os melhores amigos dos CxOs e a melhor arma para uma mudança eficaz. Eles devem direcionar os esforços das equipes e unificar a experiência entre equipes díspares que estejam trabalhando em esforços semelhantes. E também ajudam as equipes a competirem.

Em uma conversa mais antiga com a FinOps Foundation, Dieter Matzion, que era da Intuit e agora está na Roku, compartilhou sua abordagem para o uso de scorecards. Os principais itens eram:

- Eficiência no EC2 por meio de uma pontuação de rightsizing.
- Cobertura e eficiência do programa de taxas de compromissos.
- Medição da elasticidade para determinar se as equipes estavam se beneficiando do recurso da nuvem de incluir e remover recursos com base no workload.

Além de fornecer scorecards individuais para cada equipe e monitorar sua eficiência com várias métricas, Dieter também criou uma visualização para o nível executivo que totalizava as pontuações de cada equipe. Esse tipo de visibilidade deu transparência às áreas de oportunidade. E trouxe melhorias, mostrando novamente que ninguém quer estar na lista de piores colaboradores.

Uma gravação da apresentação de Dieter (*https://oreil.ly/kGRNE*), em que ele detalha as métricas específicas usadas na análise comparativa das equipes, está disponível no site da FinOps Foundation.

O que pode ser considerado ótimo

Como em todas as disciplinas, não existe um atalho para se chegar a um alto desempenho. Logo, considere as medidas de excelência mostradas a seguir com cautela. A solidez organizacional de FinOps só se desenvolverá ao longo de meses e anos de prática. É claro que você pode fazer alguma coisa para ajudar a acelerar o processo, mas no fim das contas terá que esperar o tempo necessário para o aprendizado e o amadurecimento das mudanças culturais dentro da empresa. Na verdade, você pode atrapalhar o desenvolvimento na empresa se tentar chegar diretamente ao alto desempenho. É inevitável que isso resulte em erros, que trarão custos inesperados.

A Tabela 10.1 mostra vários níveis de proficiência indicados por métricas básicas. Os dados quantitativos foram extraídos dos mais de 9 bilhões de dólares de gastos com a nuvem pública contidos no conjunto de dados da Apptio Cloudability em 2019, enquanto os dados qualitativos foram extraídos de uma pesquisa feita pelo 451 Group com centenas de usuários da nuvem.[3]

As equipes de alto desempenho podem fazer e responder a perguntas complexas sobre seus gastos e previsões rapidamente, executam análises de hipóteses para os cenários em implantações dinâmicas e conhecem os impactos dessas alterações sobre sua unidade econômica. Devido à granularidade da visibilidade e da alocação de custos com a nuvem, elas sabem onde procurar oportunidades para otimizar suas métricas operacionais. Também podem identificar lacunas em suas informações, ou automações que as ajudem a amadurecer em sua fase informar.

3 Pesquisa do 451 Group, *Cost Management in the Cloud Age: Enterprise Readiness Threatens Innovation* (Nova Iorque: 451 Group, 2019), *https://oreil.ly/71tao*.

Tabela 10.1: Métricas de baixo, médio e alto desempenho na nuvem pública

	Baixo desempenho	Desempenho médio	Alto desempenho
Visibilidade e alocação de custos com a nuvem	Dependência de faturas do fornecedor e conciliação manual	Mais de 1 dia para visibilidade parcial com retenção limitada de dados históricos granulares	Visibilidade em menos de 1 dia ou quase em tempo real de todos os gastos com retenção de todos os dados atuais e históricos
Showback ou chargeback	Impossibilidade de fornecer para as equipes um relatório preciso de custos com a nuvem	Os custos com a nuvem são alocados às equipes com base no uso estimado dos recursos	As equipes conhecem sua parcela de custos com a nuvem com base no consumo real
Orçamentos das equipes	As equipes não têm orçamentos	As equipes têm orçamentos	Há orçamentos para as equipes e monitoramento dos gastos de acordo com os orçamentos
Gerenciamento de RIs e CUDs	0%-20% de serviços de nuvem comprados por meio de reservas	40%-50% de serviços de nuvem comprados por meio de reservas	80%-100% de serviços de nuvem comprados por meio de reservas
Busca e remoção de serviços subutilizados	Em intervalos de alguns meses	Semanal	Automatizadas e baseadas em políticas
Unidade econômica	Pode não ser usada	Custo mais técnico, baseado nas equipes, por hora de computação etc.	Custo mais baseado nos negócios, por cliente etc.

Esse alto nível de capacidade permite que as empresas sejam mais competitivas por meio da velocidade na inovação, fornece para a gerência e as equipes uma melhor compreensão dos custos e do COGS e produz mais insights quanto aos preços dos serviços.

Conclusão

O estado de imobilidade natural do ciclo de vida de FinOps se dá na fase informar. Nessa fase você conhecerá o estado atual do gerenciamento financeiro da nuvem, o que o ajudará a identificar oportunidades de executar otimizações e melhorias operacionais nas próximas fases.

Resumindo:

- Construa um contexto baseado em seus dados financeiros para responder a perguntas.
- Use dados para monitorar os gastos e planejar otimizações e a melhoria da eficiência.

- A cultura de FinOps ajuda as personas das diversas disciplinas a trabalharem juntas para responder a perguntas importantes sobre uso e custo.
- É importante seguir o modelo de maturidade de FinOps. A cada vez que você passar pela fase informar, conforme for amadurecendo poderá responder a perguntas ainda mais complexas sobre sua nuvem.

Identificamos as perguntas, mas sem a divisão dos gastos com a nuvem em grupos de custo mais granulares, as respostas sobre os gastos gerais não serão tão úteis. Você precisa de um método que identifique que custos pertencem a qual grupo para criar relatórios, showback, orçamentos e previsões para cada equipe. Então, poderá analisar as equipes com mais eficiência e compará-las. Esse é o assunto do próximo capítulo, em que introduziremos os conceitos de alocação de custos.

CAPÍTULO 11

Alocação: nenhum real deixado para trás

Este capítulo é sobre as decisões estratégicas que você precisará tomar antes de alocar seus custos. Embora a alocação de custos esteja relacionada à atribuição dos gastos na nuvem às unidades de negócios certas de uma empresa, também existem muitos benefícios na divulgação das alocações para a empresa como um todo.

Por que a alocação importa

São muitas as vantagens de não deixarmos nenhum real sem alocação, sem atribuição ou sem tags. Em primeiro lugar, saberemos quem está gastando o quê. Você eliminará as típicas discussões sobre o custo da nuvem que acabam abruptamente com "Esse recurso não me pertence". No entanto, o que é mais importante é que você poderá começar a detectar individualmente a tendência do crescimento previsto de cada equipe (*versus* os gastos da empresa inteira) e definir orçamentos para as equipes para que elas saibam como estão se saindo em relação às suas metas, o que o Capítulo 13 abordará com mais detalhes.

Uma vez que você tiver estabelecido isso, terá como saber de onde vêm as anomalias, assim como que área da empresa e que workload as gerou. Saber o que um recurso está fazendo o ajudará a executar otimizações com inteligência levando em consideração as características do ambiente e os planos projetados pela equipe. O recurso é de produção ou desenvolvimento? Você deseja pressionar as CPUs até que limite? E assim por diante. Enquanto isso, as equipes terão uma visualização realista e diária de seus gastos que estará associada ao que as equipes de finanças vão cobrar no fim do mês.

> *Você deve migrar para a abordagem de unidade econômica a fim de transferir a responsabilidade pelo orçamento para as equipes. As equipes centrais ainda estarão fazendo a alocação, mas você deve delegar a prestação de contas para as outras equipes por meio de chargeback e showback para torná-la sua responsabilidade. A equipe central definirá como usar a nuvem eficientemente.*
>
> – Michele Alessandrini, Líder de Adoção e Governança da Nuvem na YNAP

A alocação permitirá que você responda às perguntas da empresa relacionadas aos gastos com a nuvem que foram formuladas no Capítulo 10. Na verdade, a alocação de custos é um vínculo vital entre o valor para os negócios e os custos com a nuvem. Quando as pessoas passam a ter consciência de suas ações e dos efeitos que elas terão, essa conscientização gera uma cultura mais econômica. E são o chargeback e o showback que criam responsabilização.

Espero que esteja ficando claro que a fase informar é um pré-requisito necessário da passagem para a fase otimizar. Mesmo assim, temos visto com muita frequência iniciantes no uso da nuvem passando diretamente para a otimização do custo de seu ambiente de nuvem, ignorando a importância e a complexidade de conhecer os impulsionadores da alocação de custos. Uma estratégia sólida de hierarquia de contas e uma abordagem de tagueamento decente são os principais elementos de qualquer estratégia de alocação de custos. Contudo, apenas estabelecer essas estratégias não é suficiente para resolver o problema da alocação, porque ela pode ser um alvo móvel. É preciso considerar que recursos não tagueados ou não tagueáveis aparecem constantemente, custos compartilhados devem ser levados em conta e sempre há a possibilidade comum de que — repentinamente — uma reorganização ou mudança em como as coisas precisam ser relatadas prejudique a estratégia de alocação, apesar de ela ter sido construída com cuidado.

As pessoas também adicionam complexidade. Cada pessoa vai querer que as coisas sejam feitas à sua maneira. Os profissionais de finanças vão querer saber para onde o custo está indo e como eles podem associá-lo de maneira relevante aos SKUs e produtos. Os engenheiros se preocuparão com o consumo variável, os custos de serviços individuais e como suas ações diárias afetam a conta. Um diretor de engenharia vai querer que as diversas visualizações sejam totalizadas em uma visualização global. Os especialistas podem precisar de relatórios que mostrem os detalhes de uso de diferentes tipos de recursos, ou dos recursos que utilizem tipos específicos de licenciamento. O contexto é importantíssimo. Logo, ao construir sua estratégia, você deve se lembrar de todas as necessidades e pontos de vista diferentes para criar estruturas de alocação que atendam a todas essas personas.

E é claro que não podemos nos esquecer das métricas de negócios. Sua estratégia deve permitir que as equipes associem métricas de negócios a seus custos, facilitando o uso da unidade econômica e de conversas sobre o valor dos custos para os negócios.

Amortização: estamos em um mundo de competências

Você deve se lembrar do princípio do confronto das despesas introduzido no Capítulo 4: ele declara que as despesas devem ser registradas no período em que o valor foi recebido e não necessariamente durante o período em que o provedor de nuvem as faturou.

O princípio contábil que consideraremos aqui é se o relatório deve ser feito pelo regime de *caixa* ou pelo regime de *competência*. O primeiro estabelece que os gastos devem ser relatados durante o período em que ocorreram, enquanto a outra abordagem define que eles serão relatados durante o período em que o benefício foi realizado. Isso se aplica a estruturas de cobrança como certos descontos baseados em compromissos com pagamento antecipado, em que uma parte da despesa inicial precisa ser transportada para quando os compromissos forem usados.

Esse "transporte para frente", ou amortização, é equivalente ao conceito de depreciação de hardware com o qual muitas pessoas do universo dos recursos internos estão familiarizadas. No entanto, aqui ele se aplica especificamente a ativos intangíveis. Sem a amortização do custo antecipado com sua transferência para quando — e onde — ele foi usado, confusão e dúvidas surgem em relação aos dados de gastos em tempo real. Os operadores são levados a pensar que estão gastando menos do que realmente gastam e com frequência há uma surpresa desagradável quando recebem uma fatura mais alta da área de contabilidade, que aplicou a amortização antes do chargeback.

Na Figura 1.1, o gráfico do relatório pelo regime de caixa na parte inferior mostra como os gastos podem ter uma aparência irregular sem a amortização aplicada. O gráfico do regime de competência na parte superior da figura mostra como as tendências dos gastos se tornam mais claras quando os custos são amortizados.

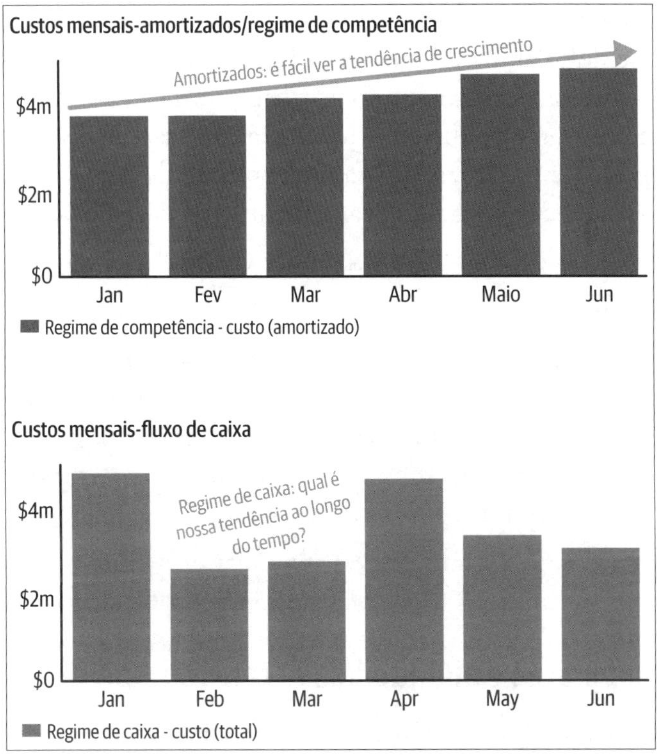

Figura 11.1: Custos mensais com e sem amortização.

Veja como a amortização e a economia resultante são calculadas em um exemplo simplificado:

- A taxa sob demanda de um recurso é de $0,10 por hora.
- Uma reserva tem um custo antecipado de $200 e depois um custo de $0,05 por hora quando usada.
- A taxa amortizada é de $200, dividida por 365 dias de 24 horas cada, mais a taxa horária de $0,05.

$$\frac{200}{(365 \times 24)} + (0{,}05) = \$0{,}073$$

- O cálculo da economia é a taxa horária sob demanda menos a taxa amortizada.

$0{,}10 - 0{,}073 = \$0{,}027$ por hora (economia de 27%)

Uma empresa pode ter centenas, quando não milhares, de descontos baseados em compromissos em determinado momento. Isso torna desafiador rastrear todos os compromissos ativos. Normalmente, cada compromisso tem um agendamento exclusivo, com uma data de início e uma de fim. No caso de reservas conversíveis da AWS, a RI pode ser modificada para um conjunto de novas RIs, demandando a divisão apropriada do preço fixo original entre todas as novas RIs de destino.

Veremos mais detalhes sobre vários tipos de descontos baseados em compromissos no Capítulo 17.

É recomendável que a amortização seja incorporada a todos os dados de gastos relatados, incluindo de previsão, chargeback, anomalias e basicamente qualquer outro dado que seja exibido para as equipes. Se os relatórios e análises de custos não levarem em consideração funções de nível mais alto, como as previsões e anomalias, pode ocorrer uma confusão nos dados. E como mencionamos algumas vezes, quanto menor for a confusão nos dados, melhor será.

Criação de cooperação e auditabilidade com contabilidade

Os benefícios adicionais da existência de uma boa hierarquia de contas e de uma estratégia adequada de tagueamento vão além da alocação integral dos custos e de uma contabilidade que facilite a auditabilidade. O uso da auditabilidade como um bônus adicional das tags pode gerar muito apoio das equipes financeiras quando você tentar emplacar uma estratégia de alocação.

> *Grande parte do trabalho de contabilidade é assegurar que todo o dinheiro gasto possa ser auditado e rastreado. Quanto maior for o número de recursos tagueados corretamente, mais auditáveis serão seus gastos com a nuvem.*
>
> – Darek Gajewski, Analista Consultor de Infraestrutura na Ancestry

Se isso não for o bastante, uma sólida estratégia de tagueamento permitirá que você construa modelos de previsão mais precisos, simplesmente porque estará usando dados mais completos, mais exatos e mais granulares. Já que outro papel importante da contabilidade é prever despesas futuras, o tagueamento ajuda bastante a construir confiança e cooperação entre as equipes de operações e finanças.

Tudo isso resulta em menos resistência, mais cooperação para a distribuição dos custos e, em geral, equipes mais preparadas para atingir os objetivos da empresa.

O momento crítico do "pânico com os gastos"

Como costuma ocorrer com frequência, diferentes equipes usando a nuvem têm pouca supervisão até os gastos se tornarem tão altos a ponto de chamar a atenção da liderança. Embora geralmente haja resistência contra o chargeback — e, inicialmente até certo ponto contra o showback — operar sem showback/chargeback não traz respostas para as perguntas de quem está gastando o quê.

A Figura 11.2 mostra um exemplo de jornada na nuvem em que o gerenciamento de custos não é considerado até os gastos chamarem a atenção dos executivos.

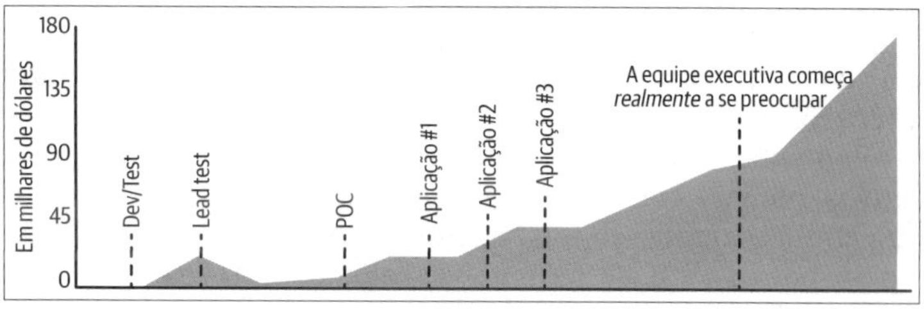

Figura 11.2: Crescimento dos gastos com eventos significativos.

A curva típica de maturidade na nuvem mostra o ponto em que as empresas começam a prestar atenção em seus gastos com a nuvem. O gráfico ilustrativo culmina em um ponto muito específico: o momento em que os gastos ultrapassam um limite invisível e a equipe executiva passa a se preocupar realmente com isso. Para algumas empresas, esse ponto pode ser o de $1 milhão por mês, enquanto para outras pode ser de $10 milhões por mês. O número é diferente para cada organização, mas o resultado é o mesmo. Repentinamente a área de tecnologia é obrigada a se preocupar com — e tentar otimizar — os gastos na nuvem.

Geralmente o pânico com os custos é uma surpresa tão grande que acaba ocorrendo uma interrupção ou pausa no uso da nuvem. Isso pode prejudicar a empresa como um todo em sua tentativa de fazer os objetivos de negócios progredirem, e também pode amedrontar as equipes que trabalham com a nuvem.

Durante uma conversa com a FinOps Foundation, Ally Anderson, gerente de operações empresariais e veterana com oito anos de experiência em FinOps, contou uma história semelhante sobre sua empresa. Em três ocasiões houve o "pânico com os gastos", que resultou na demanda por um enfoque mais contábil:

> A primeira vez trouxe a necessidade de que perguntas fossem respondidas. Isso fez com que a área de finanças se envolvesse com a ideia de mostrar às equipes o que elas estavam gastando. Os gastos aumentaram novamente, o que resultou em um período de constrangimento. As equipes que estavam aumentando seus custos

> de nuvem ficaram em evidência. Como em um passe de mágica, esse fato introduziu o showback, até ser cruzado outro limite que resultou em outro período de constrangimento em uma tentativa de fazer as equipes reduzirem gastos. Foi somente em um terceiro período de pânico com os gastos que a luz de alerta se apagou: a conta aumentar não é necessariamente algo ruim se a empresa estiver crescendo.

Nesse momento, Ally e a empresa mudaram a pergunta para: "Estamos gastando da maneira mais eficiente possível?". Como ela explica, "a conversa passou para 'como otimizar' em vez de exigir uma meta de redução de custo".

Essas conversas foram possíveis porque a estratégia de alocação evoluiu ao longo de muitos anos de maturação de FinOps.

> O pânico com os gastos vai acontecer. Se você tiver um sistema automatizado para ver seus padrões de gastos e uma previsão de até que data aproximada os gastos aumentarão muito, estará preparado para a inevitável avaliação dos executivos que virá em seguida. Sem uma alocação de custos defensável, você entrará em um conflito com os líderes da empresa, e isso poderia ser evitado. Você pode proteger a si mesmo e à sua sanidade com uma estratégia de alocação escalável e facilmente atualizável.

Distribuição de custos compartilhados

Toda empresa tem custos compartilhados de TI, e eles se estendem por vários departamentos. À medida que as empresas aumentam sua adoção de recursos da nuvem pública, passa a ser cada vez mais difícil atribuir a áreas específicas recursos de nuvem compartilhados, para ser possível saber como alocar os custos de maneira apropriada e justa e prever de fato os orçamentos futuros das unidades de negócios.

As cobranças de suporte são um exemplo comum desse desafio. Geralmente as cobranças de suporte dos fornecedores de nuvem são aplicadas no nível da conta pai. Algumas empresas preferem resolver a cobrança com um orçamento da equipe central de TI/de nuvem, mas essa abordagem não é muito usada. O mais comum é uma equipe central de TI/de nuvem ser considerada uma área de suporte (sendo um centro de custo) e, portanto, atribuir seus custos a seus clientes: unidades de negócios ou desenvolvedores de aplicações.

A arquitetura moderna também introduziu mais custos compartilhados com o surgimento das plataformas compartilhadas. Essas plataformas têm várias equipes com os mesmos recursos básicos, como data lakes construídos em buckets S3 comumente compartilhados ou sistemas Kubernetes sendo executados em clusters compartilhados. À primeira vista, pode parecer impossível aplicar chargeback e showback a essas plataformas, mas o truque é um tagueamento apropriado e o rateio correto dos custos compartilhados.

Normalmente existem três maneiras de ratear custos compartilhados:

Proporcional
: Com base em um percentual relativo dos custos

Rateio uniforme
: Rateia a quantia total uniformemente entre os destinos

Fixo
: Coeficiente definido pelo usuário (a soma dos coeficientes deve ser igual a 100%)

Empresas maduras tendem a distribuir os custos compartilhados proporcionalmente entre as unidades de negócios com base em suas cobranças diretas. Consideraremos um exemplo. A Tabela 11.1 mostra quanto cada unidade de negócios de uma empresa consumiu em um mês específico e como 10.000 dólares de suporte foram cobrados da empresa.

Tabela 11.1: Exemplo de alocação de custos com cobrança de suporte centralizada

Unidades de negócios	Custo	% do total (excluindo o suporte para a empresa)
Operações de vendas	$50.000	50%
Engenharia — QA	$30.000	30%
Engenharia	$20.000	20%
Cobrança de suporte para a empresa	$10.000	
Total	$110.000	100%

Sem compartilhar a cobrança de suporte para a empresa, podemos ver que:

- As operações de vendas serão responsáveis por um total de $50.000.
- A engenharia — QA será responsável por um total de $30.000.
- A engenharia será responsável por um total de $20.000.
- Os $10.000 da cobrança de suporte para a empresa não estão sendo distribuídos pelas equipes e precisariam ser atribuídos a um orçamento central.

Na Tabela 11.2, com o modo de compartilhamento proporcional, a cobrança de suporte para a empresa ($10.000) será distribuída entre as unidades de negócios com base no percentual de seu gasto bruto.

Tabela 11.2: Exemplo de alocação de custos com cobrança de suporte amortizada

Unidades de negócios	Quantia da alocação	Percentual da alocação
Operações de vendas	$55.000	50%
Engenharia — QA	$33.000	30%
Engenharia	$22.000	20%
Total	$110.000	100%

Compartilhando a cobrança de suporte, podemos ver que:

- As operações de vendas serão responsáveis por um total de $55.000 ($50.000 de custos diretos + $5.000 da alocação da cobrança de suporte).
- A Engenharia — QA será responsável por um total de $33.000 ($30.000 de custos diretos + $3.000 da alocação da cobrança de suporte).
- A engenharia será responsável por um total de $22.000 ($20.000 de custos diretos + $2.000 da alocação da cobrança de suporte).
- A cobrança de suporte foi distribuída e não afetará o orçamento central.

Se você quiser obter mais informações sobre o gerenciamento de custos compartilhados, o playbook open source (*https://oreil.ly/lyWzG*) no site da FinOps Foundation dá mais detalhes sobre o tópico.

Chargeback *versus* Showback

Sempre ocorrem conversas na comunidade de FinOps sobre quando executar chargeback ou showback.

As duas abordagens geram responsabilização, mas você precisa conhecer a principal diferença entre elas. O chargeback ocorre quando o custo real que está sendo gerado é alocado de volta para o orçamento ou para o DRE (demonstrativo de resultado) de uma equipe individual. O showback ocorre quando mostramos às equipes o que elas estão gastando, mas a quantia é alocada internamente a partir de um orçamento central.

O local em que vimos a melhor explicação para a diferença foi em um artigo (*https://oreil.ly/fu73M*) de Barry Whittle:

> *O showback põe a conta na mesa para análise; o chargeback faz o mesmo, mas requer pagamento.*
>
> – Barry Whittle, Apptio

Na prática, geralmente a escolha entre as duas opções se baseia nos requisitos contábeis da empresa em vez de em sua maturidade. As empresas costumam selecionar uma opção ou outra dependendo de se elas tendem ou não a usar demonstrativos de resultados para os departamentos. Por exemplo, um líder de finanças ou CFO pode ser contra o conceito de DRE para as diversas áreas da empresa, ou talvez não faça sentido ele ser usado para certas áreas. Nesses casos, as empresas se voltam para o showback e não para um chargeback completo. Normalmente, existem requisitos quando há uma contabilidade de custos separada para diferentes unidades de negócios, ou diferentes partes da empresa operando sob a supervisão de autoridades fiscais distintas. Esses tipos de situações podem requerer o chargeback.

No entanto, em um nível muito baixo, o chargeback também pode impor outras dificuldades. Na nuvem, é comum ajustes, ou créditos, aparecerem após o fechamento do período contábil. Na verdade, todo o uso é relatado com atraso, portanto, a necessidade de estimar regularmente os custos do fim do período e fazer ajustes posteriores pode criar dificuldades para alguns grupos financeiros e contábeis. Contadores irritados não são bons parceiros de FinOps.

Histórias da nuvem – Rob Martin

A transição de showback para chargeback é um pouco demorada. Rob Martin, Diretor de Aprendizado na FinOps Foundation (antes ele fazia parte da equipe Cloud Economics da AWS) compartilhou esta história:

> Se não houver a necessidade urgente de usar o chargeback por razões legais ou fiscais, a transição pode levar anos para ser concluída. Em uma empresa grande à qual dei suporte, foram necessários três anos fiscais para chegarmos a um chargeback real. O primeiro ano de uso da nuvem foi exploratório: eles gastaram grande parte do uso apenas aprendendo como a nuvem funcionava, testando suas primeiras aplicações e entendendo em quais aspectos o orçamento na nuvem era diferente de seu modelo tradicional. Muito pouco foi feito em relação ao orçamento e às previsões durante o primeiro ano porque o orçamento organizacional de TI já estava definido e a grande maioria dos recursos de TI ainda era local. No segundo ano, as equipes que estavam usando a nuvem tiveram um pouco mais de flexibilidade, mas ainda estavam presas aos orçamentos tradicionais. A equipe de FinOps forneceu showback para cada equipe de aplicação, porém elas estavam recebendo fundos de itens de uma linha de um orçamento tradicional abrangente. No terceiro ano, a empresa conseguiu finalmente definir de maneira clara como as equipes de nuvem controlariam e gerenciariam com flexibilidade seus orçamentos no decorrer do ano, e a equipe de finanças teve certeza de que os responsáveis pelo DRE nessas equipes poderiam ser cobrados diretamente por seus custos no sistema de contabilidade. Ao prever

os gastos, as equipes confiavam nas previsões porque tiveram acesso ao relatório de showback durante o período inteiro e construíram processos que as tornariam bem-sucedidas quando os custos chegassem de fato aos itens da linha pelos quais eram responsáveis.

Uma combinação de modelos adequados a um propósito

Ally Anderson compartilhou que sua empresa usa uma combinação de chargeback e showback. Quando se trata de um workload SaaS voltado para o usuário, a empresa faz um showback dos gastos e gerencia centralizadamente o orçamento. Para certos workloads de P&D, ela faz um chargeback para o DRE da equipe específica.

Ally confirmou que a alocação de gastos entre as equipes é complexa e contínua. Ela mapeia as diversas contas de cada equipe para os produtos e centros de custo relevantes que a empresa precisa considerar nos relatórios. No entanto, após uma grande reorganização, Ally nos disse que raramente as equipes desmembram os recursos de nuvem e os reconstroem em contas diferentes para que se adequem à nova estrutura organizacional. Contudo, essa é uma etapa importante em uma prática salutar de FinOps. Você deve pegar o uso existente dos recursos de nuvem e reatribui-los para a equipe, o portfólio, o VP ou o centro de custo apropriado.

É um desafio comum que muitas equipes de FinOps enfrentam. A maneira como os engenheiros tagueiam recursos pode não estar necessariamente alinhada à maneira como a empresa precisa relatar os gastos com a nuvem. E geralmente os gastos precisam ser remapeados para se adequarem aos centros de custo ou produtos que são os verdadeiros *responsáveis* por eles.

Contas, tagueamento e hierarquias na organização das contas

Todos os principais provedores de serviços de nuvem têm um grupo de elementos que, quando usados em conjunto, permitem construir uma estratégia bem-sucedida de alocação de custos:

Hierarquias de contas

A maneira como os engenheiros acomodarem sua infraestrutura em contas da AWS, projetos do Google Cloud e assinaturas da Azure formará a primeira camada de sua estratégia de alocação de custos. Contas individuais podem ser usadas para isolar os custos dos ambientes ou aplicações.

Nomenclatura das contas

Algo que costuma ser esquecido nos estágios iniciais da jornada de nuvem das empresas é a existência de um padrão de nomenclatura de contas para o registro de detalhes sobre o uso da conta. Tente incluir detalhes como o produto e o ambiente que serão tratados dentro da conta. Um exemplo de nome poderia ser "*produtoA-produção-01*". O profissional de FinOps deve encorajar a empresa a ter um ponto de verificação central para assegurar que esse processo de nomenclatura seja seguido. Todas as solicitações de contas devem passar por um processo central. Na AWS, esse processo assume a forma de contas vinculadas ou categorias de custo. No Google Cloud, são usados projetos ou pastas. Na Azure, isso pode ocorrer com assinaturas ou grupos de recursos.

Tagueamento

Use bastante o tagueamento e a rotulação, principalmente em contas que tiverem várias aplicações ou unidades de negócios operando dentro delas. Uma chave de tag que rastreie o departamento ou centro de custo dos recursos de nuvem é especialmente útil para FinOps. As tags ajudam a passar os gastos existentes dentro das contas para diferentes grupos. Exija que tags sejam aplicadas a todos os recursos, usando vários níveis de imposição proativa. No entanto, é preciso saber que nem todos os gastos são tagueáveis nem todos os usuários finais são compatíveis. Logo, geralmente também existe um bloco dimensionável de gastos não tagueados que é apresentado para a gerência como métrica de higiene de dados.

Custos compartilhados entre contas

Um problema comum que os profissionais de FinOps enfrentam é como alocar custos centrais no universo da nuvem. Você precisará ratear e distribuir custos como descontos por volume, suporte à empresa e pagamentos antecipados de RI. Custos compartilhados dentro das contas para itens como infraestrutura de Kubernetes, custos de rede, monitoramento, e sistemas de logging também precisarão ser tratados por FinOps. Para saber mais sobre as maneiras de ratear custos compartilhados, consulte o playbook open source (*https://oreil.ly/CiXae*) em *FinOps.org*.

Voltando à história compartilhada por Ally, no começo, quando a empresa estava usando a abordagem de conta multitenant, a cobertura do tagueamento não era tão boa e deixava a maioria dos gastos sem tags. Ally concentrou-se então em, com o passar do tempo, reduzir a proporção entre "gastos" e "gastos não tagueados". Em um esquema conta a conta, os líderes de equipe responsáveis por produtos específicos têm recebido uma visualização granular dos serviços que compõem esses produtos. Agora um relatório quase em tempo real é fornecido, o que resultou em um aumento na visibilidade dos gastos no decorrer do mês e do trimestre. Isso ajudou a fechar as lacunas na alocação, já que agora elas são transparentes.

Seguindo uma típica curva de maturidade de FinOps, Ally começou sua prática mantendo os descontos por volume da nuvem, as cobranças de suporte à empresa e os pagamentos antecipados como amortização de RI fora do relatório que as equipes finais recebiam. Com o passar dos anos, a prática de FinOps de Ally amadureceu e suas equipes estavam incluindo um número cada vez maior desses custos em seus relatórios de gastos. Atualmente, as equipes veem os preços apropriadamente ajustados. Elas podem examinar seus gastos totalmente ajustados, com amortizações e taxas de volumes precisas incluídas nos números, o que fornece um cenário muito mais exato do custo real.

O modelo de showback em ação

Algo essencial para o showback é a criação de uma amarração clara dos custos para que as equipes saibam quanto gastaram, e que mostre a cada equipe seu custo real contra o custo previsto, incluindo a variação entre os dois e uma comparação com o que foi orçado. Forneça relatórios de showback com periodicidade semanal, mensal e trimestral, e disponibilize também relatórios regulares e mais granulares sobre geradores de custos e anomalias.

Tente fazer com que seu CTO execute uma revisão operacional mensal com cada um dos VPs de engenharia a fim de mostrar seus gastos. Quando não existe nenhuma variação evidente, essas reuniões tendem a ser muito breves. Variações maiores precisam de uma abordagem mais direcionada. Os processos de FinOps devem fornecer, assim que possível, um aviso aos VPs informando que eles excederão seu orçamento.

Quando surgir uma variação, divulgue rapidamente os problemas e os geradores de custo que a causaram para que o VP possa trabalhar com a(s) equipe(s) de modo a implementar uma correção sem esperar a revisão operacional mensal. Esse é um bom exemplo da derrubada de silos e da tomada de decisão em tempo real.

Considerações sobre chargeback e showback

Existem várias maneiras de implementar o chargeback/showback, como passando os custos diretamente, recuperando receita adicional e cobrindo custos administrativos:

Faça o chargeback dos custos reais

Esse é o método mais comum e é o recomendado para empresas cloud-first. Não há manutenção de um segundo conjunto de registros contábeis, e todos os envolvidos ficam alinhados com os mesmos conjuntos de números e objetivos. O chargeback é feito usando a amortização completa do pagamento antecipado, com a aplicação de taxas personalizadas ou descontadas, e — no caso da AWS — utilizando taxas não combinadas para mostrar o custo real que a equipe gerou no período em que um recurso foi usado. As empresas mais maduras também rateiam custos compartilhados, como as cobranças de suporte.

Centralize os descontos baseados em compromissos e guarde uma parcela da economia

Essa abordagem permite que a equipe central financie a si mesma, além de compartilhar os benefícios da economia com as equipes. Contudo, pode haver alguma resistência de equipes que precisaram renunciar ao controle da compra de RI/SP/CUD e, portanto, não poderão desfrutar de toda a economia possível.

Centralize os descontos negociados e guarde uma parcela da economia

Normalmente os descontos personalizados negociados com um provedor de nuvem aumentam quanto mais nos comprometemos com os gastos. A economia de escala obtida pela equipe central a tornará apta a conseguir as melhores taxas possíveis, em um nível em que as unidades de negócios individuais não conseguem atingir. Essas taxas também podem ser altamente confidenciais, e talvez haja o desejo de não compartilhar tais taxas amplamente na empresa. Por todas essas razões, algumas empresas preferem guardar uma parcela da economia (ou toda ela) obtida com as taxas negociadas para o financiamento da administração da equipe central. Embora não seja incomum, essa abordagem não considera a transparência valorizada por profissionais experientes de FinOps.

Decisões sobre o modelo de showback ou chargeback a ser usado podem ser definidas de maneira mais adequada com uma ampla discussão de como a empresa deseja divulgar os custos internamente para as diferentes equipes, do quanto ela deve ser rigorosa no chargeback de custos diretos, até que nível é desejável que a equipe de FinOps assuma o papel de empreendedora, das regras contábeis que estiverem em vigor etc. É uma conversa e uma discussão que devem incluir as equipes financeira e contábil e precisa ser feita no nível executivo devido ao impacto das decisões sobre o DRE da empresa.

Conclusão

A estratégia de alocação varia entre as empresas, mas é um elemento constitutivo importante do ciclo de vida de FinOps. Ela permite que nos concentremos nas áreas certas para responder às perguntas apresentadas no Capítulo 10 que questionam o que estamos gastando com a nuvem e quem está gastando.

Resumindo:

- Normalmente os gastos com a nuvem em uma prática de FinOps são visualizados em regime de competência com os pagamentos antecipados amortizados, as taxas descontadas e os custos compartilhados incluídos nos dados que as equipes veem.
- Tente incluir os custos compartilhados no modelo, como o suporte, a amortização, e as despesas não alocadas.
- Tanto o chargeback quanto o showback geram responsabilização.
- Um modelo de showback ou chargeback também pode ajudar a melhorar o tagueamento e a auditabilidade.
- O chargeback é o modelo mais avançado, mas não é adequado para todas as empresas devido a práticas contábeis. Geralmente é melhor começar com o showback e depois verificar o suporte da empresa para migrar para o chargeback.
- A adoção de um modelo antes que seja atingido o momento crítico do "pânico com os custos" ajudará a responder às perguntas dos executivos sobre o que está gerando gastos.

Agora que abordamos o *porquê* da alocação, examinaremos o *como*. No próximo capítulo, nos aprofundaremos nas táticas e estratégias específicas para a implementação de estruturas de tagueamento e de contas na empresa.

CAPÍTULO 12

Tags, rótulos, contas, quanta coisa!

No capítulo anterior, discutimos por que a alocação de custos é essencial para FinOps. Seja ela feita com tags, contas, pastas ou rótulos (ou mais provavelmente com uma combinação de todos esses itens), a alocação de custos é o bloco de construção de todas as outras capacidades de FinOps.

Sem uma estratégia de alocação consistente, você acabará tendo grandes blocos de custos não alocados sem haver uma maneira de rateá-los ou de identificar qual é a equipe responsável. Como alguém se responsabilizará por seus gastos na nuvem (princípio 3) se não puder ver facilmente que gastos são esses?

Os principais mecanismos para a alocação do custo da nuvem são a divisão do uso em:

- Contas da AWS, projetos do Google Cloud, assinaturas ou grupos de recursos da Azure, ou um dos meta-agrupamentos de estruturas específicas de nuvem como o AWS Organizations, os grupos de gerenciamento da Azure ou as pastas do Google Cloud. Esses itens fornecem uma definição de alocação de custos mais limpa e facilmente imposta, mas não têm granularidade e flexibilidade.
- Tags (AWS, Azure ou Google Cloud) ou rótulos (só o Google Cloud) no nível de recurso e de tipo metadados. Esses itens fornecem pares granulares de chave/valor no nível de recurso que oferecem um contexto mais profundo para o uso e os dados de cobrança, mas demandam esforços no tempo de execução ou para a limpeza posterior.

No decorrer deste capítulo, abordaremos os principais mecanismos para a alocação de custos e como cada um deles contribui para a alocação, bem como descreveremos estratégias bem-sucedidas que vimos serem implementadas em grande escala.

> Os provedores de nuvem usam termos diferentes para conceitos semelhantes: tags, rótulos, assinaturas, projetos etc. Esses itens podem ser chamados genericamente de *metadados*, mas para simplificar, neste capítulo chamaremos as estruturas hierárquicas de *contas* e os pares chave/valor de *tags*. Portanto, quando usarmos *tags*, também estaremos nos referindo aos *rótulos* do Google Cloud. Quando usarmos *contas*, também será uma referência aos *projetos e pastas* do Google Cloud e às *assinaturas* e aos *grupos de recursos* da Azure.

Abordagens baseadas em tags e em hierarquia

Dependendo do tamanho do ambiente, os dados de custos e de uso da nuvem podem chegar a milhões ou até mesmo a bilhões de linhas. Para cada recurso que você tiver usado durante o mês, haverá detalhes sobre onde o recurso foi executado, quanto dele foi utilizado e a taxa cobrada pelo uso.

O que falta inicialmente em todos esses detalhes é a lógica de negócios do recurso: a quem ele pertence, quem deve pagar por ele, a que serviço da empresa o recurso pertence e muitas outras perguntas que ficam sem resposta. Claro que não podemos esperar que os provedores de serviços de nuvem adicionem tais detalhes a uma cobrança; todos esses detalhes são específicos do cliente. Então use tags. As tags permitirão que você atribua detalhes do contexto empresarial a recursos específicos e depois analise essas informações para responder a perguntas inerentes à sua empresa.

Personas de todas as áreas da empresa — finanças, operações, engenharia e gerência — se beneficiarão de ideias tiradas dos dados de uso da nuvem. A área de finanças poderá usar os dados para aplicar chargebacks/showbacks às unidades de negócios corretas. A área de operações dividirá os gastos feitos com a nuvem para monitorar o orçamento e planejar a capacidade. A engenharia poderá separar os custos de desenvolvimento dos custos de produção. E a gerência usará os dados para saber que atividades da empresa estão gerando custos. Todos usarão as informações para filtrar e resumir a massiva pilha de dados de uso e transformá-la em um conjunto de dados gerenciável no qual basearão suas ações.

O segredo para o sucesso em FinOps é estabelecer estratégias de contas e de tagueamento desde o início e manter a consistência das estratégias. Felizmente, há várias ferramentas disponíveis, dependendo do provedor de nuvem que você estiver usando. Todos os fornecedores de nuvem oferecem um tipo de tag de par chave/valor que pode ser aplicado ao recurso, assim como grupos de contas baseados em hierarquia em que recursos são executados.

Alguns provedores de serviços de nuvem fornecem até mesmo soluções que permitem agrupar e construir alocações mais profundas baseadas em hierarquia. As pastas do Google Cloud, o AWS Organizations e os grupos de gerenciamento da Azure podem ser usados em complemento, ou como alternativa, às tags em recursos individuais. A AWS fornece a possibilidade de taguear contas, e o Google Cloud permite usar tags em projetos. As alocações baseadas em hierarquia permitem agrupar contas em clusters que também podem ser tagueados. Essa capacidade é aperfeiçoada constantemente por todos os provedores de nuvem.

Os profissionais de FinOps mais bem-sucedidos que vimos usavam uma combinação das duas abordagens — baseada em tags e baseada em hierarquia — em sua estratégia de alocação, mas isso não é obrigatório. Na verdade, dependendo da complexidade de sua infraestrutura, talvez você possa fazer a alocação sem tags/rótulos. Ou fazê-la sem separar o uso em contas. No entanto, à medida que o ambiente ficar mais complexo, provavelmente você usará as duas abordagens.

Você deve sempre aplicar as abordagens com consistência, embora seja provável que mude sua estratégia com o tempo à medida que evoluir tanto no uso da nuvem quanto na maturidade de FinOps. Não é um problema que vários *modelos* de estratégia de contas ou de tags estejam em funcionamento ao mesmo tempo, e é improvável que você consiga que seu ambiente seja 100% consistente. Isso não é importante.

Geralmente, quando começamos a alocação com uma única estratégia, a abordagem baseada em hierarquia (contas/assinaturas/pastas) funciona melhor para o mapeamento para uma única dimensão (ou algumas dimensões), como a estrutura de unidade de negócios/departamento/equipe de uma empresa. As estruturas de contas são obrigatórias (todos os recursos ficam necessariamente contidos dentro de uma e apenas uma conta), menos granulares (menos coisas para identificar e alocar), individualmente mais significativas (os usuários podem identificar os nomes de suas contas com mais facilidade do que o nome de seus recursos) e provavelmente já estarão em uso no isolamento dos recursos por razões técnicas, como a segurança.

A ampliação com o uso de uma estratégia de tagueamento pode ser feita com o passar do tempo, mas começar somente com o tagueamento pode ser problemático. Vimos muitas vezes a estratégia de tagueamento levar à falta de cobertura, resultando em vários custos não alocados até mesmo depois de esforços massivos para o aumento da abordagem por tagueamento. Descobrimos que além de as equipes de desenvolvimento não serem notoriamente capazes de assegurar que todos os seus recursos sejam tagueados (principalmente nos primeiros dias de uso da nuvem), normalmente os provedores de serviços de nuvem não suportam nenhum tipo de tagueamento.

É preciso que todos os envolvidos estejam em conformidade com a estratégia adotada, ou os custos serão alocados incorretamente. Por exemplo, se você estiver usando contas como sua estratégia de alocação de custos, e houver equipes compartilhando contas, os custos podem acabar sendo atribuídos a um grupo e não a outro. Mais flexibilidade e sucesso ocorrem quando existe uma abordagem que englobe tanto contas quanto tags. Combinando uma estratégia baseada em hierarquia e uma estratégia baseada em tags, você pode usar tags para os detalhes de granularidade mais fina, utilizando ao mesmo tempo a estratégia baseada em hierarquia para capturar os custos remanescentes não alocados.

Existem três métodos básicos para a inclusão de dados de alocação de custos nos dados de uso e cobrança:

Tag de nível de recurso

Aplicada pelos engenheiros ou pelo provedor de plataforma de nuvem diretamente nos recursos de nuvem.

Contas/projetos/assinaturas

Disponibilizados pelo fornecedor e representados na cobrança.

Estruturas de dados pós-cobrança

São exibidas pela manipulação dos dados de cobrança e sua complementação com detalhes adicionais por meio de ferramentas de dados ou de análise de terceiros ou de um processamento de dados autogerenciado.

Como começar o trabalho em sua estratégia

Para construir uma estratégia de alocação baseada em tags e/ou em hierarquia dentro de sua empresa, você deve executar três ações importantes.

Divulgue seu plano

Antes de você começar a planejar sua estratégia de tags e contas, precisa se certificar de que todos sejam envolvidos. Sem a participação dos principais stakeholders, você correrá o risco de criar uma estratégia que não atenda às necessidades de todos. Seu objetivo é criar uma estratégia que seja a melhor para a empresa inteira e não apenas para uma ou duas equipes. Na verdade, se as equipes já tiverem implementado suas próprias estratégias de layout de tagueamento e de contas, você deve começar auditando-as para saber o que está ou não funcionando.

Geralmente, quando já existem estratégias dos líderes de engenharia, elas não têm enfoque financeiro. Sua estratégia deve incluir a parte financeira, levando também em consideração as necessidades de alocação, bem como a otimização futura de custos.

No que diz respeito às divisões financeiras críticas, o melhor padrão é considerar a equipe, o serviço, a unidade de negócios/centro de custo e a empresa. Essas divisões são usadas no agrupamento de custos e recursos para podermos responder a perguntas pertinentes a cada nível: equipe *versus* equipe, serviço *versus* serviço e assim por diante. A consistência é obrigatória. As divisões menos importantes ou específicas das equipes podem ser recomendadas, mas não impostas.

Mantenha a simplicidade

A estratégia de alocação de custos pode assustar, principalmente com uma infraestrutura complexa, logo, é importante manter a estratégia inicial simples. Recomendamos começar com três a cinco áreas óbvias cujos custos você queira entender. Quando você estiver usando o tagueamento para a alocação de custos, inicialmente pode se concentrar nas tags da unidade de negócios, do produto, do responsável e da função. Em seguida, deve assegurar que seus serviços de desenvolvimento sejam implantados com uma conta diferente da usada para os serviços de produção. Use contas para isolar seus custos por ambiente. Até mesmo essas primeiras etapas menores geram grandes retornos em termos de informações. Na verdade, vimos muitas vezes que dar ênfase inicialmente à alocação de custos de nível superior pode levar a grandes conquistas na visibilidade e na otimização.

Também será importante manter a simplicidade à medida que você avançar. Seu objetivo deve ser tornar seu sistema o mais intuitivo possível. Às vezes, quando as empresas adicionam mais granularidade e complexidade à medida que o sistema cresce, suas práticas de FinOps acabam tendo algumas contas grandes com muitas equipes operando dentro delas. Posteriormente pode ser difícil tentar decifrar que custos pertencem a qual equipe/serviço/ambiente.

Formule suas perguntas

Já que a razão para que haja uma estratégia de alocação é podermos responder a perguntas essenciais sobre como a empresa usa a nuvem, é importante que você defina suas perguntas — e faça isso no início do processo. Algumas perguntas comuns que FinOps deve permitir que você responda satisfatoriamente são:

- Que unidade de negócios da empresa deve ser cobrada por esse custo?
- Que centros de custo estão aumentando (ou diminuindo) seus gastos?
- Quanto custa operar um produto pelo qual determinada equipe é responsável?
- Você consegue estabelecer que custos não são de produção e poderiam ser removidos?

Usando essas perguntas como ponto de partida, você poderá determinar que elementos estão faltando em seus arquivos de cobrança (consulte o Capítulo 5) e usar essas informações para guiar suas estratégias de hierarquia de contas e tagueamento.

Comparação das opções de alocação dos três grandes provedores

Compararemos os três grandes provedores de serviços de nuvem para saber como a estratégia de alocação pode ser afetada por suas ofertas (veja a Tabela 12.1).

Tabela 12.1: Comparação das opções de alocação dos fornecedores de nuvem

	AWS	Google Cloud Platform	Microsoft Azure
Hierarquia	Contas (gerenciamento e membro)	Projetos	Assinaturas e grupos de recursos
Meta-hierarquia	AWS Organizations	Pastas	Grupos de gerenciamento, departamentos
Pares chave/valor	Tags	Rótulos e tags	Tags
Número de tags por recurso	50 (alguns serviços só permitem 10)	64	50 (alguns serviços só permitem 15)
As tags são alocadas automaticamente aos dados de cobrança detalhados	Não — a seleção manual é obrigatória	Sim — alguns limites são aplicados	Sim — alguns limites são aplicados
Restrições das tags	Alguns serviços limitam os caracteres suportados	Letras minúsculas, caracteres numéricos, underscores e traços	Alguns caracteres não são suportados
As tags podem ser aplicadas a	Recursos da maioria dos serviços (muda constantemente; consulte a documentação da AWS para ver os detalhes atuais), contas (por meio do AWS Organizations)	Recursos, projetos e pastas da maioria dos serviços	Recursos da maioria dos serviços, grupos de recursos da Azure

Na Tabela 12.1 podemos ver que a estratégia de alocação granular é baseada em como cada provedor de serviços de nuvem permite isolar recursos em sua plataforma. Cada provedor tem uma maneira de taguear (embora o Google Cloud ofereça tanto tags para a definição de políticas quanto rótulos para alocação), e existem diferenças nos limites que eles aplicam às tags.

Alguns provedores suportam o tagueamento no nível da conta ou do grupo de recursos. Todos os recursos da Azure são criados dentro de grupos, e as tags podem ser associadas ao grupo ou aos seus recursos individuais. Da mesma forma, o AWS Organizations permite que tags sejam associadas a contas específicas. Existem várias maneiras de usar e visualizar essas camadas de tags dentro de ferramentas do provedor de serviços de nuvem e em nossas próprias ferramentas de FinOps.

Posteriormente neste capítulo, abordaremos as questões que você deve levar em consideração sobre as restrições das tags, principalmente se estiver usando vários provedores de serviços de nuvem (ou pensa em fazer isso no futuro). É importante lembrar que, para as tags de alguns provedores, existem ações obrigatórias que asseguram que o valor da tag apareça nos dados de cobrança.

Comparação de contas *versus* pastas e tags *versus* rótulos

Tanto as tags quanto as contas apresentam vantagens e desvantagens. Como mencionamos, geralmente é melhor usá-las em conjunto do que escolher uma das duas. As tags são altamente flexíveis, mas pode ser difícil, se não impossível, conseguir 100% de cobertura. E embora a alocação baseada na separação de contas forneça chargebacks limpos, as opções de relatórios são limitadas.

As contas são mutuamente exclusivas, o que não ocorre com as tags. Elas devem ser seu índice primário, e os rótulos o secundário. Uma prática recomendada comum é usar contas para criar as divisões primárias mais importantes e usar tags para o aprofundamento nas contas a fim de fornecer visibilidade com mais granularidade.

Na Figura 12.1, estamos usando contas para separar produtos individuais e seus ambientes. Isso é importante porque diferentes produtos ou aplicações geralmente representam centros de custos ou orçamentos distintos. Ambientes separados (desenvolvimento, produção, validação etc.) podem precisar ser levados em consideração diferentemente pela equipe financeira, já que alguns representam despesas de COGS e outros são P&D. Além disso, algumas equipes podem querer agrupar gastos de produção *versus* de desenvolvimento para ver para onde o dinheiro está indo ou aplicar políticas diferentes para otimização de custo.

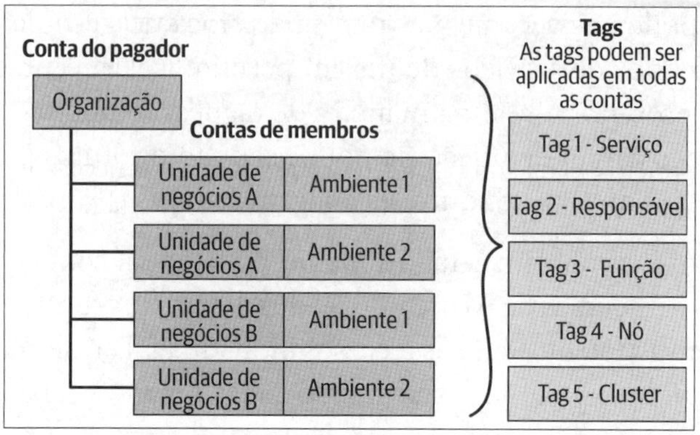

Figura 12.1: Estratégia comum de alocação de custos para contas da AWS.

Em algumas empresas, as tags são usadas como abordagem de alocação primária para um número limitado de contas. Isso tende a ser mais comum em empresas com menos produtos e requisitos menos rigorosos para a divisão dos centros de custo. Os desafios que as empresas que priorizam as tags costumam enfrentar surgem quando elas aplicam uma política de tags ampla para abranger o maior número de recursos possível. No momento de criação do relatório, vários gastos são deixados sem tags. Além disso, alguns gastos não podem ser tagueados, ou podem, mas isso não aparece subsequentemente nos dados de cobrança. Dados esses dois desafios, uma estratégia de contas baseada em hierarquia geralmente oferece as opções de chargeback mais limpas.

Organização de contas e projetos em grupos

Os três grandes provedores de nuvem oferecem maneiras de agrupar e organizar as contas, os projetos e as assinaturas em hierarquias por meio do AWS Organizations (*https://oreil.ly/GEjUF*), dos grupos de gerenciamento da Azure (*https://oreil.ly/jsFtn*) e das pastas do Google Cloud (*https://oreil.ly/BrGr4*).

Aqui está um exemplo de como funciona o agrupamento de acordo com a documentação do Google (*https://oreil.ly/tAvP0*) para as pastas:

> Uma pasta pode conter projetos, outras pastas ou uma combinação de ambos. As empresas podem usar pastas para agrupar projetos sob seu nó em uma hierarquia. Por exemplo, sua empresa poderia ter vários departamentos, cada um com seu próprio conjunto de recursos do Google Cloud. As pastas permitirão que você agrupe esses recursos por departamento. O objetivo das pastas é agrupar recursos que compartilhem políticas do IAM. Embora uma pasta possa conter várias pastas ou recursos, uma pasta ou recurso específico só pode ter um pai.

Na Figura 12.2, a empresa *Company* tem pastas representando dois departamentos, *Dept X* e *Dept Y*, e uma pasta, *Infraestrutura Compartilhada*, para itens comuns a ambos. Sob *Dept Y*, a empresa organizou duas equipes, e dentro das pastas das equipes, ela detalhou a organização por produtos. A pasta do *Produto 1* também contém três projetos, cada um com seus recursos. Isso fornece um alto grau de flexibilidade para a atribuição de políticas do IAM e de políticas da empresa no nível certo de granularidade.

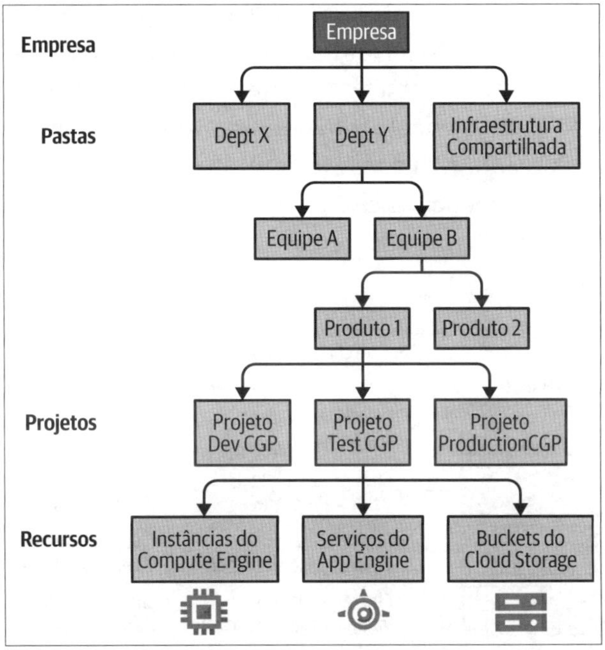

Figura 12.2: Alocação de custos dentro do Google Cloud.

É muito comum uma empresa criar pastas, que por sua vez contêm pastas ou projetos adicionais, como mostrado na Figura 12.2. Essa estrutura é chamada de *hierarquia de pastas*. Já a progressão de uma organização do nível de pastas para o nível de projetos é chamada de *hierarquia de recursos*.

Tags e rótulos: a opção de alocação mais flexível

Os provedores de serviços de nuvem podem chamá-los de forma diferente, mas, basicamente, tanto as tags quanto os rótulos fornecem a funcionalidade de definição de metadados como pares chave/valor. Essas tags são então associadas aos recursos em uma conta da nuvem. A chave é como o cabeçalho da coluna de uma planilha e o valor é uma entrada na linha dessa coluna.

Suponhamos que os pares chave/valor fossem usados para descrever um conjunto de camisas. Cada camisa teria uma chave de tag *cor*, cujo valor seria *vermelho*, *azul* ou *verde*. Se você quisesse encontrar a diferença de custo entre as camisas vermelha e azul, poderia usar a tag *cor* para agrupar os custos e exibir a diferença.

A Figura 12.3 mostra alguns recursos de nuvem usando uma tag *Ambiente* e uma tag *Camada*. Essas tags fornecem um método para a identificação de quais recursos são de produção *versus* de desenvolvimento e quais suportam o front-end e não o back-end de um serviço. Para o provedor de serviços de nuvem, as tags são simplesmente strings de caracteres sem significado semântico. Já que as tags só têm significado para o cliente, podem ser o que você quiser, contanto que respeitem limitações sintáticas como o conjunto de caracteres e o tamanho. Um plano claro para as chaves de tag e seus valores apropriados/aprovados assegura que você não tenha tags aplicadas inconsistentemente que dificultem futuros esforços de alocação de custos.

Figura 12.3: Tags em recursos de nuvem.

Uso de tags na cobrança

A existência de dados de tags representados em sua cobrança de nuvem permitirá que você agrupe os custos pelas diversas dimensões das tags. Se você organizar os custos por equipes — ou agrupar por diferentes ambientes, como custos de desenvolvimento *versus* de produção — poderá atribuir as despesas à área certa de sua empresa.

As tags permitem identificar que itens da cobrança de nuvem podem ser atribuídos a cada um dos serviços da empresa. Além de agrupar seus custos pelas dimensões (equipes/serviços/ambientes) das tags, você poderá monitorar cada grupo em busca de alterações significativas na cobrança da nuvem — e, portanto, tratar os custos inesperados com mais rapidez.

Alguns provedores de serviços de nuvem demandam a seleção antecipada das chaves de tags que serão exportadas para os dados de cobrança. Outros exportam cada tag associada aos recursos.

> Nas plataformas que permitem selecionar as tags (como a AWS), recomendamos que você tenha cuidado para não se empolgar e adicionar centenas de tags. Dados adicionais desnecessários em seus arquivos de cobrança podem aumentar o — já vultoso — volume de dados e dificultar a análise.

Uso do tagueamento desde o início

Quando você começar a construir sua prática de FinOps, ficará tentado a adiar os desafios mais difíceis, como o de fazer as equipes taguearem seus recursos. Geralmente as empresas não têm um padrão de tagueamento ou, quando têm, não o impõem às equipes. É imperativo saber que as tags não são aplicadas retroativamente. Você deve planejar suas estratégias de tagueamento antecipadamente para assegurar o uso de relatórios abrangentes.

Por exemplo, criar um recurso no dia 1° de janeiro sem que lhe seja atribuída uma tag até o dia 1° de fevereiro deixará todos os dados de cobrança de janeiro sem tags e, portanto, possivelmente não alocados. Além disso, taguear recursos, mas não ativar a tag na cobrança até uma data posterior, leva a lacunas nas alocações por tagueamento. Mais tarde, quando você precisar analisar os dados de cobrança em relação às estratégias de alocação e otimização de custos, que discutiremos em um momento posterior neste livro, verá que os dados não têm o histórico de alocação necessário.

O tagueamento é uma etapa inicial vital que assegurará que você tenha um rico conjunto de dados com o qual trabalhar quando chegar aos estágios mais avançados de sua prática de FinOps. Nunca é demais dizer: não adie sua estratégia de tagueamento.

Decisão de quando será definido seu padrão de tagueamento

O melhor momento para implementar um padrão de tagueamento é quando a empresa está começando sua jornada na nuvem. Esse padrão deve definir claramente as chaves de tags — e os valores apropriados que elas poderão conter — que serão aplicadas a todos os recursos. Implementar o padrão e divulgá-lo para os engenheiros antes que eles comecem o desenvolvimento ajudará a assegurar a existência de uma boa cobertura de tags e fornecerá dados de qualidade. No entanto, muitas empresas já terão construído grandes implantações sem ter um padrão de tagueamento. Não tema: nunca é tarde para aplicar um padrão e fazer os engenheiros atualizarem seus recursos: apenas vai dar algum trabalho.

Não é incomum as pessoas resistirem à implementação de um padrão de tagueamento, em especial se já tiverem implantado um grande número de recursos que atualmente não atendam ao novo padrão. Empresas em que os líderes apoiam o novo padrão de tagueamento têm melhor adoção das tags em toda a organização. Beneficie-se antes de tudo da permanência desses líderes em seus cargos — e adicionalmente das mudanças culturais — para tornar o tagueamento um requisito essencial não só para as equipes de FinOps como também para a toda a empresa, de modo a impulsionar a conformidade geral.

> O valor das tags *se estende* para fora do escopo de FinOps, e pode ser útil sabermos desses benefícios quando a empresa estiver tentando implementar um padrão de tagueamento. Para a equipe de segurança, as tags identificarão o serviço e a equipe responsável pelos recursos afetados por um possível problema na proteção. As equipes de operações poderão determinar facilmente que serviços serão afetados pela notificação de que um recurso está tendo problemas. Uma boa política de tagueamento na empresa trará benefícios para vários stakeholders.

Quanto melhor for o planejamento de um padrão de tagueamento na fase inicial, menores serão as probabilidades da necessidade de uma futura revisão. Se você precisar voltar a uma equipe para pedir que alterem um conjunto de tags após terem acabado de lançar sua estratégia anterior, você não vai conquistar muita simpatia.

Quando uma empresa migra para a nuvem, ela gera milhares, quando não milhões, de cobranças de recursos, cada uma com suas próprias tags. Mudar uma estratégia de tagueamento significa que as equipes precisarão atualizar todos esses recursos. Já que normalmente as tags são aplicadas por uma infraestrutura de automação como os templates do Terraform, do CloudFormation e do ARM (Azure Resource Manager), as atualizações em tags automatizadas têm que ser lançadas em código. É comum as empresas acharem que muitos recursos não podem ser atualizados, o que as leva a ter padrões implementados pela metade.

Seleção do número certo de tags

O padrão de tagueamento não deve forçar as equipes a aplicar tags demais. Demandar um número excessivo de tags só causará resistência ao padrão, o que levará à não conformidade. Lembre-se sempre das perguntas que precisam ser respondidas e estabeleça um equilíbrio entre sua estratégia de tags e os dados que podem ser obtidos na hierarquia de contas. É melhor exigir tags somente para os metadados básicos necessários. Em vez de definir todas as tags como obrigatórias, crie tags opcionais que descrevam claramente como as equipes devem implementá-las se decidirem fazê-lo.

Se você não tiver certeza de onde o padrão de tagueamento deve começar, aqui estão algumas tags que empresas com uma prática de FinOps bem-sucedida implementam:

- Uma tag de *centro de custo/unidade de negócios* que defina claramente onde os custos do recurso devem ser alocados dentro da empresa.
- Uma tag de *nome do serviço/workload* que identifique o serviço da empresa à qual o recurso pertence, permitindo que a organização separe os custos entre os serviços que as equipes estão executando.
- Uma tag de *responsável pelo recurso* para ajudar a identificar a pessoa/equipe que deve prestar contas do recurso.
- Uma tag de *nome* para ajudar a detectar o recurso que está usando um identificador mais amigável do que o fornecido pelo provedor de serviços de nuvem.
- Uma tag de *ambiente* para ajudar a determinar diferenças de custo entre desenvolvimento, teste/preparação e produção.

Recomendamos usar uma hierarquia de contas em substituição à tag ou às duas tags de maior importância — por exemplo, de centro de custo e ambiente — e empregar tags para as três a cinco alocações restantes que precisarem ser monitoradas. Uma hierarquia de contas de pouca granularidade fornecerá um mapeamento fácil para algumas dimensões, com as tags disponibilizando os detalhes mais precisos de dimensões adicionais da empresa.

Práticas de FinOps mais maduras usam tags para conectar os recursos de nuvem a outras fontes de informação, como os CMDBs (Configuration Management Databases, ou Bancos de Dados de Gerenciamento de Configurações). Isso permite que grandes quantidades de dados sejam referenciadas e que sejam usados processos mais rápidos/simples para a atualização das informações apenas uma vez sem a necessidade de corrigir milhões de tags em recursos de nuvem.

Trabalhando com restrições de tags/rótulos

É melhor assegurar que a política de tagueamento planejada (de chaves e valores obrigatórios) funcione para todos os provedores de serviços de nuvem que você pretende usar. Alguns serviços dos provedores de nuvem permitem usar quase todos os caracteres, enquanto outros são mais restritos. As tags também podem ter limites para o seu tamanho, e os serviços terão restrições para o número de tags suportadas por recurso.

Você deve assegurar que os serviços que pretende usar funcionem com a política proposta. Caso contrário, talvez precise alterar suas tags em algum momento ou pode acabar tendo vários agrupamentos com valores um pouco diferentes.

Por exemplo, você poderia começar tagueando seus recursos com *P&D* e então descobrir que um serviço específico não suporta o caractere &. Isso lhe deixará duas opções: taguear novamente os recursos de *P&D* existentes com algo como *PeD*, ou ter os valores *P&D* e *PeD* na cobrança, e seus custos rateados entre os dois agrupamentos. Algumas ferramentas de FinOps oferecem maneiras de corrigir tags inconsistentes após o fato ter ocorrido permitindo a aplicação de regras para o ajuste de como os recursos serão alocados nos relatórios, sem requerer alterações nos dados brutos de custos da nuvem.

Alguns provedores de serviços de nuvem permitem taguear mais tipos de recursos do que outros, o que pode ser uma reclamação comum de membros das equipes responsáveis pelo tagueamento de recursos. O importante aqui é usar o benefício em todos os recursos que suportem o tagueamento e insistir com seus provedores para que adicionem mais suporte a tags em seus tipos de recursos.

Mesmo se você não conseguir taguear todos os recursos, deve se esforçar para taguear o máximo que puder. Existem muitos benefícios para a empresa quando aplicamos tags nos recursos que as suportam. Recursos não tagueáveis, como as taxas do CloudWatch, são uma das razões para recomendarmos o uso de algum tipo de agrupamento hierárquico além das tags. Assim você poderá alocar o maior número possível de custos não tagueados.

Manutenção da higiene das tags

Higiene das tags consiste nas ações que executamos para assegurar que o sistema de tags (e os dados que saem dele) seja o mais limpo possível. Sem uma higiene de tags apropriada, você correrá o risco de trabalhar com dados inexatos, o que por sua vez acabará com a precisão de suas decisões.

A consistência é essencial quando se trata de higiene das tags. Se uma equipe usar um valor de tag *prod* e a outra usar *produção*, essas tags serão, por padrão, agrupadas como itens separados nos dados de cobrança. Às vezes as tags diferenciam letras maiúsculas de minúsculas, logo, o valor *Empresa* pode ser apresentado separadamente do valor *empresa*. Quando as pessoas criam tags, é comum vermos grafias incorretas e variações relacionadas a letras maiúsculas e minúsculas, além de abreviações. A resposta aqui é impor a política de tagueamento pela automação. A automação de infraestrutura, como com o Ansible, Terraform, os templates do Azure Resource Manager, o Google Cloud Deployment Manager e o AWS CloudFormation, pode ajudar a assegurar a consistência e evitar erro humano.

No entanto, mesmo com as melhores práticas de automação e implantação aplicadas dentro da empresa, é inevitável que alguns recursos ainda possam ser criados com tags ausentes ou inválidas. É por isso que existem ferramentas open source e plataformas de terceiros projetadas para remover ou pelo menos interromper esses recursos perto do momento em que eles são criados. Isso ajuda a limitar a quantidade de custos não alocados/não explicados que caso contrário seriam gerados dentro das contas. (Abordaremos a automação durante a fase operar do ciclo de vida de FinOps; consulte a Parte IV.)

Outra opção eficaz é replicar as tags dos recursos pai (por exemplo, uma instância) nos recursos filhos (por exemplo, volumes, snapshots, interfaces de rede). Copiando as tags para os recursos filhos, você terá uma maior cobertura das tags e poderá ter certeza de que os recursos estão sendo tagueados com conjuntos de tags relevantes. Vimos estratégias de tagueamento bem-sucedidas que requeriam o tagueamento apenas dos grupos de recursos da Azure, por exemplo, e não dos próprios recursos, enquanto outras tagueavam os dois níveis e implementavam a lógica de negócios para decidir que valor seria usado em circunstâncias específicas.

Você pode até mesmo criar uma lógica de negócios para atribuir recursos não tagueados a centros de custo padrão. Um exemplo seria a aplicação de um centro de custo padrão a cada uma de suas contas de nuvem. Todos os custos não tagueados dentro de uma conta serão então atribuídos ao centro de custo padrão designado. Para a cobrança, você pode fazer isso nos próprios recursos atualizando as tags. Ou poderia aplicar a lógica de negócios aos arquivos de cobrança após o fato, durante a análise. A aplicação da lógica após o fato também fornece o benefício de ser possível atualizar a lógica sem a necessidade de percorrer as contas e atualizar conjuntos de tags reais em recursos individuais.

Para examinar as ferramentas que podem ajudar na alocação de custos, na higiene das tags e na aplicação da lógica a relatórios de custo, acesse as plataformas FinOps Certified (*https://oreil.ly/h4Gzv*) em *FinOps.org*.

Relatórios sobre o desempenho das tags

Para determinar como suas práticas de tagueamento estão funcionando dentro de sua empresa, você precisa ter relatórios que identifiquem onde as tags estão sendo aplicadas incorretamente. Recomendamos que avalie a cobertura das tags pela quantidade de gastos na nuvem que têm uma tag alocada *versus* os que não têm tags. Avaliados dessa forma, itens de vida muito curta e de custo baixo serão apresentados como menos importantes do que recursos de longa duração e alto custo. Lembre-se de que nem todo recurso é tagueável dentro dos provedores de serviços de nuvem, logo, é mais realista definir uma meta de 95% e criar um processo que aloque os últimos 5% de recursos não tagueáveis.

Os relatórios permitirão que você faça o acompanhamento com as equipes relevantes para atualizar sua automação — ou pelo menos corrigir manualmente as tags. Rastreando quantos recursos não estão seguindo seu padrão de tagueamento com o passar do tempo, você poderá determinar se a empresa está ficando melhor na aplicação do padrão. A existência de uma lista de ofensores que todos possam ver também ajudará a impulsionar uma adoção mais abrangente do padrão.

Garantia de que as equipes implementem as tags

Uma pergunta que normalmente ouvimos é: "Que conselhos vocês podem dar para fazermos os recursos serem tagueados?" Voltaremos a Ally Anderson, cuja história compartilhamos no último capítulo. Ela trabalha junto aos contatos de engenharia de cada equipe e diz: "Se houver uma grande quantidade de gastos sem tags, torno isso visível com um relatório". Ally descobriu que quanto maior é a consistência fornecida aos dados na frente do líder da equipe, mais tags são aplicadas, simplesmente com a criação de um feedback loop de dados em tempo real. Ela também é apoiada por sua equipe de líderes. Como parte de seu relatório executivo, Anderson tornou os gastos não tagueados um elemento básico de relatórios contínuos, o que encoraja os executivos a pressionarem suas equipes a reduzir os custos não tagueados.

Darek Gajewski, da *Ancestry.com*, usa uma abordagem de taguear ao criar (tag-on-create) como estratégia para aumentar a conformidade com as tags. Já que os provedores de nuvem continuam dando cada vez mais apoio à exigência de que certas tags sejam definidas para a execução da infraestrutura, beneficiar-se disso pode ser uma grande ajuda para o aumento da cobertura das tags.

> Para ouvir todos os conceitos deste capítulo reunidos em uma história de vida real, escute o Episódio 6 do podcast FinOpsPod (*https://oreil.ly/UQmmj*), chamado "Attribution, Tags & Labels . . . OH MY!", que conta a história de Jason Rhoades sobre como a Intuit começou, desenvolveu e amadureceu sua estratégia de atribuição ao longo de anos de trabalho com as tags, rótulos e estruturas de contas.

Conclusão

Boas práticas de FinOps devem começar com uma estratégia de contas e de tagueamento cuidadosamente elaborada. Os metadados adicionais que a hierarquia de contas e o tagueamento trazem para os dados de cobrança serão importantes em quase todas as suas análises e relatórios futuros.

Resumindo:

- Suas estratégias de alocação em contas fornecerão estrutura aos recursos e o ajudarão a agrupar custos.
- Fazer a empresa entender a importância das tags e se empenhar em automatizá-las beneficiará toda a organização.
- A visibilidade e a responsabilização pelos custos construídas a partir de suas tags e da alocação em contas ajudarão a criar uma cultura de economia dentro da empresa.
- O tagueamento e a alocação em contas são um requisito comum no decorrer da fase otimizar do ciclo de vida de FinOps.

Primeiro formule uma estratégia de alocação de custos — ela ajudará em quase todas as capacidades de FinOps, principalmente na de previsão, que abordaremos no próximo capítulo.

CAPÍTULO 13

Previsão assertiva

Previsão (forecast) é a prática de estimar os gastos futuros, geralmente com base na combinação de curvas históricas dos gastos e avaliação de planos futuros. Ela é executada para sabermos como futuras alterações na infraestrutura da nuvem e no ciclo de vida das aplicações podem afetar os orçamentos e para ajudar na avaliação de decisões de investimento na nuvem. É uma das tarefas cuja execução correta é uma das mais difíceis em FinOps.

É difícil prever porque é necessária a interação entre os engenheiros, a área de finanças e a área de compras, com finanças sendo responsável pelos relatórios financeiros e compras encarregada de responsabilidades de fluxo de caixa, com as duas áreas demandando a ajuda dos engenheiros para cumprir essas obrigações e conhecer as alterações planejadas para a infraestrutura. A colaboração entre essas equipes de stakeholders é crítica para a criação consensual de modelos de previsão e KPIs a partir dos quais serão estabelecidos orçamentos alinhados com os objetivos da empresa. Quando as equipes criarem modelos para prever os gastos na nuvem de maneira confiável e precisa, as previsões dos custos embasarão decisões operacionais e de investimento para acelerar o crescimento da organização.

Neste capítulo, discutiremos a previsão, explicaremos por que é tão difícil prever e examinaremos os principais conceitos necessários para o aperfeiçoamento de sua exatidão.

A previsão tradicional de TI — anterior à nuvem — era em grande parte feita para processos de orçamento anuais. Para equipamentos do datacenter, as previsões do TCO (Total Cost of Ownership, ou Custo Total de Propriedade) são calculadas antecipadamente quando da execução de melhorias ou de novos desenvolvimentos no sistema. Já que, historicamente, as equipes de engenharia não tinham envolvimento nem preocupação com as previsões de gastos de TI, exceto na construção de estudos de negócio para despesas de capital, elas não têm uma memória sólida de previsões e de colaborações frequentes com as áreas de finanças e negócios.

Na implantação tradicional de um datacenter existe um grande percentual de custos fixos conhecidos, logo, imprecisões na previsão costumam ter impacto limitado. No entanto, quando passamos para o modelo de custo variável da nuvem, a quantidade de custos fixos *versus* custos variáveis é invertida, com os custos variáveis sendo maiores, e as imprecisões na previsão podem ser relevantes.

Executar previsões frequentes na nuvem é mais importante do que na implantação de um datacenter e requer mais interação entre todos os envolvidos.

O estado da previsão na nuvem

A previsão de gastos na nuvem pode ser uma área difícil de dominar até mesmo para profissionais avançados. Foi o segundo desafio mais comum de FinOps na última pesquisa State of FinOps (*http://data.finops.org*), e grande parte dos participantes — incluindo os de práticas maduras — relataram variações de mais de 10% na exatidão de suas previsões. Esses 10% poderão aumentar rapidamente quando a cobrança da nuvem alcançar milhões de dólares por mês.

As variações em relação às previsões vêm da complexidade dos custos da nuvem combinada com o consumo distribuído dos recursos: quando muitas pessoas e códigos diferentes demandam infraestrutura quando ela é necessária, é realmente difícil calcular o total que tudo isso gerará em 6-12 meses. Além de uma questão de modelagem, também é um problema relacionado às pessoas e à tecnologia.

Os participantes da pesquisa State of FinOps de 2022 mostraram que houve melhorias na análise comparativa, que indicam que as previsões passaram a ser mais exatas em comparação às respostas da pesquisa de 2021. Os grupos de estágios mais avançados conseguiram fazer com que suas previsões ficassem dentro de uma variação de 5% em relação aos gastos reais, enquanto os grupos de estágios menos avançados relataram uma variação de 20% ou mais. É demorado prever de forma precisa, sendo necessários automação e domínio de outras práticas de FinOps para o aumento da eficiência.

Os participantes de estágios avançados ficaram na frente quanto à existência de ciclos mais rápidos de atualização de suas previsões e dos orçamentos de nuvem relacionados, embora um número menor de participantes tenha gerado previsões com cadência semanal, o que indica oportunidades de melhoria para todos. Aproximadamente 21% dos participantes relataram a execução de previsões anuais, o que é uma surpresa se considerarmos a variabilidade e a velocidade com que a infraestrutura da nuvem pode mudar no decorrer de um ano, uma provável causa para a exatidão das previsões aparecer como um dos principais desafios das equipes de FinOps.

> *Vai estar errado. Siga em frente e use uma estimativa embasada, mas faça isso rápido!*
>
> – Andrew Feig, Diretor de Gerenciamento, Engenharia de Nuvem no JPMorgan Chase & Co.

Muitos participantes da pesquisa declararam que *não fazem previsões*, o que os deixa sem algo que os guie até a cobrança chegar, ou simplesmente que não divulgam amplamente suas previsões devido à falta de exatidão.

Metodologias de previsão

Examinaremos as metodologias usadas pelas empresas. É importante vermos esses aspectos básicos primeiro, já que sua empresa pode ter um nome diferente para cada um dos métodos. Esclarecer o que significa cada nome nos ajudará a chegar a um consenso.

O primeiro conjunto de termos com os quais devemos estar alinhados se refere ao método de *como gerar a previsão*:

Previsão básica

Método muito simples que usa o histórico de gastos anteriores. As previsões básicas fazem a suposição de que o próximo período de gastos na nuvem será igual aos anteriores. Na Figura 13.1, a previsão é uma cópia direta dos valores reais históricos.

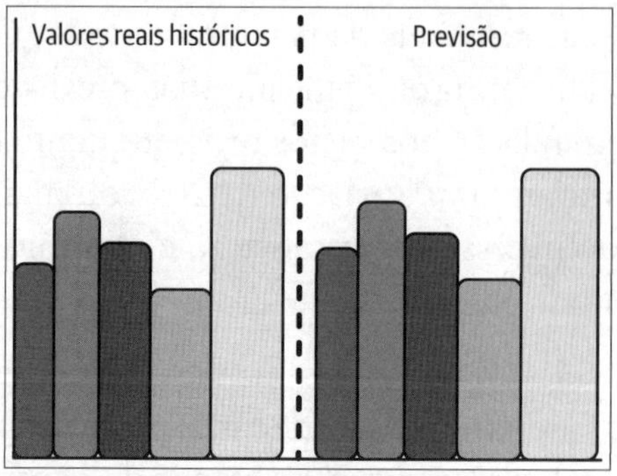

Figura 13.1: A previsão básica supõe que o próximo período de gastos será igual ao último.

Esse método de previsão é simples demais para os gastos na nuvem, que podem mudar rapidamente dependendo da demanda, de eventos empresariais e de escolhas humanas.

Previsão baseada em tendências

Também conhecida como *previsão univariada*, esse método usa os históricos de gastos na nuvem para basear a previsão, mas introduz algum elemento estatístico — como a regressão linear — para utilizar as tendências de estimativas passadas e prever os gastos de períodos futuros. Na Figura 13.2, a tendência histórica de gastos na nuvem é usada na previsão dos períodos futuros. A previsão baseada em tendências só considera os gastos históricos existentes e não introduz nenhum cenário ou impulsionador de negócios adicional que possa mudar o período futuro.

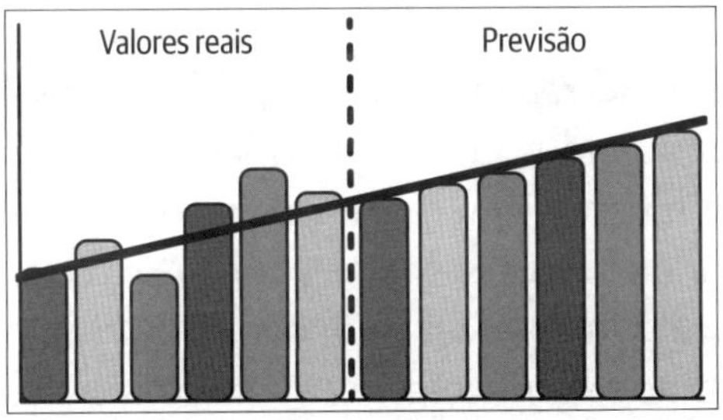

Figura 13.2: Previsão baseada em tendências.

Previsão baseada em impulsionadores

Também conhecida como *previsão multivariada*, esse método considera outras métricas de negócios para ampliar a previsão. A associação de um impulsionador de negócios aos gastos na nuvem pode aumentar a exatidão das previsões, principalmente se essa outra métrica já tiver sido prevista com um nível de exatidão aceitável. Isso pode ocorrer na forma de um ajuste manual da previsão ou com o uso de várias fontes de dados de entrada em um algoritmo de previsão automatizado. Na Figura 13.3, a previsão baseada em tendências é ajustada para gastos adicionais esperados devido a impulsionadores externos em comparação aos gastos anteriores na nuvem. Alguns exemplos seriam:

- Aumento da atividade a partir de uma iniciativa de marketing
- Alterações no uso da nuvem para o lançamento de um novo produto
- Custos da nuvem gerados pelos funcionários da equipe em comparação com os gerados por P&D (pesquisa e desenvolvimento)

- Custos da nuvem gerados por vendas/usuários ativos mensais em comparação aos gerados pelo ambiente de produção (COGS)

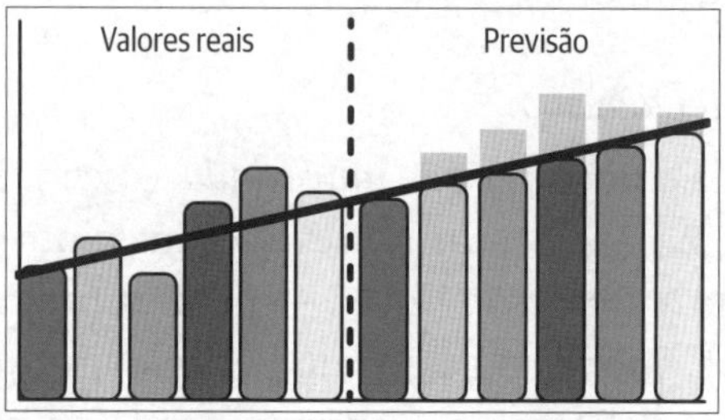

Figura 13.3: Previsão baseada em impulsionadores.

Modelos de previsão

Agora consideraremos as ferramentas ou modelos que você pode usar para gerar uma previsão. Não entraremos em detalhes sobre os diferentes algoritmos ou modelos de machine learning que geram previsões. O objetivo deste capítulo é ajudá-lo na maneira de pensar sobre as previsões e considerar técnicas que o apoiarão nas previsões de custos da nuvem dentro de FinOps. Se particularidades de aprendizado forem de seu interesse, existem bons livros que abordam previsões, como *Forecasting: Principles and Practice* (*https://otexts.com/fpp3*) de Rob J. Hyndman e George Athanasopoulos (OTexts, 2021). Os modelos de previsão são:

Previsões com machine learning

Esse é um termo que é muito usado para descrever tecnologias de previsão. Algumas pessoas só consideram os modelos de aprendizado profundo (deep learning) como previsões que ocorrem realmente com machine learning; outras incluem nessa categoria modelos estatísticos e outros modelos não associados ao aprendizado profundo. Seja qual for o modelo que você deseja usar, recomendamos que pesquise. Não tenha medo de testar outro modelo. O primeiro que você usar provavelmente não será o melhor. Considere também avaliar vários modelos verificando seu histórico para ver quais foram os mais precisos.

Previsões compostas

Essa é uma abordagem que combina diferentes previsões para a obtenção de resultados mais exatos com o uso de mais de um modelo. Um método simples para a combinação é calcular a média dos resultados fornecidos pelos diversos modelos.

Previsão estática

Esse tipo de previsão é gerado apenas uma vez no começo de um período definido, como 12 meses. Ele não é atualizado até o período terminar, quando uma nova previsão é gerada para o próximo período. É um bom método para gastos muito previsíveis.

Previsão contínua

Tipo de previsão que também é gerado no começo de um período definido, como 12 meses. No entanto, ao contrário das previsões estáticas, essa previsão é gerada seguindo uma frequência (semanal, mensal, trimestral) ao longo do período. Sempre que ela é gerada novamente, é criada para a mesma extensão de tempo, adicionando mais dados ao fim do horizonte da previsão.

Desafios das previsões de nuvem

Para gerar previsões mais precisas, primeiro você terá que superar alguns desafios comuns. Provavelmente já estará trabalhando em alguns desses itens, porque as capacidades necessárias para as previsões estão relacionadas com diversos outros itens do framework da FinOps Foundation abordado no Capítulo 7. Dependendo da estrutura de sua empresa e do nível de sucesso da prática de FinOps, alguns desses desafios podem ser mais fáceis de resolver do que outros.

Previsões manuais *versus* automatizadas

Geralmente as previsões começam como um exercício manual das equipes de finanças ou FinOps dentro de uma empresa. O exercício pode usar uma abordagem básica ou utilizar os valores de gastos anteriores e fazer ajustes com feedback da engenharia, mas também pode passar dados históricos para uma planilha e empregar fórmulas para gerar previsões baseadas em tendências. À medida que seus custos da nuvem aumentarem, será difícil usar essa abordagem manual e a exatidão deve piorar. Os custos das equipes com pouco gasto muitas vezes são reunidos em único grupo e previstos como uma unidade, o que reduz a granularidade da previsão. A execução desse tipo de previsão significa que a frequência será muito baixa — mensal, trimestral ou com granularidade ainda menor.

As ferramentas automatizadas que fazem previsões baseadas em tendências ou em impulsionadores permitem que as previsões sejam geradas com uma frequência maior. Na pesquisa State of FinOps de 2022, os profissionais mais avançados relataram executar previsões semanais ou até mesmo diárias. Uma cultura madura de FinOps fará com que mais equipes de engenharia assumam a responsabilidade por seus gastos, o que as deixará mais interessadas nas previsões.

Imprecisões

Procure modelos/ferramentas que levem em consideração a sazonalidade de seus custos da nuvem. É improvável que os gastos sejam iguais o ano todo. A existência de uma previsão que inclua como os gastos variam resultará em maior exatidão.

Alguns modelos são mais afetados por valores discrepantes nos dados; um pico curto e repentino criado por uma anomalia pode fazer com que as previsões sejam imprecisas. Certos modelos lidam bem com valores discrepantes, enquanto outros demandarão que você faça ajustes manuais para corrigi-los.

Um único algoritmo não é suficiente. Alguns algoritmos de previsão funcionam melhor com um histórico de dados de custo mais longo, enquanto outros conseguem operar com pontos de dados limitados. Provavelmente você terá aplicações com um histórico de dados longo, mas quando introduzir novos workloads, a maioria dos algoritmos de previsão não funcionará de forma tão eficiente. Uma abordagem de combinação algorítmica que incorpore vários cenários é uma maneira mais eficaz de acomodar as variações na disponibilidade do histórico.

Granularidade

A previsão no nível dos gastos totais na nuvem não permite descobrir que grupos individuais de gastos estão gerando imprecisões nas previsões. Além disso, provavelmente a equipe de finanças precisará de uma granularidade de previsão mais fina para seus requisitos de criação de relatórios. Inversamente, a geração de previsões em um nível muito detalhado pode demandar mais trabalho do que o que seria justificável, em especial se você tiver grandes quantidades de agrupamentos com quantidades muito pequenas de gastos na nuvem.

O Capítulo 12 abordou o tagueamento e a rotulagem, sem os quais é quase impossível gerar previsões com alguma granularidade. As abordagens baseadas em tags e em hierarquia permitem dividir os gastos na nuvem em categorias relevantes como centro de custo, aplicação ou ambiente. A previsão em níveis mais finos de granularidade permitirá determinar onde suas previsões não estão sendo equivalentes aos valores reais, e assim você poderá se concentrar nessas áreas para melhorá-las.

Na geração de previsões granulares, é esperado que a previsão apresente consistência com uma previsão resumida. Usando a hierarquia de gastos da Figura 13.4, se você gerar uma previsão por aplicação, é esperado que a soma seja igual à previsão dos gastos totais na nuvem. No entanto, se gerar uma previsão resumida para os gastos totais na nuvem e uma previsão granular, como de nível de aplicação, é provável — devido às propriedades estatísticas dos algoritmos de previsão — que a soma de todas as previsões granulares não seja igual ao total de uma previsão resumida gerada independentemente. A diferença entre as previsões ocorrerá por pequenas imprecisões no nível da aplicação para a previsão granular e pela falta de detalhes disponíveis em uma previsão resumida.

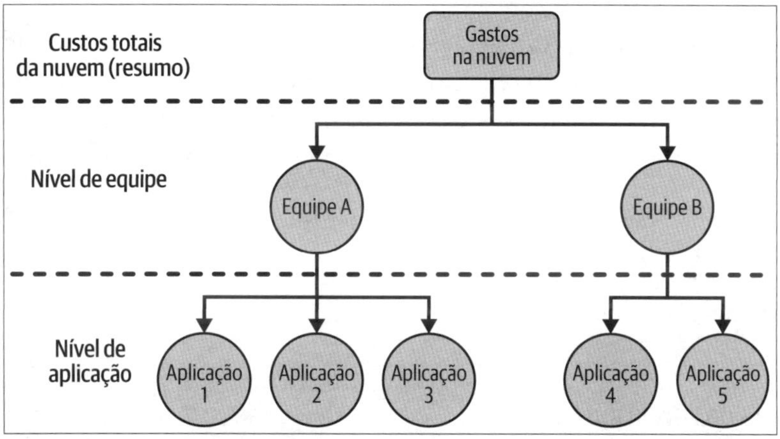

Figura 13.4: Exemplo de hierarquia de gastos na nuvem.

Você pode criar previsões coerentes limitando suas metodologias de projeção a um único nível de granularidade. Com o uso dos níveis da Figura 13.4 como exemplo, existem três abordagens principais para a granularidade que são usadas pela maioria dos geradores de previsão:

De baixo para cima (bottom-up)

A abordagem de baixo para cima dá ênfase ao nível mais granular de gastos na nuvem; nosso exemplo usa gastos no nível da aplicação. Ela cria previsões individuais para cada aplicação, o que depois é resumido em classificações mais amplas, equipes e então nos gastos totais na nuvem. Essa abordagem permite que os engenheiros e executivos forneçam entradas relevantes, o que aumenta a precisão no nível granular e pode levar a uma previsão mais exata dos gastos na nuvem.

De cima para baixo (top-down)

A abordagem de cima para baixo dá ênfase à geração de uma previsão dos gastos totais na nuvem com o uso tanto de tendências históricas dos gastos quanto de informações de projetos futuros. A previsão é então atribuída às diversas equipes e aplicações com a utilização de proporções históricas combinadas com expectativas de projetos futuros. Essa abordagem é mais bem-sucedida quando existe pouca ou nenhuma variação na distribuição de gastos entre as aplicações, mas se torna altamente imprecisa em casos em que existem grandes flutuações na distribuição dos gastos.

Do meio para fora (middle-out)

A última abordagem para a geração de previsões coerentes é a que chamamos de "do meio para fora". No exemplo da Figura 13.4, isso envolveria gerar uma previsão no nível da equipe e depois subir para o nível de soma dos gastos totais na nuvem e descer para a proporcionalização no nível da aplicação.

> Gere uma previsão para o nível granular que for mais importante para o seu relatório. Aplique uma abordagem do meio para fora para resumir a previsão e, quando necessário, aplique proporções históricas para expandir a previsão para níveis mais granulares.

Frequência das previsões

Lembre-se de que a nuvem muda com rapidez, e quanto mais rápido ela se mover, com mais rapidez suas previsões ficarão desatualizadas. Suponhamos que um de seus engenheiros tomasse uma decisão que aumentasse seus gastos na nuvem em 10 dólares por dia. Ao longo dos próximos doze meses essa decisão chegará a mais de 3.500 dólares de aumento nos gastos. Agora considere quantos de seus engenheiros podem estar tomando decisões de 10 dólares todos os dias do ano. Uma previsão estática de 12 meses feita no início do ano estará bastante desatualizada já no segundo semestre.

Os profissionais mais avançados da pesquisa State of FinOps relataram que atualizam suas previsões semanalmente, embora mensalmente ou trimestralmente ainda seja a cadência mais comum para a maioria. Para a exatidão da previsão, esse período é simplesmente longo demais para ser eficaz.

Quando você recalcular suas previsões com mais frequência, usando uma previsão contínua, terá uma visão mais exata de quais serão seus gastos na nuvem; além disso, poderá usar essas informações para descobrir o que está gerando as alterações na previsão. É muito mais fácil e rápido um líder da equipe de engenharia examinar seus gastos da última semana, detectar qualquer discrepância em relação ao que era esperado e corrigir a previsão da próxima semana do que fazer isso em um período mensal ou trimestral.

Os dados da Tabela 13.1 mostram uma previsão para cinco aplicações. Essa previsão é para os gastos mensais de cada aplicação e é gerada semanalmente. Comparando a diferença entre a previsão anterior e a atual, é fácil identificar onde as previsões estão mudando e saber que é à equipe da Aplicação 2 que devemos pedir mais informações para entender a mudança na previsão com mais clareza.

Tabela 13.1: Mudanças na previsão semana após semana

Aplicação	Previsão mensal (semana 1)	Previsão mensal (semana 2)	Diferença
Aplicação 1	$15.000	$15.000	$0
Aplicação 2	$25.000	$30.000	+ $5.000
Aplicação 3	$10.000	$9.000	- $1.000
Aplicação 4	$5.000	$6.000	+ $1.000
Aplicação 5	$30.000	$30.000	$0
Total	$85.000	$90.000	$5.000

Nenhum de nós é tão astuto quanto todos nós.

– Ken Blanchard

Já que os engenheiros da empresa estarão mais próximos das causas das variações, será mais fácil — e rápido — eles identificarem os geradores de custos. Uma pequena variação individual pode parecer irrelevante se comparada ao total de gastos na nuvem, mas pode ser significativa para uma equipe, e variações muito pequenas podem chegar a quantias relevantes. Fornecendo para seus engenheiros uma visibilidade granular dos custos e previsões atualizadas regularmente, você obterá mais benefícios.

Comunicação

Falamos muito sobre capacitar a empresa para a tomada de decisões baseadas no valor da nuvem, e aqui precisaremos que essas decisões sejam retornadas ao processo de previsão para serem capturadas e estimadas corretamente. Nenhum nível de previsão conduzida por máquinas estimará precisamente as alterações que os engenheiros planejaram para sua infraestrutura e como isso afetará os gastos na nuvem. Em nossa seção anterior, demos o exemplo de engenheiros tomando pequenas decisões sobre os gastos na nuvem e como essas decisões se somam para tornar imprecisas as previsões de nuvem da empresa. É necessário que exista um canal de comunicação aberto que capture esses planos dos engenheiros quando da geração de previsões. Você não pode tratar as previsões apenas como um esforço interno da área de finanças. As previsões precisam engajar todas as personas de FinOps e se beneficiar da especialização de cada persona para criar a estimativa mais precisa possível.

Projetos futuros

Os projetos futuros podem variar em impacto de pequenas decisões sobre custos com impacto mínimo sobre os gastos totais na nuvem a grandes decisões de custos que podem alterar massivamente a maneira como a empresa utiliza a nuvem e gasta com ela. Por exemplo, migrar uma aplicação grande dos datacenters para a nuvem ou implantar aplicações em várias regiões novas para oferecer seus produtos em mais locais são mudanças empresariais em larga escala que podem impactar as previsões de custos da nuvem. Essas decisões de larga escala, quando tomadas, geralmente adicionam aos valores reais novos gastos na nuvem, o que torna impossível para qualquer previsão conduzida por máquina estimar o aumento futuro. Estabeleça processos de colaboração para que suas equipes de engenharia definam maneiras de envolver a equipe de FinOps na estimativa do impacto de projetos futuros sobre o custo. Isso assegurará que os gastos adicionais possam ser inseridos manualmente para ampliar as previsões e melhorar sua precisão. Podemos ver na Tabela 13.2 as previsões automatizadas para as aplicações e os custos de projeto adicionais inseridos manualmente para a criação da previsão completa.

Tabela 13.2: Mudanças na previsão semana após semana

Tipo de previsão	Aplicação	Previsão para o mês 1	Previsão para o mês 2	Previsão para o mês 3
Automatizada	Aplicação 1	$15.000	$16.000	$17.000
	Aplicação 2	$25.000	$30.000	$35.000
	Aplicação 3	$10.000	$8.000	$6.000
	Aplicação 4	$5.000	$5.000	$5.000
	Aplicação 5	$30.000	$40.000	$50.000
Manual	Projeto A	$0	$25.000	$35.000
	Projeto B	$0	$0	$10.000
	Total	$85.000	$124.000	$158.000

Um item com o qual precisamos tomar cuidado é a estimativa efetuada por engenheiros sobre quando serão feitos gastos adicionais na nuvem provenientes de projetos futuros. Com frequência o cronograma é excessivamente otimista e o evento só ocorre em um momento bem posterior ao da previsão. A obtenção dessas informações com os engenheiros deve ser contínua, atualizando a previsão até o projeto ocorrer e acertando o prazo do novo gasto com as previsões mais atualizadas disponíveis.

Histórias da nuvem – Bharat Chadha

Bharat Chadha gerencia operações de TI na Freewheel. Sua jornada com as previsões começou com o uso da previsão baseada em tendências utilizando fórmulas estatísticas sem envolver os engenheiros. Ele começou a ver discrepâncias importantes, portanto, decidiu mudar para uma abordagem de baixo para cima usando uma pesquisa mensal com os proprietários de contas a fim de validar as previsões geradas automaticamente.

Utilizando impulsionadores de negócios para correlacionar as receitas e os aumentos nos custos da AWS, ele conseguiu ajustar os orçamentos da nuvem. Bharat trabalhou com a equipe do CTO para obter suporte e falou com os aproximadamente 90 proprietários de contas sobre se reunirem a cada duas semanas para revisar as previsões. Muitos compareceram, e eles se concentraram nos principais geradores de variações. Os proprietários de contas conheciam as fórmulas de previsão usadas. Eles conseguiram chegar a previsões com 82%–85% de precisão, o que é suficiente para a área de finanças, mas ainda deixa espaço para mais melhorias com o passar do tempo.

As lições que ele aprendeu: "Ajuda muito ver tendências e mapear eventos para meses específicos. É preciso um bom treinamento em tagueamento; por exemplo, na contratação de engenheiros, é necessário que eles conheçam tagueamento e saibam da sua importância. É difícil mudar a cultura; precisamos definir as expectativas no começo".

Estimativa de custo

Pode ser muito difícil para as equipes de engenharia preverem o custo de uma implantação futura, principalmente se não existir um trabalho de prova de conceito ou cálculos passados pelo fornecedor sobre a implantação da aplicação.

As calculadoras de custos disponibilizadas por todos os principais provedores de serviços de nuvem ajudam a obter um valor estimado para o novo workload, mas essas ferramentas só conseguem estimar os custos dos itens que inserimos manualmente na calculadora. Devido à complexidade das implantações em nuvem e da granularidade dos custos, é fácil os engenheiros deixarem de inserir itens ou subestimarem o tamanho/volume dos recursos necessários para a operação de seu novo workload.

Comparar workloads existentes que tenham design semelhante com o novo workload que está sendo introduzido pode ajudar as equipes a estimar o custo futuro do novo workload. Peça a seus engenheiros que comparem o design do novo workload com o de workloads existentes para identificar se existe algum sistema análogo. Onde possível, a utilização dos workloads existentes levará à identificação de itens de custo que poderiam ser deixados de fora com o uso de calculadoras de custos. Se não houver um sistema já existente, use o modelo de custo variável da nuvem a seu favor; peça às equipes para implantarem o novo workload em um ambiente de teste e opere-o por cerca de uma hora. Após o teste, você poderá identificar os custos associados à execução provisória do workload.

Alguns dos custos mais difíceis para os engenheiros estimarem antes da implantação são:

- Custos de tráfego de rede
  - Transferências de dados fora da região
  - Transferências entre zonas
  - Volume de tráfego manipulado por recursos individuais, como os balanceadores de carga
- Número de eventos
  - Execuções de função como serviço
  - Mensagens enviadas/recebidas em filas
  - Número de consultas a bancos de dados
- Atividade de armazenamento de dados
  - Quantos dados podem fazer a transição para camadas acessadas com menos frequência
  - Contagem de requisições de objetos individuais

Estamos começando a ver no espaço open source e dos fornecedores novas ferramentas como o Infracost (*https://www.infracost.io*), que permite que as equipes de engenharia visualizem uma estimativa do impacto do custo de suas alterações antes que elas sejam lançadas na plataforma de nuvem. Esse tipo de antecipação fornece para as equipes a possibilidade de verificar se as suas alterações terão os impactos esperados sobre os custos.

Seja antes de os engenheiros implantarem uma nova infraestrutura ou antes de eles implantarem uma atualização na infraestrutura existente, pela atualização frequente das previsões e da divulgação do trabalho feito no projeto suas previsões serão corrigidas à medida que os engenheiros progredirem. A colaboração entre as equipes de engenharia permitirá que você obtenha feedback sobre o que está mudando nas previsões conforme as atualizações ocorrerem.

Impactos da otimização de custos sobre as previsões

Assim como as decisões da empresa e as novas implantações podem aumentar os gastos na nuvem, futuras otimizações de custos podem diminuir bastante os gastos, bem como tornar as previsões inexatas. Os capítulos da Parte III abordarão essas otimizações com mais detalhes. Por enquanto, queremos que você entenda que, como ocorre com o trabalho em projetos, que contribui para o aumento de gastos na nuvem, é preciso gerar cálculos da eficiência prevista que representem a redução dos gastos gerada por atividades de FinOps e subtraí-los de suas previsões.

Nos estágios iniciais de implementação de FinOps, pode haver uma redução drástica dos gastos na nuvem quando você introduzir otimizações de uso e taxas. Se você não estimar essas reduções dentro de suas previsões, pode acabar obtendo uma estimativa acima dos valores reais.

Quando você introduzir otimizações de FinOps, a redução de seus custos operacionais pode ocultar a taxa de crescimento natural dos gastos na nuvem. À medida que essas otimizações se estabilizarem, a taxa de crescimento normal dos gastos voltará; é importante modelar isso ao ajustar suas previsões para que as reduções iniciais não façam você subestimar itens no futuro.

Um exemplo de como as otimizações de FinOps podem impactar as previsões se não forem levadas em consideração pode ser visto na Figura 13.5. Com as atividades de FinOps começando em 05/2022, podemos ver a rápida redução dos gastos na nuvem. Após alguns meses, em 09/2022, o crescimento natural dos gastos na nuvem retorna. Se uma previsão fosse gerada em 04/2022 sem a inclusão dos impactos esperados da introdução de FinOps, ela seria muito alta. Se em vez disso ela fosse gerada em 07/2022, a tendência de redução teria impactado a previsão e o crescimento natural dos gastos na nuvem, que ficou oculto sob as reduções de custo ocorridas na época; se elas não forem consideradas, a previsão será muito baixa.

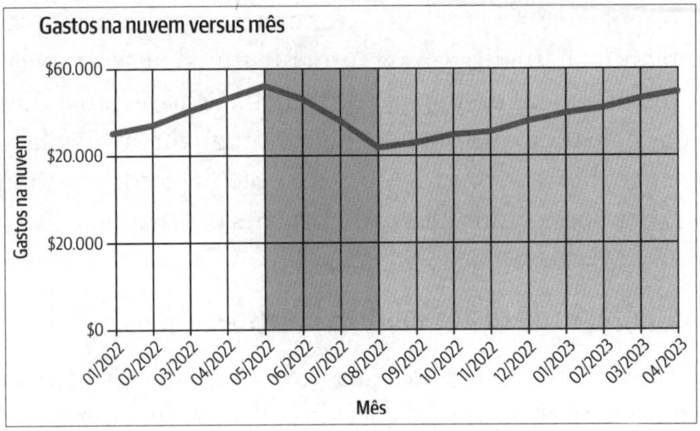

Figura 13.5: Exemplo de gastos na nuvem com as atividades de FinOps começando em 05/2022.

Histórias da nuvem – Drew Lowe

Drew Lowe lidera a equipe de terceirização de FinOps da Hulu Disney, em parceria com Anthony Logan. No início sua equipe não se reportava a níveis hierárquicos superiores, o que permitia dar ênfase a políticas. O FP&A (Financial Planning and Analysis, ou Planejamento e Análise Financeira) não tinha profundidade técnica, e os engenheiros não estavam preocupados com os custos da nuvem. A Hulu usa principalmente a AWS, com alguns workloads em datacenters. A equipe de Drew acaba se reportando ao CFO.

As previsões alcançaram um ponto crítico quando os engenheiros solicitaram gastos 4,5 vezes maiores do que os do ano anterior para o próximo ciclo de orçamento. As equipes de engenharia descentralizadas tomaram decisões relacionadas a preços de produtos sem conhecer os custos subjacentes. O processo de OKRs (Objectives and Key Results, ou Objetivos e Resultados-Chave) da empresa mostrou essa informação. Embora Drew tenha conseguido conectar os gastos à receita, ele ficou preocupado com o excesso de gastos.

Um OKR importante referente à exatidão da previsão foi adicionado para todos os engenheiros. A equipe de Drew começou usando dados adequados e se assegurando de que poderia confiar nos números. Gerando visibilidade, Drew conseguiu construir previsões conduzidas por demanda, o que por sua vez permitiu que a equipe otimizasse os gastos. Com a identificação das equipes que mais gastavam e conhecendo seus workloads, sua equipe fez a maioria das previsões atender às expectativas.

Drew está usando um modelo de previsão híbrido, em que ele utiliza previsões baseadas em impulsionadores de negócios para os principais serviços e previsões baseadas em tendências para os nichos. Isso permite que ele atualize as previsões todo mês com uma variação média de cerca de 2,5%, com o pior caso tendo aproximadamente 9% de variação. Para chegar a esse ponto, Drew decidiu fazer previsões de acordo com os workloads em vez de considerar os SKUs (Stock Keeping Units, ou Unidades de Manutenção de Estoque). No entanto, a volatilidade da engenharia é desafiadora, na previsão, por exemplo, de teste de carga ou novos serviços. No caso de novos serviços, Drew usa estimativas alternativas para rastrear esses projetos especiais em seu roteiro.

Lições aprendidas por Drew: "Uma estratégia de tagueamento é obrigatória. Acompanhar de perto os workloads de custo mais alto funciona muito bem. Comece construindo uma relação com o CTO e o CFO e depois estabeleça contato com os líderes de engenharia".

Previsão e orçamento

A previsão e os orçamentos andam de mãos dadas.. Abordaremos os estágios da geração de orçamentos em breve, mas é importante entender que usar previsões para definir orçamentos é um dos fatores que mais contribui para que os orçamentos reflitam a realidade.

Se você estiver se desviando do que foi estimado em sua previsão, deve responder à seguinte pergunta: algo precisa ser alterado para deixá-lo novamente alinhado com a previsão ou esta precisa ser atualizada? Para isso, você deve rastrear seus gastos reais *versus* sua previsão todos os dias. Os gráficos de gastos na nuvem devem incluir a previsão para que você determine se existe alguma ação que deva ser executada (veja a Figura 13.6). Divida então as informações no nível de equipe, o que permitirá que você veja de quem são as ações que o estão desviando da previsão, quando houver alguma. Se houver razões empresariais (conformidade, desempenho etc.), isso significa que você deve optar por simplesmente ajustar sua previsão.

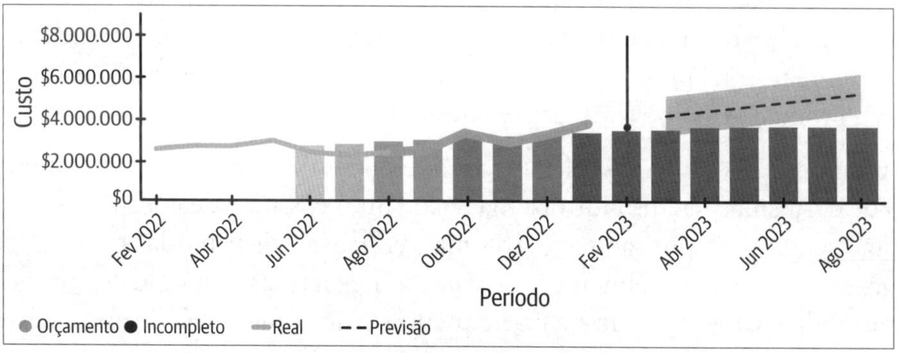

Figura 13.6: Um único gráfico mostrando a previsão para seis meses, os orçamentos projetados e os orçamentos/usos reais nos seis meses anteriores.

Na comunidade de FinOps há o consenso de que as previsões das equipes de nuvem devem ser feitas continuamente de 3 a 12 meses. A Atlassian as faz em incrementos de 3 meses, mas também é efetuada uma antecipação dos próximos 3 anos para que eles projetem onde estarão. Uma grande empresa de mídia com a qual trabalhamos usa uma variação desse padrão: uma previsão anual, dividida em metas mensais que são revisadas a cada trimestre.

Geralmente avaliar as previsões com frequência trimestral ou mensal não é suficiente. Profissionais habilitados de FinOps avaliam as variações constantemente com base em dados dinâmicos (às vezes diários) para ver que equipes estão se desviando das previsões trimestrais e então tentam ajudá-las o mais rápido possível. Isso permite que eles lidem com as variações antes que elas cresçam. Quando os valores reais variam em relação à previsão e é tomada a decisão de manter esse aumento nos gastos, isso é inserido em um relatório que sobe pela cadeia de gerenciamento no dia em que a decisão é tomada. Conversas podem ocorrer entre a gerência e a unidade de negócios para que seja determinado o valor, quando há algum, que o aumento nos gastos está gerando e qual será a correção necessária.

Essas avaliações constantes ajudam a empresa a tomar decisões melhores à medida que o mês avança, mostrando ao mesmo tempo o ponto mais próximo em que os gastos podem ser reduzidos. Os orçamentos não devem ter como objetivo evitar gastos e sim fornecer um meio que detecte quando os custos estão se desviando do plano — o que, lembre-se, demanda conversas.

Importância do gerenciamento das equipes de acordo com orçamentos

É fácil achar que os orçamentos são controles restritivos com limites rígidos. No entanto, eles não precisam, e não devem, restringir a inovação. Como já mencionamos (e vale a pena repetir), o objetivo de FinOps não é economizar dinheiro: é fazer dinheiro. Em FinOps, os orçamentos se destinam a direcionar o investimento para a promoção da inovação em vez de evitá-la.

Normalmente, as conversas iniciais com as equipes de engenharia sobre otimização de custos não são produtivas. Elas não têm o costume de considerar custos e estão sempre sob pressão para fazer mais entregas e distribuí-las com rapidez. Logo, são compreensivelmente resistentes a desperdiçar seus preciosos ciclos otimizando custos — o que é com frequência visto como tarefa de outra pessoa.

Quando um profissional de FinOps se reúne com a equipe de arquitetura para rever algo que foi descoberto em relação aos custos, geralmente ele detecta resistência às recomendações e somente às vezes vê as alterações sugeridas serem implementadas.

Contudo, se forem atribuídas às equipes metas ou objetivos de custo específicos a serem atingidos, elas tentarão atingi-los. Recomendações de economia de custos feitas pela gerência serão bem-vindas. As equipes de desenvolvimento se engajarão, participando ativamente e solicitando maneiras de cortar seus custos enquanto mantêm a velocidade e a qualidade. O rightsizing ocorrerá porque as equipes terão objetivos claros. Uma cultura de otimização de custos guiada pela liderança fará com que as equipes sejam aliadas e dará visibilidade de como elas podem ajudar a empresa. Elas começarão a entender que o objetivo de FinOps não é cortar recursos e sim promover velocidade e inovação com conscientização dos custos.

Para muitos unicórnios de tecnologia, o orçamento é uma palavra de baixo calão. É um mal necessário que os desvia do objetivo de tentar participar da maior parcela possível de seus mercados crescentes e altamente competitivos. Eles estão imersos em uma interminável corrida mercadológica para fornecer recursos maiores e melhores, conteúdos interessantes ou recomendações guiadas pela ciência de dados. Existe uma premissa falsa que diz que o orçamento atrasa tudo isso.

No entanto, para a maioria das empresas, a criação do orçamento é uma etapa necessária do lançamento de um projeto. Não há autorização até que o orçamento seja aprovado. A nuvem mudou drasticamente o processo de criação de um orçamento. Ficou no passado a época em que o orçamento podia ser controlado pelo poder de uma ordem de compra, que impedia o pagamento de qualquer coisa que estivesse além do planejado. Devido à natureza distribuída e levemente controlada dos gastos na nuvem, a maioria das empresas — grandes e pequenas — tenta criar orçamentos precisos para a nuvem pública.

Como ocorre com quase tudo, a definição de um orçamento eficaz pode ser equiparada a uma jornada. Veja os quatro níveis de criação do orçamento pelos quais normalmente todas as empresas passam:

Nível 1: Ninguém faz orçamento

Durante uma reunião recente com um unicórnio de tecnologia conhecido, a equipe foi questionada sobre como definia orçamentos para seus gastos na nuvem. A resposta foi um balançar de cabeça: "Não temos orçamentos. Não queremos restringir os engenheiros". Essa mesma empresa também tinha detectado que estava gastando consideravelmente mais do que queria. Eles tinham criado um plano para quanto iriam gastar na nuvem em cada um dos três anos seguintes, mas como o plano não foi divulgado para as equipes individuais responsáveis pelo uso de recursos de nuvem, já estavam bem acima do que combinaram com seu provedor de nuvem. Nesse caso, ignoraram totalmente o orçamento, sem nem mesmo exercer a negação consciente.

Nível 2: Gaste o que gastou no ano passado

O processo de criação do orçamento em um varejista conhecido consistia apenas em tentar não ultrapassar o que a empresa gastou no ano anterior — pegar uma previsão estática e usá-la para definir orçamentos. Embora superficialmente parecesse um bom ponto de partida, não era um processo baseado em uma análise de se o que a empresa estava gastando era a quantia certa para o que ela estava fazendo. De maneira semelhante a como ocorre com os gastos do governo, criava os incentivos errados encorajando as equipes a gastar todo o seu orçamento para que não o perdessem no ano seguinte.

Na verdade, esse tipo de orçamento — uma abordagem de "primeiro estancar a sangria" — é razoavelmente eficaz na interrupção de gastos sem controle na nuvem. Contudo, não resulta em economia ou em alguma avaliação significativa dos gastos na nuvem em relação aos objetivos da empresa. É semelhante a como o orçamento era feito na época da compra de datacenters com elevadas despesas de capital. Você considerava o que possuía e a capacidade que estava sobrando, mas não tinha conhecimento da eficiência real do que estava usando.

Nível 3: Meta de redução de custos

As *metas de redução de custos* consideram os gastos estimados em uma previsão contínua e os reduzem segundo uma quantia prescrita. Elas podem fornecer os incentivos certos para as equipes, mas geralmente são arbitrárias e não estão associadas a nenhum resultado empresarial específico. Uma mercearia online queria diminuir seus gastos e definiu uma meta de 20% de redução de custos para cada uma de suas equipes. Essa meta era razoavelmente fácil de atingir, já que foi a primeira meta de otimização que as equipes receberam. Afinal, "o que é medido pode ser melhorado". Havia máquinas funcionando que podiam ser totalmente desligadas, locais de armazenamento não usados também eram comuns, e havia muitas oportunidades de dimensionar os recursos corretamente e comprar RIs. Com o tempo, a abordagem de redução de custos começa a ser problemática por duas razões. Em primeiro lugar, normalmente a economia em períodos posteriores não é tão drástica como a do início, levando a dúvidas sobre o valor da própria prática de FinOps;

e em segundo lugar, a ênfase nos gastos totais pode começar a gerar cortes no custos que afetem outros aspectos de desempenho ou valor do sistema.

Nível 4: Métricas de desempenho baseadas na unidade econômica

Aqui, as empresas começam a associar os gastos na nuvem aos resultados reais da empresa. Se a sua empresa estiver crescendo e você estiver aumentando seu uso da nuvem, não será necessariamente algo ruim estar gastando mais dinheiro. Isso será aplicável principalmente se você souber o custo de atender a um cliente e tentar reduzi-lo de forma contínua. Como você já deve saber, associar métricas de gasto a métricas de negócios é uma etapa importante a ser executada na jornada de FinOps, e ela está diretamente ligada às previsões baseadas em impulsionadores. Qualquer pessoa pode ver se um custo unitário está aumentando ou diminuindo, mas ela não sabe o porquê, logo, não pode nos dizer a razão. Para permitirmos de fato que as equipes distribuídas mudem seus gastos, o custeio baseado em atividades é a última etapa. Discutiremos isso com mais detalhes no Capítulo 26.

Para concluir, é importante que todas as pessoas envolvidas com gastos saibam como eles são rastreados no período em relação ao plano orçado. Isso permitirá que conheçam com antecipação suficiente quais correções serão necessárias para colocar as coisas nos eixos se elas tiverem se desviado. Gastos excessivos não são o único problema: para a equipe de finanças, gastos abaixo do esperado podem ser igualmente ruins porque indicam que o orçamento poderia ter sido mais útil em outro local.

> *Uma das coisas em que estamos sempre tentando melhorar é a eliminação de "placeholders" de previsões conforme mais informações são obtidas. Para estimativas que há anos estejam fora do plano de finanças, "placeholders" são adequados a fim de que existam várias opções para as soluções tecnológicas e elas não sejam bloqueadas. À medida que os workloads forem ficando mais bem definidos, o mesmo ocorrerá com suas previsões, e os placeholders devem ser avaliados e substituídos por estimativas mais confiáveis.*
>
> – Joshua Bauman, EA

Para conduzir melhor o processo, a liderança de engenharia precisa encontrar o equilíbrio mais adequado possível para a empresa em relação à adoção do plano *versus* prioridades concorrentes. Isso significa divulgar claramente orientações sobre a priorização estratégica das opções e sobre como é esperado que elas afetem os valores projetados para os custos da nuvem.

Lembre-se de que você também pode usar a negação consciente em orçamentos. Embora seja esperado que a maioria das equipes tenha gastos que fiquem próximos do previsto no orçamento, algumas equipes podem ter permissão para apresentar níveis mais altos de incerteza. Para equipes que estejam desenvolvendo produtos novos ou trabalhando em novas oportunidades estratégicas, pode ser aceitável que elas se desviem um pouco do plano, contanto que os objetivos contidos no projeto sejam atingidos.

Conclusão

Uma previsão exata é um desafio até mesmo para as práticas mais maduras de FinOps. Independentemente dos métodos usados, deve haver a expectativa de que quanto mais próximo você estiver na linha do tempo, maior será a precisão/especificidade. O trimestre seguinte deve apresentar um grau de confiança mais alto do que o de dois anos a partir do momento atual. Existem algumas mudanças que você pode fazer na maneira como prevê os gastos na nuvem para ter melhores chances de gerar previsões confiáveis.

Resumindo:

- Não use a previsão estática; prefira um modelo de previsão contínua.
- Uma previsão baseada em impulsionadores combinada com previsões que possam lidar com sazonalidade e anomalias fornece os melhores dados para a linha de base da previsão.
- As previsões granulares são importantes para FinOps, mas você precisará manter a coerência com as previsões resumidas.
- A transição da previsão tradicional de TI para a previsão de gastos na nuvem envolve fazer com que todas as personas se engajem ativamente no processo de previsão.
- Amplie as previsões geradas por modelos automatizados com feedbacks fornecidos pelas equipes de engenharia e de FinOps. Nem todos os pontos de dados estarão disponíveis em seus dados históricos.
- Os orçamentos devem ser guiados por previsões e divulgados para as equipes de engenharia regularmente, com orientações sobre as expectativas de equilíbrio entre a adoção do orçamento e o alcance de outros objetivos da empresa.

Agora que você sabe o que espera gastar na nuvem, examinaremos maneiras de otimizar os gastos na próxima fase: *otimizar*, que é o foco da Parte III.

PARTE III

Fase Otimizar

Nesta parte, percorreremos os processos de definição e acompanhamento de metas para a tomada de decisões guiada por dados que otimizarão a nuvem da empresa. Também examinaremos as ofertas de desconto e as estratégias de compromissos dos provedores de serviços de nuvem que podem ajudar a reduzir os gastos na nuvem.

CAPÍTULO 14

Fase otimizar: realização de ajustes para atingir metas

Quando você entrar na fase otimizar, seu objetivo passará a ser tomar decisões quase em tempo real, identificando anomalias e gastando eficientemente. Você pode usar a definição de metas em métricas para que sua empresa saiba como está se saindo em relação às expectativas.

Neste capítulo, detalharemos por que você precisa de metas, como elas devem ser implementadas no universo de FinOps e como defini-las. Também introduziremos as metas de otimização de custo, o que preparará o terreno para o restante da fase otimizar.

Por que definir metas?

Cada jornada de migração para a nuvem tem uma história diferente para ser contada. Para algumas, a velocidade com que os serviços são implantados na nuvem é mais importante que o quanto isso pode custar. Para outras, o principal objetivo é avançar mais lentamente e assegurar que o orçamento seja mantido durante todo o processo. Outras podem já estar na nuvem e descobrir que estão gastando mais que o esperado. Compreensivelmente elas sentirão necessidade de ter mais controle.

É preciso mencionar que a maioria das empresas costuma ter várias histórias ocorrendo na nuvem no nível das equipes. Algumas equipes podem ser nativas da nuvem tentando manter seus custos. Outras estarão migrando ou implementando novos projetos e se concentrarão mais no tempo de distribuição e não no dinheiro gasto.

Definindo metas no nível corporativo e para cada equipe individual você poderá acompanhar as decisões tomadas pela empresa, definir expectativas e identificar onde, dentro de seus custos da nuvem, as coisas não estão indo tão bem quanto o esperado.

A primeira meta é uma boa alocação de custos

Antes de você poder definir outras metas, deve conhecer claramente o seu estado atual. Se implementar uma estratégia transparente de tagueamento e separação de contas quando ampliar os recursos na nuvem, será mais fácil saber com o que está lidando e qual a melhor maneira de otimizar.

Toda empresa deve rastrear os custos por centro de custo/unidade de negócios. Além de isso permitir que cada equipe conheça seu impacto sobre os gastos gerais na nuvem, também torna fácil para a empresa determinar que equipes estão gerando mudanças nos custos.

Já abordamos como implementar uma estratégia clara de alocação de custos que ajude a identificar os gastos por centro de custo. Essas estratégias de alocação precisam permanecer consistentes. Se isso não ocorrer, uma equipe que tentar determinar seu gasto histórico na nuvem não conseguirá saber a diferença entre as mudanças que fez nos custos e a estratégia de alocação que está atribuindo a ela uma parcela maior ou menor dos gastos gerais na nuvem.

Uma divisão de custos por equipe salienta quando mudanças ocorrem. Sem um relatório individual no nível das equipes, os dados podem ser enganosos. Por exemplo, se uma equipe estiver otimizando seus gastos na nuvem, enquanto outra estiver aumentando o uso na mesma proporção, pode parecer que os custos têm um comportamento geral estável. Se uma equipe fizer alterações na infraestrutura e não ocorrer uma mudança nos gráficos que monitoram as métricas de custo, você deve estar monitorando as métricas erradas.

A meta é economizar?

Como mencionamos várias vezes (porque é muito importante), nem sempre economizar é a meta. Muitos profissionais de FinOps começam a prática se concentrando em maneiras de reduzir sua cobrança de nuvem, o que é ótimo. No entanto, você deve sempre se lembrar de que o objetivo de FinOps é facilitar a definição de responsabilidades, estabelecer responsabilização por decisões de investimento em custos e, por fim, promover a inovação. Ao definir metas, você deve responder a estas perguntas: Como gastar a quantia certa que traga mais benefícios para a empresa? Que benefícios estou buscando? Eles incluem aumento da receita, entrega mais rápida de projetos, eficiência nos custos em outras áreas, ou até mesmo clientes mais satisfeitos? Um custo maior no alcance dessas metas reduziria os custos em outro local, como em mão de obra?

Uma empresa poderia ter que sair de um datacenter dentro de um período específico, com o custo de perder o prazo sendo mais alto que o de migrar rapidamente para a nuvem. Ou, em outro caso, poderia ser crucial para a empresa entregar um recurso antes do prazo, o que demandaria o uso de serviços gerenciados como os do AWS Aurora em vez da execução do banco de dados MySQL interno. O Aurora tem um custo maior que o da execução interna, mas traz o benefício de remover tarefas de administração demoradas (por exemplo, provisionamento de hardware, instalação de banco de dados, patching e backups), o que altera a comparação do TCO (Total Cost of Ownership, ou Custo Total de Propriedade) e dá mais tempo para a empresa se dedicar às migrações.

O objetivo da fase otimizar é a medição dos gastos em relação às metas e a determinação de quais decisões você pode tomar agora e quais ações deve deixar para depois.

Para estimular a conversa sobre suas metas estarem alinhadas com a economia *versus* a velocidade da inovação, introduziremos o Triângulo de Ferro.

Triângulo de ferro: bom, rápido, barato

O Triângulo de Ferro (ou "Triângulo da Gestão de Projetos", como algumas pessoas o chamam), mostrado na Figura 14.1, é um modelo das restrições do gerenciamento de projetos: velocidade, custo e qualidade. Normalmente é definido da seguinte forma: "Bom, rápido, barato — escolha duas das opções". Ele tenta mostrar que um gerente de projeto pode fazer escolhas entre as restrições ao determinar a maneira como um projeto será executado. A mudança em uma restrição demanda mudanças nas outras como compensação.

Por exemplo, um projeto de migração poderá ser executado mais rapidamente se você aumentar o orçamento ou reduzir o escopo. Da mesma forma, aumentar o escopo pode demandar aumentos equivalentes no orçamento e no cronograma. Reduzir o orçamento sem ajustar o cronograma ou escopo levará a uma qualidade mais baixa.

Figura 14.1: Triângulo de Ferro.

O Triângulo de Ferro é uma metáfora perfeita para a visualização do processo que ocorre na tomada de decisões relacionadas à nuvem — com frequência é preciso encontrar um equilíbrio entre bom, rápido e barato. Quanto mais uma equipe estiver alinhada com uma das extremidades do triângulo, menos ela se dedicará às outras áreas. No entanto, isso não é ruim. Você quer que as equipes façam escolhas intencionais, dando preferência a uma das extremidades de um eixo para suportar suas metas de negócios.

- *Bom* mede a qualidade dos serviços. Fornecer mais recursos para um serviço executado na nuvem pode resultar em melhorias na disponibilidade, na capacidade para se recuperar de desastres, no desempenho e na escalabilidade.
- *Rápido* mede a velocidade com que a equipe se move. A velocidade pode ser muito importante quando você estiver enviando as atualizações ou os recursos mais recentes para os clientes, migrando serviços para a nuvem ou reduzindo o tempo de lançamento de novos produtos no mercado.
- *Barato* mede o volume de gastos na nuvem. A preferência por barato (devido a restrições de COGS ou limites de orçamento) resultará em custos de nuvem mais baixos, mas afetará a qualidade e a velocidade, ou o bom e o rápido.

A maneira como isso funciona no mundo real pôde ser vista em um projeto recente na Atlassian. Uma equipe superdimensionou os recursos para obter dados adicionais de desempenho, e, como esperado, essa ação resultou no aumento da velocidade da migração. Se a equipe tivesse parado de redimensionar recursos para economizar custos, o projeto como um todo teria se atrasado. Na hora da escolha, aumentar a velocidade foi mais importante que a quantia economizada. Quando o projeto foi entregue, o foco saiu da velocidade, e a equipe começou a rever ativamente a implantação para descobrir possíveis economias.

Devemos enfatizar que o Triângulo de Ferro não é para ser usado apenas no nível da empresa. Ele também deve ser estendido para o nível de equipe. É comum, e útil, uma empresa que se preocupe com os custos ter uma única equipe e/ou serviço operando com foco na velocidade. Embora no geral a empresa esteja tentando manter ou aumentar as economias na nuvem, o aumento na economia pode ser reinvestido para fazer a equipe avançar mais rapidamente a fim de desenvolver a próxima vantagem competitiva para a organização.

Alcance de metas com OKRs

Os OKRs, ou *objetivos e resultados-chave*, são um framework para a definição e o monitoramento de metas e seus resultados. Para cada OKR, existe uma meta a ser atingida, e um conjunto de métricas chamadas resultados-chave que medirão o alcance dessa meta. Normalmente os OKRs têm vida útil de um trimestre.

Durante uma apresentação na FinOps Foundation, Joe Daly, ex-Diretor de Serviços de Nuvem na Nationwide, disse: "Tomamos nossas decisões com OKRs e nos concentramos nos resultados para gerar clareza, responsabilização e efeitos mensuráveis".

Daly também deixou claro que o elemento mais importante dos OKRs é o foco em resultados. Quando uma empresa está migrando para a nuvem, pode ocorrer muita interferência, já que as equipes tentarão assimilar rapidamente vários conhecimentos novos. E isso pode ser assustador para equipes que durante anos executaram suas tarefas de outra maneira.

Área de foco nº 1 dos OKRs: credibilidade

Quando a equipe de Daly para a implantação de FinOps na Nationwide era relativamente nova, ele deu o conselho a seguir: "Talvez a credibilidade seja a área mais importante em termos de prioridade quando alguém está começando uma prática de FinOps. Ela equivale à confiança, e se você não conquistar essa confiança, ficará constantemente tentando dar sustentação aos serviços que fornece".

Daly sustenta sua meta de credibilidade dando transparência desde o usuário final até o nível do código. Uma parte essencial disso são as atualizações regulares de gastos (diárias, semanais, mensais) com qualquer que seja a granularidade que cada stakeholder precisar. Essas atualizações devem ser simples e fáceis de entender. Os números também devem estar de acordo com o que os responsáveis por eles relatarem no fim do mês.

Área de foco nº 2 dos OKRs: capacidade de manutenção

Com bastante frequência, novas equipes de FinOps fazem seu trabalho de maneiras que não possibilitam manutenção, como não impondo o tagueamento automatizado. Como Daly diz, "Dados significativos precisam ser gerenciados pelas pessoas para quem eles são relevantes. O que fizemos foi criar um repositório de tags cuja manutenção é feita pelos desenvolvedores de aplicações e pelas pessoas que tratam diretamente dos negócios, para podermos associar todos os dados de aplicações e de negócios aos recursos sem depender de engenheiros, para quem os dados não são tão relevantes".

Dois exemplos de resultados-chave que sua equipe definiu nessa área são poder associar o nome da aplicação, seu desenvolvedor e o grupo de negócios a cada recurso e automatizar tarefas rotineiras e demoradas, como a de chargeback.

Área de foco nº 3 dos OKRs: controle

O objetivo aqui é tentar ter controle sem deixar de ser veloz. Nas palavras de Daly, "atribuímos a responsabilização pelo controle do uso às equipes de aplicações/produtos". Isso é feito com o estabelecimento de um modelo de chargeback direto, compartilhamento de conhecimento e encorajamento da adoção pelo usuário, porém garantindo ao mesmo tempo a implementação de políticas de proteção contra o pesadelo do autodimensionamento.

Alguns exemplos de resultados-chave que sua equipe definiu nessa área são dobrar sua taxa de conformidade com as tags, estabelecer chargeback para o uso da nuvem e de contêineres e automatizar políticas de conformidade.

As equipes têm diferentes fatores de motivação que conduzirão os custos e a economia. Os engenheiros definirão metas relacionadas a mais desempenho, maior disponibilidade e implantações mais rápidas de novos recursos. As equipes de finanças se concentrarão nos custos, na economia e na eficiência dos gastos. E os líderes de negócios permanecerão previsivelmente focados no desempenho geral da empresa. Quando da definição das metas de FinOps, você não pode deixar que as equipes definam individualmente suas metas. Além de isso não trazer o resultado correto para a empresa, também fará aumentar o conflito entre as equipes.

> *Quando as áreas de engenharia e finanças conversam, geralmente obtemos uma solução que funciona para os dois departamentos, ao contrário de quando os engenheiros trazem uma solução que só funciona para eles. Da mesma forma, a área financeira poderia*

desenvolver políticas que tornassem a vida mais difícil para os engenheiros. Fazer as pessoas trabalharem juntas para construir OKRs com um melhor direcionamento trará resultados mais satisfatórios para todos.

– Joe Daly, ex-Diretor de Serviços de Nuvem na Nationwide

Os líderes de negócios precisam decidir quanto pretendem gastar e quando terão que renunciar às economias (e possivelmente até mesmo gerar desperdício) para favorecer a velocidade. Contudo, seja para retirar as tarefas de TI o mais rápido possível do datacenter ou lançar um novo serviço para os clientes, é preciso que haja sempre o monitoramento de expectativas de gastos. Velocidade a qualquer custo só funciona até os gastos ultrapassarem o aceitável.

Em vez de esperar os custos da nuvem chegarem a limites incômodos para depois tentar reagir, definir expectativas no início e monitorar os custos da nuvem à medida que os projetos forem progredindo ajudará a evitar sustos com a cobrança. Os engenheiros terão então mais liberdade dentro dos limites de custos aprovados. As equipes de FinOps ajudarão a identificar as conquistas mais fáceis, bem como a manter a conformidade com os orçamentos, e os líderes de finanças e de negócios poderão reavaliar os orçamentos e metas.

Nas sessões de treinamento FinOps Certified Practitioner, o tópico sobre o papel da equipe de FinOps na fase otimizar fala sobre ajudar a tomar decisões importantes sobre custos para manter os gastos dentro dos limites (não importando a velocidade com que você queira avançar) e então identificar locais que terão que ser otimizados posteriormente quando caminhos de custo ideais não estiverem sendo seguidos (devido à velocidade ou a desleixo, falta de habilidade, desejo de uma qualidade mais alta etc.). Dessa forma encontramos o objetivo mais imediato, mas também trazemos um conjunto importante de verificações de custo para o início do processo visando governança.

– Rob Martin, Diretor de Aprendizado na FinOps Foundation

A empresa inteira precisa encontrar esse equilíbrio favorável, gastando o suficiente para dar suporte às equipes de tecnologia, mas mantendo os gastos dentro de limites aceitáveis. No fim das contas, você irá rumo a uma espécie de nirvana de FinOps, em que a unidade econômica lhe permitirá saber o valor que os gastos na nuvem estão trazendo para os negócios.

Discutir metas com os profissionais de FinOps de outras empresas pode ajudá-lo a desenvolver suas próprias metas. Ouvi-los falar sobre as metas que são importantes para eles, e por que as consideram assim, poderá ajudá-lo a se certificar se está definindo as metas certas e a ficar alinhado com a comunidade geral de FinOps.

Histórias da nuvem – Comunidade de FinOps

Veja alguns exemplos de metas compartilhados por um participante de uma das chamadas de miniconferência da FinOps Foundation:

> Este ano, temos uma meta de $3 milhões para o custo evitado. Planejamos atingi-la aumentando nossa cobertura por reservas para 80%. A cobertura por reservas será dividida por parcelas do orçamento. Enquanto continuarmos comprando instâncias reservadas, queremos assegurar uma alta utilização das reservas. Temos uma meta de 95% de utilização das reservas, e também a monitoramos por parcelas do orçamento.
>
> Temos um KPI para o tagueamento, já que ele é crítico para os esforços de otimização de nossa empresa. A tag de desenvolvedor de aplicação é essencial para nossos esforços relacionados ao rightsizing. Também monitoramos a opção pelo não rightsizing. Rastreamos quem optou por seguir ou não as recomendações que fornecemos. Nossa meta é que apenas 25% das recomendações de rightsizing sejam ignoradas.
>
> Também estamos rastreando nossos orçamentos de provedor de nuvem considerando duas coisas: (1) nosso compromisso com o provedor e (2) o progresso do orçamento dentro de cada parcela. Para concluir, rastreamos o total de oportunidades de economia por meio do rightsizing e da cobertura por reservas, e como esse valor está mudando com o passar do tempo. Temos uma meta para o ano quanto ao limite mínimo ao qual queremos chegar em relação ao total de oportunidades de economia.

Metas como linhas de destino

As metas não são apenas um valor — são uma tendência que ocorre com o passar do tempo. Se você definir uma meta como um único valor, como *x* dólares por mês, precisará esperar até o fim do mês para ver como está se saindo. Dividindo a meta em valores diários, poderá desenhar linhas de destino em seus gráficos de custos na nuvem para permitir uma análise quase em tempo real. As linhas de destino são críticas na otimização de custos guiada por métricas, o que abordaremos posteriormente no Capítulo 22.

As métricas precisam ter sempre linhas de destino para fornecer mais contexto aos dados. O local em que você definirá a linha de meta deve ser baseado na jornada da empresa na nuvem, no esforço que estiver empenhando para a manutenção da velocidade e no valor que achar que gastar mais trará para a inovação.

Empresas que atualmente estejam se dedicando ao ângulo que representa "rapidez" no Triângulo de Ferro podem definir metas muito altas. A violação das metas será apenas algo informativo e resultará no aumento da previsão. Por outro lado, uma empresa consciente (que se dedique ao ângulo "custo" do Triângulo de Ferro) definirá metas bem próximas de sua trajetória de gastos, e infrações nos gastos serão seguidas de ações rápidas para a recuperação do controle.

Se você representar seus gastos com o passar do tempo em um gráfico, como na Figura 14.2, poderá obter algumas informações básicas:

- Atualmente você está gastando entre $400.000 e $530.000 por dia.
- No geral, seus gastos na nuvem estão aumentando.
- Os gastos do último mês aumentaram a uma taxa mais acentuada que a de meses anteriores.

No entanto, esses fatos básicos sobre os gastos na nuvem são apenas pontos de dados. Você não pode determinar nenhuma expectativa de desempenho ou de negócios a partir do gráfico.

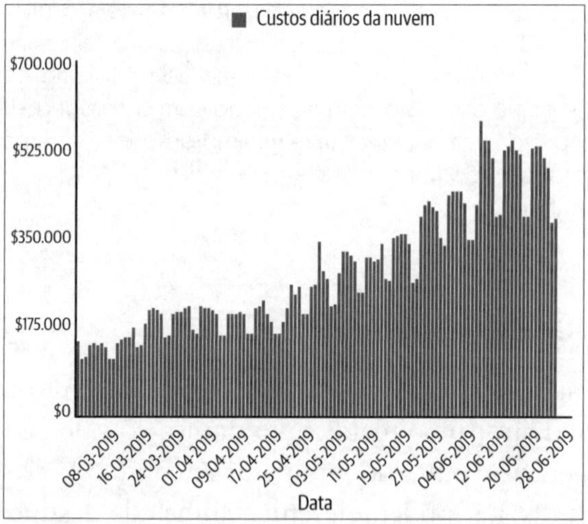

Figura 14.2: Gráfico de custos diários ao longo de alguns meses.

Contudo, se adicionar uma linha de meta, como mostrado na Figura 14.3, poderá obter muito mais informações:

- Historicamente seus gastos têm estado abaixo da meta.
- Mês passado você gastou acima da meta.
- Você não revisou sua meta ao longo dos meses anteriores.
- Você estará acima da meta novamente este mês se sua tendência atual não mudar.

A inclusão da linha de meta permitirá que você obtenha mais contexto sobre os pontos de dados representados no gráfico. Uma linha de meta não precisa ser sempre linear; considere uma meta que tenha um aumento rápido e então um platô ou um crescimento tardio e depois um rápido aumento. Onde possível, você deve sempre tentar incluir uma linha de meta dentro de seus gráficos para entender os impactos dos pontos de dados sobre a empresa. Isso faz parte da linguagem de FinOps, como discutido no Capítulo 4.

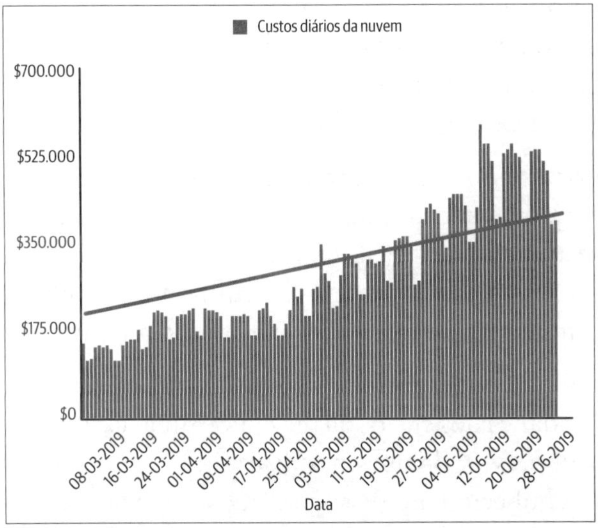

Figura 14.3: Gráfico de custos diários ao longo de alguns meses com a inclusão de uma linha de meta.

Variações no orçamento

Geralmente, quando a métrica difere significativamente do definido nas metas, é porque existe um problema. Para manter a consistência com o orçamento, as equipes devem levar a sério violações nas metas e reagir a mudanças no desempenho das métricas assim que possível.

Embora talvez não pareça importante as métricas estarem abaixo das metas, você deve sempre tentar definir suas metas no nível esperado. Isso criará confiança nos números que estão sendo monitorados e assegurará a inclusão de todos os detalhes na fase de definição da meta.

Às vezes as equipes precisam fazer escolhas, e essas escolhas podem afetar seus orçamentos. Vejamos um caso em que uma equipe está atrasada em um projeto.

Seu plano era implantar recursos de nuvem menores para ter custos baixos, mas a fim de fazer com que o projeto fique novamente dentro do prazo, eles decidiram implantar recursos maiores e concluir as atividades com mais rapidez. Isso resultará em uma violação das metas no curto prazo, mas trará para a empresa o benefício de o projeto ser entregue a tempo. Essa situação costuma ser classificada como *anomalia esperada*. A decisão de exceder o orçamento planejado é tomada antecipadamente para que um resultado desejado seja obtido para a empresa.

Uma *anomalia inesperada* ocorre quando as equipes implantam recursos com a expectativa de ficar dentro do orçamento e descobrem que a tendência é de que ele seja excedido. Normalmente, a anomalia inesperada significa que algo terá que mudar: será preciso alterar o que foi implantado ou mudar as metas definidas para a equipe.

Suponhamos, por exemplo, que novos recursos em seus produtos pudessem aumentar a interação do cliente com seus serviços, o que por sua vez aumentaria os custos. Se esse aumento nos gastos também aumentar seus ganhos, seria bom ver essa anomalia nos custos da nuvem. (Discutiremos a unidade econômica, um processo que permite rastrear os ganhos em relação aos custos, no Capítulo 26.)

Você também tem que poder rastrear anomalias que talvez não resultem diretamente em uma mudança dos custos da nuvem. Se uma das equipes começar a usar uma nova oferta de serviço da nuvem, substituindo a que normalmente é usada, você pode tomar conhecimento disso por meio de relatórios de anomalias que mostrem o custo do serviço ofertado na nuvem. As anomalias apresentadas nesse relatório podem ser muito significativas para empresas que demandem validação — por razões de segurança ou conformidade — antes do uso de novos serviços.

Rastrear suas otimizações de custos permitirá que você identifique alterações inesperadas no desempenho da otimização, o que pode indicar que parte de sua estratégia de FinOps não está sendo seguida corretamente. As anomalias apresentadas nos relatórios de otimização permitirão que a equipe de FinOps reaja cedo para manter as economias que a empresa espera obter. O uso de uma detecção de anomalias automatizada baseada em machine learning é essencial para a descoberta rápida dessas agulhas em seu palheiro de nuvem.

Usar menos *versus* pagar menos

Quando você sabe o que está gastando *versus* o que espera, a próxima pergunta óbvia é o que fazer quando exceder a previsão. Existem duas maneiras de reduzir a cobrança da nuvem, e para entendê-las melhor, revisitaremos como a nuvem faz a cobrança.

Abordamos como os provedores de nuvem fazem a cobrança no Capítulo 5. Lembre-se de que a fórmula básica dos custos da nuvem é *Custo* = *Uso* × *Taxa*. Para reduzir os gastos, você pode diminuir o volume de *uso* disponibilizado ou utilizar as ofertas de serviços de nuvem específicas do provedor para reduzir a *taxa* que paga pelos recursos.

Você pode reduzir o uso diminuindo o tamanho dos recursos provisionados (por exemplo, máquinas virtuais menores com menos CPU virtual [vCPU] e memória) ou desativando-os/removendo-os quando não forem necessários. Geralmente ganhamos uma redução na taxa estabelecendo um compromisso com o provedor de serviços de nuvem relacionado a um volume de uso por um período de tempo. Em resposta, o provedor reduzirá a taxa que você pagará por esses recursos.

Abordaremos as táticas e estratégias existentes para cada um desses dois níveis — redução de uso e de taxa — nos Capítulos 15 e 16.

Conclusão

A fase informar do ciclo de vida de FinOps o ajudará a saber em que nível as coisas *estão*. Quando você passar para a fase otimizar, definirá metas sobre até onde *espera chegar*. O uso dessas metas permitirá que a empresa se concentre nos itens que precisam de atenção.

Resumindo:

- Nem sempre a fase otimizar lida com redução de custos — seu objetivo é o gasto eficiente.
- As metas dão contexto para as métricas, permitindo que as pessoas saibam não só em que nível as coisas estão, mas também onde deveriam estar.
- Anomalias detectadas cedo podem ser resolvidas rapidamente, evitando surpresas na cobrança.
- Você pode reduzir os custos por meio da redução do uso ou da taxa.

Na redução dos gastos na nuvem, é importante saber o que é realmente necessário. Devemos sempre evitar reduzir os custos se isso prejudicar a inovação ou se afetar um projeto importante. É difícil reduzir os gastos na nuvem, mas vamos ajudá-lo dividindo o assunto nos dois capítulos seguintes.

CAPÍTULO 15

Usar menos: otimização do uso

Neste capítulo discutiremos uma das partes mais difíceis do ciclo de vida de FinOPs. A implementação cultural da redução do uso pode demandar muito tempo e trabalho. Se progressos rápidos na economia de custos forem seu objetivo, você descobrirá que comprar descontos baseados em compromissos — o que abordaremos no Capítulo 17 — é um caminho mais rápido para as reduções de custo. Ao contrário da compra de reservas, que podem trazer grandes economias nos custos sem nenhuma ação da engenharia, a redução do uso demandará que os engenheiros insiram o trabalho de otimização em suas sprints. Além disso, não há um objetivo mais imediato — apenas o de que será necessário mais esforço para que o trabalho seja feito.

Os provedores de serviços de nuvem lhe dirão que você pagará pelo que usar. No entanto, uma afirmação mais precisa seria a de que você pagará pelos recursos que provisionar, usando-os ou não. Neste capítulo, examinaremos os recursos implantados em suas contas de nuvem que não estão sendo usados ou cujo uso não está sendo eficiente.

A dura realidade do uso da nuvem

Quando você começar a priorizara otimização do uso, não se surpreenda se ouvir algo parecido com esta conversa:

> **Profissional de FinOps:** "Parece que você não está usando esses recursos. Precisa deles?"
>
> **Membro da equipe:** "Eles ainda estão aí? Esqueci-me deles! Vou excluí-los agora".

Nesse momento, talvez, compreensivelmente, você coloque a mão na testa em sinal de frustração. Você perceberá rapidamente que, se tivesse tido essa conversa antes, poderia ter economizado meses de pagamento por esse recurso.

Contudo, não é tão simples. Quando operamos em larga escala na nuvem, é quase certo que algum recurso será subutilizado ou esquecido. Ao ver as, aparentemente, ilimitadas opções de recursos da nuvem, muitos engenheiros tendem a escolher o recurso maior. Fazer essa escolha pode evitar que eles sejam procurados no meio da noite.

No entanto, pode ser difícil saber que recursos precisam de revisão. Como mencionamos, as equipes precisam ter as métricas certas para conhecer os requisitos de sua aplicação. Elas também precisam conhecer as razões da empresa para que os recursos sejam dimensionados e operados da maneira como o são. FinOps só é eficaz nas empresas porque demanda que todos os grupos de uma organização sigam um fluxo de trabalho consistente e trabalhem juntos para colocar as recomendações em ação.

Com a utilização de fluxos de trabalho de redução do uso, você perceberá que há oportunidades de fazer economia onde anteriormente estava desperdiçando dinheiro, ou os recursos estavam sendo superdimensionados, e poderá evitar que no futuro ocorram desperdícios no uso da nuvem. Examinaremos o que constitui o desperdício, maneiras de detectar os recursos que precisam ser investigados, métodos de redução do uso, como fazer as equipes implementarem mudanças e a maneira correta de rastrear seu progresso.

A redução do uso em larga escala requer mudança cultural. Não é uma correção feita uma única vez e sim um ciclo contínuo de escolha de recursos dimensionados apropriadamente e eliminação do superprovisionamento. A redução do uso requer que os engenheiros considerem o custo como consideram a memória ou a banda larga: como outro KPI de implantação. Eles verão com muita rapidez que vale a pena pensar no custo como uma métrica de eficiência.

Geralmente cortar pela metade o tamanho de um recurso economiza 50% do custo — ou, no caso de um recurso não usado, como um volume de armazenamento em bloco não anexado ou uma instância ociosa, a economia é de 100%. Um dos benefícios da natureza variável e sob demanda da nuvem é que você pode redimensionar qualquer recurso — ou parar totalmente de usá-lo — sempre que quiser. Com opções de redução de taxas podemos fazer economias adicionais em recursos dimensionados de maneira correta que sejam usados consistentemente, o que será abordado no Capítulo 17.

Inicialmente, a redução do uso tende a ser retroativa. As equipes examinam e limpam sua infraestrutura para assegurar que haja um conjunto de recursos totalmente utilizado. Em práticas mais maduras, os engenheiros consideram o custo proativamente em revisões de arquitetura antes da implantação e o consideram ativamente quando escolhem recursos de nuvem na fase inicial. Nas fases posteriores é criada uma nova arquitetura para as aplicações visando o uso de mais ofertas nativas da nuvem.

O objetivo não é tomar a decisão perfeita. É tomar a melhor decisão possível conforme o contexto e os dados e depois fazer reavaliações com frequência. Um recurso bem dimensionado não permanecerá nesse estado indefinidamente, à medida que o código e a carga evoluírem com o tempo.

Histórias da nuvem – Mike

Na Atlassian, Mike viu uma grande mudança desde a primeira edição do livro:

> Quatro anos atrás, a prática de FinOps era vista como algo que demandava tempo dos engenheiros e que geralmente apenas os atrapalhava. A prática amadureceu e se tornou mais integrada com a engenharia quando passou a ser parte importante do fornecimento de software na nuvem. A FinOps Foundation também viu a associação de pessoas com cargo de engenheiro crescer consideravelmente nos últimos anos. Antes de FinOps ser um termo estabelecido, dizíamos para os engenheiros, "Estamos tentando executar a prática de FinOps ou a otimização de custos", e eles não sabiam o que isso significava. Agora eles ouvem os termos e sabem o que estamos tentando fazer. As equipes eficazes de FinOps participam como parceiras e não como intrusas. Elas melhoraram sua habilidade de falar de forma mais amena e colaborar com os engenheiros em vez de apenas procurar culpados quando ocorre desperdício.
>
> Em nosso treinamento de FinOps na Atlassian, fazemos um exercício em que examinamos dois modelos diferentes. Primeiro, realizamos conversas com uma abordagem exigente e em busca de culpados (por exemplo, "Você está fazendo algo errado"). Alternativamente, exibimos dados sem culpabilização e discutimos as razões para eles estarem indicando subutilização. O exercício deixa claro que o objetivo não é apenas encontrar desperdícios, e sim trabalhar e colaborar, tentando primeiro entender.

De onde vem o desperdício?

O que chamamos de *desperdício* é qualquer uso pago ou parcela de uso pago que poderia ter sido evitado pelo redimensionamento ou pela redução do número de recursos para o melhor atendimento das necessidades da aplicação.

Quando os recursos de nuvem são implantados, geralmente seus requisitos de capacidade não são totalmente conhecidos ou bem entendidos. Isso ocorre com quase todo mundo nos primeiros dias da implantação.

Essa incerteza faz com que as equipes superprovisionem a capacidade para assegurar que não haja problemas de desempenho. O superprovisionamento de recursos na implantação inicial não é algo ruim. O interessante na nuvem é que ela nos permite implantar rapidamente e fazer ajustes posteriores. O que temos que evitar é implantar recursos e não monitorar seu superprovisionamento. É nessas situações que acabamos pagando mais do que deveríamos pelos recursos por um longo período.

O desperdício cresce quando as equipes não fazem a manutenção de seus recursos com base em métricas de utilização. É essencial monitorar continuamente os recursos em busca de superdimensionamento. Isso deve ser feito porque um serviço que esteja usando seus recursos corretamente no momento pode ter uma alocação excessiva no futuro após a implantação de um código de serviço mais eficiente. Até mesmo mudanças no comportamento do cliente podem resultar em requisitos de capacidade reduzidos.

Redução do uso pela remoção/movimentação

Pesquisas mostram que existem dois tipos de equipes de nuvem: as que se esquecem de alguns de seus recursos e as que fingem não ter se esquecido dos recursos. Em outras palavras, é muito comum os recursos serem esquecidos e deixados em contas na nuvem. Não suponha que foi de propósito ou por descuido quando identificar a mesma situação em sua empresa. O trabalho de engenharia tem muitas prioridades concorrentes, e nem sempre as ferramentas automatizadas que detectam desperdício são priorizadas pelos líderes. Ou seja, pode acontecer com todos nós.

> Você pode encontrar desperdício procurando áreas com custos muito estáveis e que usem recursos datados. "Antigo e inalterável" não é como a nuvem deve operar. Se o recurso permanecer sem uso por um longo tempo, provavelmente pode ser otimizado.

Simplesmente dizer para as equipes não se esquecerem dos recursos não resolve totalmente o problema. É possível que o recurso tenha sido criado por uma automação não configurada para removê-lo quando instruída a fazê-lo. Ou o recurso pode ter sido deixado no local intencionalmente pela equipe até uma data posterior não especificada, mas nenhuma ação de acompanhamento foi executada quando as prioridades mudaram. Alguns recursos também podem ser configurados para permanecer quando seu recurso pai for excluído, como os volumes anexados a um servidor, e quando da exclusão de certos recursos, o provedor de serviços de nuvem pode criar automaticamente um snapshot dos dados que ficará no local quer você precise dele ou não.

Um recurso perdido ou esquecido é o tipo mais fácil das equipes tratarem. A redução do uso nesse caso pode demandar apenas a exclusão do recurso, com economia de 100% de seu custo.

Outra conversa que costumamos ouvir é sobre a necessidade de manter dados armazenados dentro de um recurso. Geralmente, as equipes têm razões de conformidade para reter dados por períodos muito longos.

Mesmo se você precisar reter um volume não usado para esse fim, existem maneiras de reduzir o que está pagando. Por exemplo, os provedores de serviços de nuvem oferecem várias camadas de armazenamento, e não fará sentido pagar por dados em ofertas de armazenamento de preço mais alto se você puder movê-los para um recurso de "armazenamento frio" de preço mais baixo como o armazenamento do Azure Archive ou do AWS Glacier.

Considere criar uma política de retenção de dados que deixe claro para as equipes quais dados elas precisam manter e por quanto tempo. Quando a política de retenção for definida, as equipes poderão mover dados automaticamente para diferentes ofertas de armazenamento e excluí-los quando apropriado.

Redução do uso pelo rightsizing

Para redimensionar um recurso, você precisa ver quanto do recurso está sendo utilizado. Essa visibilidade deve incluir o uso de CPU, a memória utilizada, o thoughput de rede e a utilização de disco.

Quando fizer o rightsizing (dimensionamento certo), você não estará apenas otimizando para obter economia nos custos. Também precisará se assegurar de não afetar os serviços que as equipes estão operando. O principal objetivo das equipes em relação ao gerenciamento de serviços é assegurar que estes não fiquem sem a capacidade operacional requerida. Como resultado, não é raro elas resistirem à ideia de redimensionar recursos, principalmente os que suportem aplicações de produção.

Se as equipes precisarem parar de trabalhar no que estiverem fazendo para investigar o redimensionamento de seus recursos, podem ocorrer impactos reais no cumprimento de prazos. Você deve considerar esses impactos ao decidir se as equipes devem se concentrar em redimensionar recursos para reduzir custos. Geralmente existem alguns recursos de alto custo e um grande conjunto de recursos menores que forneceriam pouca economia. Sugerimos a definição de um ponto de corte (uma quantia mínima para a economia) abaixo do qual as recomendações de rightsizing poderão ser ignoradas. Esse limite deve ser revisado com frequência para termos a certeza de que permaneça conveniente. O objetivo é assegurar que o tempo gasto no rightsizing resulte em economias relevantes para a empresa.

Para evitar preocupações com o impacto causado nos recursos ou na automação no momento da implementação de mudanças de redimensionamento, é importante entender o papel que a equipe de FinOps desempenha no rightsizing. O objetivo da prática de FinOps é a colaboração entre equipes, e ela não deve ser executada independentemente pelo profissional de FinOps. É nesse momento que é crucial ocorrerem conversas, porque costuma ser impossível inferir o método que as equipes usaram na determinação do tamanho de seus recursos apenas examinando métricas.

A equipe central de FinOps existe para operar a análise automatizada do uso de recursos, fornecer relatórios sobre quais recursos parecem estar sendo subutilizados e oferecer programaticamente configurações alternativas mais eficientes. As equipes recebem então as recomendações de investigação dos recursos a fim de identificar alguma razão que impeça que eles sejam dimensionados de maneira correta para a obtenção das possíveis economias nos custos. É imperativo que as áreas de engenharia entendam que a equipe de FinOps não está tentando introduzir riscos ao desempenho e sim concentrando-se em reduzir seguramente a capacidade onde ela não oferecer benefícios para a empresa.

É essencial fornecer várias recomendações que sejam adequadas para a carga de trabalho aplicada sobre o recurso sem afetar o desempenho do workload. Um número maior de recomendações dará às equipes a oportunidade de encontrar um equilíbrio entre o risco envolvido na redução do tamanho do recurso e a possível economia. Ferramentas de FinOps nativas, open source ou de terceiros farão o trabalho pesado de fornecer essas recomendações, e as equipes de engenharia podem investigar o uso adicional de ferramentas de monitoramento do desempenho das aplicações.

Rick Ochs, Gerente Consultor de Produtos na AWS, compartilhou que é importante assegurar que as recomendações de rightsizing tenham alta qualidade, ajudando as equipes de engenharia a evitar horas de trabalho de validação para descobrir possíveis riscos, como cotas de contas, limites de anexação ou diferenças na velocidade de CPUs. Oferecer recomendações de rightsizing que sejam direcionalmente precisas, porém simples, pode fazer com que o tempo gasto pelas equipes de engenharia rejeitando recomendações seja maior do que os benefícios que o rightsizing pode fornecer.

Usando recomendações de alta qualidade para o rightsizing—as que não utilizam apenas o uso médio da CPU, mas também incluem I/O, throughput e memória, bem como não usam métricas de pico ou de média—você poderá diminuir o volume de trabalho necessário e aumentar o número de recomendações que poderão ser convertidas em economias relevantes nos custos.

Qualquer recomendação de rightsizing é uma oportunidade de conversar com alguém. Você precisa conhecer bem o esforço geral requerido para o rightsizing dos recursos existentes e assegurar que novas aplicações tenham o rightsizing desde o início.

Histórias da nuvem – Benjamin Coles

Benjamin Coles, Engenheiro Sênior de Desenvolvimento de Software em Cupertino, oferece este conselho para seus parceiros de engenharia:

> Para migrações, o paradigma lift and shift é um método rápido e questionável que nos permite inserir o máximo de coisas na nuvem sem pensar nos requisitos. Ele acaba se tornando um débito técnico adiado; esse é o processo em que postergamos a tomada de uma decisão difícil sem ver se algo pode ser ajustado.
>
> Não é a solução ideal no longo prazo; se tivéssemos tempo, refatoraríamos o código—faríamos da forma correta. Enquanto isso, o que podemos fazer como conquistas menores para tornar o processo mais aceitável? Se você estiver com o monitoramento ativado para sua instância de origem (bare-metal ou VM [Virtual Machine, ou máquina virtual]), examine a CPU/memória e veja quanto sua aplicação está usando. Em vez de utilizar a especificação da instância, você pode construir uma instância EC2 que tenha requisitos de desempenho semelhantes aos de sua instância.
>
> Por que isso importa? Na abordagem tradicional, quando usamos uma instância local, pagamos uma vez e não precisamos mais pensar nisso. No mundo novo da nuvem, cada subsistema é especificado em termos de custo de CPU e memória. Na nuvem, somos afetados por vários itens menores, já que a cobrança ocorre por I/O de armazenamento e de rede, e por qualquer outro serviço para o qual nos cadastrarmos. Mesmo se você quisesse se concentrar nos custos da instância, ignorando todos os subcustos relacionados, poderia ser feita uma economia muito grande.

> Por exemplo, se você tivesse 100 sistemas com 16 núcleos e 128 GB de RAM, isso seria equivalente a uma instância c6g.4xlarge, cujos preços vão até $0,544 por hora ou aproximadamente $476 mil por ano. Reduzir o tamanho de sua instância pela metade gerará uma instância c6g.2xlarge ao custo de $0,272, ou a uma taxa de execução anual de $238 mil. O que é bom nesse modelo é que você deve ganhar o apoio da equipe financeira por reduzir as despesas operacionais, e será ainda melhor se conseguir fazer o mesmo novamente ao começar uma nova implantação.

A história de Benjamin faz sentido principalmente se considerarmos que, durante a época em que construíamos recursos no datacenter, criávamos intencionalmente uma infraestrutura superdimensionada para permitir que os workloads crescessem ao longo dos cinco a sete anos em que permaneciam em operação. Era considerada prática recomendada padrão superdimensionar compras de hardware físico para evitar o incômodo de ser preciso comprar novamente se as aplicações fizessem o sistema ficar sem capacidade já no meio da vida útil do hardware. Isso gerava o resultado comum de utilização muito baixa do hardware, com média de um único dígito em datacenters físicos. Se usarmos a migração lift-and-shift com exatamente a mesma CPU e memória utilizadas no datacenter, manteremos o superdimensionamento sem nem mesmo sabê-lo. Uma abordagem alternativa, se você não puder examinar a utilização imediatamente, seria usar, por padrão, um tamanho um pouco menor na nuvem e resolver os problemas de desempenho quando estes surgissem. Essa abordagem pode ajudar a melhorar a eficiência do controle de custos na migração lift-and-shift se a engenharia conseguir identificar facilmente problemas de desempenho, mas ainda não puder ver o custo.

Erros comuns do rightsizing

Raramente o rightsizing é tão simples quanto parece à primeira vista. Existem muitos detalhes a serem considerados, e vários erros comuns são cometidos repetidamente por iniciantes na otimização da nuvem.

Confiar em recomendações que usem apenas médias ou picos

Na verificação do workload existente em um recurso (como uma instância de servidor), é crucial assegurar que você não esteja examinando apenas os valores de média e pico das métricas. Se usar médias ou picos, pode ter a impressão errada.

Não é uma questão simples levar em consideração mudanças e picos na utilização e aplicar um modelo estatístico que descreva o tamanho mais apropriado para o recurso. A maioria das ferramentas que vimos usa algum tipo de regra geral com base apenas nas médias de utilização ao longo de uma série temporal e então recomenda o tipo de recurso de menor tamanho possível. Outras ferramentas recomendam aumentar o tamanho para qualquer pico que elas veem, não importando a razão.

Por exemplo, se compararmos os dois gráficos de uso da Figura 15.1, ambos têm uma estatística de uso médio da CPU de 20% de utilização por hora. No entanto, empregando a métrica de uso médio da CPU, não temos como saber se o uso da CPU era de 20% o tempo todo (como mostrado no gráfico da direita) ou se estava atingindo quase o máximo durante um quinto do tempo e quase o mínimo nos quatro quintos restantes (como mostra o gráfico da esquerda). O redimensionamento dessas instâncias para uma instância de servidor com metade da capacidade de CPU afetaria o desempenho da instância da esquerda durante seu pico de uso da CPU. Não importa se você verificar por dia, por hora ou até mesmo por minuto. As médias não contam a história completa do que está ocorrendo na instância.

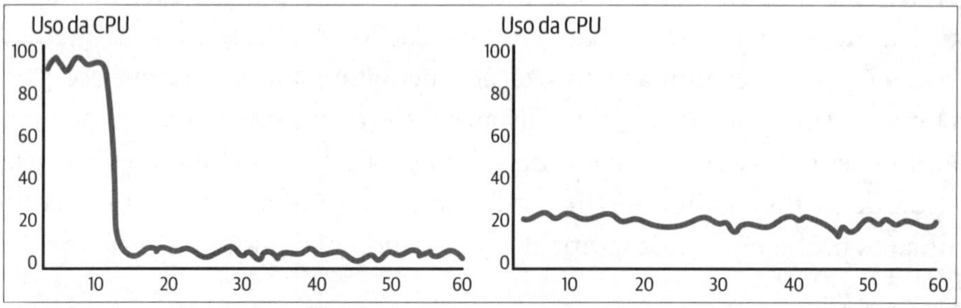

Figura 15.1: Gráficos mostrando dois workloads de CPU: um tem um pico curto acima de 90% e depois permanece com menos de 10% no que resta da hora, enquanto o outro fica consistentemente em 20%.

Usar apenas a média de utilização pode levar a dois resultados. No cenário mais comum o engenheiro percebe que a recomendação está totalmente errada e a iniciativa de economia de custo termina. A equipe chega à conclusão de que desperdiçou muito tempo e sua implantação ainda está custando mais do que deveria.

O outro cenário é bem pior. Um engenheiro menos experiente poderia seguir em frente e executar a ação da recomendação. Durante horas ociosas, e até mesmo horas de uso médio, provavelmente a nova configuração do recurso não apresentará problemas. Contudo, quando ocorrer um pico ou uma alteração regular, os problemas surgirão. Demandas de uso do recurso o pressionarão para além de suas capacidades. O desempenho começará a piorar e poderemos ver até mesmo algum tipo de falha. Qualquer possível economia nos custos será em grade parte superada pelo risco gerado para a empresa.

Dimensionar todos os seus workloads com o tamanho máximo — ou para picos — também pode ser um erro. Em um mês típico de uso da VM pela empresa, várias atividades ocorrerão nesses workloads: patching, manutenção, implantações, backups e tarefas semelhantes. Embora qualquer uma dessas atividades possa levar o uso da CPU a um pico, isso não significa que você deva aumentar imediatamente o tamanho ou confiar em uma recomendação que sempre dimensione sua instância para cobrir um pico de uso. Até mesmo reinicializações comuns do sistema operacional levarão a utilização da CPU a 100%. Isso seria como jogar fora seu notebook e comprar um mais rápido sempre que você executasse uma inicialização, porque atingiria 100% de utilização da CPU. É preferível usar um método de dimensionamento que remova um pequeno número de picos do rightsizing, e no qual picos transitórios devido a patching, manutenção ou outros comportamentos não levem a aumentos no tamanho, somente a uma utilização sustentada por mais de 1 ou 5% do tempo durante uma semana. O ideal é que você use recomendações de rightsizing que levem isso em consideração empregando cálculos de percentil.

Suponhamos que você estivesse usando um produto de rightsizing que só fosse ativado no pico de uso, e descobrisse uma vulnerabilidade maior na segurança que demandasse que um patch grande fosse instalado em todo o grupo de instâncias da empresa. Suas recomendações de rightsizing solicitariam erroneamente que o tamanho de todos os recursos fosse aumentado.

– Rick Ochs, Gerente Consultor de Produtos na AWS

Não fazer o rightsizing para além da computação

As pessoas preferem direcionar os esforços primeiro para as economias obtidas com computação, mas o rightsizing precisa ser estendido para além da computação a fim de que você possa englobar o cenário mais geral dos custos da nuvem. Problemas de utilização podem ser vistos em qualquer lugar, mas dois locais específicos que vale a pena mencionarmos são em servidores de banco de dados como o RDS (Relational Database Service), o SQL gerenciado, o disco gerenciado da Azure, o Cloud SQL e armazenamentos como o EBS (Elastic Block Store) e o Google Cloud Persistent Disk. Se você não estiver considerando serviços não relacionados à computação, como os de bancos de dados e armazenamento, está deixando de gerar muita economia.

Não considerar a "estrutura" de seu recurso

As decisões de rightsizing não devem se restringir a uma única família de computação. Cada provedor de nuvem tem várias famílias de computação especializadas, e você deve escolher uma que atenda à estrutura de recursos de seu workload. Dentro da AWS e da Azure, essas famílias são oferecidas em estruturas fixas com determinado número de núcleos de CPU, uma quantidade de memória específica e possivelmente outros recursos como a rede rápida. Por exemplo, seu workload poderia demandar quatro núcleos e 3 GB de memória e ter sido transferido para a nuvem para ser executado em uma instância r6i.xlarge na AWS. Essa configuração tem o número certo de núcleos, mas contém muita memória. Se em vez disso a migração fosse feita para uma instância c6i.xlarge, isso não só reduziria o custo em mais da metade como também forneceria a estrutura correta, mantendo a computação consistente e reduzindo a memória. A maneira como a computação no Google Cloud é comprada nos permite selecionar uma combinação de CPU e memória em vez de ser preciso fazer a escolha em uma longa lista de configurações de instância predefinidas. Você também pode descobrir que certas famílias de instâncias têm CPUs mais rápidas, o que às vezes permite diminuir o número de núcleos, ou, alternativamente, encontrar CPUs mais lentas, que são oferecidas a um preço mais baixo. Sendo cuidadoso com as famílias de instâncias que pretende escolher, você pode obter economias adicionais que não fiquem apenas na escolha da contagem correta de CPU e memória.

Não simular o desempenho antes do rightsizing

Suas equipes podem ficar preocupadas com cortes (impacto sobre o desempenho quando da redução dos recursos de um servidor) e isso pode levar a tomadas de decisão abaixo do ideal. No entanto, se houver uma maneira de prever como uma recomendação afetará a infraestrutura, as equipes poderão fazer escolhas melhores para otimizar sua nuvem. Antes de começar uma etapa de rightsizing, você deve se certificar de visualizar o impacto de cada opção e considerar várias recomendações quando aplicadas às famílias de computação. Dessa forma, poderá avaliar a probabilidade de haver cortes (veja a Figura 15.2) e levar esse risco em consideração em comparação com as economias obtidas. Sem essa etapa, você pode ser conservador demais (economias limitadas) ou muito agressivo (queda/falha no desempenho).

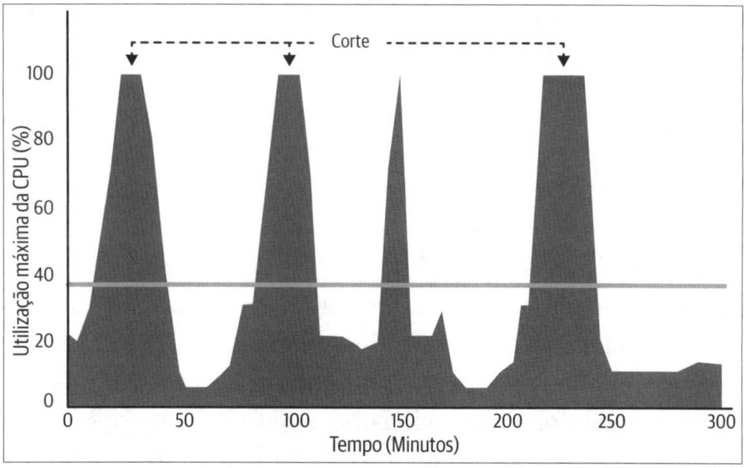

Figura 15.2: O redimensionamento com base em médias causará cortes.

Hesitar devido à incerteza sobre instâncias reservadas

Algo comum que ouvimos as equipes dizerem é, "Não quero fazer rightsizing porque ele pode afetar a cobertura dos compromissos e causar desperdício". Houve uma época em que essa era uma preocupação válida e era necessário cuidado. Contudo, isso não ocorre mais. Atualmente todos os três provedores de nuvem têm várias opções que fornecem muito mais flexibilidade e nos permitem fazer rightsizing com confiança. Ao usar reservas que tenham flexibilidade, você poderá ajustá-las caso sejam afetadas pelos seus esforços de redução do uso. Abordaremos esses conceitos de flexibilidade nos capítulos 16 e 17.

Indo além da computação: dicas para o controle dos gastos na nuvem

Embora os recursos computacionais constituam a grande maioria dos gastos em muitas cobranças de nuvem, existem otimizações de uso que devemos considerar para abranger outros serviços que normalmente podem ser otimizados. Examinaremos aqui alguns exemplos de outras áreas de foco dos serviços de nuvem.

Armazenamento em blocos

Algo que está intimamente relacionado às instâncias de computação em nuvem são os dispositivos de armazenamento em blocos que são anexados a elas. Se considerarmos os três grandes provedores de serviços de nuvem, os serviços de armazenamento em blocos são o Elastic Block Store (EBS) da AWS, o disco gerenciado da Azure e o Persistent Disk do Google Cloud.

Livre-se de volumes órfãos

A principal característica do armazenamento em blocos é que o volume persiste depois de as instâncias de computação serem interrompidas. Isso é bom para a retenção de dados, mas será ruim se você estiver pagando por um armazenamento que não seja mais necessário. Os volumes não usados são chamados de *desatachados* ou *órfãos* e estarão marcados como *disponíveis* se você verificar seu status. Esses volumes não podem receber nenhum tráfego sem uma instância de computação atachada, logo, são inúteis no estado em que se encontram. Uma excelente primeira etapa para a economia de dinheiro é livrar-se deles.

Uma opção seria simplesmente encerrar o volume desatachado, mas você só deve fazer isso se tiver certeza de que os dados nunca serão necessários. Para se certificar, veja quando o volume foi atachado pela última vez. Caso tenha sido atachado meses atrás, há uma boa chance de que você não precise mais dele. Isso é aplicável principalmente para ambientes de produção. Alguns provedores de nuvem permitem deixar o armazenamento em bloco disponível quando uma instância de computação spot é removida, portanto, antes de fazer algo, é preciso ter certeza de que você não precisará de retenção para esses dados.

> Existe uma ótima história sobre como a exclusão de um volume desatachado de nove anos criou um problema de produção que pode ser ouvida no Episódio 13 (*https://oreil.ly/QL7I3*) do podcast FinOpsPod chamado "FinOops: Lessons Learned the Hard Way". Você pode escutá-lo no Spotify (*https://oreil.ly/pmwT6*) ou no Apple Music (*https://oreil.ly/c1nkU*).

Uma abordagem mais cuidadosa seria primeiro criar um snapshot do volume e depois encerrá-lo. Os snapshots são sempre mais baratos do que o volume original. Eles descartam espaços em branco, compactam os dados e ficam em camadas de armazenamento mais baratas, como as do S3 da AWS ou do Cloud Storage do Google Cloud. Se você precisar restaurar o volume, poderá fazer isso a partir do snapshot.

Tente ter throughput zero ou IOPS zero

Após se livrar dos volumes desatachados, procure volumes atachados que não estejam fazendo nada. Geralmente eles são encontrados quando as instâncias associadas estão desativadas e os volumes são esquecidos. Para descobri-los, examine o throughput de rede e as IOPS (Input/Output Operations per Second, ou operações de entrada/saída por segundo) do volume. Se não houver nenhum throughput ou operação de disco nos últimos 10 dias, provavelmente o volume não está sendo usado.

Torne prioritário o gerenciamento dos custos de seu armazenamento em blocos

Com os volumes de armazenamento em blocos, você pagará por dois atributos essenciais: armazenamento e desempenho. O armazenamento é cobrado por gigabyte armazenado, com uma taxa baseada no local e no tipo de volume. No caso do desempenho, quanto melhor ele for, mais caro será, seja em termos de IOPS ou de throughput. Surpreendentemente, os volumes costumam ser ignorados na otimização de despesas de nuvem.

Reduza o número de volumes com mais IOPS

Volumes com garantias de mais IOPS (por exemplo, volumes de IOPS provisionados na AWS ou discos premium na Azure) não são baratos e é relativamente fácil mudá-los. Usar métricas de histórico na localização de discos subutilizados e fazer com que os engenheiros os mudem onde possível pode reduzir muito os custos dos discos.

Beneficie-se de volumes elásticos

Se você usar o AWS EBS, poderá aumentar o tamanho do volume, ajustar o desempenho ou mudar o tipo de volume enquanto ele estiver sendo usado. Isso pode ser feito enquanto uma aplicação estiver direcionando I/O ativamente para o volume. Não é necessária uma janela de manutenção ou tempo de inatividade. Haverá o benefício de uma grande economia nos custos porque você não precisará mais superprovisionar seu armazenamento. As áreas de engenharia costumam estar mais abertas a recomendações que não demandem tempo de inatividade porque assim elas não precisam lidar com tíquetes de mudança, janelas de tempo de inatividade ou o risco de ter que criar outro tempo de inatividade se quiserem reverter a mudança de tamanho.

Armazenamento de objetos

Com frequência chamados de *armazenamento ilimitado*, os serviços de armazenamento de objetos têm grandes probabilidades de serem o local em que ficarão quase todos os seus dados. Esses serviços incluem o S3 da AWS, os buckets do Cloud Storage, fornecido pelo Google Cloud, e o Blob Storage da Azure.

Implemente políticas de retenção de dados

A facilidade de armazenar dados em serviços de armazenamento de objetos e o fato desses data stores serem teoricamente ilimitados facilita o armazenamento de dados indefinidamente pelos engenheiros. No datacenter, o espaço disponível em disco era uma restrição, e políticas de retenção de dados precisavam ser implementadas para evitar o crescimento ilimitado do armazenamento. A migração para a nuvem remove os desafios de disponibilização de capacidade de armazenamento, mas não deve remover a necessidade de políticas de retenção de dados.

Selecione uma camada/classe de armazenamento que combine com os dados

Por padrão, os dados enviados para serviços de armazenamento de objetos costumam ficar na classe de armazenamento padrão/hot. Geralmente o armazenamento padrão é a classe mais cara, porém tem mais disponibilidade e durabilidade. Classificar seus dados e selecionar a classe de armazenamento certa para cada tipo de dado pode economizar uma quantia significativa no armazenamento de objetos. Alguns provedores de serviços de nuvem fornecem classificação automatizada e seleção de classe de dados, como o Intelligent-Tiering da AWS.

Rede

Os custos de rede podem ser negligenciados, possivelmente devido ao fato de o tráfego de rede não ser um recurso nomeado, como uma instância de computação em nuvem ou um bucket de armazenamento de objetos. Existem algumas maneiras de otimizar os custos de rede, mas muitas demandam sólida colaboração com a equipe que gerencia a rede dentro da empresa.

Remova endereços IP não usados

É possível que sejam fornecidos endereços IP fixos pelo seu provedor de serviços de nuvem; quando esses endereços não estiverem associados a uma instância de computação sendo executada, eles podem ter cobrança por hora. A menos que a empresa tenha razões para manter endereços IP não usados, removê-los pode reduzir alguns gastos de rede.

Otimize as rotas da rede

Alguns provedores de serviços de nuvem oferecem estruturas de rede (como os endpoints de VPC da AWS) que permitem o acesso às suas APIs de serviços sem o uso de um endereço IP público ou de roteamento de tráfego por meio de serviços

NAT (network address translation, de conversão de endereços de rede). Utilizar essas estruturas de rede pode reduzir o custo da transferência de dados entre suas aplicações e os serviços de nuvem empregados.

Redução do uso por redesign

O método mais complexo de redução do uso é projetar novamente os serviços. Fazer as equipes de engenharia mudarem a maneira como o software é implantado, reescrever aplicações ou até mesmo alterar totalmente o software pode ajudá-lo a se beneficiar das ofertas nativas da nuvem.

Dimensionamento

Nem sempre mudar o tamanho de um recurso é a solução definitiva — os recursos podem ter utilização adequada durante as horas de trabalho, mas não fora delas. É claro que se você redimensionar a instância para que fique menor, durante as horas de trabalho ela terá uma utilização maior e provavelmente causará problemas de desempenho.

Talvez as equipes possam projetar serviços de produção que sejam mais nativos da nuvem, o que permitirá que elas se beneficiem da elasticidade que esta fornece. A abordagem mais comum é fazer os serviços aumentarem horizontalmente (isto é, provisionar mais recursos) durante períodos de maior atividade e trazê-los de volta ao dimensionamento anterior em horas que não forem de pico. O próprio serviço precisará suportar esse dimensionamento dinâmico, o que pode exigir projetar de novo o código da aplicação. Ou talvez não seja possível redimensionar, principalmente no caso de software proprietário.

Métodos modernos de construção de aplicações projetadas para serem mais baseadas em serviços, pouco acopladas, modulares e stateless em substituição às aplicações monolíticas estão ganhando força devido ao seu suporte na nuvem e em ambientes de contêiner, logo, a possibilidade de redimensionamento estará presente em mais aplicações no futuro.

Operações agendadas

As equipes costumam deixar os ambientes de desenvolvimento e teste sendo executados enquanto seus membros estão dormindo. Considere uma equipe de desenvolvimento centralizada geograficamente que esteja usando seus recursos por 40 a

50 horas por semana, sem usá-los nas mais de 118 horas restantes. Se eles puderem desativar os recursos de desenvolvimento durante aproximadamente 70% do tempo da semana, gerarão uma grande economia para sua empresa. Dependendo de onde uma equipe distribuída estiver localizada, haverá quase sempre 24 horas em que todos os membros estarão inativos em algum final de semana. Incentivar as equipes de engenharia a desativar recursos durante horas de inatividade permitindo que elas usem as economias em novos projetos ou esforços de engenharia pode ajudar a impulsionar a cultura de responsabilização pelos gastos na nuvem.

Fornecer para as equipes maneiras automatizadas de desativar recursos quando eles não forem necessários é o melhor método de assegurar que os recursos fiquem inativos fora das horas de trabalho. Abordaremos a automação posteriormente, em nossa discussão sobre a fase operar do ciclo de vida de FinOps.

Efeitos sobre as instâncias reservadas

Ouvimos com frequência a pergunta "E quanto às minhas reservas?". Se existirem reservas por compromisso, como SPs (Savings Plans), CUDs (Committed Use Discounts) ou RIs (Reserved Instances), sempre haverá a preocupação com mudanças no uso que as façam serem subutilizadas. Geralmente podemos evitar esse problema executando otimizações no uso antes de adotar otimizações de taxas como as de RIs ou CUDs.

Pode ser demorado implementar reduções no uso, e em geral leva mais tempo do que o inicialmente esperado. Quase todo dia ouvimos alguém dizer "Assumirei compromissos depois de limpar minha infraestrutura". Constatamos que em 9 entre 10 casos, a limpeza demora mais que o esperado — geralmente levando meses — e, durante esse tempo, a pessoa acaba pagando uma taxa sob demanda mais alta por recursos superdimensionados.

> *O rightsizing é algo muito pessoal e um processo longo. Os engenheiros trabalham duro na infraestrutura. Não é tão fácil quanto dizer "Bem, vou conseguir atingi-lo com uma instância maior ou menor". Fazer essas alterações requer ciclos de teste e esforços reais. Portanto, usamos a abordagem de que se pudermos centralizar as RIs e os compromissos, fazer bons investimentos e tentar obter bons números para a inatividade [desperdício] de RIs, acabaremos atingindo o rightsizing.*
>
> – Jason Fuller, HERE Technologies

As prioridades tendem a mudar, e periodicamente precisamos apagar incêndios. Você deve aceitar essas situações como fatos da vida e tentar obter alguma cobertura imediata de descontos baseados em compromissos, independentemente do volume de desperdício gerado. A estratégia que costumamos recomendar é começar pequeno, com algo como 20 a 25% de cobertura, aumentando lentamente com esforços de limpeza ocorrendo em paralelo. Veremos mais sobre a criação de uma estratégia eficaz para os compromissos no Capítulo 18.

A menos que você tenha adotado compromissos para cada pequena parcela de seu uso da nuvem, otimizações no uso ainda devem ser possíveis. Daqui para frente, você deve levar em consideração a quantidade de otimizações de uso disponíveis para sua empresa antes de adotar otimizações de taxas. A maioria dos provedores de serviços de nuvens permite algum nível de troca ou mudança de compromissos para o atendimento a novos parâmetros de uso. Com planejamento, você pode evitar ficar preso a compromissos incorretos e começar seus esforços de redução de uso modificando otimizações de taxas à medida que fizer alterações. Fazendo o rightsizing de suas instâncias com as diferentes famílias, deve ser possível aumentar a cobertura e reduzir o gasto com instâncias ao mesmo tempo. Você pode ajustar eficientemente seus workloads de um modo mais próximo do ideal encaixando mais instâncias dentro das RIs e descontos que já tiver comprado. É mais barato aplicar o rightsizing e descontos a seus workloads, talvez deixando alguma capacidade de desconto sem ser usada, do que ignorar o rightsizing por medo de se arriscar a ter descontos desperdiçados.

Benefícios versus esforços

Quando você estiver examinando recomendações de redução do uso, será essencial considerar as possíveis economias em relação aos esforços de engenharia e aos riscos a seus serviços de produção. Se o tempo necessário para a investigação e implementação das mudanças for maior do que a economia, pode ser melhor ignorar essas recomendações. O ideal é que você exclua por filtragem recomendações de baixo valor e/ou alto risco.

Um dos membros da FinOps Foundation faz sua equipe examinar seus gastos na nuvem em termos de horas de engenharia. Eles consideram em quantas horas de engenharia a quantidade de economia esperada resultaria. Se puderem economizar 1.000 horas de engenharia usando apenas 3 horas de engenharia para capturar essa economia, eles farão o trabalho. Se economizarem apenas 5 horas de engenharia, não será tão interessante.

Pensar na economia em termos de horas de engenharia ajuda as equipes a considerarem a economia gerada como um possível novo engenheiro na equipe. Quanto maior for o número de horas de engenharia economizadas, maior será a probabilidade de aprovação de membros adicionais.

Não aconselhamos fazer alterações sem primeiro investigar seu impacto. Às vezes as equipes fazem alterações — ou pior, definem automações para forçar o redimensionamento de recursos — sem conhecer seus impactos. Isso pode levar a problemas de produção para os serviços.

Antes de investir tempo na execução de alterações para reduzir o uso, as equipes devem determinar a possibilidade de reverter as alterações. Se você estiver esperando que o workload aumente nas semanas seguintes, e o tempo necessário para a diminuição no tamanho exija um aumento posterior quase imediato, essa não seria uma situação na qual investir tempo. Você também deve considerar outros projetos, examinando os benefícios que obteria com as alterações. Se só for lançar um novo serviço dias após redimensionar as instâncias que agora serão substituídas, mais uma vez, o tempo pode ser investido em outro local que traga mais benefícios para a empresa.

Embora a economia possa parecer pequena, principalmente em comparação com os custos totais da nuvem, é importante que você se lembre de que as economias se acumularão com o tempo. Ao remover um recurso desnecessário, você evitará ser cobrado por ele em cada cobrança mensal.

Computação serverless

A *computação serverless* é um modelo em que o provedor de nuvem executa o servidor e gerencia dinamicamente a alocação de recursos de máquina. O preço é baseado nas atividades reais executadas em vez de unidades de capacidade compradas antecipadamente.

Isso remove muitos dos problemas de não utilização ou subutilização discutidos anteriormente neste capítulo. Com a abordagem serverless, você pagará apenas pelo que estiver usando ativamente. Em geral não é comum recursos não usados ficarem abandonados. As arquiteturas serverless costumam estar prontas para processar solicitações com muita rapidez, em comparação à inicialização de novas instâncias de servidor e à implantação de softwares quando necessário.

A migração para o ambiente serverless não é gratuita, e é claro que não é a solução definitiva para o problema do desperdício. Recentemente aconteceu um saudável debate dentro da FinOps Foundation sobre a melhor maneira de prever e comparar os custos da abordagem serverless para uma aplicação versus os custos de sua arquitetura atual com uso intenso de computação. Vários métodos excepcionais foram sugeridos, e a discussão acabou mostrando o quanto a prática ainda está em evolução.

Para concluir, a dificuldade do desenvolvimento de um plano de migração para o ambiente serverless está na execução e tem pouca relação com economias de custo. Uma recomendação de migração de uma grande instância de servidor para muitas execuções serverless concorrentes seria insignificante, já que a economia obtida nos custos será muito pequena em comparação ao esforço da engenharia para colocar a recomendação em prática. Na maioria dos casos, não faz muito sentido se preocupar com a previsão ou otimização da computação serverless, porque o custo real não está na cobrança de nuvem e sim na remodelagem das aplicações. Resumindo: a computação serverless pode ser barata, mas o mesmo não ocorre com a refatoração exigida por esse ambiente. Portanto, ela costuma ser uma opção melhor para projetos em fase de planejamento em vez de para aplicações existentes.

No entanto, existe um ponto de vista totalmente diferente a partir do qual você pode avaliar a computação serverless: o do *TCO (Total Cost of Ownership)*, ou o custo das equipes de engenharia responsáveis pela construção da solução, e o impacto do tempo de lançamento no mercado sobre o sucesso e a lucratividade do serviço. Lembre-se de que a computação serverless nos permite delegar muitas responsabilidades para o provedor de nuvem. Tarefas com as quais normalmente os engenheiros de DevOps lidariam (gerenciamento do servidor, dimensionamento, provisionamento, patching etc.) passam a ser responsabilidade da AWS, do Google Cloud ou da Azure, o que deixa as equipes de desenvolvimento livres para se concentrar na entrega mais rápida de diferentes recursos.

Com muita frequência — até mesmo neste livro — o foco é direcionado para o custo da própria infraestrutura. Contudo, na verdade o maior custo do desenvolvimento de softwares é o relacionado às pessoas. Considere isso com atenção ao examinar os dois lados do argumento da computação serverless. O custo relacionado às pessoas (por exemplo, salários) pode tornar inválida qualquer economia na infraestrutura quando você estiver avaliando uma migração de uma aplicação monolítica para uma serverless. Voltando aos benefícios versus esforços, você deve considerar a relação entre o custo geral de projetar novamente os serviços para o ambiente serverless e a possibilidade de redução de custos.

Todavia, quando você estiver construindo um novo serviço serverless a partir do zero, a economia nos custos relacionados às pessoas pode ser significativa. Lembre-se de que a computação serverless pode tanto acelerar o tempo de lançamento no mercado (evitando que você precise reconstruir funcionalidades que já estão disponíveis) quanto reduzir drasticamente requisitos de operações contínuas. Esses benefícios permitem redirecionar recursos para a construção de produtos em vez de para a manutenção de servidores.

A discussão sobre a computação serverless — como em tudo que está relacionado a FinOps — deve ser baseada no objetivo de FinOps: não se trata de economizar dinheiro e sim de fazer dinheiro. Na cobrança de nuvem, a computação serverless pode ser mais cara para certas aplicações e economizar dinheiro para outras. O custo real gerado para obter essas economias será o relacionado às pessoas, mas o benefício obtido com a computação serverless pode ser o de um tempo mais curto de lançamento de produtos no mercado. E quando se trata de vantagem competitiva, os custos de oportunidade são mais importantes que os outros custos.

Nem todo desperdício é perda

Se você começar a gritar com todo mundo que tenha recursos que pareçam estar superdimensionados, suas equipes acabarão gritando de volta. (É claro que, quando executamos a prática de FinOps, não precisamos gritar porque existem colaboração, confiança e processos com os quais as equipes concordaram). A prática bem-sucedida de FinOps se beneficia do valor de equipes multifuncionais conversando umas com as outras. Entender que existem razões válidas para o superdimensionamento de recursos pode mudar a linguagem e o tom usados para promover o rightsizing. Muitos líderes financeiros têm criado conflitos com o líder de engenharia por levar a um funcionário do nível executivo uma lista de recursos superdimensionados, alegando desperdício crescente e disseminado.

> Nem sempre é mais importante corrigir ineficiências. A decisão de priorizar o tratamento de desperdícios versus o que mais puder ser priorizado tem que ser tomada pelo líder de engenharia. As pessoas que tomarem essas decisões devem fazê-lo a partir de informações sólidas e do conhecimento tanto do ambiente de nuvem quanto das prioridades da empresa. As oportunidades de economia devem ser comunicadas de maneira a receber o mesmo peso na comparação com prioridades concorrentes.

> Onde desperdícios sistêmicos estiverem sendo conscientemente discutidos, tente criar uma maneira de excluí-los por filtragem (o ideal seria usar algum limite de tempo para que eles sejam revisados posteriormente) a fim de que não gerem ruído e ofusquem as verdadeiras oportunidades. O processo de excluir itens da revisão também deve ter supervisão.

Até que você tenha uma confirmação dada pelas equipes responsáveis pelo recurso, não poderá ter certeza de que não existe uma razão válida para o superprovisionamento. O importante é que alguém se dedique a investigar por que o recurso foi superdimensionado e faça ajustes no tamanho ou forneça contexto para a razão do recurso ter sido dimensionado dessa forma. É por isso que devemos descentralizar a redução do uso para as equipes responsáveis por cada aplicação. Embora uma equipe centralizada de FinOps possa ajudar a fornecer recomendações e melhores práticas para o rightsizing, a ação final precisa ser responsabilidade do desenvolvedor da aplicação ou do serviço.

Uma razão válida para o superprovisionamento seria a recuperação de desastres por hot/warm site. Um recurso é dimensionado para permitir que tráfego de produção seja movido para ele com rapidez, e as metas de tempo de recuperação do serviço da equipe são atingidas. Outra razão poderia ser serviços que precisem de capacidade adicional em caso de falha. Durante a operação normal diária, o serviço não precisará do tamanho adicional. No entanto, ele será necessário em caso de falha.

Até mesmo equipes que tenham feito todas as otimizações podem ter surpresas. Com frequência oportunidades de otimização aparecem por meio de fatores externos que não são controlados pela equipe. Uma queda no preço, a melhoria do desempenho, o lançamento de um serviço, uma alteração na arquitetura ou um evento semelhante pode tornar necessário otimizar ou dimensionar corretamente. Mesmo assim a equipe tem poucas chances de prever esses eventos ou de se planejar para eles. Logo, não é totalmente correto dizer que foram feitos progressos devido a fatores externos.

Não se esqueça de que o objetivo de FinOps é a colaboração entre equipes. Redimensionar recursos sem o envolvimento das equipes que os gerenciam pode resultar em problemas para os serviços e também para futuros esforços de otimização.

> A menos que a integridade e o desempenho da aplicação recebam prioridade maior que a economia, as equipes de engenharia tenderão a considerar o rightsizing com ceticismo. Se as recomendações de rightsizing focadas no desempenho forem confiáveis e aceitas, você verá seu nível de aprovação começar a crescer.

Seu fluxo de trabalho de otimização do uso deve permitir que as razões sejam rastreadas. Você pode usar um sistema de tíquetes para defini-lo — e para registrar as comunicações e investigações. Um sistema de tíquetes também permitirá que você rastreie as ações com passar do tempo e verifique as tarefas que estão pendentes, além de seu status atual.

Onde houver um estudo de negócio para o superdimensionamento de um recurso, ele não será mais classificado como desperdício. Quando a equipe responsável pelo serviço fornecer uma razão válida para seu dimensionamento, isso ajudará a criar um processo que marque o recurso investigado, removendo a recomendação de economia do rastreamento.

Lembre-se de que até mesmo apenas a investigação das oportunidades de economia que não sejam acionadas ou acionáveis pode ser uma chance importante para a equipe de FinOps trabalhar de maneira colaborativa com as equipes de produtos e aplicações, aprender mais sobre os ambientes das aplicações e criar confiança.

Amadurecimento da otimização do uso

A utilização de uma estratégia de melhoria gradual e incremental é um tema recorrente em FinOps, e também é aplicável à otimização do uso. Você não deve tentar resolver todo o desperdício que está ocorrendo no uso de uma só vez. Em vez disso, identifique o método de redução do uso com mais probabilidades de economizar o dinheiro da empresa. Nos estágios iniciais, geralmente isso tem relação com recursos ociosos.

Ao fazê-lo, você deve construir um relatório para mostrar à empresa o tamanho do problema e as possibilidades de economia. Em seguida, tente otimizar os 10 principais itens da lista e examine a eficácia de suas ações de engenharia. A existência desse feedback loop exibindo os resultados dos esforços feitos por sua equipe gerará confiança no processo e mostrará à empresa que esforços contínuos são um benefício.

Começar pequeno reduz os riscos para a empresa, porque muitas das estratégias que permitem a redução do uso demandam a alteração de recursos e/ou softwares que são usados para fornecer serviços para clientes. Diminuir o número de alterações nos processos reduzirá as chances de que elas possam ter um impacto maior sobre a empresa.

Sugerimos começar com as recomendações de menor impacto, como remover volumes e endereços IP não usados. Teste as recomendações de rightsizing em ambientes que não sejam de produção, e faça a empresa toda se acostumar com os benefícios de uso variável que a nuvem fornece ao alterar o tamanho dos recursos conforme as necessidades. Tal elasticidade oferecerá um enorme benefício para a empresa, mas só se ela puder integrar esse comportamento. Colocar em prática recomendações de rightsizing para volumes de armazenamento em blocos demanda a inexistência de tempo de inatividade e um risco muito baixo, e é outra ótima porta de entrada para o mundo do rightsizing. Não se esqueça do princípio 6 de FinOps, que diz que devemos *nos beneficiar do modelo de custo variável da nuvem*.

Fluxo de trabalho avançado: opte automaticamente por não usar o rightsizing

A parte mais difícil da otimização do uso é fazer as equipes assumirem reponsabilidades e executarem as ações necessárias. Somente as recomendações não o tornarão mais eficiente — é no fluxo de trabalho e na prática de implementar as alterações necessárias que as economias são realizadas.

Histórias da nuvem – Comunidade de FinOps

Este é um exemplo do mundo real de como uma empresa de biotecnologia da lista Fortune 500 implementa seus fluxos de trabalho de otimização avançados. A equipe de FinOps é responsável por liderar a migração completa para a computação baseada em nuvem (AWS e Azure) e tem responsabilidades globais pelas plataformas de nuvem, pela prática de FinOps, e pelos serviços de computação e datacenters locais.

A equipe se reúne de duas em duas semanas para rever o status de várias tarefas de otimização, discutir obstáculos e como superá-los e se planejar para otimizações futuras, como um rightsizing posterior, compras e conversões de RI, bem como tarefas semelhantes que são agendadas em um calendário compartilhado e carregadas em um momento posterior no rastreador de agendamento para planejamento das otimizações.

A Figura 15.3 mostra as tarefas de otimização atribuídas pelos responsáveis com uma codificação colorida associada baseada no progresso.

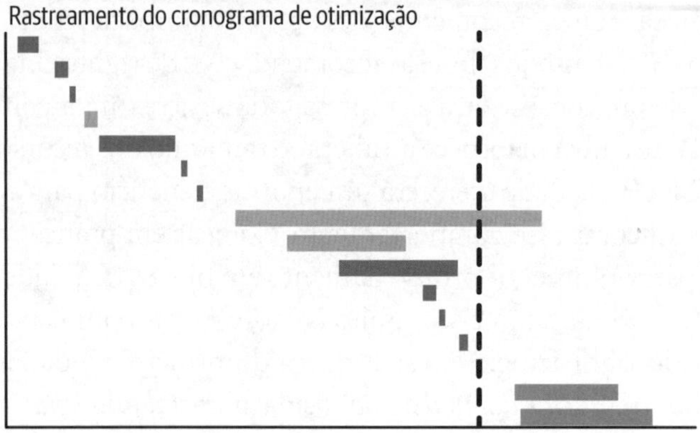

Figura 15.3: Rastreamento do cronograma de tarefas de otimização (A imagem colorida está disponível na página do livro em novatec.com.br/livros/cloud-finops/).

O processo de rightsizing da empresa é totalmente automatizado. Inicialmente, a equipe de FinOps lança scripts de rightsizing que levam à API de sua plataforma de FinOps. As recomendações são então consultadas na tabela, e uma solicitação de revisão de alteração é enviada para todas as instâncias não pertencentes à produção. Se a alteração for aprovada, um e-mail será enviado para os responsáveis pela aplicação, informando que eles têm uma oportunidade de economia por rightsizing.

Um fluxo de trabalho de automação (veja a Figura 15.4) foi desenvolvido e divulgado na empresa, o que fez com que todos confiassem no processo. Se o responsável por uma aplicação optar por fazer o rightsizing, este será executado automaticamente na data e hora especificadas na divulgação. Quando a recomendação de rightsizing for executada, será publicado o custo evitado associado ao dimensionamento. Se as equipes optarem por não fazer o dimensionamento, os dados também serão consultados na tabela para a criação do que é chamado de *mural de não opção*. Em seguida, eles tentam entender melhor por que as pessoas podem ter optado por não realizar o processo.

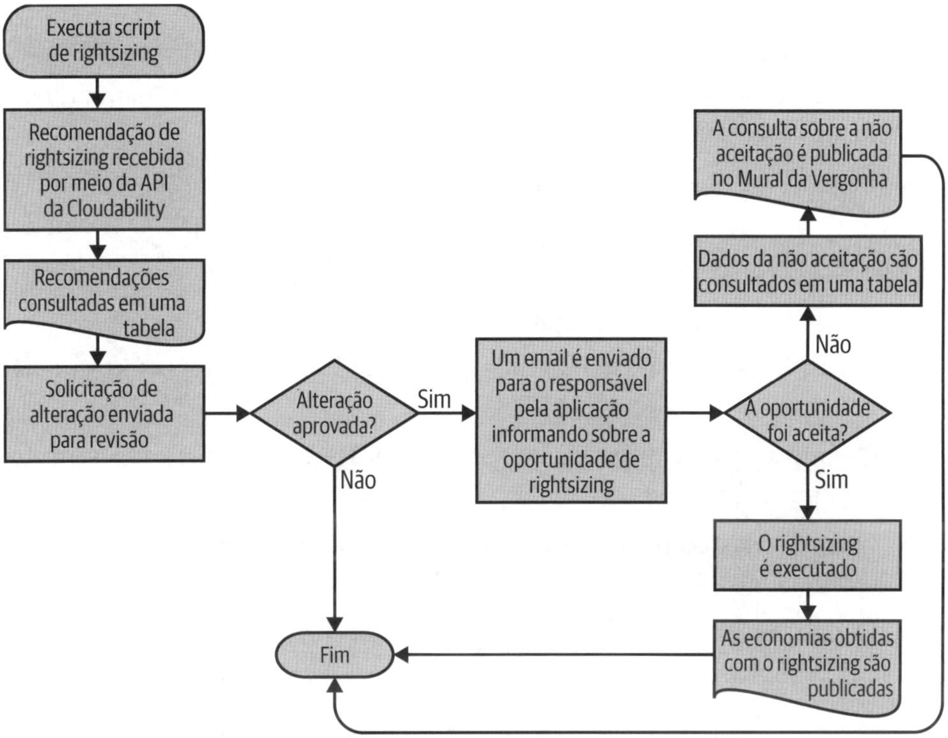

Figura 15.4: Fluxo de trabalho de rightsizing automatizado.

A Figura 15.5 mostra o exemplo de um e-mail que o responsável por uma aplicação pode receber quando houver um candidato ao rightsizing, com informações sobre a instância e a alteração e as economias recomendadas.

Hello,
Your AWS Instance has been identified as a possible candidate for rightsizing.
Instance ID: i-09876543as
Name: dev-test-01
Account: 1234-5678-9901
Current Instance Type: c5.16xlarge
Recommended Instance Type: m5.xlarge
If you do not opt out of this change the FinOps Team will apply this rightsizing recommendation
`on the 23-Sept-2009.
The rightsizing process is as follows:

- Stop instance
- Change the instance type
- Start instance

To opt out please visit the following link: https://finops.internal.example.com/rightsizing/opt-out
?InstanceID=i-09876543as

Thanks

Figura 15.5: Exemplo de notificação por e-mail para o rightsizing automatizado.

A automatização das alterações feitas em um ambiente é um processo avançado de FinOps e seria recomendada para práticas maduras. Você deve tentar pelo menos rastrear suas recomendações e fazer suas equipes implementarem manualmente as alterações necessárias.

Falamos anteriormente sobre usar tíquetes para rastrear recomendações de rightsizing, mas é preciso mais do que apenas monitorar feedback. O uso de um sistema de tíquetes deve permitir que você identifique:

- O número de investigações feitas nas recomendações
- Quantas das investigações acabam gerando economia versus as que não geram ações
- Quanto tempo, em média, as recomendações ficam esperando sem que haja movimentação
- Quantas das suas equipes estão executando ativamente as alterações recomendadas
- O tipo de feedback dado à recomendação, incluindo a justificativa da empresa ou a justificativa técnica para não fazer o rightsizing

> *Envie tíquetes para as equipes e use o JIRA para ajudá-lo porque é assim que os engenheiros fazem seu planejamento. Logo, se sua otimização estiver em um tíquete de desperdício de tipo X atribuído à equipe Y, ela terá que se planejar para resolver o problema ou fechar o tíquete com punição.*
>
> – Jason Fuller, HERE Technologies

Tíquetes atribuídos a um desenvolvedor responsável sempre funcionam melhor. A atribuição de tíquetes a membros da equipe geralmente os faz se sentirem mais responsáveis pelo desperdício de gastos.

> *Normalmente, alterações ou redimensionamentos pontuais de recursos que estejam sendo executados não são um padrão bem-sucedido. Em empresas que usam infraestrutura como código, a maneira certa de fazer correções é alterar realmente o código e reorganizar o ambiente, em vez de travar uma batalha contra o runtime, o que, na ausência de atualizações de código, apenas executará a reversão para a configuração ineficiente no momento da reorganização.*
>
> – Jason Rhoades, Intuit

Rastreamento de economias

Ao contrário do que ocorre com a otimização de taxas, não existem detalhes na cobrança de nuvem que mostrem a economia ou o desconto obtido com otimizações do uso. A menos que você tenha um processo que lhe permita atribuir diretamente a alteração em tamanhos de instâncias a seus esforços de redução do uso, será difícil rastrear os benefícios de todo esse trabalho árduo.

A otimização do uso também é conhecida como *custo evitado*, porque o único sinal de economia na conta é a falta de cobranças. Olhando a conta, você pode notar uma redução no uso e ficar tentado a considerá-la como economia obtida por seus esforços de otimização do uso. No entanto, só porque você recomendou que uma equipe redimensionasse um recurso, isso não significa que ela fará as alterações seguindo a recomendação. Alternativamente, você pode ver um aumento no uso de recursos ainda que as equipes estejam implementando as alterações de rightsizing recomendadas. E como se isso não bastasse, qualquer redução no uso pode ser ocultada pelo novo uso do recurso em outros projetos. Logo, será muito difícil mostrar as economias individuais feitas em seus recursos de nuvem.

> *Minhas equipes de FinOps usavam "miniestudos de negócio" para documentar todas as oportunidades de economia que identificavam. Podia ser idealmente algum tipo de tíquete, um pequeno documento ou até mesmo uma linha em uma planilha compartilhada. Documentamos cada oportunidade, seja ela uma opção de rightsizing, um recurso abandonado, uma modernização de VM, uma conversão de licença etc. Nós as documentamos e rastreamos com o passar do tempo para criar um registro das oportunidades recomendadas e tentamos saber quais foram executadas. É uma maneira importante de uma equipe de FinOps rastrear e quantificar suas atividades e justificar alegações de custo evitado no decorrer do ano.*
>
> – Rob Martin, Diretor de Aprendizado, FinOps Foundation

É fácil rastrear o impacto de algumas recomendações sobre o custo. Por exemplo, as instâncias r5 da AWS custam 45% menos que as instâncias r3. Você desperdiça dinheiro todo dia que executa uma instância r3 sem prestar atenção a esse detalhe. No entanto, também existem razões técnicas importantes que podem impedir a migração para instâncias r5 (por exemplo, a compatibilidade das versões do Amazon EMR [Elastic MapReduce] que estiverem sendo executadas). Por isso, além do valor da oportunidade, você precisa conhecer o custo de sua implementação e o contexto dos obstáculos técnicos que ela traz.

As alterações recomendadas também podem ter custos de oportunidade — demandando recursos importantes de equipes que estejam trabalhando em outros projetos, por exemplo, ou retardando a migração de outros sistemas para a nuvem. Os resultados podem fazer com que a alteração não seja fiscalmente aconselhável. As equipes podem se mostrar resistentes ao receber recomendações de otimização externas. Sugerimos que as equipes de FinOps as utilizem como oportunidades para iniciar conversas. Você deve fazer perguntas sobre justificativas e o uso do serviço em vez de apresentá-los como estudos de negócio. Um estudo de negócio formal pode parecer estar fornecendo uma direção clara e construtiva, mas também pode colocar muita pressão sobre a equipe para a justificativa de suas ações e escolhas passadas. Pode dar a impressão de que você está impondo a premissa ou o conteúdo do estudo de negócio em vez da oportunidade. Esses são os tipos de experiências que podem fazer as equipes evitarem trabalhar com a equipe de FinOps no futuro.

Para equipes de FinOps que se reúnem com outras equipes (ou com os maiores gastadores) regularmente, é eficaz discutir as otimizações recomendadas em cada reunião. Dessa forma, elas poderão ser consideradas como possíveis oportunidades em uma única reunião, e as equipes poderão investigar quais são possíveis/aconselháveis colocar em prática e trabalhar com a equipe de FinOps durante o mês para construir um estudo de negócio e agendar a atividade. Em reuniões subsequentes, elas poderão dar informações sobre o progresso e sobre o custo evitado da equipe. Dessa forma, as economias (ou a razão para elas não estarem sendo feitas) serão incluídas no registro de FinOps e nas notas de reunião. Também serão fornecidas informações para a equipe central de FinOps usar na avaliação de compromissos e atividades de desconto.

Uma maneira alternativa de rastrear os esforços de otimização do uso é examinando as recomendações que estão sendo feitas. Se você somar o total de economias que faria implementando todas as suas recomendações no momento atual e comparar esse número com a quantia que poderia ter economizado em algum momento no passado, terá como determinar se a sua empresa está fazendo mais ou menos otimizações. Calcular esse total de possíveis economias e encontrar um percentual para a comparação com o gasto total feito com o mesmo tipo de recurso permitirá que você determine um percentual para a economia.

Por exemplo, suponhamos que você tivesse um total de $10.000 como recomendações de possíveis economias para instâncias. Se atualmente gasta $100.000 em instâncias, está operando com um percentual de 10% de possíveis economias. Se dividir as recomendações de economia e o gasto total (usando as tags e as estratégias de alocação de contas discutidas no Capítulo 12), poderá fazer comparações entre as equipes.

Para calcular as possíveis economias que serão obtidas com a otimização, considere qual é a vida útil do efeito positivo. Por exemplo, se você desativar um objeto órfão agora e obtiver uma economia de $1.000/mês, por quanto tempo continuará usufruindo desse valor? Durante o restante desse mês, do trimestre ou do ano? Uma solução seria considerar "por quanto tempo esse objeto permaneceria se não houvesse o programa de desperdício de FinOps" e calcular o delta no tempo entre quando o problema foi corrigido e esse período. Os períodos podem ser diferentes para cada tipo de desperdício e entre equipes, logo, não existe uma regra fixa a ser aplicada.

Independentemente de como você decidir calcular as economias e rastreá-las ao longo do tempo, faça-o consistentemente, documente suas suposições e esteja com tudo pronto. Uma coisa que a maioria dos profissionais de FinOps relata é que, cedo ou tarde, o líder encarregado da equipe de FinOps pergunta quanto a equipe economizou com as otimizações, e geralmente ele quer uma resposta imediata.

Profissionais eficientes de FinOps se concentram nas equipes com percentuais mais altos de possíveis economias. Eles ajudam essas equipes a entenderem as recomendações, explicam como optar por sua não execução quando isso fizer sentido e fornecem informações sobre os impactos do redimensionamento de recursos.

A gamificação do trabalho de otimização, principalmente para equipes que se encontrem em um estado de estabilidade ou manutenção, pode influenciar o comportamento. Dependendo da cultura da empresa, talvez seja possível usar uma lista de piores colaboradores, que utilizaria a ideia de nomear o maior gastador para pressionar as equipes a levarem as recomendações mais a sério. No entanto, métricas de desperdício negativas, ou que apontem quem não está colaborando, podem não ser bem recebidas. A fórmula (*Custo total – Oportunidades de Economia*) / *Custo Total* é uma métrica do percentual de otimização que pode ser exibida de maneira positiva. Se você fizer seu trabalho de desenvolvimento com 100% de otimização, sua pontuação será igual a 100. Caso contrário, será mais baixa. Você pode monitorar o custo acumulado da não otimização como um rastreador com o passar do tempo, mas o objetivo é encorajar tanto o trabalho de otimização quanto uma arquitetura otimizada.

Uma das melhores maneiras de impulsionar um comportamento positivo é fornecer para cada área um gráfico acumulado de economias que totalize as economias obtidas pela execução das recomendações com o passar do tempo. Já que as economias podem se acumular, as equipes verão rapidamente que se levarem o rightsizing a sério, seu gráfico de economias terá um total ainda maior, mostrando uma notável trajetória de crescimento com formato semelhante ao de um taco de hockey mês após mês. Com a execução de 10 recomendações por mês, no fim de seis meses haverá o benefício acumulado de 60 recomendações de rightsizing. Embora nos primeiros meses a aparência possa ser de uma curva de crescimento linear, os valores da economia começarão a parecer bastante altos à medida que se multiplicarem com o tempo.

Conclusão

Geralmente é mais difícil otimizar o uso do que otimizar as taxas, e isso costuma envolver várias equipes trabalhando juntas para que as recomendações, investigações e mudanças certas sejam implementadas pelas equipes corretas. As economias obtidas com a otimização do uso podem ser significativas.

Resumindo:

- Para otimizar o uso, devemos usar apenas os recursos requeridos pelo workoad e somente quando o workload precisar ser executado.
- A visibilidade dos desperdícios pode levar a uma cultura mais econômica dentro da empresa, já que as equipes ficarão mais conscientes de seus impactos.
- Use recomendações de rightsizing de alta qualidade para que não seja necessário interromper as iniciativas ou para que não surjam resistências desnecessárias da engenharia.
- Leve opções de otimização para as equipes de engenharia, com debates e esclarecimento de dúvidas em vez de exigências hierárquicas, para permitir que decisões corretas sejam tomadas com todos os fatos.
- Fluxos de trabalho formais para a otimização do uso, principalmente quando combinados com a automação, podem trazer resultados melhores.
- A otimização do uso é o processo mais difícil para a redução dos gastos na nuvem e deve ser implementada cuidadosamente com a utilização uma abordagem de melhoria incremental.
- Rastreie minuciosamente as economias obtidas com a otimização para mostrar o impacto da prática de FinOps e trabalhe de maneira colaborativa com as equipes, com cadência regular, para investigar oportunidades, lembrando-se de que nem todas poderão ser aproveitadas.

A otimização do uso pode causar problemas de otimização de taxas porque um compromisso de uso que foi firmado pode ser removido com base nas recomendações. É crucial levar as otimizações do uso em consideração ao executar otimizações de taxas para que não sejam firmados compromissos de uso que mudarão.

Agora que abordamos a otimização do uso, passaremos para a otimização de taxas, com a qual economizaremos mais reduzindo a taxa paga pelos recursos de nuvem.

CAPÍTULO 16

Pagar menos: otimização de taxas

No Capítulo 5, você aprendeu que seu *Custo da Nuvem = Taxas × Uso*. O capítulo anterior examinou como gerenciar a parte *uso* da equação — utilizando recursos com um tamanho adequado e somente quando forem necessários. Este capítulo e os dois que virão em seguida se concentrarão na outra metade da equação e abordarão como você pode otimizar as taxas para pagar menos pelos recursos que continuar a usar.

Esse trabalho será gerenciado principalmente pela função centralizada de FinOps de sua empresa, que terá uma visão de mais alto nível do uso organizacional da nuvem, das habilidades e do conhecimento necessários para a compra dos descontos especializados e da responsabilidade de gerenciamento das taxas de nuvem em toda a empresa.

Você já sabe que um real não é um real quando se trata de pagar pela nuvem. Com várias opções de compra, cobrança em diferentes incrementos de tempo e volume, uma grande quantidade de estruturas de pagamento e opções de compromissos, e diferenças únicas para cada provedor de nuvem, os clientes têm uma grande variedade de opções de compra, cada uma com suas próprias ramificações financeiras. Este capítulo abordará os aspectos básicos das opções de preço que você pode usar para gerenciar suas taxas. Reservas, SPs (Savings Plans), RIs (Reserved Instances), CUDs (Committed Use Discounts) e Flexible CUDs são os principais mecanismos para o ajuste de taxas de muitos serviços, mas já que eles podem ser bem complexos, vamos examiná-los especificamente no Capítulo 17. Em seguida, no Capítulo 18, falaremos sobre as estratégias que você pode usar para combinar todas as suas ferramentas de otimização de maneira holística.

Preço de computação

Normalmente, tanto a otimização de taxas quanto a otimização do uso começam examinando o uso de computação — quanto estamos pagando pelas instâncias EC2 da AWS, pelo Google Compute Engine, pelas máquinas virtuais da Azure, pelos contêineres gerenciados ou pela computação serverless, que estão em execução na nuvem. Existem duas razões para isso. Em primeiro lugar, para a maioria dos clientes, os custos de computação geralmente são a maior categoria de custos. E em segundo lugar, o preço de computação é uma das ofertas mais antigas e amadurecidas dos provedores de nuvem, e é a que tem o maior número de opções para a obtenção de descontos de taxa baseados em compromissos.

Dependendo do provedor de serviços de nuvem e dos recursos que você estiver usando, os recursos da nuvem podem ser cobrados de muitas maneiras. Diferentes provedores de serviços de nuvem também usam termos distintos para ofertas de preço semelhantes. Primeiro, examinaremos resumidamente os três grandes provedores na Tabela 16.1.

Tabela 16.1: Comparação das opções de reserva dos três grandes provedores de serviços de nuvem

	AWS	Google	Azure
Preço de nuvem pública	Sob demanda	Sob demanda	Pagamento por utilização (pay-as-you-go)
Spot	Spot	Spot/preemptiva	VM Spot
Desconto por uso prolongado	N/A	Os SUDs (Sustained Use Discounts, ou Descontos por Uso Prolongado) estão sendo substituídos por novas famílias de instâncias, porque os clientes preferem a previsibilidade dos CUDs.	N/A
Reservada	RIs/SPs	CUDs/Flexible CUDs	Instâncias de VM reservadas/SPs
Descontos por volume	Descontos por volume	Descontos por volume	Descontos por volume

Sob demanda/pagamento por utilização

Quando você solicitar um recurso comum e o executar sem firmar nenhum compromisso antecipado (como as reservas), será cobrado o preço de lista, ou a taxa sob demanda/de pagamento por utilização. Normalmente esse é o preço mais alto pago por um recurso. Também é o mais flexível, já que podemos parar de usar o recurso a qualquer momento sem qualquer penalidade.

Uso de recurso spot

A maioria dos provedores de serviços de nuvem oferece uma maneira de execução de um recurso com o uso da capacidade avulsa das plataformas de nuvem. Com o preço spot, geralmente definimos o preço máximo que queremos pagar pelo recurso, que às vezes pode ser maior que o da taxa sob demanda, mas costuma ser muito menor. Você pagará essa taxa pelo recurso spot até seu limite de preço ser excedido ou não haver mais capacidade spot disponível para atender à solicitação, momento em que haverá um curto período durante o qual o recurso não poderá mais ser usado até ser chamado novamente pelo provedor de serviços de nuvem. As taxas baixas são possíveis pela utilização do que, caso contrário, seria capacidade ociosa da nuvem.

Esse preço oferece economias significativas (de até 91%!) em comparação com as taxas sob demanda e costumam ser o método mais barato para a execução de recursos. No entanto, o risco de perda do recurso a qualquer momento significa que os serviços que estiverem sendo executados em recursos spot têm que poder lidar com a redução da disponibilidade do recurso. Um uso comum dos recursos spot ocorre em processamentos em lotes que possam ser retomados ou reiniciados se o recurso for perdido.

Descontos baseados em compromissos

Descontos baseados em compromissos é um bom termo geral para as opções de descontos de taxas como as Reservas, as Instâncias Reservadas, os Savings Plans, os Flexible CUDs ou os Committed Use Discounts. Esses tipos de descontos nos permitem firmar um compromisso de longo prazo com o provedor de serviços de nuvem por uma quantidade específica de uso de (ou de gasto em) um tipo de recurso de nuvem — como computação, bancos de dados, IA/ML (Artificial Intelligence/Machine Learning, ou Inteligência Artificial/Aprendizado de Máquina) — durante um período (às vezes em determinado local ou com parâmetros específicos). Em troca, o provedor de serviços de nuvem descontará as taxas sob demanda comuns referentes a essa quantidade de uso ou custo. Quanto maior é a especificidade do compromisso, o período ou a quantia paga, maior costuma ser o desconto. Como mencionado anteriormente, o Capítulo 17 abordará os descontos baseados em compromissos com mais detalhes.

Preço de armazenamento

Além da capacidade reservada do Azure Storage para a redução da taxa paga pelo armazenamento, todos os principais provedores de serviços de nuvem têm vários serviços de armazenamento que fornecem diferentes níveis de disponibilidade, durabilidade, desempenho e capacidade. Quanto maior forem a eficácia, a durabilidade e a disponibilidade dos dados, mais você pagará. O segredo é encontrar um equilíbrio entre o preço, a disponibilidade e a qualidade do armazenamento de dados. Geralmente isso é considerado otimização do uso, mas nesse caso estamos nos referindo às diferenças entre as taxas pagas por camadas de armazenamento distintas, e não à redução da quantidade armazenada para cortar custos.

> Você deve otimizar sua camada de armazenamento de acordo com os padrões de acesso dos dados armazenados. Isso pode economizar quantias significativas sem a necessidade de redução do volume de armazenamento. Todos os principais provedores de nuvem disponibilizam para escolha várias opções de camadas de armazenamento em constante evolução, que se baseiam em se os dados são acessados com ou sem frequência.

Considere os dados de produção que estão sendo servidos para os clientes. Provavelmente eles precisarão ser armazenados nas ofertas mais eficazes e altamente disponíveis. No entanto, um backup desses dados talvez não precise ser armazenado na mesma oferta de custo mais alto. À medida que o backup for envelhecendo, ele será menos necessário em caso de urgência, logo, os dados poderiam ser armazenados no nível de desempenho mais baixo com camadas de armazenamento de pouca disponibilidade, mas mesmo assim duráveis. Quando movemos os dados dessa forma, isso se chama *gerenciamento do ciclo de vida dos dados*.

Algumas ofertas de armazenamento dos provedores de serviços de nuvem podem gerenciar automaticamente o ciclo de vida dos dados. Com o S3 da AWS, os dados podem ser realocados para camadas de armazenamento de disponibilidade mais baixa de acordo com regras. Por exemplo, após um mês, o S3 pode mover os dados para um armazenamento com menos disponibilidade, e após 12 meses, eles podem ser movidos para uma oferta de armazenamento "frio" muito barata chamada Glacier, que pode levar horas para recuperar dados.

Quanto mais você se esforçar para classificar e localizar seus dados nas diferentes ofertas de serviço, mais economizará em custos de armazenamento de dados. Usar as funcionalidades internas dos serviços de nuvem para automatizar o ciclo de vida dos dados pode reduzir as sobrecargas de gerenciamento. É claro que é muito importante que seus dados sejam armazenados na oferta de serviço correta com o nível de disponibilidade e durabilidade desejado.

Descontos por volume/nível

A maioria dos planos de preço internos de alguns dos serviços dos provedores de nuvem reduz os custos à medida que aumentamos sua utilização. Se você tiver grandes volumes de uso, essas reduções de preço automáticas poderão trazer uma economia significativa. Geralmente, os descontos por volume são baseados no uso ou no tempo.

> Os descontos por volume podem ser aplicados em nível regional, o que significa que o uso entre regiões não será acumulado para o desconto. Considere as possibilidades de consolidar os recursos de nuvem em um número menor de regiões para se beneficiar plenamente dos descontos por volume.

Os descontos por volume beneficiam grandes usuários da nuvem, assegurando que o crescimento na plataforma de um provedor de serviços de nuvem continue a fazer sentido para grandes empresas. Para calcular os custos projetados corretamente na plataforma, você precisa identificar o tipo de desconto por volume que está obtendo. No cálculo das economias por redução do uso, terá que saber que nível de preço é aplicado ao uso que está sendo reduzido. Utilizar as taxas do nível de preço correto permitirá que você calcule os custos (e as possíveis economias) da forma certa.

Lembre-se também de que geralmente os descontos por volume são aplicados ao uso feito acima do volume especificado; eles não costumam alterar a taxa paga pelo uso abaixo do nível de desconto.

Com base no uso

Quando um desconto é aplicado com base na quantidade total de uso em vez do período durante o qual um recurso está sendo executado, ele é chamado de *desconto por volume com base no uso*. A quantidade de uso em uma única hora é acumulada, e então um desconto de taxa é aplicado quando a quantidade ultrapassa os limites dos níveis.

Se você examinar a Figura 16.1, que mostra seu desconto por volume com base no uso em ação, verá que os níveis de preço são exibidos ao longo do eixo y (uso). Quando o uso exceder o limite do Nível 2 (dentro de qualquer hora definida), todo o uso ocorrido acima desse limite será cobrado com o preço do Nível 2. Os descontos no uso são aplicados a cada hora com a utilização desse mesmo cálculo.

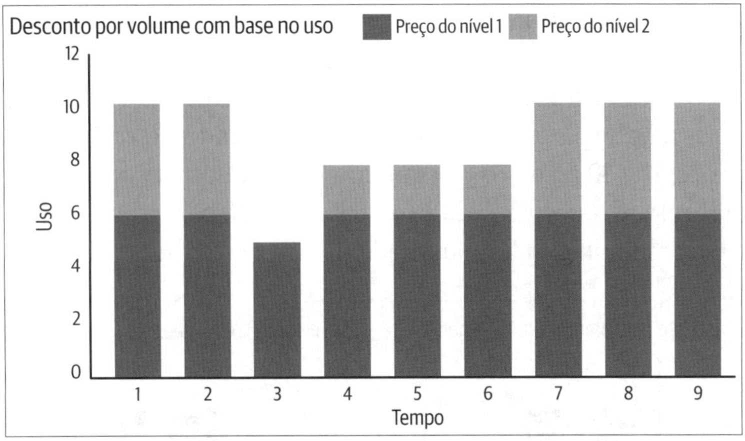

Figura 16.1: Gráfico do desconto por volume com base no uso.

Um *nível gratuito* é um tipo especial de desconto por volume que é aplicado a uma pequena quantidade de uso da nuvem. Os provedores de serviços de nuvem oferecem esses níveis gratuitos para permitir que os clientes testem o serviço com custos mais baixos. Algumas ofertas de nível gratuito só estão disponíveis para períodos curtos, enquanto outras ficam disponíveis continuamente. Para empresas com grandes ambientes de nuvem, geralmente a economia gerada pelos níveis gratuitos são irrelevantes.

Com base no tempo

Quando um recurso é cobrado com taxa mais baixa depois de sua execução ultrapassar um período específico, isso se chama *desconto por volume com base no tempo*. Um bom exemplo desse tipo de desconto é o SUD (Sustained Use Discount) do Google Cloud, em que o uso de computação é cobrado com taxas mais baixas quanto maior é o período usado na execução. No entanto, é bom mencionar que os SUDs estão sendo descontinuados. Alguns descontos com base no tempo são aplicados a um recurso específico, e a aplicação cessa assim que o recurso é removido, enquanto outros se baseiam no tipo de uso do recurso e podem ser aplicados a vários recursos com o passar do tempo. Devo ressaltar que os descontos por volume com base no tempo não são acumulados com os de outros recursos sendo executados ao mesmo tempo. Por exemplo, 100 recursos sendo executados na mesma hora não são equivalentes a um único recurso sendo executado por 100 horas.

Na Figura 16.2 podemos ver como os descontos por volume com base no tempo funcionam. Na primeira hora, 10 recursos estão sendo usados, e 10 contadores individuais de desconto por volume são iniciados. Suponhamos que o custo da cobrança equivalesse ao preço do nível 1 nas primeiras cinco horas de uso, e depois fosse usado o preço do nível 2. A diferença importante em relação ao cenário baseado no uso é que o desconto por volume é aplicado no eixo x (tempo), logo, mesmo se você tiver 10 recursos na primeira hora, todos eles serão cobrados com o preço do nível 1. Conforme cada hora passar, os 10 contadores serão iniciados e interrompidos com base na quantidade de uso do recurso.

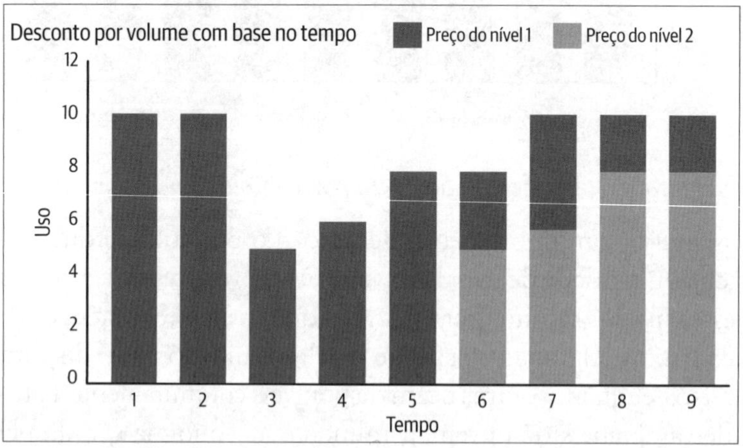

Figura 16.2: Gráfico do desconto por volume com base no tempo.

Para o recurso 1 — que é executado durante todo o tempo — você recebeu o preço do nível 2 após cinco horas no gráfico. Para o recurso 6, entretanto — já que ele para e começa ao longo do tempo — são necessárias oito horas no gráfico para que o recurso alcance o preço do nível 2.

Taxas negociadas

Em algumas situações pode ser possível negociar com os provedores de serviços de nuvem, com os revendedores de computação em nuvem ou com os fornecedores do marketplace em busca de preços melhores.

Preço personalizado

Para níveis de uso maiores de alguns serviços, a página de preços publicada pelos fornecedores de nuvem recomenda entrar em contato com eles. Nesses níveis de uso superiores, os provedores podem querer fornecer preços melhores do que os que eles oferecem publicamente. Não temos como dar detalhes sobre como são essas negociações, já que geralmente elas são firmadas com contratos de confidencialidade.

> Quando você tiver ultrapassado os níveis de desconto publicados para os volumes, converse com seus provedores de nuvem imediatamente para saber se existe alguma oportunidade de descontos maiores, no total da cobrança de nuvem, em uma região ou em um nível de serviço.

Ofertas privadas de vendedores

Quando você estiver usando software de terceiros na nuvem, contratos de licenciamento terão que ser elaborados, e os pagamentos pela licença serão feitos a terceiros. A licença será então aplicada aos servidores de nuvem para execução do software. Isso leva à existência de uma cobrança do provedor de serviços de nuvem pelos recursos para execução do software e a uma conta separada do fornecedor do software relacionada às licenças. Com a criação de serviços como os marketplaces da AWS, Google Cloud e Azure, os próprios fornecedores já podem oferecer seu software por esses canais. As taxas da licença e dos recursos são cobradas diretamente na conta do provedor de nuvem do cliente, e o provedor retorna a taxa da licença para o fornecedor.

Embora o marketplace reduza o trabalho de calcular o custo total da execução de serviços, atualmente é paga uma taxa pública fixa pelos custos da licença. Se você negociar o licenciamento diretamente com o fornecedor, poderá obter taxas melhores para sua empresa. Felizmente, alguns serviços, como o AWS Marketplace, permitem que os fornecedores tenham Ofertas Privadas de Vendedores. Os clientes negociam as taxas de licença com o fornecedor, e uma listagem personalizada do marketplace é criada especificamente para esse cliente por meio de um link privado. Quando uma empresa usa esses serviços diretamente a partir de um marketplace, ela paga taxas personalizadas pela licença e mantém a conveniência de uma única fonte de cobrança do provedor de nuvem.

Considerações sobre o modelo BYOL

Alguns provedores de nuvem permitem usar contratos de licença já existentes dentro da empresa para reduzir os gastos na nuvem, o que é conhecido como modelo BYOL ("Bring your Own License", ou "Traga sua própria licença"). Um exemplo é o Azure Hybrid Benefit for Windows Server (Benefício Híbrido da Azure para Windows Server). Empresas com uma licença Software Assurance ou Subscription existente (como a EAS [Enterprise Agreement Subscription]), a assinatura SCE (Server and Cloud Enrollment) ou a Open Value Subscription em suas licenças do Windows Server poderão reutilizar as licenças quando implantarem servidores na plataforma Azure.

Identificar oportunidades de reutilização de licenças existentes — principalmente ao migrar de um datacenter para a nuvem — evita custos de licenciamento desnecessários, o que pode economizar grandes quantias de dinheiro para as empresas.

Casos de uso de licenças próprias/perpétuas ou de direitos de licença não comprados para a nuvem, mas que serão usados na nuvem, são muito complexos e geralmente estão sujeitos a regras e requisitos variáveis. Se a sua empresa usa uma quantidade significativa de softwares licenciados ou mantém um grande número de contratos com fornecedores de softwares que você pretende usar na nuvem, é altamente recomendável considerar as implicações do modelo BYOL e envolver profissionais com conhecimento de compras ou de gerenciamento de ativos de software a fim de que eles prestem consultoria sobre como você pode usar esses direitos com mais eficiência e dentro de seus direitos.

Conclusão

Pela diversificação do desempenho, da disponibilidade e da durabilidade dos serviços, os provedores de serviços de nuvem podem oferecer serviços semelhantes com taxas diferentes. Equipes eficientes de FinOps centralizam essa função e fazem os engenheiros optarem por usar a oferta de serviço que melhor anteder ao perfil de seus workloads. Utilizar a otimização do uso e a otimização de taxas em conjunto pode gerar economias significativas.

Resumindo:

- A otimização de taxas nos permite ter cobranças com taxas mais baixas para os mesmos recursos.
- O preço de computação pode ser reduzido com o uso de instâncias spot, compromissos relacionados ao uso com o passar do tempo, o alcance de níveis de desconto por volume, a negociação de descontos ou a aplicação de licenças já existentes.

- O preço de armazenamento pode ser reduzido com a seleção do nível de serviço apropriado para o atendimento das necessidades.
- Para uso em grandes quantidades, é possível negociar taxas melhores, diretamente com o provedor de serviços de nuvem ou com os fornecedores de licença de software.

É importante saber que existem várias maneiras de reduzir a taxa que você está pagando pelos mesmos recursos de nuvem. Em seguida, abordaremos os mecanismos de redução de taxas mais populares e talvez mais complexos: o uso de Instâncias Reservadas, Savings Plans, Committed Use Discounts e Flexible Committed Use Discounts.

CAPÍTULO 17

Compreensão dos descontos baseados em compromissos

Os descontos baseados em compromissos são um exemplo perfeito da tomada de decisões colaborativa e baseada em dados de FinOps. Eles constroem uma ponte entre as equipes de tecnologia e finanças, requerendo um alinhamento que pode ser difícil de atingir. No entanto, se o alinhamento for alcançado, os descontos baseados em compromissos podem trazer uma vantagem significativa para a eficiência do controle de custos, na forma de melhoria na unidade econômica da nuvem, fornecendo o mesmo poder de computação com um grande desconto.

> Este capítulo é um dos que têm grandes chances de ficar desatualizado — talvez até mesmo antes de o livro chegar ao mercado — já que existem sempre novas atualizações nas ofertas dos provedores de nuvem. Sugerimos verificar os detalhes do capítulo em relação ao que o seu provedor de serviços de nuvem está oferecendo atualmente. No entanto, não tema: embora tenham ocorrido muitas mudanças nas ofertas com o passar dos anos, as principais práticas recomendadas referentes às reservas ainda são consistentes.

Introdução aos descontos baseados em compromissos

As RIs (Reserved Instances, ou Instâncias Reservadas), os SPs (Savings Plans, ou Planos de Economia), os CUDs (Committed Use Discounts, ou Descontos por Compromisso de Uso) e os Flexible CUDs (Flexible Committed Use Discounts, ou Descontos Flexíveis por Compromisso de Uso), conhecidos coletivamente como descontos baseados em compromissos, são as otimizações de custo mais populares e importantes que os provedores de serviços de nuvem oferecem. Isso ocorre porque os descontos baseados em compromissos representam o maior desconto percentual que podemos obter na nuvem e geralmente são aplicáveis às maiores áreas de gastos da cobrança.

O capítulo atual se concentrará principalmente nos descontos baseados em compromissos para serviços de computação. Existem ofertas de desconto para outros serviços da nuvem, incluindo bancos de dados e IA/ML. Geralmente os custos de computação são a maior área de gastos na maioria das empresas. Para essas outras ofertas de desconto, alguns dos conceitos mostrados aqui podem ser aplicados, mas é preciso verificar as informações na documentação do provedor de serviços de nuvem.

Cada provedor de serviços de nuvem tem diferentes ofertas com suas próprias regras específicas para os descontos fornecidos. E cada empresa pode se beneficiar de várias maneiras dos diversos descontos baseados em compromissos, dependendo dos modelos de implementação e dos processos de negócios específicos.

Os descontos baseados em compromissos são incríveis. Você se compromete a usar um tipo de recurso específico por determinado período e ganha um desconto considerável. A ideia parece simples. No entanto, como você verá, muitas nuances precisam ser consideradas.

Alguns anos atrás, durante um webinar com a AWS, a Cloudability e a Adobe sobre o poder das RIs, a Adobe mostrou a Figura 17.1, indicando que a empresa tinha cortado em 60% seus gastos com instâncias EC2 simplesmente comprando RIs.

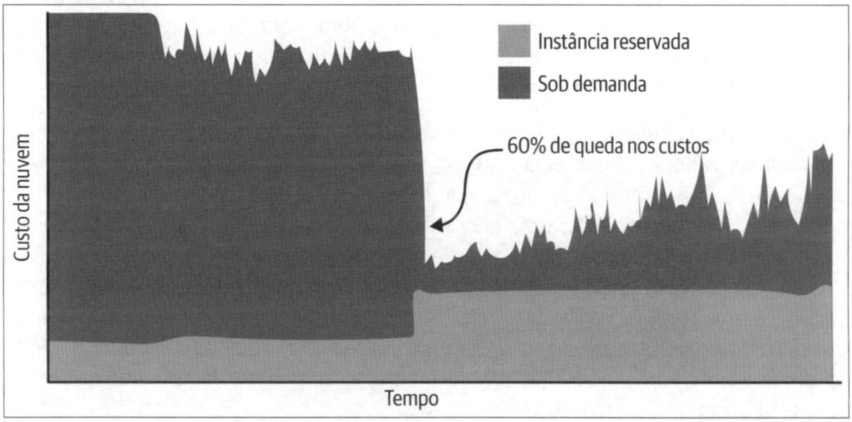

Figura 17.1: Impacto das reservas sobre os custos da nuvem.

Mudando 10% de seu investimento do pagamento de taxas sob demanda para o pagamento das taxas reservadas descontadas, a Adobe conseguiu aumentar sua *taxa geral de cobertura por reservas* e obter essa drástica redução de 60% no custo geral de seus recursos computacionais. Histórias de sucesso, como a da Adobe, tornam a decisão de utilizar reservas/compromissos uma escolha óbvia. No entanto, para muitas empresas, passar da falta de cobertura por RIs para uma boa cobertura é um processo que demanda muita educação e alinhamento organizacional.

Histórias da nuvem – J.R.

Trabalhei com um varejista do índice FTSE 100 da bolsa de Londres que gastava mensalmente milhões de libras com a nuvem da AWS, mas não possuía nenhuma RI. Eles sabiam que comprar até mesmo uma quantidade modesta de RIs economizaria muito dinheiro. Na verdade, ao trabalhar junto à sua equipe para analisar a infraestrutura da empresa, descobri que eles poderiam economizar milhões nos três anos seguintes. Já que se tratava de um varejista, as margens eram apertadas, e a compra de RIs poderia ajudá-los a atingir as metas críticas de redução de custo definidas pela liderança.

Entretanto, apesar de tudo isso, eles ainda demoraram nove meses para comprar suas primeiras RIs. O que aconteceu? Por que a empresa foi tão lenta para adotar essa óbvia medida de economia de custos, apesar das agressivas metas de corte definidas pelos níveis superiores? A resposta é porque eles tiveram que educar — e alinhar — muitos stakeholders da empresa sobre o que a compra de RIs significava e, durante o processo, desfazer várias concepções errôneas que se solidificaram após anos de compra de hardware de datacenter.

Primeiro, eles tiveram que envolver sua equipe de finanças mostrando como é feita a contabilidade financeira das RIs. O pagamento antecipado das RIs pode parecer gastos de CapEx (Capital Expenditure, ou Despesa de Capital), que a área financeira teria que depreciar como um ativo físico devido ao desembolso antecipado. No entanto, as RIs são pagamentos antecipados intangíveis de OpEx (Operational Expenditures, ou Despesas Operacionais) que têm que ser amortizados ao longo do período que forem usados.

Em seguida, precisaram tranquilizar suas equipes técnicas em relação a comprometer a infraestrutura atual. O poder da nuvem está na possibilidade de usarmos apenas o necessário e adaptarmos a infraestrutura para que atenda ao perfil do workload. Depois são introduzidas novas abordagens, como a computação serverless ou a conteinerização, bem como a promessa (ou ameaça) de refatoração total da infraestrutura com um novo conjunto de serviços de nuvem. O risco de mudança da infraestrutura faz com que as equipes hesitem em comprometer sua configuração atual durante o período de um ou três anos da reserva. A lentidão dessas equipes, que confiavam no admirável plano de melhorar sua infraestrutura, causou muitos atrasos na compra de reservas.

Infelizmente, histórias como essa são comuns. À medida que as empresas vão implementando suas primeiras reservas, pode ser demorado envolver todas as equipes, e a oportunidade perdida de obtenção de economia costuma chegar a milhões de libras. Se esse varejista tivesse comprado algumas RIs enquanto instruía as equipes durante o período de nove meses, teria feito uma economia significativa — e poupado milhões em gastos desnecessários sob demanda.

Aspectos básicos dos descontos baseados em compromissos

Embora as particularidades das ofertas de cada provedor de serviços de nuvem sejam diferentes, todos os três grandes provedores fornecem a mesma possibilidade de nos comprometermos com o uso de um recurso específico durante determinado período. O compromisso assegura operação contínua do provedor de nuvem, e em troca eles nos beneficiam com uma taxa mais baixa paga pelo uso (otimização da taxa). Os descontos podem ser expressivos — em alguns casos, de até 80%.

Em todos os três principais provedores de nuvem, não reservamos uma instância de servidor específica ou firmamos o compromisso de usar determinado recurso. Lembre-se: você deixou para trás os conceitos do datacenter de nomear servidores. Os descontos são aplicados na hora da cobrança pelos provedores. Na verdade, as reservas são basicamente uma estrutura de cobrança. No entanto, algumas RIs da AWS podem oferecer funcionalidade de reserva de capacidade fora dos descontos da cobrança — originalmente as Instâncias Reservadas da AWS *só* forneciam reservas de capacidade, e não descontos.

Os descontos baseados em compromissos costumam ser aplicados a recursos individuais de maneira não determinada. No caso dos SPs da AWS e da Azure, eles são aplicados onde gerarão mais economias, mas não podemos escolher para quais recursos específicos ocorrerá a aplicação. O Google Cloud permite escolher como serão atribuídos os créditos e taxas do desconto. São dadas três opções: *Não Atribuído*, *Atribuição Proporcional* ou *Atribuições Priorizadas*. O modelo de atribuição certo vai depender de se sua empresa compra e gerencia CUDs de maneira centralizada ou descentralizada.

Os provedores de serviços de nuvem aplicam esses descontos com base em um conjunto de regras que não é tão rígido, e os detalhes de por que e onde eles são aplicados não são tão claros. Além da priorização baseada no potencial mais alto de geração de economia no caso dos SPs, os provedores alocarão a reserva aleatoriamente para os recursos da conta, assinatura ou projeto para o qual eles foram comprados, e qualquer sobra de cobertura será direcionada para recursos elegíveis em outras contas, assinaturas ou projetos (a menos que você não queira que isso ocorra). A aplicação aleatória dos descontos introduz muitas considerações de estratégia e chargeback, que discutiremos no Capítulo 18. Com provedores de serviços de nuvem que fornecem dados de cobrança de nível de recurso, você pode não ver o desconto sendo aplicado diretamente aos recursos, ou pelo menos não aos recursos que esperava.

Uma analogia pode ser útil aqui para ajudá-lo a entender melhor as reservas/compromissos. Suponhamos que um restaurante específico estivesse fazendo uma promoção de compra de uma cartela de cupons. Cada cupom dá direito a uma refeição nesse restaurante. A cartela contém um cupom para cada dia do mês. Quando comemos no restaurante especificado, pagamos a refeição com o cupom. Decidir comer em outro local significa que você perderá o cupom desse dia e pagará o preço total pela refeição em outro estabelecimento.

Digamos que a cartela custasse $750 e incluísse 30 cupons de refeição, com cada cupom dando direito a uma refeição que, se comprada sem o cupom, custaria $50. Se fizermos a divisão, seriam $25 por cupom para uma refeição de $50, gerando a economia de $25 por dia. Se você comer nesse restaurante todo dia, economizará 50%, e se comer nele apenas metade dos dias, não economizará nada. Se usar mais de metade dos cupons, é melhor comprar a cartela.

Se aplicarmos essa ideia às RIs, uma vez que você decidir que período deseja reservar, comprará uma reserva (cartela de cupons) do provedor de serviços de nuvem, correspondente a uma região e a um tipo de recurso específico (refeição em um restaurante específico em determinado local). Essa reserva permitirá que você execute o recurso a cada hora (ou segundo, ou mesmo milissegundo). Se não executar nenhum recurso correspondente à reserva, você perderá a economia. Se fizer um uso suficiente do recurso durante o prazo da reserva, se beneficiará dos descontos — e economizará dinheiro.

As principais lições que aprendemos aqui foram:

- Você pagará pelo desconto baseado em compromisso, seja ele aplicado ou não a um recurso.
- As reservas custam dinheiro, mas compensam o custo dos recursos na conta.
- Você não precisa utilizar totalmente um desconto baseado em compromisso para economizar dinheiro.

As opções de compra específicas de um desconto baseado em compromisso e a que recursos elas podem ser aplicadas são diferentes para cada provedor de serviços de nuvem. Algumas ofertas são aplicadas a usos muito específicos; outras têm aplicação mais ampla.

Entre a grande variedade de descontos baseados em compromissos, você pode escolher muitas opções:

- Uma quantidade específica de *horas de uso* (Reservas, CUDs) ou *gastos por hora* (SPs/Flexible CUDs).

- Qualquer um dos vários recursos *computacionais* sendo executados em algum local.
- Um tipo específico de *computação* ou uma seleção em uma lista de outros recursos.
- Com direito ou não de conversão para um tipo de reserva diferente.
- Execução em uma região ou local específico.
- Em um modelo operacional específico (dedicado ou compartilhado).
- Com um tamanho específico (ou com tamanho flexível — flexibilidade no tamanho da instância).
- Executando um sistema operacional ou um tipo de banco de dados específico.
- Em uma zona de disponibilidade muito específica.
- Durante um ou três anos (ou até mesmo cinco anos, para alguns serviços).

Quanto mais específico for seu compromisso, mais alto será o desconto. Em outras palavras, você pode obter economias mais altas se abrir mão da flexibilidade. Com o passar do tempo, os provedores de serviços de nuvem introduziram vários níveis de flexibilidade, o que veremos de maneira geral aqui e com mais detalhes nas seções sobre cada provedor.

Flexibilidade no tamanho da instância de computação

Os provedores de serviços de nuvem oferecem centenas de tipos ou tamanhos de instâncias de servidor diferentes, normalmente agrupados em famílias, o que podemos reconhecer pelo nome da VM (Virtual Machine, máquina virtual) ou da instância.

Exemplos de tipos de instâncias de vários provedores:

- *Instância m5.xlarge da AWS:* instância da família "m", de tamanho "xlarge", da "5ª" geração.
- *Instância standard_D2_v5 da Azure:* VM série "D", de tamanho "2", da "5ª" geração.
- *Instância n2-standard-128 do Google Cloud:* Instância da família "N2", de tamanho "standard", com "128 CPUs".

Muitos descontos baseados em compromissos são comprados para atender a parâmetros de uso específicos de um tipo de recurso. Isso significa que possivelmente você precisaria firmar centenas de compromissos específicos para cobrir todos os diversos tamanhos de instâncias que usa, mesmo se utilizar amplamente a mesma família de instâncias. Para facilitar esse processo, os provedores de serviços de nuvem oferecem a *ISF* (Instance Size Flexibility, ou Flexibilidade no Tamanho da Instância) em algumas de suas reservas.

Dentro de uma família, temos uma grande variedade de tamanhos de instâncias de servidor para escolher (diferentes quantidades de vCPU e memória), com cada aumento no tamanho sendo proporcionalmente mais caro. Por exemplo, na AWS, duas instâncias grandes equivalentes têm o mesmo preço de uma instância extragrande do mesmo tipo (duas instâncias m5.large custam o mesmo que uma instância m5.xlarge). Logo, faz sentido que duas RIs grandes possam aplicar seu desconto a uma instância de servidor extragrande e vice-versa.

O único cuidado que é preciso tomar é na área de taxas de licença de software: duas instâncias médias não serão o mesmo que uma instância grande se houver taxas de licença de software envolvidas. Com duas instâncias médias, você precisará do dobro de licenças que precisaria para uma instância grande. Logo, a AWS exclui a ISF de servidores com software licenciado, enquanto a Azure cobra separadamente pelos custos de licença de software com reservas (aplicando o desconto apenas às horas de computação). É bom ressaltar que quando combinamos reservas com o Azure Hybrid Benefit, os custos de licença de software também são zerados.

Devido à maneira como o Google Cloud faz as cobranças, é natural que ele ofereça a ISF combinando as contagens de vCPU e memória de todas as instâncias dentro da mesma família de máquinas. Os CUDs são aplicados ao total geral em vez de às instâncias individuais.

A ISF é muito útil para equipes de engenharia que gostam de usar uma família específica de serviços de computação ou bancos de dados, mas querem a flexibilidade de poder alterar o tamanho das instâncias que executam quando as necessidades de seus workloads mudarem. A ISF dá a essas equipes muito mais flexibilidade e reduz drasticamente o workload na equipe de FinOps porque não é necessário executar nenhuma ação para mudar a cobertura para tamanhos de instância diferentes — isso ocorre automaticamente.

Conversões e cancelamentos

Alguns programas de descontos baseados em compromissos oferecem a possibilidade de conversão de compromissos ou de sua troca por um compromisso de outro tipo. As reservas conversíveis da AWS fornecem taxas de desconto mais baixas do que as reservas que não podem ser trocadas, mas dão aos usuários a opção de troca por uma reserva de família ou tamanho diferente (se a ISDF não for aplicada). A possibilidade de converter reservas diminuirá o risco de você acabar tendo reservas que não correspondam ao uso feito do recurso. Se os recursos forem atualizados e não apresentarem mais correspondência, você poderá trocar a reserva por uma que apresente. Normalmente, a possibilidade de trocar ou converter reservas fica restrita à região em que elas foram originalmente compradas.

Lembre-se também de que converter RIs de um tipo para outro requer análise e trabalho da equipe de FinOps. Logo, considere esse custo na equação geral quando avaliar suas opções.

É bom ressaltar que, quando este texto foi escrito, os SPs da AWS ofereciam os mesmos descontos que as RIs, mas com conversão interna. Um SP de computação, por exemplo, cobre instâncias de computação de várias regiões e de qualquer família sem requerer nenhuma análise ou conversão para sua modificação, com o mesmo desconto de uma RI conversível de uma única região para um único tipo de família. Os SPs serão discutidos com detalhes na seção sobre a AWS.

A Azure não oferece RIs conversíveis, mas todo ano permite que os usuários cancelem e troquem reservas de um valor específico em dólares. Isso pode envolver uma taxa, e geralmente também requer que a nova reserva reinicie a contagem do relógio a partir da hora da troca. Atualmente os SPs da Azure estão disponíveis como alternativa às reservas e funcionam de maneira semelhante aos SPs da AWS, oferecendo mais flexibilidade que as RIs da Azure.

O Google Cloud fornece a opção de divisão ou merge (fusão) de compromissos. A divisão permitirá que você redistribua recursos entre seus projetos ou na empresa. A fusão de compromissos torna mais fácil gerenciar os descontos como uma entidade individual com data única de expiração. Atualmente, o Google Cloud também oferece Flexible CUDs, fornecendo flexibilidade semelhante à dos SPs da AWS ou da Azure.

Normalmente, as conversões precisam ser iguais ou maiores em valor e duração. Logo, caso você diminua seu uso do provedor de serviços de nuvem, não poderá trocar reservas se isso resultar em um compromisso geral mais baixo.

Uma opção adicional que os usuários da AWS têm é a possibilidade de vender em um marketplace secundário certos tipos de reservas que ainda possuam um período de tempo significativo para ser usado. Geralmente isso só pode ser feito com RIs Standard, ou não conversíveis, com mais de metade de sua vida útil.

Visão geral dos compromissos de uso oferecidos pelos três maiores provedores

A Tabela 17.1 mostra os três maiores provedores de nuvem e compara suas ofertas.

Tabela 17.1: Comparação das ofertas de reservas dos três principais provedores de serviços de nuvem

	AWS	Google	Azure
Nome do programa	Instâncias Reservadas/Savings Plans	Descontos por Compromisso de Uso/Flexible CUDs	Reservas/Savings Plans
Modelo de pagamento	Totalmente antecipado, parcial, sem antecipação (diferentes taxas de desconto)	Sem antecipação	Totalmente antecipado, mensal (mesmo preço)
Prazo	Um ou três anos	Um ou três anos	Um, três ou cinco anos
Flexibilidade no tamanho da instância	Sim	N/A	Sim
Conversão ou troca	Standard, não conversível, sim	Sim, divisão e fusão	Sim
Cancelável	Não; no entanto, algumas RIs podem ser vendidas em um marketplace	Não	Sim, até um limite de valor anual
Descontos por uso prolongado (SUDs)	Não	Sim (*)	Não

(*) Os SUDs estão sendo descontinuados para novas famílias de instâncias porque os clientes preferem a previsibilidade dos CUDs.

Podemos ver que as ofertas dos três grandes provedores de serviços de nuvem são muito semelhantes, com períodos parecidos para os prazos e flexibilidade no tamanho. A diferença nas ofertas de desconto está principalmente nos métodos específicos de aplicação da reserva e no método de cobrança pelos recursos com desconto.

Amazon Web Services

A AWS foi a primeira a oferecer RIs, o que ocorreu em 2009. Logo, eles sem dúvida têm os programas de reservas mais complexos. No entanto, isso também significa que a AWS é a mais flexível e configurável. As reservas estão disponíveis para instâncias EC2, bancos de dados RDS, nós do Redshift, nós do ElastiCache, nós do OpenSearch e capacidade reservada do DynamoDB.

A capacidade reservada do DynamoDB é diferente das outras reservas. Com o DynamoDB, reservamos a execução de uma quantidade definida de leituras e gravações no serviço. Os outros tipos de reserva têm características um pouco diferentes, mas o que é comum a todos eles é que são comprados em prazos de um ou três anos. Podemos pagar sem nenhuma antecipação, fazer um pagamento parcial antecipado ou fazer um pagamento total antecipado, com cada aumento no pagamento antecipado fornecendo mais pontos percentuais no desconto. Na aquisição de RIs, podemos comprar uma ou mais instâncias com os mesmos parâmetros por meio do que a AWS chama de *lease* (concessão).

> Podemos considerar a diferença entre a quantia total paga por um recurso coberto por uma RI com o uso do modelo de pagamento parcial ou sem antecipação e o modelo de pagamento totalmente antecipado como os juros que a AWS cobra como compensação ao pagamento não antecipado. Fazendo esse cálculo (ele é diferente para a RI de cada recurso), você pode comparar a taxa de juros atribuída ao seu custo interno de capital e ver se é melhor investir dinheiro na compra antecipada ou receber um desconto mais baixo e pagar uma quantia menor (ou não pagar nada) antecipadamente.

As RIs receberam um nome confuso, já que na verdade você não está reservando uma instância específica. Assim como também não há garantias de que uma reserva será aplicada a um recurso específico. Lembre-se: as RIs são mais como cupons que compramos e aplicamos aos recursos relevantes de maneira não determinada.

Geralmente as RIs são consideradas como um desconto percentual aplicado ao custo do recurso. No entanto, também é correto dizer que a RI tem uma taxa fixa que é mais barata que a taxa sob demanda na compra. Embora as duas afirmações possam parecer iguais, é importante entender que se a AWS reduzir a taxa sob demanda, as taxas de RI que você possui permanecerão as mesmas durante o prazo de um ou três anos.

As quedas no preço podem influir na escolha da configuração de RI que iremos comprar — falaremos sobre isso depois neste capítulo. É bom ressaltar que uma análise do histórico de quedas de preços da AWS mostrou que normalmente a empresa não reduz suficientemente a taxa sob demanda a ponto de baratear o preço da RI por três anos.

O que uma RI fornece?

As reservas da AWS têm dois componentes: um benefício de redução de taxa e uma reserva de capacidade para o tipo de recurso comprado em uma zona de disponibilidade específica. A maioria das compras de RI é feita para a obtenção de redução da taxa. Contudo, algumas empresas também demandam uma reserva de capacidade para assegurar que os recursos de um tipo específico reservados em determinado local estejam disponíveis quando elas quiserem executá-los.

Com o passar dos anos, vimos a reserva de capacidade se tornar um aspecto menos importante da compra de RIs à medida que a AWS aumentava sua infraestrutura. No entanto, alguns clientes que executam infraestruturas elásticas massivas ainda continuam otimizando a capacidade. Recentemente, a AWS e a Azure têm oferecido ODCRs (On-Demand Capacity Reservations, ou Reservas de Capacidade Sob Demanda), que permitem executar as reservas de capacidade separadamente das RIs. O Google Cloud oferece um conceito semelhante chamado recursos por zona do Compute Engine, que fornece um nível muito alto de confiança na obtenção de capacidade para um tipo de VM específico. É bom ressaltar que no uso de reservas de capacidade sob demanda combinadas com as RIs da AWS, é essencial definir as RIs como regionais para que elas possam descontar a reserva de capacidade.

Modelos de compromisso da AWS

Examinaremos com mais detalhes os diversos tipos de descontos baseados em compromissos que a AWS oferece.

> Veremos mais detalhes de como os compromissos da AWS funcionam porque muitos conceitos e modelos semelhantes podem ser encontrados nos outros provedores de nuvem, e atualmente é a Amazon que apresenta maior amadurecimento e complexidade nessa área.

Instância reservada da AWS

As RIs da AWS são compradas para um tipo específico de recurso em determinada região. A AWS associará o *cupom* de RI que você comprar aos recursos relevantes baseando-se nesses critérios quando sua cobrança for gerada.

Os principais parâmetros são:

Região

Onde o recurso está localizado (por exemplo, US-West-2 ou EU-West-1)?

Escopo

Sua reserva é por zona ou regional? Se for por zona, ela estará associada ao uso em uma zona de disponibilidade específica (por exemplo, US-West-2A). Se for regional, a RI será aplicada a qualquer zona de disponibilidade de uma região (por exemplo, US-West-2A ou US-West-2B). É bom mencionar que só RIs por zona recebem reserva de capacidade, mas você pode comprá-la para RIs regionais.

Zona de disponibilidade

Se uma RI for por zona, a que zona específica ela deve ser aplicada (por exemplo, US-West-2A)?

Características da instância

Tipo

Composto pela família (por exemplo, m5, c4, t3) e pelo tamanho da instância. Os tamanhos das instâncias variam por família, mas geralmente tem valores como large, xlarge, 2xlarge e assim por diante.

Tenancy

Determina se o recurso é compartilhado ou dedicado.

Sistema operacional

Especifica que licenças de sistema operacional e software estão incluídas na instância (Red Hat Enterprise Linux, Microsoft Windows etc.).

Se os seus parâmetros de RI não corresponderem exatamente ao uso que está sendo feito, a RI não aplicará um desconto. Logo, é vital que você compre reservas com os parâmetros corretos.

A AWS aplicará o desconto de maneira não determinada a um recurso selecionado aleatoriamente, como cupons aplicados aos recursos relevantes. Embora a ISF seja aplicada das instâncias menores às maiores, atualmente não há como assegurar que o desconto seja aplicado a um recurso específico em vez de a qualquer outro recurso correspondente.

Afinidade de conta-membro

Uma maneira de os clientes poderem influenciar como as RIs serão aplicadas é usando a afinidade de conta-membro. O AWS Organizations fornece um recurso chamado *cobrança consolidada* que permite que as contas sejam membros de uma única conta de gerenciamento (anteriormente chamada de conta pagadora) e os custos sejam consolidados nessa conta. Só pode existir uma única conta de gerenciamento dentro de um AWS Organization, e as contas podem ser membros de apenas um AWS Organization. No entanto, é claro que por várias razões você pode ter muitas contas de gerenciamento em sua empresa.

Quando você comprar RIs, poderá fazer a compra na conta de gerenciamento ou em qualquer conta-membro. As RIs podem compartilhar o desconto que oferecem entre as contas do mesmo AWS Organization. Contudo, elas terão afinidade com a conta local à qual pertencem, o que significa que as RIs compradas em uma conta específica serão disponibilizadas primeiro para os recursos dessa conta. Isso funciona da mesma forma para os SPs, que discutiremos em breve, mas usaremos apenas RIs nesta seção para descrever como a afinidade de contas funciona.

Se a conta local não tiver nenhum uso que corresponda ao de uma RI, a reserva aplicará um desconto a um uso correspondente de qualquer outra conta da AWS que faça parte do mesmo AWS Organization.

O compartilhamento de RIs pode ser desativado para cada conta da AWS, mas por padrão ele vem ativado. Se estiver desativado, as RIs dessa conta não aplicarão um desconto fora da conta, e quando a RI não encontrar nenhum uso correspondente na conta, não aplicará nenhum desconto, algo que em FinOps chamamos de *inatividade* ou desperdício de reserva. O compartilhamento desativado associa uma RI a uma conta-membro se for crítico para fins de orçamento que ela não seja compartilhada. Lembre-se de que quando você desativar o compartilhamento, isso pode resultar em desperdício, já que descontos não serão compartilhados quando não forem usados. Isso não parece fazer nenhum sentido, e realmente não faz, mas pode ser necessário em casos em que o gasto só tenha sido autorizado para uma finalidade específica, como em uma agência governamental em que os fundos tenham uso muito restrito. RIs de outras contas do mesmo AWS Organization também não aplicarão descontos a nenhuma conta que esteja com o compartilhamento de RIs desativado.

Normalmente as pessoas não entendem como o compartilhamento de RIs funciona. Para ter certeza de que entendeu, veja o exemplo da Figura 17.2.

Figura 17.2: Interações de descontos com o compartilhamento de RIs.

A Figura 17.2 mostra uma estrutura de contas típica: uma conta de gerenciamento com algumas contas-membro associadas. Podemos ver no diagrama que existem três compras de RIs: na conta de gerenciamento, na conta-membro A e na conta--membro C. A afinidade de contas fará com que as RIs de uma conta apliquem um desconto primeiro à conta local. Se nenhum uso for correspondente ao da RI dentro da mesma conta, as RIs poderão aplicar um desconto ao uso em outra conta-membro por meio do compartilhamento de RIs.

Pode ocorrer o seguinte no exemplo de layout da Figura 17.2:

- As RIs da conta de gerenciamento podem ser aplicadas à conta A ou B porque as duas estão com o compartilhamento de RIs ativado.
- A conta A pode se beneficiar tanto das RIs compradas dentro da conta quanto das RIs da conta de gerenciamento, mas dará preferência às RIs de dentro da conta.
- A conta B pode se beneficiar das RIs tanto da conta A quanto da conta de gerenciamento.
- Já que a conta C está com o compartilhamento de RIs desativado, as RIs dessa conta não aplicarão um desconto fora dela e permanecerão sem ser usadas quando não houver nenhum uso correspondente.
- A conta D não receberá nenhum desconto de RI porque está com o compartilhamento de RIs desativado e não houve compras de RIs dentro da conta.

É aconselhável fazer uma pausa e ler novamente essa lista. A maioria das pessoas que conhecemos com o passar dos anos não entendeu algum aspecto das RIs, e isso pode levar às RIs não aplicarem descontos onde seria esperado que aplicassem. Saber como controlar onde as RIs serão ou não aplicadas permitirá que você escolha a melhor estratégia para onde deve comprar reservas.

RIs standard versus conversíveis

Quando você comprar uma RI da AWS, poderá comprar várias RIs ao mesmo tempo como parte de um único lease. Uma *SRI* (*Standard Reserved Instance*, ou Instância Reservada Padrão) permitirá que você defina os parâmetros inicialmente quando a comprar.

Com uma SRI, é possível modificar alguns dos parâmetros, como a zona de disponibilidade e o escopo (regional versus por zona). Para RIs Linux/UNIX, parte do mesmo lease de RI pode ser dividida e agregada (por exemplo, duas instâncias médias podem se tornar uma instância grande). No entanto, você não poderá modificar outros parâmetros, como o prazo, o sistema operacional, a família da instância (m5, c5) e o tenancy (compartilhado ou dedicado). Uma vez que uma RI standard tiver sido comprada, você terá que executar recursos correspondentes a esses parâmetros durante o prazo de validade da RI (um ou três anos).

Para instâncias EC2, uma opção mais flexível, a *CRI (Convertible Reserved Instance*, ou Instância Reservada Conversível), está disponível. Por um percentual de desconto mais baixo, você poderá trocar reservas RI por reservas diferentes durante o prazo de validade. Mesmo assim, algumas limitações são aplicadas às trocas.

Seja como for, você não pode reduzir o compromisso geral que firmou com a AWS. Por exemplo, não é possível trocar uma reserva RI cara por uma mais barata se a troca resultar em um compromisso de tamanho menor. Nesse caso, será necessária uma cobrança de ajuste que faça a modificação incluir mais RIs ou parâmetros mais caros. Quando uma troca de RI resultar em mais despesas, a AWS cobrará a diferença líquida em um pagamento antecipado.

Existe um processo para a divisão de reservas CRI que nos permite converter apenas parte das CRIs de um mesmo lease, em vez de todas elas. Da mesma forma, existe um processo que reúne várias reservas CRI e permite que elas sejam convertidas em uma única reserva CRI. No entanto, não é possível modificar alguns parâmetros da CRI durante o prazo de validade:

- Os leases de CRI são comprados para uma região específica e não podem ser trocados para outra região.
- Os leases de CRI são apenas para instâncias EC2 e não podem ser convertidos para outros serviços; por exemplo, se você mover seu banco de dados de uma instância EC2 para um RDS, não poderá trocar sua CRI para uma RI de RDS.
- O prazo das CRIs não pode mudar, exceto no caso de junção de CRIs, em que às vezes podemos estender o prazo de um para três anos.

A não ser por essas limitações, em geral as CRIs apresentam pouco risco para a empresa. A menos que seu uso total do EC2 diminua durante o prazo de validade, você poderá alterar os parâmetros de uso no decorrer do prazo e trocar suas CRIs por reservas que correspondam a eles. Lembre-se, entretanto, de que a análise para a detecção das conversões que terão que ser feitas e o trabalho de executá-las manualmente demandarão tempo e esforço da equipe de FinOPs.

As RIs do EC2 também contêm uma funcionalidade chamada *reserva de capacidade*. As RIs configuradas como de aplicação por zona (isto é, elas são aplicadas aos recursos de uma zona de disponibilidade específica) garantem contratualmente a capacidade do servidor. Essa capacidade só fica disponível para a mesma conta AWS da RI e só é aplicada à configuração de recurso específica da zona de disponibilidade selecionada. Se você tiver RIs não utilizadas na conta, e a AWS receber a solicitação de uma instância EC2 que corresponda a essas reservas, conseguirá garantir a disponibilidade de capacidade. Como ocorre com o desconto da RI, não é possível alocar a reserva de capacidade para uma instância específica, logo, a primeira instância correspondente que for executada dentro dessa conta consumirá a reserva de capacidade.

As RIs do EC2 definidas como regionais aplicarão um desconto aos recursos de qualquer zona de disponibilidade dessa região, mas não fornecerão nenhuma reserva de capacidade. No entanto, as RIs regionais podem ser combinadas com um serviço relacionado da AWS, as ODCRs (On-Demand Capacity Reservations, ou Reservas de Capacidade Sob Demanda). As reservas de instância ODCR são cobradas com taxas sob demanda, como uma instância EC2 em execução, mas também poderão ser cobertas pelas RIs que você tiver para a aplicação dos descontos em uma região com reservas de capacidade.

Flexibilidade no tamanho da instância

As RIs do EC2 são compradas para serem aplicadas a um tamanho de instância específico (small, medium, large, xlarge etc.). A RI aplicará descontos aos recursos de acordo com seu tamanho. Contudo, para RIs regionais do Linux/UNIX, você se beneficiará da funcionalidade mencionada anteriormente, chamada *ISF (Instance Size Flexibility*, ou Flexibilidade no Tamanho da Instância). As reservas que você possui atualmente ou que planeja comprar com os atributos de serem do Linux, serem regionais e terem tenancy compartilhado serão automaticamente RIs com ISF.

A ISF permite que a RI aplique descontos a instâncias de diferentes tamanhos de uma mesma família (m5, c5, r4 etc.). Uma única RI large pode aplicar descontos a várias instâncias menores, e uma única RI small pode aplicar um desconto parcial a uma instância large. A ISF nos dá a flexibilidade de alterar o tamanho das instâncias sem perder o desconto aplicado por uma RI. Já que não precisamos ser específicos sobre o tamanho exato da RI para que ela cubra todos os diferentes tamanhos de instância, podemos reunir as compras de RI em pequenas variações de parâmetros.

A Figura 17.3 ilustra uma maneira de considerarmos como a ISF pode ser aplicada. Cada coluna representa as instâncias que foram executadas em uma hora específica. Para as instâncias r5 e c5, L (Large, ou Grande) é o menor tamanho. Se nesse exemplo você quisesse ter uma utilização de RIs equivalente a 100%, teria que comprar 29 RIs large. Pense nessa situação como se estivesse comprando blocos de Lego com o menor tamanho de uma família e combinando-os para cobrir os tamanhos de instância maiores que atualmente estão sendo executados. Isso significa que você só teria um tamanho de RI que se adequaria bem ao seu uso geral. Se os tamanhos das instâncias flutuarem, mas o uso normalizado permanecer o mesmo ou aumentar como um todo, suas RIs continuarão tendo uma utilização perfeita.

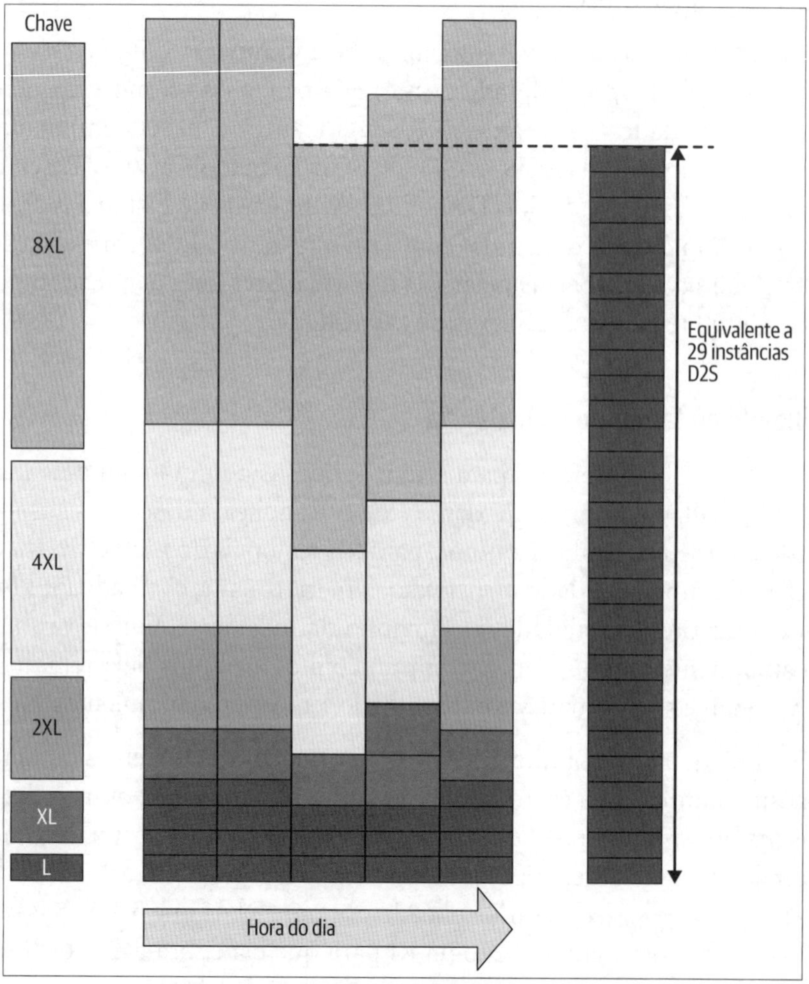

Figura 17.3: Conversão dos tamanhos de instâncias da AWS para um tamanho normalizado com flexibilidade no tamanho.

A AWS usa um fator de normalização para determinar como uma RI específica será aplicada com a ISF. Seu uso torna possível descobrir quantas unidades normalizadas uma instância de tamanho específico tem. Uma RI utiliza esse mesmo fator de normalização para determinar quantas unidades de desconto normalizadas ela pode aplicar por hora.

O fator de normalização da Tabela 17.2 mostra como fazer a conversão entre os tamanhos de instância de uma família. Por exemplo, se você tivesse uma RI para o tamanho 2xlarge (16 unidades), ela poderia ser aplicada a duas instâncias xlarge (8 unidades cada) ou quatro instâncias large (4 unidades cada). Você também poderia usar uma RI correspondente ao tamanho 2xlarge (16 unidades) para ser aplicada a uma instância xlarge (8 unidades) e duas instâncias large (4 unidades cada).

Tabela 17.2: Fatores de normalização para reservas da AWS

Tamanho da instância	Fator de normalização	Tamanho da instância	Fator de normalização
nano	0,25	6xlarge	48
micro	0,5	8xlarge	64
small	1	9xlarge	72
medium	2	10xlarge	80
large	4	12xlarge	96
xlarge	8	16xlarge	128
2xlarge	16	18xlarge	144
3xlarge	24	24xlarge	192
4xlarge	32	32xlarge	256

A cobrança de RIs com ISF vai depender do tamanho da instância executada e da RI que será aplicada. Na Figura 17.4, temos quatro reservas small (pequenas), que cobrirão quatro instâncias small. Se você não tiver nenhuma instância small com ISF, as reservas serão aplicadas a duas instâncias medium (médias). Se não houver nenhuma instância medium, você poderá cobrir uma única instância large, metade de uma xlarge ou um quarto de uma 2xlarge. As instâncias maiores podem ser cobertas por uma RI de tamanho menor, e então você receberá uma cobrança sob demanda e rateada das outras unidades não cobertas para esse tamanho de instância.

Algumas famílias de instâncias não têm todos os tamanhos, logo, ao comprar RIs com ISF, procure o menor tamanho de instância da família.

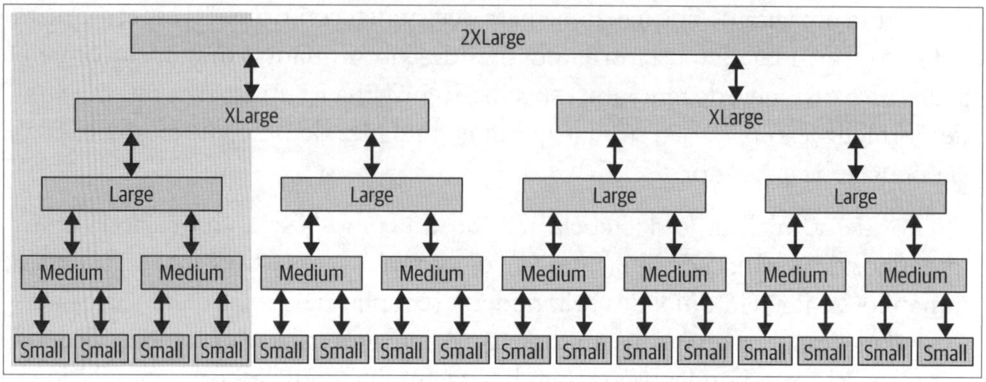

Figura 17.4: Aplicação de reservas com ISF.

Savings Plans da AWS

No fim de 2019, a Amazon Web Services anunciou os Savings Plans, oferecendo inicialmente descontos em instâncias EC2, no Lambda, e no Fargate, o serviço gerenciado de contêiner proprietário da Amazon. Desde o lançamento, a AWS adicionou mais uma oferta de SP que é aplicada ao serviço de machine learning SageMaker. A inclusão do SP de machine learning aumentou os pedidos de clientes para que a AWS lançasse SPs que cobrissem outros serviços, como banco de dados e armazenamento. Devido a essa demanda dos clientes, é esperado que ofertas adicionais sejam anunciadas depois de esta edição do livro ser lançada. Grande parte do que você aprendeu aqui sobre as RIs também é aplicável aos SPs. A AWS manteve as opções de compra com pagamento *All upfront* (Totalmente antecipado), *Partial upfront* (por antecipação parcial) e *No upfront* (Sem antecipação) e durações de um e três anos.

No entanto, a maior diferença entre os SPs e as RIs é que, enquanto os compromissos com RIs são para unidades de recursos (números de instâncias EC2 de determinados tamanhos), os compromissos com SPs são monetários (a quantia que o cliente deseja gastar na computação com desconto ou em outros serviços com cobertura).

Os SPs são oferecidos em três tipos de planos:

SPs para computação

São amplamente aplicados à computação do EC2, do Lambda e do Fargate, oferecendo economias comparáveis às das CRIs. Esse tipo de plano tem aplicação mais ampla que a da CRI — para incluir recursos computacionais de qualquer região — o que diminui o esforço necessário para a manutenção da alta utilização do plano. Geralmente esses SPs retornam economias proporcionais às das CRIs.

SPs para instâncias EC2

Aplicados ao uso do EC2 de uma única família, em uma única região, de qualquer tamanho ou de outra configuração. Esse plano é mais restritivo que o SP de computação, mas oferece descontos mais altos e é menos restritivo que uma SRI, embora forneça o mesmo desconto.

SPs para machine learning

Adotando o modelo de custo/hora dos SPs, o SP de machine learning para o SageMaker permite que os clientes da AWS se comprometam a fazer gastos com o SageMaker, obtendo em troca taxas reduzidas para os custos dos componentes do serviço, incluindo para:

- Notebooks do Studio e sob demanda
- Processamento
- Data wrangler
- Treinamento
- Inferência em tempo real
- Transformação em lote

O SP será aplicado automaticamente ao uso do SageMaker para qualquer região e família de computação de instâncias da AWS.

No entanto, existem algumas diferenças importantes entre as RIs e os SPs:

- Os dois tipos de SP que dão descontos a instâncias EC2 oferecem mais flexibilidade à computação à qual eles aplicam descontos se comparados com as RIs, eliminando a necessidade de se levar em consideração o tenancy, o sistema operacional, a família de instâncias ou o tamanho da instância. O mais importante é que os SPs de computação são aplicados a todas as regiões, o que aumenta significativamente a parcela de uso com cobertura.
- Quando usamos RIs, compramos várias reservas correspondentes às instâncias de nossas contas. Os SPs são comprados como um gasto comprometido por hora. A quantia do gasto com o qual nos comprometemos recebe desconto posteriormente. Por exemplo, se você estiver executando

uma instância EC2 sob demanda a $100/hora e um SP oferecer um desconto de 50%, será preciso comprar um SP de $50/hora.

- Ao contrário das RIs, os SPs aplicam descontos ao uso do AWS Fargate e do Lambda. Essa é a primeira oferta da AWS com desconto no uso de várias ofertas de serviço. Já que esses outros serviços recebem desconto com taxas muito diferentes, isso também pode afetar o benefício geral obtido com um SP, o que discutiremos com mais detalhes no próximo capítulo.
- Não existe uma oferta de RI equivalente para o AWS SageMaker.

A AWS aplicará a cobertura dos SPs aos recursos que fornecerem o maior desconto, o que é bom porque nem todos os tipos de computação ou instâncias recebem um desconto de mesmo valor. Isso também significa que, quanto maior for o nível de cobertura, menor será o aumento recebido no percentual de desconto.

Savings Bundles

No início de 2021, a AWS introduziu um novo conceito, que foi chamado de CloudFront Security Savings Bundle. Trata-se de um novo tipo de desconto baseado em compromisso que cobre o uso do CloudFront, o serviço de distribuição de conteúdo da AWS, e permite que os clientes se comprometam com um nível de gasto por hora para usar o serviço, em troca de um desconto de 30% no CloudFront e créditos para o uso do WAF, o serviço de firewall de aplicações web da AWS. Os clientes se comprometem com níveis de gastos com desconto, logo, isso é muito semelhante a um SP, mas o bundle de uso gratuito do WAF o torna um tipo de benefício diferente, o que levou a um novo nome para a divulgação do desconto.

Podem existir serviços adicionais que sejam usados juntos com frequência e que, portanto, poderão receber Savings Bundles semelhantes no futuro. Lembre-se de que todos esses descontos baseados em compromissos da AWS são apenas estruturas de cobrança, logo, eles permitem que a AWS recompense com descontos o comprometimento de uso regular, reconhecendo esses padrões de uso e beneficiando os clientes que conseguem fazer previsões eficazes e se comprometer com o uso de longo prazo. Essa é uma ótima razão para você melhorar suas habilidades de previsão e fazer as equipes de engenharia fornecerem seus planos para o futuro, já que assim a equipe de FinOps poderá obter a melhor cobertura possível na otimização de taxas sem se exceder nas compras.

Microsoft Azure

A Azure oferece mecanismos tanto de reserva quanto de SP.

Reservas da Azure

As opções de reserva da Azure acompanharam em grande parte o modelo de descontos baseados em compromissos que a AWS ofereceu, mas com alguma flexibilidade adicional e opções de conversão ou cancelamento.

Desde o fim de 2022, as reservas da Azure estão disponíveis para 27 serviços e tipos de recursos diferentes, o que é uma ótima cobertura. Os serviços incluem VMs; armazenamento de blobs, em disco e de arquivos; bancos de dados, como o SQL e o Cosmos DB; serviços de análise, como o Azure Synapse Data Explorer; o Azure App Service; o Azure VMWare; Red Hat e SUSE Linux; e muito mais. A lista está sempre crescendo, por isso, consulte a documentação das reservas do Azure para ver uma lista atualizada.

> Alguns serviços, como o Azure Databricks, usam a capacidade reservada de maneira um pouco diferente das outras reservas. Com o Azure Databricks, reservamos uma quantidade específica de DBUs (Databricks Units), que são então consumidos no decorrer de um prazo. Não ficamos limitados a um compromisso rígido por hora.

As reservas da Azure são compradas para cobrir o uso em uma região (quando aplicável), SKU ou tamanho, e prazo (um, três ou cinco anos) da Azure. O sistema operacional e a zona de disponibilidade não são tão específicos para as reservas de VM da Azure como o são em algumas ofertas da AWS.

As RIs da Azure podem ser trocadas para qualquer região e série se um workload ou aplicação precisar mudar. É bom ressaltar que, a partir de janeiro de 2024, as reservas de computação não podem ser trocadas. Se você precisar de uma opção para a troca de reservas de computação, comece com um plano de economia. As reservas que não são de computação continuam suportando trocas. Com base nas horas restantes, um reembolso rateado será fornecido para ser aplicado às novas RIs que fizerem parte da troca.

Os destinos da troca de RIs da Azure devem ter valor maior ou igual ao da RI de origem. Não existe o conceito de "complementação", mas se a nova reserva tiver valor maior, será necessário algum investimento adicional para além da quantia creditada. Uma "troca" também pode ser apenas um cancelamento da compra da RI inteira por uma taxa.

Atualmente é possível cancelar reservas da Azure por um reembolso ajustado se a capacidade comprada não for mais necessária. O texto em letras menores do contrato diz que os cancelamentos têm uma taxa de 12% pelo encerramento antecipado, e eles chegam a um máximo de $50.000 por ano.

> Foi anunciado que não serão mais oferecidos reembolsos e trocas em reservas da Azure para serviços de computação depois de janeiro de 2024; a introdução das SPs mais flexíveis da Azure ajuda a compensar essa mudança.

Há priorização da capacidade, mas sem garantias. Isso significa que, quando não há capacidade suficiente para atender a uma solicitação de recursos, quem tem reserva recebe capacidade antes de quem não tem. No entanto, já que não há garantias, é possível que uma solicitação seja negada se a Azure não tiver capacidade para um tipo de recurso específico.

As RIs da Azure podem ser atribuídas no nível de conta de cobrança do Contrato Enterprise (inscrição), perfil de cobrança do Contrato de Cliente da Microsoft, grupo de gerenciamento, assinatura ou grupo de recursos, para que você possa gerenciar seu uso em nível organizacional, departamental ou de aplicação. Isso lhe permitirá controlar melhor — em comparação com as outras ofertas dos provedores de nuvem — como as RIs serão aplicadas e quem se beneficiará delas. Se o objetivo for economizar dinheiro em toda a empresa, as RIs podem ser atribuídas no nível de conta de cobrança ou de perfil de cobrança.

Se uma unidade de negócios específica quiser comprar a reserva apenas para seu uso, a RI pode ser atribuída a um grupo de gerenciamento, assinatura ou grupo de recursos para que apenas esse grupo se beneficie das economias. A desvantagem dessa abordagem é que as RIs que não forem usadas não ficarão disponíveis para máquinas que não fizerem parte de uma assinatura, o que pode resultar em mais desperdício do que o que ocorre na AWS, em que as RIs são transferidas em cascata para outras contas-membro se a conta que as comprou não as colocar em uso. A designação de RIs no nível de inscrição ou assinatura pode ser alterada quando necessário após a compra.

As reservas de VM da Azure cobrem apenas os custos de computação, não cobrindo as taxas de licença de software. Já que o uso sob demanda (não reservado) cobre tanto as horas de computação quanto as taxas de licença de software, o uso reservado gerará um registro adicional para as taxas de licença de software quando aplicável. As taxas de licença do Windows Server, Red Hat Linux, SUSE Linux e SQL Server também podem ser cobertas para a obtenção de mais economia com o uso do Azure Hybrid Benefit, que atribuirá licenças locais à instância de VM ou SQL com base no número de núcleos sendo executados.

As RIs da Azure estão disponíveis para todas as famílias de VM, com exceção das séries A, A_v2 ou G, mas não são oferecidas em todas as regiões. Consulte a documentação da Microsoft para ver se as RIs que você quer comprar estão disponíveis para suas VMs.

As reservas da Azure podem ser compradas com pagamento antecipado ou mensal. A opção de pagamento antecipado funciona como a opção *All upfront* da AWS, com um único pagamento no início do uso equivalente ao prazo inteiro. Os pagamentos mensais são processados todos os meses no mesmo dia e são semelhantes à opção *No upfront* da AWS; no entanto, ao contrário do que ocorre na AWS, não existe diferença no percentual de desconto entre pagar ou não pagar antecipadamente.

Flexibilidade no tamanho da instância

A ISF da Azure funciona quase da mesma maneira que na AWS: apenas substitua as "famílias de instâncias" pelos "grupos de tamanhos" das VMs da Azure e a "unidade normalizada" pela "unidade de proporção".

As instâncias pertencentes a um grupo de séries de mesmo tamanho podem ter uma reserva aplicada, independentemente do tamanho da reserva. Um tamanho de reserva menor pode dar um desconto parcial a uma instância maior, e uma reserva maior pode dar desconto a várias instâncias menores. Cada grupo de séries de tamanho tem uma tabela de proporções para cada instância de um tamanho específico. Isso funciona exatamente como as unidades normalizadas da AWS. Usando essas unidades de proporção, você pode determinar de quantas unidades precisará para cobrir suas instâncias de VM.

Examinaremos um exemplo que ajudará a esclarecer como esse mecanismo funciona (veja a Tabela 17.3).

Tabela 17.3: Tabela de proporções para as instâncias da série DSv3

Tamanho	Unidades de proporção	Tamanho	Unidades de proporção
Standard_D2s_v3	1	Standard_D16s_v3	8
Standard_D4s_v3	2	Standard_D32s_v3	16
Standard_D8s_v3	4	Standard_D64s_v3	32

Se você examinar o uso da instância de VM ao longo de um período para essa série de tamanho específico, poderá determinar quantas unidades de proporção estão sendo utilizadas durante o período (veja a Figura 17.5).

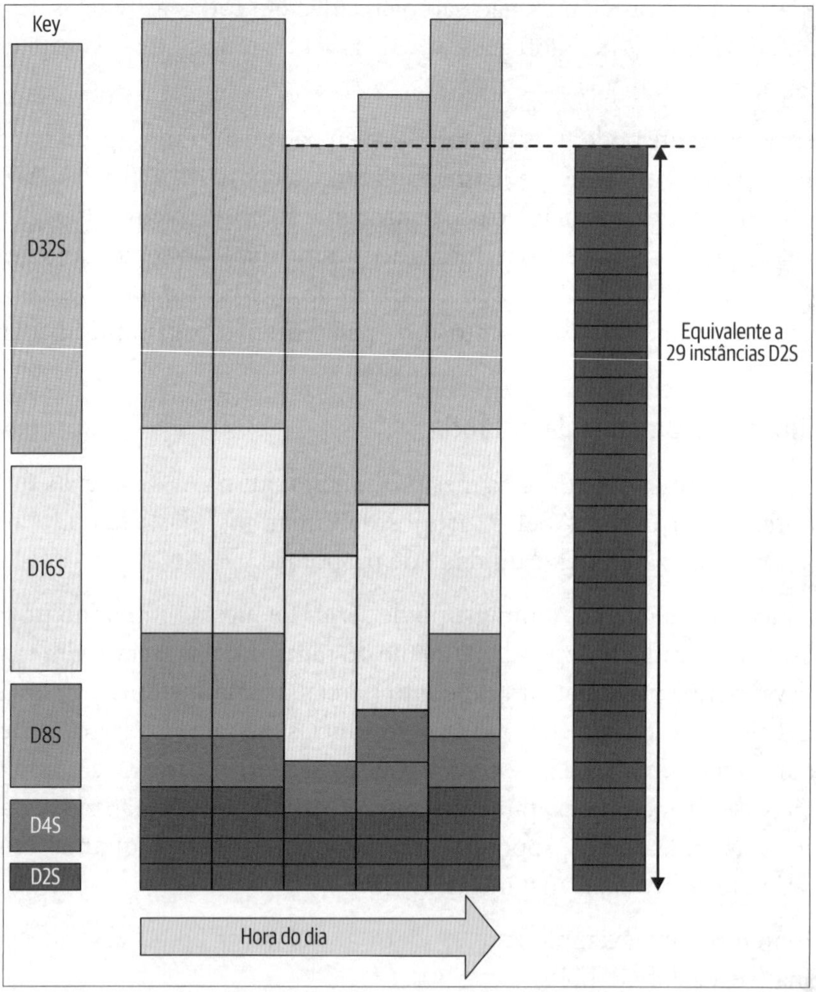

Figura 17.5: Conversão dos tamanhos de instância da Azure para um tamanho normalizado com flexibilidade no tamanho.

Podemos ver na Figura 17.5 que você está usando 29 unidades de proporção de instâncias de VM durante 100% do tempo e, com base nessa contagem de unidades, é possível determinar quantas reservas são necessárias.

Savings Plans da Azure

Os SPs da Azure operam como descontos dados às horas de uso durante um período específico. Você pode economizar dinheiro se comprometendo com um custo fixo por hora nos serviços de computação por um prazo de um ou três anos. A Azure anuncia economias de até 65% nos preços do pagamento por utilização. Os descontos variam dependendo do prazo do compromisso (um ou três anos) e não do gasto comprometido por hora.

O impacto que um SP da Azure tem sobre o gasto por hora depende da quantia gasta dentro da hora e do compromisso firmado. A Figura 17.6, que pode ser encontrada na página de SPs da documentação da Azure (*https://oreil.ly/-oRc5*), demonstra como um plano é aplicado em situações específicas:

Hora 1

O uso coincide exatamente com a quantia definida no Savings Plan, portanto, ele receberá em toda a sua extensão a taxa de desconto.

Hora 2

O uso está abaixo da quantia definida no compromisso, e o *Savings Plan não usado* será cobrado acima do uso que recebeu desconto. Isso significa que você pagará a taxa por hora do compromisso.

Hora 3

O uso ultrapassa a quantia definida no compromisso. A parcela que se estender até a quantia definida no compromisso receberá desconto, e o uso acima dela será cobrado com preços de *pagamento por utilização*.

Seu uso de computação receberá desconto a cada hora até você alcançar a quantia definida no compromisso; o uso subsequente será cobrado com taxas de pagamento por utilização.

Os compromissos dos SPs são cobrados em dólares americanos para clientes do Contrato de Cliente da Microsoft e do Contrato de Parceiro da Microsoft, e na moeda local para clientes do Contrato Enterprise.

É possível trocar uma ou mais de suas reservas ativas por um novo SP. Quando você fizer a troca de uma reserva por um SP, a reserva será cancelada, e o valor residual rateado do benefício não utilizado será convertido no compromisso por hora equivalente para o SP. Não é possível reduzir o SP para um valor menor que o residual; no entanto, você pode aumentá-lo para que cubra suas necessidades.

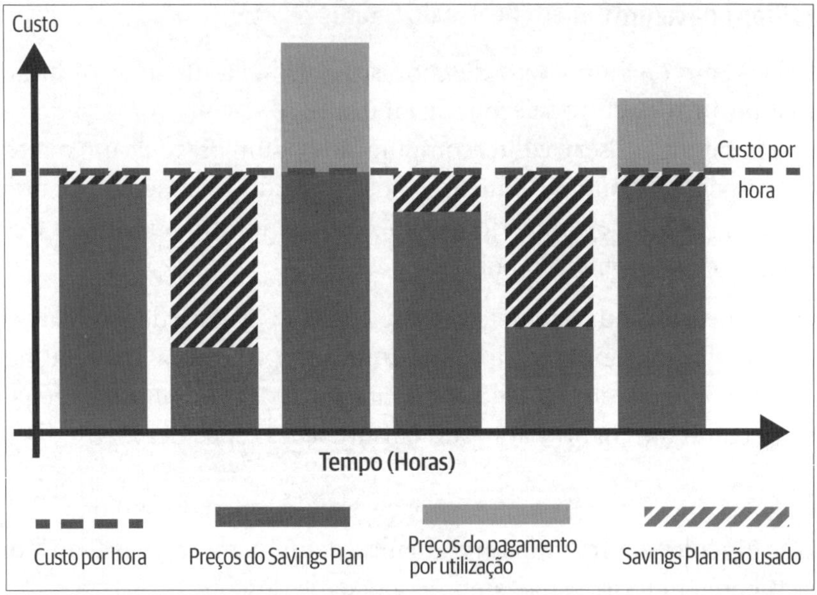

Figura 17.6: SPs mostrando horas de subutilização e superutilização (fonte: documentação da Azure (https://oreil.ly/-oRc5)).

Após você comprar um SP, o desconto será aplicado automaticamente aos recursos correspondentes. Como as reservas, os SPs fornecem um desconto na cobrança e não afetam o estado de runtime dos recursos.

Você pode pagar por um SP de forma antecipada ou mensalmente. Pagando antecipadamente ou por mês, o SP terá o mesmo custo; não será cobrada nenhuma taxa adicional se você preferir pagar mensalmente.

Os SPs da Azure cobrem o uso de serviços de computação, como o das VMs, hosts dedicados, instâncias de contêiner, funções premium da Azure e os Azure App Services (Serviços de Aplicação da Azure).

Google Cloud

O Google Cloud oferece os CUDs (Committed Use Discounts, Descontos por Compromisso de Uso), uma estrutura de cobrança que fornece descontos altos em troca de compromissos de uso, e os Flexible CUDs, que discutiremos posteriormente no capítulo.

Os descontos por compromisso de uso do Google

De acordo com o Google Cloud (*https://oreil.ly/G5ZeY*), os CUDs estão disponíveis em prazos de um ou três anos, com descontos de até 57% para a maioria dos tipos de máquina (incluindo as personalizadas) e de até 70% para máquinas com otimização de memória.

Os CUDs oferecem vários níveis de flexibilidade de acordo com a maneira como são comprados e usados. Em primeiro lugar, eles não ficam restritos a nenhuma instância ou tipo de computação específico da conta; em vez disso, são direcionados ao uso agregado e elegível de determinado tipo de recurso em uma região no decorrer do mês. Os CUDs são aplicados aos recursos agregados em diferentes tipos de VM, sistemas operacionais e modalidades de tenancy. Além disso, uma nova oferta chamada Flexible CUDs permite até mesmo que o compromisso se estenda por várias famílias de VMs e regiões. Os CUDs também podem ser aplicados a recursos de todas as zonas de uma região, o que nos permite usar modelos de implantação flexíveis entre as zonas sem deixar de nos beneficiar das economias que eles oferecem. Os compromissos são para uma região e um projeto específicos. Eles também podem ser compartilhados entre projetos em uma conta de cobrança, se você ativar o compartilhamento de CUDs em sua conta. Você deve se lembrar de que vimos no Capítulo 12 que os projetos organizam todos os recursos do Google Cloud em agrupamentos lógicos. A atribuição de zonas dentro de uma região não é um fator de influência como ocorre com outros provedores.

Pagamento por núcleos, e não horas, no Google

Pode parecer óbvio, mas o fato de o Google Cloud não cobrar por horas de instância de VM é uma diferença significativa em relação ao que vemos em outros fornecedores de nuvem, o que gera várias consequências. O produto de VM do Google se chama GCE (Google Compute Engine), e seus SKUs são individualizados para núcleos de CPU, RAM, e disco local. Isso sem dúvida tem origem no fato de podermos criar uma máquina totalmente personalizada com qualquer proporção de núcleos de CPU e memória. Veja algumas consequências:

- Quando o Google expuser informações de nível de recurso nos dados de cobrança, é esperado que as instâncias tenham várias linhas para cada hora correspondentes às diferentes partes. Isso também permite verificar os custos no nível de instância.

- Ao comprar CUDs, você estará firmando um compromisso relacionado especificamente a núcleos de CPU ou memória (e não ao armazenamento local). Já que as compras são feitas em qualquer proporção (respeitando-se um limite), existe uma boa chance de que um número constante de instâncias subjacentes não seja coberto. Por exemplo, poderíamos cobrir núcleos de CPU equivalentes a cinco instâncias, mas só cobrir a memória equivalente a quatro instâncias. Como resultado, o planejamento do CUD deve ser feito independentemente para núcleos versus memória.

A existência dessa divisão clara facilita a alocação de recursos e custos de contêiner, já que os componentes subjacentes já estarão divididos. Por outro lado, quando o custo subjacente for de uma instância de VM (como no caso da AWS), será necessário fazer um cálculo especial para a divisão do custo.

Cobrança e compartilhamento de CUDs pelo Google

Veremos como a cobrança e a aplicação de CUDs funciona dentro do conceito do Google de organizações, pastas e projetos. A Figura 17.7 mostra a estrutura da hierarquia.

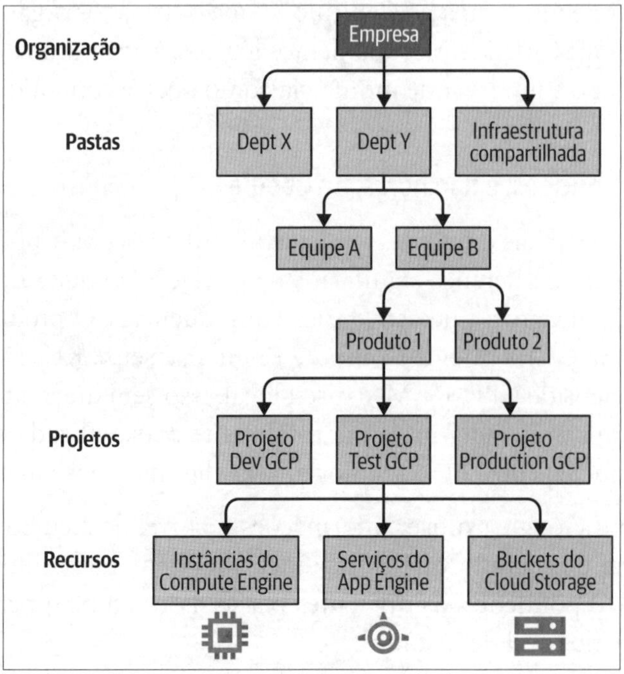

Figura 17.7: Hierarquia de projetos e pastas do Google.

Existem semelhanças com o conceito da AWS de uma estrutura de contas de gerenciamento. Uma conta de cobrança poderá compartilhar CUDs com todos os seus projetos conectados, uma vez que você tiver ativado o compartilhamento de CUDs na conta. Isso significa que os CUDs oferecem a flexibilidade de serem aplicados tanto a vários tipos de máquina quanto a vários projetos.

Ao contrário do que ocorre na AWS, em que as RIs são compartilhadas automaticamente entre várias contas vinculadas, os CUDs só são compartilhados depois que ativamos a funcionalidade para a conta de cobrança. Isso nos dá a flexibilidade de escolher o que é mais importante para a conta: um chargeback mais limpo ou a redução máxima do desperdício. Se você quiser alocar os fundos de um projeto específico para firmar o compromisso, desativar o compartilhamento de CUDs oferecerá opções de chargeback que serão mais limpas que as da maneira como a AWS trata as RIs. No entanto, ativar o compartilhamento de CUDs pode resultar em menos desperdício porque compromissos não usados serão compartilhados entre vários projetos.

Os CUDs nos dão a opção de escolher o modelo de compartilhamento que funcionará melhor para a empresa. Para uma empresa com muitos projetos, ativar o compartilhamento permitirá que você se beneficie das economias de larga escala na empresa inteira.

Conta de cobrança e responsabilização no Google

Dois tipos de relacionamentos controlam as interações entre as contas de cobrança, as organizações e os projetos: a responsabilização (ownership) e a vinculação do pagamento (payment linkage).

A Figura 17.8 mostra o relacionamento de responsabilização e vinculação do pagamento dos projetos.

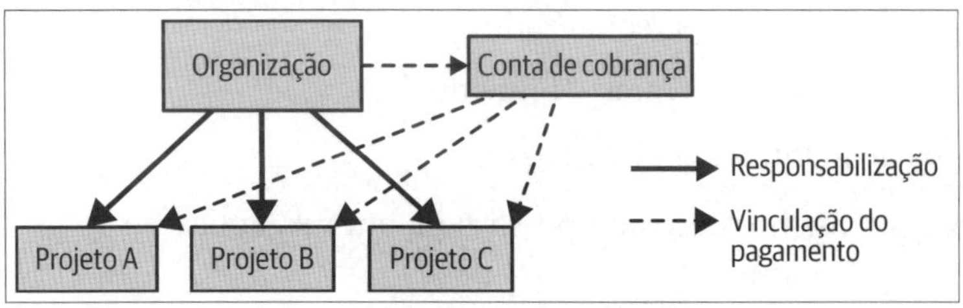

Figura 17.8: Conta de cobrança e responsabilização no Google.

A *responsabilização* está relacionada com a herança de permissões do IAM (Identity and Access Management, ou Gerenciamento de Identidade e Acesso) usada pela organização principal. A *vinculação do pagamento* define qual conta de cobrança pagará por um projeto específico. No diagrama, a organização tem responsabilidade pelos projetos A, B e C, e a conta de cobrança é responsável pelo pagamento das despesas geradas pelos três projetos.

Aplicação dos CUDs do Google a um projeto

Os CUDs não podem ser usados para cobrir picos de curto prazo no uso. Se você comprar CUDs para 50 vCPUs, não poderá executar 100 vCPUs durante metade do mês e receber o desconto total. Se voltarmos à analogia dos cupons, um único *cupom* não pode ser aplicado a vários recursos ao mesmo tempo.

Os CUDs são comprados para uma família de instâncias específica, e um único tipo de CUD não pode ser aplicado ao tipo de uso de outro recurso. Se você comprar CUDs N2 (de uso geral), eles não aplicarão um desconto a instâncias M1 (com otimização de memória), e vice-versa.

Você pode comprar CUDs para o prazo de um ou três anos, que por padrão não são renovados automaticamente. Se quiser que um compromisso seja renovado de forma automática, você deve ativar manualmente a configuração de renovação automática em cada compromisso. Os CUDs são aplicados à soma total de uso de vCPU e memória. Um compromisso para 4 vCPUs pode aplicar um desconto parcial a uma instância de mais vCPUs. Por exemplo, uma instância executada com 16 vCPUs terá 4 vCPUs com a taxa do CUD e as 12 vCPUs restantes com a taxa normal.

Para concluir, é importante mencionar que os CUDs são alocados para os tipos de máquinas mais caros em uma ordem muito específica:

1. Tipos de máquina personalizados
2. Grupos de nós de locatário individual
3. Tipos de máquina predefinidos

Isso assegura o melhor desconto possível na hora da aplicação.

Descontos por compromisso de uso flexíveis do Google

Durante os estágios finais de criação da segunda edição deste livro no fim de 2022, o Google Cloud lançou uma nova oferta de compromisso chamada Flexible CUDs (Flexible Committed Use Discounts, ou Descontos por Compromisso de Uso Flexíveis). Grande parte do que você aprendeu aqui sobre os CUDs também pode ser aplicada aos Flexible CUDs.

Semelhantes ao SPs da AWS, os Flexible CUDs para GCE são compromissos baseados em gastos que fornecem descontos altos fora da lista de preços em troca de um compromisso com determinado nível de gastos por hora no CGE por um prazo de um ou três anos.

Os Flexible CUDs adicionam duas dimensões à flexibilidade já oferecida pelos CUDs padrão. Como nos CUDs padrão, você pode alterar o tamanho e as zonas que usará para suas instâncias. Em primeiro lugar, os Flexible CUDs também permitem alterar a família de instâncias entre famílias de uso mais geral e com otimização computacional. Em segundo lugar, eles nos permitem alterar em que região as VMs serão executadas.

Os Flexible CUDs são ideais para clientes com necessidades previsíveis de gastos na nuvem ou que precisem ter flexibilidade no comprometimento dos fundos que gastarão com a nuvem, mas não queiram ficar restritos a uma única região ou a um único tipo de máquina. Eles nos permitem desassociar as decisões financeiras de investimento na nuvem das opções de VMs específicas de workloads.

Os clientes se comprometem com uma quantidade de gastos consistente, medida em dólares pela hora de gastos sob demanda equivalentes, por um prazo de um ou três anos. Em troca recebem uma taxa com desconto sobre o uso aplicável coberto pelo compromisso.

Você pode comprar CUDs a partir de qualquer conta de cobrança, e o desconto poderá ser aplicado a qualquer uso elegível em projetos pagos por essa conta. Muitas das técnicas de CUD mostradas nestes capítulos o ajudarão a avaliar suas decisões de compra de Flexible CUDs, mas é cedo demais para existirem melhores práticas específicas de Flexible CUDs. Não perca os fóruns da FinOps Foundation relacionados ao Google para acompanhar a conversa de colegas profissionais sobre as práticas recomendadas mais recentes.

Conclusão

As RIs, os SPs, os CUDs e os Flexible CUDs são as otimizações mais complexas disponíveis para os usuários da nuvem. Bons descontos podem ser obtidos pela operação de um programa de reservas bem-sucedido.

Resumindo:

- Todos os três principais provedores de serviços de nuvem nos permitem firmar compromissos de uso em troca de grandes descontos. Eles diferem nos recursos, em como funcionam e nos descontos que fornecem.
- Para se beneficiar ao máximo das reservas, você precisa conhecer todos os recursos, incluindo a flexibilidade no tamanho e quais modificações podem ser aplicadas após uma compra.
- Devido a toda essa complexidade, você obterá resultados melhores se centralizar o gerenciamento de RIs, SPs e CUDs para que as equipes possam se concentrar na redução do uso e não se preocupar com taxas.
- Educar várias equipes de stakeholders, como a de engenharia e a de finanças, é uma etapa importante do processo, já que as RIs não costumam ser entendidas corretamente.
- Já que as RIs, os SPs, os CUDs, os Flexible CUDs e outros descontos são disponibilizados em troca de compromissos, é essencial uma previsão clara e exata do uso futuro dos tipos de recursos que você deseja que tenham cobertura. Isso requer um bom relacionamento de trabalho entre as equipes de engenharia e FinOps.

Agora que você sabe como as reservas funcionam, passaremos para as estratégias e considerações de uma implementação correta e ideal de reservas dentro de sua empresa.

CAPÍTULO 18

Construção de uma estratégia de descontos baseados em compromissos

Agora que você conhece os fundamentos dos descontos baseados em compromissos como descrito nos dois capítulos anteriores, é hora de fazer algumas perguntas difíceis, mas importantes:

- Com quanto você deve se comprometer?
- Com o que deve se comprometer?
- Quando deve se comprometer?
- Quem deve ser envolvido no processo?
- Como saber se os seus compromissos estão sendo totalmente utilizados?
- Como saber quando deve comprá-los novamente?
- Quem deve pagar por eles?
- Como alocar os custos e as economias ao longo do prazo do compromisso?

Infelizmente, não existem respostas definitivas — somente as respostas certas para uma empresa em um momento específico. Essas respostas podem mudar consideravelmente a maneira como você percorrerá a curva de maturidade de FinOps, quando os provedores de nuvem atualizarem seus sempre variáveis modelos de compromisso, e à medida que as reservas financeiras de sua empresa mudarem.

Erros comuns

Temos visto empresas cometerem vários erros quando trabalham com programas de descontos baseados em compromissos. Sem uma ordem específica, os erros são:

- Demorar demais para firmar compromissos.
- Firmar compromissos que sejam muito conservadores.
- Firmar compromissos baseados no número de instâncias exclusivas em vez de em uma linha d'água (o que será abordado posteriormente neste capítulo).
- Não gerenciar os compromissos após sua compra.
- Comprar os tipos errados de compromissos.

Quase todas as pessoas erram em alguma parte de sua estratégia inicial. Não há nenhum problema nisso. É o estágio inicial da maturidade. Poderíamos pensar nisso como aprender a andar de bicicleta ou escrever os primeiros fragmentos de código — é um processo de aprendizado que pode demandar algumas tentativas para dar certo.

> *Falhar é horrível, mas ensina. A descoberta das ações que funcionam bem é sempre acompanhada da descoberta do que não funciona tão bem.*
>
> – Bob Sutton, Professor de Ciência da Gestão na Stanford University

Etapas para a construção de uma estratégia de descontos baseados em compromissos

Existem seis etapas essenciais na construção da primeira estratégia de compromissos:

1. Aprenda os aspectos básicos de cada programa.
2. Conheça seu nível de compromisso com o provedor de serviços de nuvem.
3. Construa um processo repetível de desconto baseado em compromisso.
4. Compre regularmente e com frequência.
5. Meça e itere.
6. Aloque apropriadamente os custos de compromissos antecipados.

Esta seção abordará cada etapa.

Etapa 1: aprenda os aspectos básicos de cada programa

Graças ao Capítulo 17, você já conhece grande parte dos aspectos básicos de mecanismos comuns como as RIs (Reserved Instances)/SPs (Savings Plans) e os CUDs (Committed Use Discounts)/Flexible CUDs usados para descontos de computação.

No entanto, existem alguns conceitos que não abordamos. O primeiro é o ponto de equilíbrio de um programa de compromissos. Você pode não se lembrar de nada desta seção, mas nunca se esqueça do seguinte:

Você não precisa usar um compromisso de um ano durante todos os 12 meses para economizar dinheiro.

Sim, você está se comprometendo a pagar por esse período de tempo, mas não precisa utilizar o compromisso a cada hora do período para a compra fazer sentido em termos financeiros.

Um compromisso de três anos pode parecer assustador até mesmo para o usuário mais comprometido da nuvem. De certa forma vai contra tudo o que apreciamos na nuvem: just-in-time, escalável, uso sob demanda. Contudo, os compromissos de um ou três anos de um provedor podem economizar grandes quantias de dinheiro e colocar a economia da nuvem totalmente a nosso favor.

Um compromisso de 1 ano pode atingir o ponto de equilíbrio em apenas 4 a 6 meses, e um de três anos pode atingi-lo em 9 a 12 meses. O compartilhamento de dados sobre esses pontos de equilíbrio na empresa pode ajudar a diminuir o medo de firmar compromissos com sua nuvem preferida. Veremos detalhadamente os diversos componentes do ponto de equilíbrio dos compromissos.

Componentes do ponto de equilíbrio dos compromissos

A Figura 18.1 mostra o custo acumulado de um recurso, tanto para a taxa sob demanda quanto para a de compromisso, durante o prazo de um ano. No exemplo, o compromisso custa mais de $300 por pagamento antecipado, e é por isso que sua linha começa acima de $300. Se você tivesse usado um compromisso *sem pagamento antecipado*, ela começaria abaixo da linha da modalidade sob demanda. E se usasse um compromisso *com pagamento totalmente antecipado*, seria desenhada como uma linha plana no valor do custo antecipado.

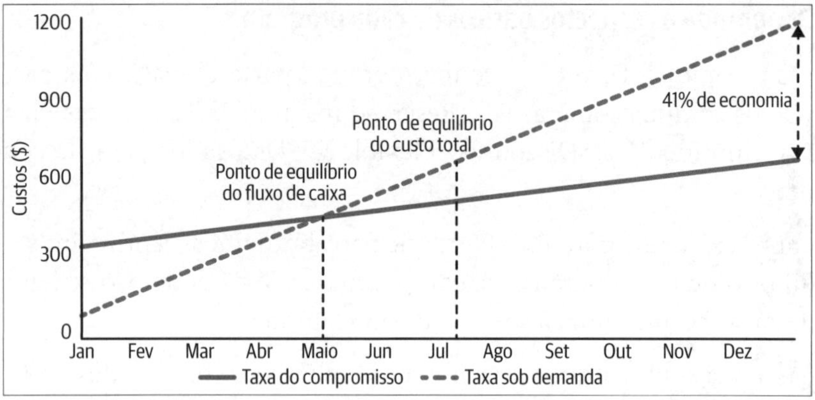

Figura 18.1: Fluxo de caixa do desconto baseado em compromisso.

O *ponto de equilíbrio do fluxo de caixa* ocorre na data em que o compromisso custa a mesma quantia que seria gasta com o uso de taxas sob demanda. Algumas pessoas o chamam de *ponto de cruzamento*, por razões óbvias. Você não terá mais despesas diretas com o compromisso no ponto de equilíbrio do fluxo de caixa. No entanto, continuará a pagar os custos contínuos (por hora). Se interromper o uso no ponto de equilíbrio do fluxo de caixa, isso resultará na perda de dinheiro ou em taxas sob demanda.

O *ponto de equilíbrio do custo total do compromisso* é onde o custo sob demanda do uso do recurso é maior que o custo total do compromisso. Esse é o ponto de equilíbrio real, já que você poderia interromper o uso correspondente ao compromisso e isso não o deixaria em uma situação pior do que se não tivesse firmado um compromisso com o programa de desconto. Pagaria a mesma quantia sob demanda ou com o compromisso. Após o ponto de equilíbrio, você se beneficiará das economias obtidas com o compromisso.

A diferença entre a linha sob demanda e o ponto de equilíbrio do custo total é a economia (ou perda) gerada pelo compromisso. É essencial entender que, com esse gráfico, não importa se você executou ao longo dos 12 meses um único recurso correspondente ao compromisso ou se executou muitos recursos diferentes durante esse período.

Se você fizer um cálculo total do uso ao qual seu compromisso aplica um desconto, poderá comparar o custo total do compromisso com o que teria pago pela mesma quantidade de uso com taxas sob demanda. Essa comparação fornecerá uma indicação de quando o ponto de equilíbrio foi atingido e da economia que você obteve.

Quase sempre, um programa bem planejado de descontos baseados em compromissos atinge o ponto de equilíbrio mais cedo do que o esperado. No que diz respeito à sua estratégia, o principal desafio não será decidir o que comprar primeiro, e sim fazer a empresa ficar alinhada com como deve comprar os compromissos.

A linha d'água do compromisso

Antes de passarmos para o processo, há outro conceito fundamental que não abordamos no capítulo anterior: a *linha d'água* (waterline) do compromisso. Como você sabe, não compramos um compromisso para uma instância específica, nem podemos determinar onde o desconto do compromisso será aplicado. Os compromissos são aplicados de maneira não determinística a um recurso que atenda aos critérios do desconto baseado em compromisso que foi selecionado.

Se você estiver utilizando com sucesso a elasticidade da nuvem, terá diferentes níveis de uso de recursos no decorrer do dia/semana/mês — menor durante as horas ociosas e maior nos períodos de atividade.

A Figura 18.2 mostra um exemplo de uso de recursos com o passar do tempo. As unidades da figura são menos importantes que o conceito. Para as RIs da AWS, poderiam ser as horas de execução de instâncias individuais correspondentes ao tipo de RI que estamos considerando comprar. Para os SPs, os valores da aplicação do desconto ou a quantia que estamos gastando a cada hora. No entanto, essas são unidades intercambiáveis para um compromisso que estamos considerando.

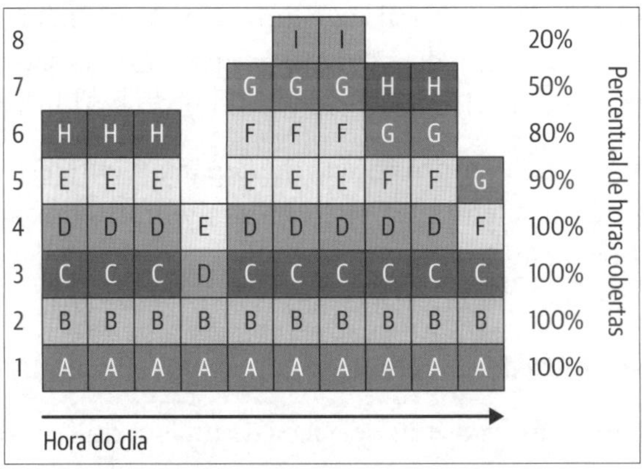

Figura 18.2: Utilização do compromisso.

Se você comprasse quatro unidades de compromissos, cada uma teria 100% de utilização; um quinto do compromisso geraria 90% de utilização; um sexto seria correspondente a 80%, e assim por diante. Se o compromisso gerar uma economia de 25%, para fazer uma economia comparável ao custo sob demanda, você precisaria utilizá-lo durante mais de 75% do tempo.

Com base nisso, ao firmar sete compromissos, você pagaria mais pelo sétimo compromisso do que com a taxa sob demanda, logo, qualquer uso acima de seis compromissos não é passível de cobertura.

Na parte acima da linha 2, um único compromisso pode ser aplicado a diferentes recursos. Esses recursos também podem vir de diferentes contas do patrimônio na nuvem. É esse compartilhamento de recursos — e a economia de escala que ele gera — que torna a compra centralizada de compromissos um princípio básico das melhores práticas de FinOps. Se você gerar compras de compromissos somente a partir do nível de equipe, pode acabar obtendo o número errado de compromissos. Descobrimos que o melhor é que a otimização de taxas fique desassociada das rotinas diárias das equipes para que elas possam se concentrar na otimização da utilização de seus recursos.

Já que esse gráfico de linha d'água só é aplicável ao que pode ser coberto pelo compromisso que estamos considerando, e já que o uso de recursos pode ter cobertura de vários compromissos (uma SRI, um SP de computação, um SP de EC2 etc.), nosso processo (e quase sempre nossas ferramentas de recomendação automatizadas) examinará diversas variações de uso consistente e as taxas de cobertura que resultarão em mais economia, bem como apresentará para a equipe de FinOps as opções que ela terá que considerar com bastante cuidado. Atualmente, é raro esse tipo de análise de linha d'água ser feita de forma manual, mas é importante saber como ela é feita para que você possa pesar as diferentes recomendações que receber de suas ferramentas, fornecedores e equipes.

A nova função da área de compras é ser um departamento estratégico de terceirização que assegure que a empresa obtenha as melhores taxas possíveis para os recursos usados, por meio de compromissos e preços negociados.

Etapa 2: conheça seu nível de compromisso com o provedor de serviços de nuvem

Independentemente do provedor de serviços de nuvem que estiver sendo usado, o objetivo dos compromissos é economizar o máximo possível. Antes de você desenvolver uma estratégia de compromisso, algumas coisas devem ser consideradas. O perfil de sua empresa afetará a estratégia de seus compromissos. Você também precisa considerar o nível de compromisso geral que possui com o provedor de serviços de nuvem, as taxas negociadas que pode ter que incluir nas decisões de compra, processos de pagamento, impactos na alocação de custos e a disponibilidade geral de capital para algum pagamento antecipado.

Quando você criar um compromisso com um provedor de serviços de nuvem, pode haver uma cobrança antecipada e uma cobrança por hora. Se somar as cobranças do prazo inteiro, você obterá o custo total do compromisso — isto é, o que está se comprometendo a gastar com seu provedor de nuvem.

Todos os três grandes provedores de serviços de nuvem permitem firmar compromissos de um ou três anos, com o compromisso mais longo gerando mais economias. Para se decidir entre as duas opções, você precisa considerar seu comprometimento com o provedor de nuvem. Qual é a probabilidade de você reduzir seu uso durante esse prazo?

Suponhamos que você previsse ser muito improvável sair de seu provedor atual de nuvem dentro dos próximos 12 meses, mas não tivesse tanta certeza em relação a um compromisso para os próximos três anos. Nesse caso, não deve se inscrever em um programa de descontos baseados em compromissos de três anos. Você não se beneficiará da economia adicional que seria gerada se interromper o uso antes do prazo completo de três anos.

Etapa 3: construa um processo repetível de desconto baseado em compromisso

A segunda etapa da construção de sua estratégia de compromisso é criar um processo que você possa executar de maneira regular e repetida para tomar as decisões de compra certas o mais rápido possível. Por que isso é importante? Porque a nuvem está totalmente relacionada com a compra just-in-time. Só usamos os recursos quando precisamos deles. Da mesma forma, você só deve comprar compromissos quando precisar deles: isso não deve ocorrer nem cedo nem tarde demais.

O processo de aprovação na empresa também pode contribuir para os compromissos serem firmados com menos frequência. Se o processo demorar semanas, será problemático firmar compromissos mensais. É nesse momento que FinOps pode ajudar a empresa, construindo novos processos para o estabelecimento de compromissos, com a convicção de que melhorar o processo trará ainda mais economias.

Para fazer isso, você precisa saber quem estará envolvido no processo, que critérios de decisão terão que ser considerados antes de o compromisso ser firmado e como deve ser o processo de aprovação final. Tente incluir esses pontos em uma política da empresa, descrevendo quem é responsável, como as aprovações funcionam e, idealmente, complementando com um processo pré-aprovado para quantias predefinidas de compras de compromissos. Defina limites na política para que ela seja reavaliada após eventos importantes, como anúncios de novos produtos — por exemplo, novas ofertas de SP — que possam afetar o processo de decisão de estabelecimento de compromissos.

Vimos empresas bem-sucedidas alocarem um orçamento de compromissos trimestral para a equipe de FinOps, com as aprovações sendo necessárias apenas se o compromisso geral ultrapassar o orçamento. Usando previsões para estimar os compromissos adicionais necessários esperados e a expiração de compromissos existentes, você deve poder fornecer para suas equipes financeiras o gasto esperado com compromissos para os próximos 12 meses. Quase sempre, reduzir o número de pessoas e a quantidade de burocracia envolvidos no processo de aprovação aumenta a frequência dos compromissos. Falaremos mais sobre a otimização de custos guiada por métricas no Capítulo 22, em que veremos como a existência de uma quantia de gastos pré-aprovada pode levar a compras de compromissos automatizadas.

Sua infraestrutura na nuvem deve ser fluida: tipos de instância variando com rapidez, migrações, elasticidade, picos de uso e assim por diante. Você deve suportar essas mudanças adaptando rapidamente os compromissos a elas. Talvez precise fazer compras mensais para acompanhar o ritmo da mudança, e é quase certo que fará trocas, modificações e ajustes em seu portfólio com mais frequência.

A equipe de FinOps é a responsável pelo processo de estabelecimento de compromissos. Seus membros precisam ter um conhecimento profundo de como os compromissos funcionam (consulte o Capítulo 17) e saber as motivações e os planos futuros das equipes que estão executando os recursos para os quais compromissos estão sendo firmados (consulte o Capítulo 3). Eles precisarão interagir com as equipes de finanças, tecnologia e executiva para colocar os compromissos em prática.

Por que você deve gerenciar os compromissos de maneira centralizada? A resposta fácil seria que o gerenciamento central pode economizar de 10 a 40% na cobrança de nuvem da empresa. Uma resposta mais nuançada seria que a função de decidir quando comprar compromissos e em que quantidade é menos eficiente quando cada equipe individual decide o que comprar. É muito raro uma equipe que usa todos os recursos com consistência suficiente, todas as horas do dia por um ou três anos, comprar cobertura para todos os seus recursos. Um uso variável ou com picos sem execução com consistência suficiente ficará sem cobertura, e isso custará para a empresa taxas sob demanda. Se você somar essa pequena parcela de inconsistência sob demanda de cada equipe de sua empresa, obterá de 10 a 40% de perda de eficiência.

Além disso, normalmente a compra de compromissos não é bem-feita pelas equipes de tecnologia ou de operações, que se preocupam com a execução eficiente de seus recursos. E não é desejável que elas gastem seu precioso tempo se atualizando sobre as vantagens e desvantagens dos programas de descontos baseados em compromissos dos provedores de nuvem. Lembre-se de que você quer criar uma divisão de tarefas, na qual a equipe de FinOps executará a *otimização de taxas* e as equipes de linha de negócios executarão a *otimização do uso*.

A função central de FinOps visualiza o uso em toda a empresa, e pode se sair melhor na maximização da cobertura examinando não só o uso de uma única equipe na linha d'água, mas o uso de todas as equipes. Como aprendemos no capítulo anterior, podemos fazer os benefícios dos compromissos fluírem entre contas, assinaturas ou projetos, logo, os responsáveis têm que ser aqueles com melhor visibilidade dos gastos gerais da empresa.

Se você tem uma estratégia de tomada de decisões para a compra de seus compromissos, e sua equipe central de FinOps está fazendo essas compras com base na linha d'água de uso e na utilização futura planejada dos recursos que ela obtém das equipes de engenharia ou de linha de negócios, sua próxima decisão deve ser onde fazer a compra ou onde anexar os compromissos que comprou.

Aprendemos no Capítulo 17 que você pode comprar compromissos em vários níveis de sua hierarquia de contas para que eles sejam aplicados aos recursos de diferentes maneiras. Como exemplo, se você estiver executando uma conta de gerenciamento da AWS, com três contas-membro vinculadas a ela, terá a opção de comprar o compromisso na conta de gerenciamento ou em uma das contas-membro.

Se você detectar que não tem recursos relevantes em sua conta de gerenciamento (é necessária uma boa política para assegurar isso), comprar um compromisso dentro dessa conta faria com que ele fluísse imediatamente para baixo para os recursos das outras três contas, sendo aplicado aleatoriamente aos recursos de menor (no caso de RIs baseadas em ISF) ou maior (no caso de SPs) desconto dessas outras contas.

Outra opção seria comprar o compromisso dentro de uma das contas-membro em que haja um número significativo de recursos. Devido à maneira como a cobertura é aplicada, as RIs ou os SPs da AWS afetariam primeiro *todos* os recursos elegíveis dessa conta, e depois ocorreria a aplicação aos recursos das demais contas. Isso pode ser uma boa ideia, por exemplo, se você possuir uma conta de produção, quiser que seus recursos sejam executados com mais consistência e que tenham prioridade na cobertura; nesse caso, poderia comprar o compromisso nessa conta.

Ou você poderia ter uma equipe que pagou a taxa antecipada do compromisso e, portanto, deseja que seus recursos recebam prioridade na cobertura.

Algo que precisa ser considerado aqui está relacionado especificamente com os SPs. Já que os SPs são aplicados exclusivamente a tipos de serviços distintos (EC2, Fargate, Lambda) e os descontos são significativamente diferentes para esses serviços (até 75% para o EC2, 17% para o Lambda), você precisa tomar cuidado porque, se comprar um SP em uma conta-membro que tenha recursos tanto do EC2 quanto do Lambda, o compromisso cobrirá primeiro *todo* o uso elegível dessa conta. Logo, você pode descobrir que seus SPs estão cobrindo níveis significativos de uso serverless do Lambda antes de fluírem para outras contas em que as economias seriam de um percentual muito mais alto (e subsequentemente a economia monetária seria maior).

Portanto, sua estratégia de onde você deve comprar seus compromissos precisa considerar isso.

Uma abordagem que temos visto entre alguns clientes mais avançados e que é usada por alguns fornecedores que oferecem gerenciamento *como serviço* é a utilização das assim chamadas contas *sidecar*: contas-membro dedicadas que *só* contêm compromissos, sem incluir o uso. A compra de compromissos em uma conta especialmente designada para eles elimina a necessidade de a equipe de FinOps precisar acessar a conta de gerenciamento (o que é sempre algo bom para limitar o acesso) e oferece aos clientes a possibilidade de mover os compromissos entre unidades organizacionais para que sejam aplicados diferentemente com o passar do tempo.

Isso pode ser importante principalmente como uma abordagem para provedores ou empresas de serviços gerenciados que comprem ou vendam rotineiramente partes do negócio por meio de fusão ou aquisição. Se os descontos baseados em compromissos estiverem anexados a uma conta que opere um sistema que esteja sendo vendido, a conta sidecar com o compromisso pode simplesmente ser reposicionada na organização quando as contas forem movidas para uma nova conta de gerenciamento em seu novo ambiente. Se os compromissos tivessem sido comprados nessas contas, teriam sido movidos com os recursos.

Os compromissos podem ser todos comprados em uma única conta sidecar ou em várias para ajudar a influenciar onde a cobertura pode ser aplicada. Nem toda empresa precisa ter esse nível de controle, mas se você precisar, esse pode ser um aspecto importante de sua estratégia geral de compromisso.

Etapa 4: compre regularmente e com frequência

A nuvem foi projetada para compras just-in-time. Você não deve executar infraestrutura ou comprar capacidade (isto é, comprar compromissos) da forma como faria em um datacenter.

Anos atrás, a AWS tinha gráficos como os da Figura 18.3 em sua página inicial. O gráfico da esquerda mostra a maneira como tínhamos que comprar capacidade no datacenter e no universo do hardware, com várias restrições e longos tempos de espera para o hardware. O gráfico da direita mostra a maneira ideal de execução da infraestrutura na nuvem: você a utiliza somente quando precisa dela. O mesmo ocorre com a compra de compromissos.

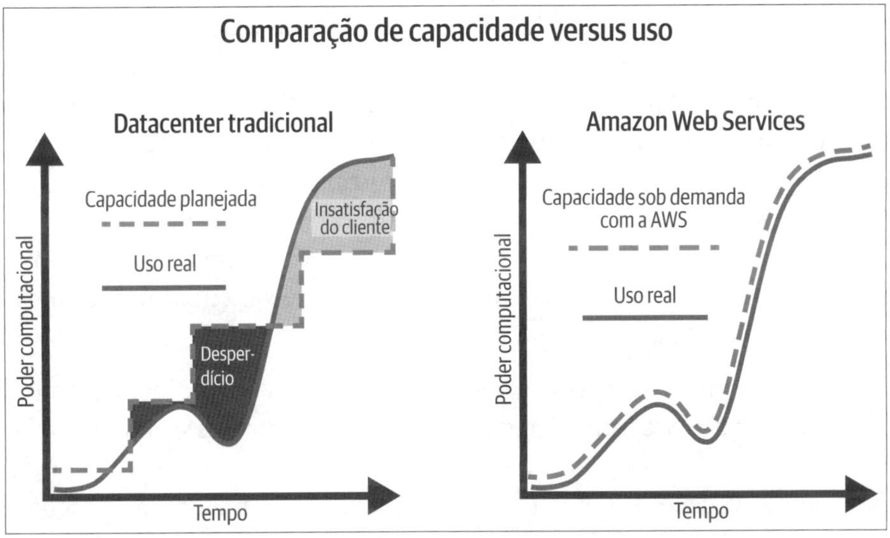

Figura 18.3: Diagrama que a AWS costumava hospedar em seu site.

Etapa 5: meça e itere

Ouvimos muitas histórias assustadoras de empresas que compraram compromissos incorretamente. Para diminuir o risco de cometer esse erro comum, certifique-se de que suas compras iniciais sejam pequenas. Você deve definir métricas cuidadosamente com limites. Elas podem começar com medições simples, como que percentual de gastos na nuvem que deveria ser coberto por um desconto *está sendo realmente* coberto por um programa de desconto. Inversamente, deve rastrear a quantidade de desperdício (ou inatividade) de compromissos existentes para assegurar que eles sejam usados em sua extensão máxima. Para saber mais sobre as métricas que devem ser usadas no gerenciamento de compromissos, abordaremos a otimização de custos guiada por métricas no Capítulo 22.

Uma causa frequente de compra excessiva de compromissos ou de compra incorreta são as ferramentas que recomendam quais tipos de compromissos devemos comprar. Recomendações de compromissos, como qualquer um dos processos automatizados executados pelas ferramentas e plataformas de FinOps (dos provedores de nuvem ou de terceiros), são baseadas principalmente em análises de especialistas de seu uso passado. Contanto que o uso futuro seja exatamente igual ao uso passado (improvável), essas previsões podem ser muito precisas. Todavia, você tem a opção de olhar para trás para um período de tempo variável a fim de gerar recomendações.

Um colaborador nos contou a história de compra de uma grande quantidade de RIs da AWS para cobrir um alto volume de custos sob demanda. A compra começou imediatamente a fazer uma diferença considerável, e a empresa concordou em aumentar a cobertura fazendo outra compra incremental de RIs apenas duas semanas depois. No entanto, a ferramenta que estava sendo usada para gerar recomendações tinha um período de verificação regressiva de 30 dias, logo, estava gerando recomendações com base em duas semanas com essa nova cobertura de RIs e duas semanas sem, o que a fez recomendar muito mais RIs para a segunda rodada.

Comprar compromissos envolve gerenciar riscos; quanto maior for o número de compromissos que você firmar, mais riscos correrá de que eles sejam subtilizados. Quanto melhor se tornar sua capacidade de previsão — veja o Capítulo 13 — mais à vontade você se sentirá para firmar compromissos maiores com segurança.

Você terá que levar muitas coisas em consideração ao comprar compromissos, portanto, tenha calma, analise o impacto de suas compras e tenha certeza do que está fazendo a cada etapa incremental em direção a uma cobertura maior. À medida que sua experiência e confiança no processo crescerem, você poderá aumentar tanto a frequência quanto o tamanho de suas compras.

Etapa 6: aloque apropriadamente os custos de compromissos antecipados

O Capítulo 4 introduziu o princípio do confronto das despesas, que diz que as despesas devem ser registradas no período em que o valor foi recebido. Na AWS, quando um compromisso é pago de forma antecipada, até mesmo parcialmente, ele aplica um desconto ao uso por um período extenso (um ou três anos), o que torna necessário distribuir o pagamento antecipado ao longo do prazo. A distribuição do pagamento antecipado se chama *amortização*. Com a AWS, temos as opções de pagar tudo, parte ou nada antecipadamente. O desconto do compromisso será mais alto quanto maior for o valor que pagarmos antecipadamente. Com a Azure, temos as opções de pagar de forma antecipada ou por mês, sem diferença no preço. E com o Google Cloud, pagamos mensalmente, logo, não há amortização a ser rastreada.

Para decidir se devemos ou não pagar antecipadamente, precisamos considerar dois itens importantes:

Contabilização

O primeiro é o impacto sobre os processos de contabilidade. O Capítulo 17 realçou que os descontos por compromisso serão aplicados aleatoriamente ao nosso uso da nuvem. Se você precisar alocar parte do pagamento antecipado a uma equipe e outra parte à outra equipe, terá que rastrear onde exatamente o compromisso aplicou seus descontos e fazer a amortização de acordo.

Granularidade

Você não pode simplesmente dividir um compromisso em partes mensais iguais. Nem todos os compromissos começam na primeira hora do primeiro dia do mês, e fevereiro é 10% mais curto que março, logo, a amortização requer uma abordagem mais granular.

Abordaremos quem paga pelos compromissos posteriormente neste capítulo.

Embora os compromissos economizem dinheiro, eles podem requerer caixa disponível para as taxas antecipadas. Para algumas empresas, isso não é um problema, mas para outras é proibitivo para as atividades empresariais. Algumas organizações precisam fazer seus gastos dentro de períodos de tempo específicos, como quando as verbas de um orçamento têm que ser usadas antes do fim do ano fiscal.

Onde há dinheiro disponível, profissionais experientes de FinOps consideram o *WACC (Weighted Average Cost of Capital, ou* Custo Médio Ponderado de Capital) e o *VPL (Net Present Value, ou Valor Presente Líquido)* do caixa. Esses cálculos determinam se a aplicação de capital da empresa a compromissos antecipados é um bom investimento versus outros investimentos possíveis. Além de o desconto ser mais baixo para o pagamento não antecipado, investir uma quantia em outro local da empresa pode ter resultados financeiros melhores.

Considere o ágio cobrado pela AWS para as opções de compra *sem antecipação* e com *pagamento parcial antecipado* como equivalentes a uma cobrança de juros pelo fornecedor ter emprestado a parte não antecipada da compra, e considere essa cobrança de juros como tendo uma taxa de juros anual embutida. Chamamos isso de *taxa de juros implícita* das opções de pagamento *sem antecipação* ou com *pagamento parcial antecipado*.

O que vai nortear se o consumidor de recursos de nuvem deve escolher a opção de *pagamento totalmente antecipado* ou opções de pagamento alternativas será se o seu WACC é mais baixo ou mais alto que a taxa de juros implícita cobrada pelo provedor do serviço para alongar o pagamento dos compromissos.

O WACC (também chamado de *custo interno de capital*) do consumidor é o custo do capital financeiro para o consumidor da nuvem na forma de custos de juros para o débito da empresa, e o custo do capital próprio da empresa. O processo de determinar qual custo é maior envolve calcular o VPL dos fluxos de caixa de compra para cada um dos cenários, de *pagamento totalmente antecipado* e *sem antecipação*.

O processo começa com a determinação do WACC do consumidor. A maioria das empresas terá um WACC padrão sendo usado pelo departamento financeiro para decisões desse tipo, e geralmente podemos considerar esse valor como correto.

Se a taxa de desconto calculada — com o uso de técnicas como a função Atingir Meta (Goal Seek) do Excel — exceder o WACC do cliente, este deve comprar compromissos com *pagamento totalmente antecipado*. Se o valor for mais baixo que o WACC do consumidor, a taxa de juros implícita da opção de compra de compromissos *sem antecipação* será menos cara para o consumidor que a opção com *pagamento totalmente antecipado* da AWS.

Uma combinação de compromissos comprados muda a taxa de juros implícita para cada compra, logo, isso pode ser feito para cada decisão de compra, ou para compras representativas a fim de ajudar um consumidor a definir uma política de compras de RIs ou SPs com pagamento sem antecipação, parcialmente antecipado ou totalmente antecipado, e só ser revisitado ocasionalmente. É bom ressaltar que esse esquema só é aplicável a compromissos da AWS, já que eles são os únicos que têm um desconto variável quando o pagamento é antecipado.

Como gerenciar a estratégia de compromisso

Para reduzir a demanda de as equipes individuais gerenciarem seus próprios compromissos, é importante a equipe de FinOps dar visibilidade a quais descontos estão sendo aplicados aos recursos de cada equipe e às economias gerais obtidas. Sem essa visibilidade, as equipes ficarão tentadas a firmarem por conta própria compromissos para seu uso a fim de obter economias. Será perigoso se equipes distribuídas comprarem compromissos e você estiver operando com um modelo centralizado de descontos baseados em compromissos, já que pode haver excesso de compromissos.

Um modelo centralizado de descontos baseados em compromissos não impede necessariamente que as equipes individuais participem. A equipe de FinOps deve conhecer os itens que as equipes de operações estão planejando implementar, principalmente quando essas alterações afetarem o uso da nuvem. Quando um compromisso puder ser convertido ou trocado, não será necessária uma participação tão presente das equipes individuais, já que a equipe de FinOps poderá converter os compromissos quando preciso. Se um compromisso não puder ser modificado, as equipes individuais que tiverem o recurso coberto por ele têm que poder fazer comentários sobre o compromisso firmado. Fazer com que as equipes responsáveis tomem conhecimento do compromisso e do que ele significa para seu uso assegurará que elas o levem em consideração ao planejar qualquer alteração no uso do recurso no futuro.

Compra de compromissos just-in-time

Ouvimos muitas opiniões sobre como as empresas devem definir a hora de suas compras de descontos baseados em compromissos. É importante conhecer os impactos de firmar compromissos cedo demais versus fazer isso tardiamente. Se você firmar um compromisso em um momento mais cedo do que o que seria necessário, pagará por ele sem que nenhum desconto seja aplicado à sua conta. Se firmar um compromisso para uma quantidade de uso maior do que a que precisar, possivelmente pagará por ele pelo prazo total (um ou três anos), sem nenhuma economia. Se, entretanto, esperar demais, pagará a taxa sob demanda pelo uso e perderá as economias que poderia obter se tivesse firmado o compromisso antes.

Para ajudá-lo a entender isso melhor, a Figura 18.4 mostra o uso de um recurso em uma conta de cobrança. Se você comprar um compromisso de um ano em janeiro, acabará pagando pelo compromisso por três meses sem obter descontos, desperdiçando 25% do compromisso (3 meses/12 meses). Quando o uso começar em abril, você receberá imediatamente a taxa com desconto para esse uso até o fim do ano. Se o compromisso não economizar mais do que 25%, você terminará o ano pagando mais do que teria pago se não tivesse firmado o compromisso.

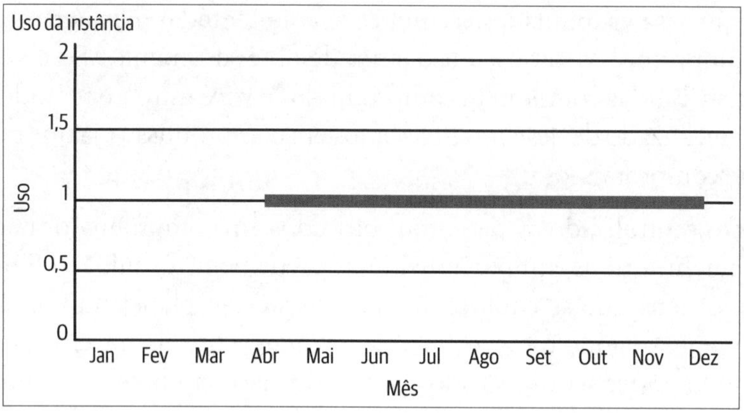

Figura 18.4: Uso de recurso começando em abril e sendo executado por nove meses.

Por outro lado, se você tivesse esperado até setembro para firmar um compromisso, pagaria durante cinco meses a taxa total sob demanda, perdendo a economia que poderia ter obtido.

Abordaremos um modelo mais maduro de execução de compromissos somente quando necessário no Capítulo 22. A maioria das empresas começa a firmar seus compromissos com um cronograma predefinido, como por ano, trimestre ou mês. Quando existe um cronograma predefinido, as empresas ficam tentadas a firmar compromissos em excesso para obter o máximo de economia durante cada ciclo.

Por exemplo, uma empresa que firme compromissos anualmente pode firmar até 30% mais compromissos do que precisaria. A ideia é que, à medida que o ano for avançando, eles tenham um gasto maior na nuvem, e os compromissos avulsos comecem a aplicar um desconto imediatamente. No entanto, durante a primeira metade do ano, a empresa terá que fazer pagamentos adicionais por esses compromissos extras que não estarão incluindo um desconto. Como mostrado no exemplo anterior, existe o risco de que os descontos dos compromissos não ultrapassem a quantia dos custos dos compromissos não usados.

Aumentando a frequência de compra dos compromissos, você reduzirá o período durante o qual pagará a taxa total sob demanda e não ficará tentado a firmar compromissos em excesso. No entanto, existem alguns obstáculos à execução de compromissos com uma frequência maior. O tempo necessário para você analisar a quantidade de compromissos que possui e precisa pode diminuir a frequência de execução de compromissos. Se o seu provedor de serviços de nuvem tiver serviços internos que façam recomendações sobre qual compromisso firmar, esse é um bom ponto de partida. À medida que sua equipe de FinOps for amadurecendo, o uso tanto de ferramentas de terceiros quanto das análises que você mesmo fizer ajudará a melhorar a qualidade de suas recomendações e acelerará o processo de análise.

Quando fazer o rightsizing versus firmar compromissos

Você viu no Capítulo 15 como o rightsizing impacta os programas de descontos baseados em compromissos. Por essa razão, muitas pessoas acreditam que a melhor abordagem é fazer o rightsizing primeiro e depois firmar compromissos. Mesmo que essa abordagem pareça correta, nem sempre é a que deve ser usada. Ela invariavelmente leva à perda de possibilidades de economia por meio de gastos desnecessários sob demanda.

A otimização do uso e o rightsizing são difíceis de executar e podem precisar de muito tempo tanto para reduzir as dívidas quanto para começar a fazê-lo proativamente. Isso requer que as equipes de engenharia sejam envolvidas, e educadas sobre custo, bem como concordem em fazer mudanças. É algo que não acontece de um dia para o outro. Em geral, as equipes se concentram em distribuir recursos e não podem passar imediatamente a otimizar o uso. Podemos precisar de seis meses ou mais para mudar para uma cultura em que os engenheiros considerem o custo como uma métrica de eficiência. Enquanto isso, se você não firmar nenhum compromisso por um longo tempo fará desnecessariamente pagamentos sob demanda. E, quando o rightsizing realmente ocorrer, ele será um processo gradual em vez de um evento imediato, à medida que os engenheiros começarem a incluir a otimização em seus processos em andamento.

> Você deve usar então tanto o rightsizing quanto os compromissos como maneiras de otimizar seus gastos gerais. Esses conceitos parecem opostos, mas só se avaliados superficialmente. Fazer um pouco de rightsizing em algum momento com itens nos quais o impacto possa ser maior (e quando você souber que existem recursos de engenharia disponíveis para que o trabalho seja feito no tempo certo), comprar alguns compromissos para cobrir os recursos usados com mais consistência, e repetir isso de forma contínua, criará um efeito catraca que levará a empresa incrementalmente em direção a uma melhor otimização do custo.

Um dos maiores erros que as empresas cometem quando suas práticas de FinOps estão imaturas é esperar a *conclusão* da otimização do uso e só então firmar compromissos. Lembre-se: percorremos o ciclo de vida de FinOps muitas vezes, e a cada vez fazemos as otimizações mais críticas. Não devemos discutir quando devemos executar o rightsizing versus firmar compromissos. Quase sempre essa decisão envolve um equilíbrio entre as otimizações de taxas e as otimizações do uso com base nos objetivos da empresa.

Embora sejamos defensores do planejamento centralizado de compromissos gerenciados, a otimização dos recursos certos deve ser descentralizada e melhorada de modo constante. As práticas mais eficazes de FinOps se esforçam para assegurar que tudo seja otimizado, em vez de tentar fazer correções reativamente depois. Desloque o custo para seus processos de engenharia. Pense no tamanho do recurso com antecedência. No entanto, mesmo se você souber fazer isso bem, sempre existirão situações no ciclo de vida de um workload em que um recurso será superdimensionado. Ele pode estar correto hoje, mas após cinco implantações você ficará mais eficiente. Você fez o upgrade da biblioteca e agora ela usa metade da memória. Não existe algo como "Não precisamos nunca fazer o rightsizing; tudo está certo desde o início". Demanda iteração, evolução etc.

Nos estágios iniciais de redução do uso você pode eliminar volumes de armazenamento não anexados, ou desativar 100% das máquinas ociosas em contas de desenvolvimento ou preparação. Os estágios iniciais de redução de taxas podem incluir seus primeiros 10% de cobertura (talvez até mesmo com RIs *sem pagamento antecipado* se você estiver usando a AWS). Ganhar maturidade e aumentar a complexidade em cada um dos estágios vai demandar colaboração multifuncional entre equipes e muita educação.

O melhor caminho é definir metas conservadoras para os dois estágios e começar processos paralelos desde o início. É improvável que uma grande proporção de todos os seus gastos de computação na nuvem esteja sendo perdida e poderia então ser redimensionada. Logo, talvez você pudesse cobrir 50% de sua infraestrutura seguramente com descontos baseados em compromissos, em especial se o seu uso da nuvem estiver crescendo com o passar do tempo devido a migrações ou novas aplicações.

Para começar, você deve definir uma meta baixa para a cobertura por compromissos, talvez de 25 a 30%, firmando-os apenas para uma parcela de seus recursos de nuvem, e obtendo assim economias mais cedo. À medida que reduzir sua perda, seus compromissos recém-comprados serão aplicados a um percentual maior do uso restante. Lembre-se de que programas como o de ISF (Instance Size Flexibility, ou Flexibilidade no Tamanho da Instância), as RIs conversíveis da AWS e a possibilidade que o Azure fornece de cancelar RIs lhe darão a oportunidade de otimizar seu uso da infraestrutura, mesmo depois de firmar compromissos.

Já que você pode medir a quantidade de compromissos não usados em suas contas, poderá reavaliar sua meta de cobertura e idealmente aumentá-la com o passar do tempo. Uma prática de FinOps em amadurecimento fará você adotar uma cadência regular de compras de compromissos, enquanto as equipes de engenharia removem os recursos não utilizados e efetuam o rightsizing para os subutilizados. Uma prática avançada incorporará a otimização de custos guiada por métricas (Capítulo 22).

Abordagem por zona

Muitos programas de descontos baseados em compromissos não são aplicados globalmente, o que significa que eles só são aplicados à mesma região (e, em alguns casos, à mesma zona de disponibilidade). Eles também só são aplicados a recursos que tenham os mesmos atributos, como detalhado no Capítulo 17. Por causa disso, geralmente os descontos baseados em compromissos não são comprados em áreas de baixo uso. Os compromissos de uma região com baixo uso correm o risco de não ter o que cobrir, gerando então custos em vez de economias para a empresa. Descontos baseados em compromissos para tipos de instâncias de gerações mais antigas correm riscos semelhantes.

Quando as equipes constroem infraestrutura em regiões de baixo uso e/ou usam tipos de instância considerados arriscados demais para ter compromissos, elas não ganham nenhum desconto. Dave Van Hoven, gerente sênior de DevOps na HERE Technologies, emprega uma abordagem de dar visibilidade às decisões de não cobrir tipos e/ou locais de uso específicos, o que permite que os engenheiros tomem decisões embasadas sobre como construir.

Na *abordagem por zona* são publicadas informações internamente na empresa sobre os locais e os tipos de instância que serão incluídos de forma automática nas compras de compromissos pela equipe centralizada de FinOps (zona permitida) e os locais e tipos de instância que não serão cobertos pelos compromissos, sem que a equipe de FinOps precise ser consultada (zona restrita).

Zona permitida

A zona permitida é a zona mais fácil para os engenheiros. Optar pela construção com o uso dos tipos de instância mais recentes e comuns, e depois fazer a implantação em regiões suportadas pela empresa e que sejam mais amplamente adotadas por ela, permite que os engenheiros ignorem os programas de descontos baseados em compromissos em suas considerações diárias. A zona permitida ajuda a direcionar as decisões da engenharia para as áreas às quais a empresa deseja dar mais suporte.

Zona restrita

A zona restrita requer que os engenheiros gerenciem eles mesmos seus compromissos ou trabalhem junto com a equipe de FinOps para comprar compromissos especializados. Qualquer alteração na infraestrutura da equipe de engenharia sempre demandará que eles considerem os compromissos adicionais que firmaram, já que é improvável que os compromissos possam ser modificados para serem usados por outra equipe. A zona restrita exige trabalho extra e, portanto, é menos atraente para as equipes de engenharia.

Zona bloqueada

Uma pequena extensão desse conceito é a zona bloqueada, que informa claramente para quais locais e de quais tipos de compromissos a empresa *não* aprova a compra. Isso pode ser usado para delinear onde os engenheiros não devem construir infraestrutura.

A abordagem por zona deixa mais claro como uma prática centralizada de compromisso funciona. Ela mostra às equipes onde os compromissos não serão aplicados automaticamente e define um processo para a aplicação de compromissos a usos obscuros. Relatórios devem ser fornecidos para realçar a eficiência e as economias que estão sendo geradas não só pelo processo de compromisso centralizado de FinOps (na zona permitida), mas também pela zona restrita.

Usar opções de compromissos mais flexíveis como os SPs ou os Flexible CUDs para cobrir recursos em áreas menos utilizadas permite que a equipe de FinOps cubra um uso variado em regiões que não recebam cobertura regular de RIs. Essa combinação de tipos de compromissos é semelhante à compra de diferentes tipos de investimentos como proteção contra riscos de exposição. Nesse caso, o risco de as equipes evitarem a cobertura por RIs em regiões menos usadas pode ser reduzido pela existência de uma cobertura mais flexível (embora com desconto menor) que seja aplicada a qualquer região.

Quem paga pelos compromissos?

A aprovação para uma equipe de FinOps *comprar* descontos baseados em compromissos não significa necessariamente que ela *pagará* pelo compromisso. Existem dois componentes principais do custo de um compromisso: a taxa antecipada e a taxa por hora. Alguns descontos baseados em compromissos são compostos apenas de um entre dois compromissos: *com pagamento totalmente antecipado* e *sem antecipação*.

Com o pagamento antecipado, o custo deve ser *amortizado*, isto é, atribuído ao recurso ao qual o compromisso está fornecendo seu desconto a cada hora, já que o compromisso é aplicado à cobrança da nuvem. Qualquer capacidade não usada do compromisso (o que em FinOps chamamos de *inatividade*) é então cobrada diretamente na fatura e deixada sem amortização a partir da taxa antecipada inicial. Geralmente esse custo de inatividade pode ser encontrado na conta, na assinatura ou no projeto em que o compromisso foi comprado.

Depois de o custo ser amortizado corretamente no fim do mês, ficaremos com:

- O acumulado das despesas pré-pagas referente à taxa antecipada restante que será amortizado em meses futuros.
- Os custos amortizados dos recursos de nuvem gerados nesse mês (custo alocado por meio de tags, rótulos e contas).
- Os custos não amortizados de compromissos não usados cobrados de maneira centralizada nos dados da fatura.

Quando uma equipe de FinOps é autorizada a fazer gastos em compras de compromissos, ela adiciona dinheiro ao acumulado de despesas pré-pagas. No que diz respeito aos custos mensais, essa não pode ser considerada uma despesa da empresa. Em contabilidade, com o uso do princípio do confronto das despesas que faz parte dos princípios de contabilidade geralmente aceitos, as despesas pré-pagas da empresa são registradas como um ativo, e serão transformadas em despesa quando você amortizar o custo em seus custos da nuvem. Logo, a equipe de FinOps não apresentará o orçamento das compras de compromissos como uma despesa da empresa.

> Verifique com sua equipe de contabilidade como o departamento trata as despesas pré-pagas dos compromissos e alinhe as informações do relatório para que sigam essa orientação.

Quando os custos forem amortizados para seus recursos de nuvem, você poderá incluir essa amortização no relatório de showback usando tags, rótulos e contas. Você poderá atribuir os custos dos compromissos ao seu processo de alocação de custos de showback/chargeback e tratá-los como todos os seus outros custos da nuvem.

Para os compromissos não usados, entretanto, as faturas serão cobradas de maneira centralizada (para a conta em que eles foram comprados) e precisarão de um processo que as aloque apropriadamente. Aqui estão quatro estratégias que vimos serem utilizadas para tratar esse custo de compromissos não usados:

Atribuição baseada em conta

Se os compromissos forem comprados dentro de contas próprias das equipes — perto do uso ao qual eles devem aplicar descontos — será possível distribuir os custos de compromissos não usados com base na conta em que o compromisso foi comprado. As cobranças serão alocadas para cada equipe que possuir a conta.

Amortização combinada

A inclusão do custo de compromissos não usados na taxa de amortização incorporará o custo não utilizado à taxa que todos pagarão pelos recursos cobertos por esse compromisso. Não estamos nos referindo ao conceito de *taxa combinada* encontrado nos dados de cobrança da AWS, que discutimos no Capítulo 4. O caso que estamos vendo agora aplica aos recursos não cobertos a taxa comum sob demanda. Devido à variabilidade quanto a que recursos exatamente um compromisso é aplicado, em algumas situações um recurso terá um desconto aplicado e em outras não. Essa variação na alocação do desconto pode fazer com que seja mais difícil entender o rastreio dos custos das equipes porque pode existir variação no custo periódico devido a deltas de otimização de taxas que a própria equipe não teve como controlar. É essencial que haja o gerenciamento e o conhecimento das implicações financeiras disso para que os grupos não critiquem sem justificativa as equipes de engenharia pela variabilidade causada simplesmente pela maneira como o provedor de nuvem aplica a cobertura dos compromissos. Recomendamos usar as taxas combinadas dos recursos ao executar showback/chargeback porque, apesar da variabilidade, elas refletirão como os descontos reais foram aplicados e se assemelharão ao relatório de custos da ferramenta do provedor de nuvem.

Taxa combinada dos recursos

Nesse caso, você criará uma nova taxa para os compromissos combinando na cobrança os custos totais das taxas dos recursos. Novamente, isso é diferente da taxa combinada que vemos nos dados de cobrança da AWS. O conceito que estamos discutindo considera todo o uso correspondente a um compromisso (com a taxa sob demanda e com desconto), aplica as quantias de amortização antecipada e de compromissos não usados e então cria uma nova taxa incluindo todo o uso. Ou seja, todos que estiverem empregando esse tipo de uso receberão a mesma taxa, tendo ou não sido aplicado um compromisso aos dados de cobrança. Basicamente, esse esquema cria uma taxa média da própria empresa — entre o preço sob demanda e o com desconto — para cada tipo de recurso, que muda quando o mesmo ocorre com a cobertura do compromisso. Também evita que haja *vencedores e perdedores aleatórios* onde quer que um compromisso for aplicado. No entanto, é um volume de trabalho significativo produzir esse modelo de relatório de uma forma que todos consigam entender, e cria pequenas diferenças entre o relatório de taxa combinada e as informações de custo que os usuários verão na ferramenta nativa do provedor de nuvem.

Pool de economias

Construa um processo com sua equipe financeira que centralize as economias, com todos os relatórios, orçamentos e previsões usando taxas sob demanda. As equipes de engenharia não precisarão pensar em quais seriam as taxas de CUD corretas para seu uso, e a aplicação imprevisível de compromissos ao uso não será mais um problema. Todas as economias serão apresentadas de maneira centralizada à equipe de FinOps, e os custos de compromissos não usados serão subtraídos. A quantia das economias funcionará como um orçamento inverso, em que uma quantia predefinida de economias será esperada pela equipe de FinOps, e o desempenho será medido com base em quão próximo se chegou de atingir a quantia de economias correta. Esse pool de economias central será então distribuído para a empresa de maneira mais controlada e apropriada. É uma abordagem que funciona bem, já que pode eliminar a variabilidade de como a cobertura é aplicada e permite que as equipes de engenharia se concentrem totalmente na otimização do uso. No entanto, significa que os engenheiros estarão olhando para os custos sob demanda, e que as equipes de finanças e de produtos podem precisar examinar as métricas combinadas de custo da amortização para calcular corretamente as margens reais dos produtos. Essa abordagem também pode ocultar aspectos dos gastos e permitir que as equipes de engenharia concentrem mais esforços na otimização de recursos que não sejam ou não possam ser cobertos por compromissos, já que elas não poderão ver o que está sendo coberto e recebendo desconto.

A abordagem a ser adotada para a atribuição de custos de compromissos dependerá dos processos de sua empresa e possivelmente mudará com o tempo à medida que sua prática de FinOps for amadurecendo. Como ocorre com muitos aspectos do gerenciamento de custos da nuvem, existem várias maneiras de considerarmos os custos, e algumas parecerão injustas, desiguais, variáveis demais ou totalmente penalizantes para certas equipes e stakeholders. Contudo, criando abordagens que representem seus custos transparentemente, e envolvendo todos os stakeholders em como sua distribuição de custos está estruturada, você pode definir expectativas de tal forma que, mesmo se algo parecer injusto para uma equipe, todos reconheçam que é mesmo assim e possam justificar ou considerar isso em suas respostas.

Dicas de estratégia

Você pode achar úteis as sugestões a seguir quando construir sua estratégia de descontos baseados em compromissos:

Construa primeiro a visibilidade

Uma história que ouvimos sempre é a seguinte: “Comprei um compromisso, mas minha cobrança aumentou”. Em geral os compromissos são comprados para impedir o crescimento dos gastos na nuvem, e são implementados na fase de aumento de uso da nuvem dentro de uma empresa. Provavelmente o crescimento da nuvem será maior do que as economias que o compromisso poderá gerar, e se não houver visibilidade de quanto um compromisso está economizando, você terá apenas um aumento na quantia de gastos com a nuvem.

Entenda como os compromissos funcionam

A partir do Capítulo 17 você deve ter percebido como os programas de descontos baseados em compromissos são complexos. O erro mais comum que as pessoas cometem quando compram compromissos é não entender seu uso corretamente e comprar o tipo incorreto de compromisso ou comprá-los nos locais errados. Quando um compromisso não corresponde ao uso esperado, isso pode levar a aumentos elevados no custo.

Peça ajuda

Os profissionais de FinOps não precisam mostrar seu valor fazendo tudo sozinho. Os profissionais mais bem-sucedidos da FinOps Foundation usam algum tipo de ajuda externa. A própria FinOps Foundation é um recurso externo cujo objetivo é dar ajuda.

Aprendendo com seus colegas, participando de cursos de treinamento, obtendo certificações e entrando em contato com seu provedor de serviços de nuvem pelos canais de suporte, você pode assegurar que seu programa de descontos baseados em compromissos tenha mais chances de ser bem-sucedido. Se os compromissos forem algo novo para sua empresa, considere contratar um consultor experiente.

Lembre-se de que, se você está pagando pelo suporte de seu fornecedor de nuvem, também está pagando pelo tempo de seu Gerente Técnico de Contas ou TAM (Technical Account Manager). Alguns clientes nunca pedem ajuda a seu TAM proativamente, mas as compras de compromisso são algo apropriado para os TAMs validarem. Na verdade, seria interessante pedir a qualquer pessoa disponível que valide as compras de compromissos, já que quanto maior for o número de pessoas que fizerem essa verificação, melhor será, e ter que justificar suas decisões para todas essas pessoas antes da compra pode ser elucidativo. Quase todos os profissionais que conhecemos têm alguma história sobre comprar compromissos incorretamente, portanto, peça ajuda nessa área específica.

Evite ir diretamente de zero a herói

Quando você estiver no estágio inicial de maturidade de sua prática, recomendamos comprar apenas um compromisso. Isso lhe permitirá reforçar seu conhecimento com uma compra de baixo risco. Assim poderá evitar todos os erros comuns antes de fazer uma compra mais substancial. Tentar ir de "zero a herói" tende a levar a falhas. Você pode considerar a abordagem por zona que discutimos anteriormente, identificar o uso de risco mais baixo que poderia se beneficiar dos compromissos e então fazer compras em quantidades crescentes. É uma boa maneira de gerar confiança em sua estratégia e escalonará a renovação de compromissos de um modo que também permitirá fazer ajustes incrementalmente com o tempo à medida que forem expirando.

No entanto, você não deve demorar. Recomendamos começar lentamente, mas não começar é um erro enorme — e comum. Tentar evitar erros não fazendo nenhuma compra leva a um gasto excessivo contínuo. Encontre e compre alguns compromissos de baixo risco e continue aprendendo e aumentando seus processos de relatório quando começar a ver economias.

Quando estiver começando, recomendamos definir metas baixas de estabelecimento de compromissos. Considere de 25 a 30% de cobertura por compromissos na zona permitida. À medida que a confiança aumentar, revise as metas para cima. Um volume de cobertura comum que as empresas tentam atingir é o de 90% de cobertura por compromissos.

Considere o impacto geral

Um compromisso é aplicado aleatoriamente a uma cobrança de nuvem. Logo, se você tiver relatórios de custo e equipes rastreando os gastos minuciosamente, uma compra de compromisso pode causar confusão quando os gastos diminuírem em uma área, mas não em outra. Divulgar a compra de compromissos e atualizar os relatórios usados pela empresa para que reflitam com precisão os impactos das economias geradas é essencial para evitar confusões.

Essas dicas são as mais importantes que achamos que você deve memorizar; no entanto, para obter mais suporte, entre em contato com os colegas do seu setor, use fornecedores experientes e utilize plataformas de FinOps para guiar seus primeiros passos nas compras de descontos baseados em compromissos.

Conclusão

As estratégias de FinOps para o gerenciamento de compromissos variam de uma empresa para outra. Contudo, existem algumas práticas comuns que levam a conjuntos de compromissos eficientes e bem gerenciados. A existência de um gerenciamento centralizado pela equipe de FinOps é uma das mais importantes.

Resumindo:

- Você deve usar toda a ajuda disponível na construção de sua estratégia e evitar construí-la sozinho.
- Deve aprender como os compromissos funcionam e reservar algum tempo para construir visibilidade antes de fazer suas compras de compromissos.
- Não deve demorar a comprar compromissos. Compre primeiro compromissos de baixo risco e depois construa processos para aumentar a cobertura.
- É importante fazer divulgações para toda a empresa para evitar confusões sobre quem está fazendo o quê e que mostrem como examinar os custos com exatidão.
- Provavelmente você usará vários tipos e configurações de compromissos para atingir suas metas gerais de estabelecimento de compromissos.
- Comece pequeno e aumente seu impacto incrementalmente ao ganhar maturidade, gere confiança em sua estratégia e avalie o impacto de cada compromisso que comprar.

Uma estratégia de descontos baseados em compromissos corretamente implementada evoluirá e amadurecerá com a prática de FinOps, economizando grandes quantias para a empresa. O ideal é que métricas sejam usadas em todos os processos de FinOps.

No próximo capítulo, examinaremos a sustentabilidade e como FinOps está facilitando o crescimento de uma nova prática chamada *GreenOps*.

CAPÍTULO 19

Sustentabilidade: parceria de FinOps com GreenOps

Nos últimos anos, houve um grande aumento na atenção dada à sustentabilidade no uso da nuvem, com provedores e equipes de todos os locais repentinamente falando sobre medir e reduzir sua pegada de carbono na nuvem.

A sustentabilidade como disciplina tem três pilares principais: ambiental, social e econômico. Este capítulo terá foco no pilar ambiental relacionado às emissões provenientes de datacenters da nuvem.

Abordaremos por que isso importa para um profissional de FinOps posteriormente neste capítulo; primeiro consideraremos por que sua empresa deve se preocupar. A maior atenção que as empresas estão dando à pegada de carbono de seus serviços digitais é impulsionada pelas pressões vindas de vários stakeholders internos e externos importantes:

- Investidores e acionistas estão pressionando os CEOs e os membros do conselho para torná-los responsáveis por suas emissões gerais, guiados por iniciativas ESG (Environmental, Social, and Governance, Ambientais, Sociais e de Governança) e pelo impacto de medições de sustentabilidade apresentadas publicamente.
- Os governos estão tornando mais restritos os requisitos e regulamentos dos relatórios para que haja menos possibilidade de ocorrer *greenwashing* (alegação ou divulgação falsa de que uma empresa é mais ambientalmente amigável do que ela realmente é) e seja dada uma atenção maior à ação.
- Os clientes estão cada vez mais tomando decisões de compra com base na ética, levando em conta as práticas de sustentabilidade das empresas que estão considerando.

- Os funcionários estão exigindo que suas empresas sejam mais sustentáveis. Eles estão dando mais importância a como possíveis empregadores tratam a sustentabilidade quando selecionam seu próximo local de trabalho.

Em conjunto, essas pressões têm elevado a importância da sustentabilidade dentro da sala de reuniões, criando um enfoque maior em metas de sustentabilidade e/ou prazos para o net-zero[1], com ênfase adicional à responsabilização, transparência e distribuição de melhorias mensuráveis.

> *Nada motiva mais a diretoria do que algo que afete seu bônus. Isso significa que elementos críticos como orçamento e tempo estão sendo disponibilizados para o foco na sustentabilidade.*
>
> – Mark Butcher, da Posetiv Cloud, sobre o Episódio 8 do podcast FinOpsPod (*https://oreil.ly/1AzJQ*): FinOpsPod Voicemail: GreenOps

No entanto, por que a sustentabilidade importa dentro do universo da nuvem? Por causa do imenso tamanho da pegada de carbono gerada pelos serviços de nuvem. Até uma época relativamente recente, a pegada de carbono dos serviços de TI estava sendo ignorada pelos profissionais de ESG, com seu enfoque priorizando outros locais da empresa, e o consumo específico na área de TI e na nuvem sendo visto como irrelevante quando comparado ao de outras áreas diretamente mais poluentes.

Contudo, a indústria e a mídia começaram a falar mais sobre a pegada de carbono dos datacenters com o crescimento dos serviços de nuvem, dando ênfase à quantidade de eletricidade e água que é consumida para alimentar a aparentemente insaciável demanda por armazenamento e computação de dados. Faz sentido essa mudança estar ocorrendo agora, já que cada vez mais empresas estão fechando seus pequenos datacenters e consolidando o uso da nuvem. A agregação de workloads de muitas instalações menores nos massivos complexos executados pelos provedores de nuvem permite que até mesmo pequenos aumentos na eficiência geral estabelecidos por um provedor tenham um impacto muito mais significativo, da mesma forma que resolver as emissões de empresas geradoras de energia elétrica em larga escala tem impacto maior do que fazer mudanças em usinas de energia individuais ou geradores de reserva.

Aparentemente os datacenters que compõem a nuvem consomem de 1 a 4% da energia global total, com a expectativa de que esse valor cresça a um volume

1 N. T.: *Net-zero* é o equilíbrio entre a quantidade de gases de efeito estufa emitida e a quantidade removida da atmosfera.

de 10% em uma década, diminuindo a proporção de outros setores do mercado, como o de aviação. Eles também são consumidores massivos de água, o que cria emissões na forma de vapor d'água. "O datacenter típico usa cerca de 3 a 5 milhões de galões de água por dia, a mesma quantidade de água de uma cidade de 30.000 a 50.000 pessoas", disse Venkatesh Uddameri, professor e diretor do Water Resources Center na Universidade de Tecnologia do Texas, em uma entrevista em 2021, para a NBC News (*https://oreil.ly/q95FV*).

De acordo com um artigo de 2022 da revista *Time*, "o Google considera seu uso de água um segredo comercial exclusivo e impede que até mesmo agentes públicos revelem o consumo da empresa. No entanto, informações têm vazado, por meio de batalhas judiciais com serviços públicos locais e grupos conservacionistas. Só em 2019, o Google solicitou, ou recebeu, mais de 2,3 bilhões de galões de água para datacenters em três estados, conforme os registros públicos postados online e arquivos legais".

Conforme as empresas forem deixando de lado os datacenters de sua propriedade, levando a uma explosão do consumo na nuvem, medições referentes à sustentabilidade terão que ser feitas.

O que são as emissões de carbono da nuvem?

Para você poder gerenciar e reduzir sua pegada de carbono digital, todos os envolvidos precisam de um entendimento comum do que são as emissões de carbono e como elas são medidas. Existem muitos termos específicos usados na área de sustentabilidade, mas a maioria não será abordada neste livro. Se você quiser acessar uma lista desses termos e uma explicação de seu significado, pode encontrar mais informações no site da FinOps Foundation (*https://oreil.ly/dMo4L*). Algo importante que você precisa conhecer para ler este capítulo é o que são gases de efeito estufa e a unidade de medida que costuma ser usada nos relatórios de emissão de carbono.

Gases de efeito estufa

Os gases de efeito estufa são gases existentes na atmosfera que absorvem e reemitem calor. Geralmente, quanto maior é a quantidade desses gases na atmosfera, mais quente o planeta Terra se torna. Os gases de efeito estufa incluem o dióxido de carbono (CO_2), vapor d'água, metano (CH_4), óxido nitroso (N_2O), ozônio e outros.

CO_2e

Com frequência confundida com a notação de dióxido de carbono (CO_2), CO_2e é o *dióxido de carbono equivalente*, que inclui todos os gases de efeito estufa como uma única métrica normalizada. O potencial de aquecimento global de cada gás é usado na conversão da medida para a quantidade equivalente de impacto do CO_2 sobre o ambiente. O CO_2e fornece uma única métrica para representar o impacto de todos os gases combinados.

O *CO_2e* é escrito de muitas formas, como *CO_2eq*, *CO_2-e*, *CO_2equivalente* ou *CDE*.

Net-zero

É usado como uma maneira de descrever um resultado em que as emissões totais das atividades de uma empresa foram compensadas por meio de programas que reduzem as emissões de carbono. As emissões devem ser reduzidas pela empresa, medidas e então compensadas. Você pode ler mais sobre o net-zero no site da Science Based Targets (*https://oreil.ly/nPrnE*).

As emissões totais de carbono pelas quais uma empresa é responsável são divididas em três categorias, conhecidas como *escopo 1, 2 e 3*. Os três escopos são uma maneira de agrupar os diferentes tipos de emissões que uma empresa gera em suas próprias operações e em sua *cadeia de valor* mais ampla (isto é, fornecedores e clientes). O nome vem do Protocolo de Gases de Efeito Estufa, que é o padrão de responsabilização pelos gases de efeito estufa mais amplamente usado no mundo todo.

Desenvolver um inventário de emissões de gases de efeito estufa abrangendo todos os escopos permite que as empresas conheçam as emissões de toda a sua cadeia de valor e direcionem seus esforços para as maiores oportunidades de redução. É muito importante fazer isso, já que o setor de TI tem sido negligente por só considerar a energia como fonte primária de emissões de carbono, ignorando o quadro maior das emissões de todos os três escopos.

Emissões de escopo 1, 2 e 3

Basicamente, os escopos 1 e 2 são os das emissões que são geradas ou controladas por uma empresa, enquanto as emissões de escopo 3 são consequência das atividades da empresa, mas ocorrem a partir de fontes que não são de sua propriedade ou não são controladas por ela.

Emissões de escopo 1

Emissões de fontes que uma empresa possui ou controla diretamente — por exemplo, queima de diesel em geradores de datacenters locais.

Emissões de escopo 2

Emissões que uma empresa causa indiretamente quando a energia que ela compra e usa é produzida. Por exemplo, para um datacenter local, as emissões de geração da eletricidade que faz o datacenter funcionar se enquadrariam nessa categoria.

Emissões de escopo 3

Emissões que não são produzidas pela empresa propriamente dita e não são resultado de atividades de ativos de sua propriedade ou controlados por ela; são produzidas por quem ela é indiretamente responsável, ou seja, são as emissões geradas dentro da cadeia de valor da empresa. Um exemplo seria quando você compra, usa e descarta produtos dos fornecedores. As emissões de escopo 3 incluem todas as fontes que não estão dentro dos limites dos escopos 1 e 2. É no escopo 3 que 100% das emissões de seu provedor de nuvem serão categorizadas.

É fácil nos confundirmos com as categorias de emissões, com os provedores de nuvem falando sobre suas próprias emissões de escopo 1, 2 e 3. No entanto, para simplificar, do ponto de vista da nuvem (ou de qualquer serviço terceirizado), 100% das emissões de escopo 1, 2 e 3 do provedor serão combinadas para criar nosso total de emissões de escopo 3 desse provedor. É semelhante a uma boneca russa, como visto na Figura 19.1.

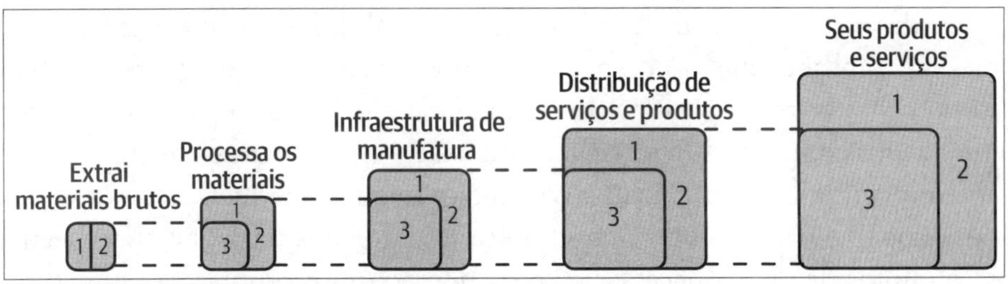

Figura 19.1: Visualização de como emissões de diferentes escopos se acumulam e alimentam as emissões de escopo 3 à medida que subimos na cadeia de valor.

Os provedores de nuvem são verdes?

Existem duas maneiras de considerar essa questão. Por um lado, por sua própria natureza os provedores de nuvem tendem a operar da maneira mais eficiente possível, simplesmente porque para eles eficiência é igual a lucros máximos, e não há nada de errado nisso. O datacenter do provedor de nuvem médio é superior em todos os aspectos a quase qualquer equivalente local, usando as tecnologias melhores e mais recentes para controlar a utilização de recursos preciosos como energia e água.

Quando viável, a maioria dos provedores de nuvem usa energia renovável, mas isso não é suficiente para causar um impacto significativo sobre suas emissões gerais. O fato de os provedores de nuvem usarem energia renovável não significa por si só que eles são verdes ou net-zero.

Por outro lado, muitos provedores de nuvem direcionam sua atenção principalmente para os escopos 1 e 2. O problema das emissões de escopo 1 e 2 é que elas são apenas uma pequena proporção do total de emissões. A inclusão das emissões de escopo 3, que são muito maiores, torna o cenário totalmente diferente, com o escopo 3 geralmente sendo bem maior do que os escopos 1 e 2. O documento "A New Approach for Scope 3 Emissions Transparency", publicado em 2021 pela Microsoft, relata que, de seus 16 milhões de toneladas métricas de emissões em 2020, 12 milhões eram de escopo 3.

Até os provedores de serviços de nuvem começarem a fornecer relatórios mais claros e abrangentes sobre todos os três escopos de emissões de carbono, será difícil responder com certeza à pergunta sobre o quanto a nuvem é verde.

Os principais provedores de nuvem usam abordagens diferentes quando se trata de apresentar suas emissões e estão em níveis variados de maturidade. Até agora, o desenvolvimento de relatórios de sustentabilidade parece estar tomando o mesmo caminho que vimos para os dados de cobrança da nuvem na breve história contada no Capítulo 5. Inicialmente eram relatórios muito resumidos e atualizados com pouca frequência, e estão se transformando em conjuntos de dados mais granulares, atualizados com maior frequência e mais fáceis de acessar. Esperamos que não demore o mesmo número de anos para que eles cheguem aos conjuntos de dados necessários para que ocorram otimizações e medições reais de sustentabilidade.

Infelizmente, o relatório atual, que é emitido pelos principais provedores de nuvem sobre suas emissões de carbono, é obscuro, por falta de abrangência e de metodologias consistentes. Por exemplo, quando esta edição do livro foi criada, o relatório da AWS e do Google nessa área só abrangia suas emissões de escopo 1 e 2, ignorando o escopo 3. Isso faz com que a Azure seja o único provedor que apresenta as emissões de carbono dos três escopos, usando exaustivamente médias e diferentes épocas para os dados de carbono.

Se você leu as publicações mais recentes na mídia dos principais provedores de serviços de nuvem, está perdoado se acha que a medição da pegada de carbono de sua nuvem é um problema resolvido, já que os três maiores provedores estão fornecendo atualmente algum tipo de relatório de emissões de carbono. Embora esse seja um passo na direção certa, ainda existem vários problemas que precisam ser resolvidos para a sustentabilidade da pegada de sua nuvem ser conhecida.

Acesso

Enquanto os principais provedores de serviços de nuvem lançaram ferramentas de sustentabilidade e/ou relatórios de uso de carbono, muitos dos outros provedores não têm capacidade para oferecer dados sobre sustentabilidade ou exigem que seus consumidores de nuvem paguem por trabalhos contratados para a execução de uma auditoria pontual. A frequência das atualizações dos dados de sustentabilidade varia de manual (por solicitação) a mensal. Os dados propriamente ditos são distribuídos em relatórios em PDF, painéis personalizados acessíveis por meio da interface web da plataforma de nuvem ou, em casos limitados, dados de API para usarmos em nossos próprios relatórios analíticos.

A falta de padronização dos dados disponíveis e dos métodos de acesso tem limitado as capacidades de sustentabilidade oferecidas por plataformas de terceiros. Uma opção no espaço open source é uma aplicação chamada Cloud Carbon Footprint (*https://www.cloudcarbonfootprint.org*). O Cloud Carbon Footprint usa os dados de cobrança e de sustentabilidade disponibilizados pelo provedor de serviços de nuvem. A partir dos dados coletados, uma estimativa de pegada de carbono é gerada para o uso da nuvem. É uma abordagem inovadora para o problema do relatório e fornece visualizações interessantes, mas depende da validade e da maturidade dos dados e dos métodos de cálculo disponíveis, inclusive dos dados fornecidos pelos provedores de nuvem.

Abrangência

Você enfrentará dificuldades quando tentar entender a abrangência dos dados de sustentabilidade fornecidos pelos provedores de serviços de nuvem. A maioria dos problemas para a compreensão dos dados virá dos métodos usados pelos provedores para calcular a pegada de carbono. A falta do escopo 3 já foi mencionada, mas nem todos os serviços oferecidos pelos provedores estarão incluídos em seus relatórios, e uma grande quantidade de médias será aplicada aos cálculos. O desafio que as médias trazem é que elas podem fornecer uma pegada de carbono incorreta para diferentes regiões, datacenters ou produtos individuais. Por exemplo, uma instância de baixa emissão de carbono pode parecer ter a mesma pegada de uma instância alternativa relativamente ineficiente e mais antiga. Alguns provedores estão sugerindo atualmente o uso dos gastos na nuvem como um intermediário direto para o impacto do carbono, o que é impreciso — nem sempre mais caro significa mais emissões.

Para tornar os dados fornecidos confiáveis, os provedores precisam incluir todos os serviços de nuvem e empregar maior clareza quanto aos métodos de cálculo e aos gases abordados, bem como reduzir o uso de médias.

Granularidade

Quase todos os dados fornecidos pelos provedores de nuvem estão associados a um país ou a uma região geográfica, o que torna impossível tomar a decisão — com base na sustentabilidade — entre implantar serviços de nuvem em uma região ou em outra. Atualmente nenhum dos provedores fornece dados de carbono realmente precisos no nível de recursos de nuvem e, em vez disso, resumem os dados às emissões totais de carbono por serviço do provedor de nuvem. Sem dados no nível de recursos, não podemos determinar quais tipos de recursos são mais eficientes. Por exemplo, não é possível identificar dentro de uma região que um local específico é mais ou menos sustentável ou eficiente nas emissões de carbono, assim como também não é possível comparar instâncias ou serviços com algum nível de precisão entre regiões ou locais.

Atualmente, os provedores de serviços de nuvem não fornecem calculadoras de emissões como o fazem com as calculadoras de custos da nuvem. Sem um método para o cálculo proativo das emissões esperadas de um workload, a única maneira de a empresa determinar o impacto é implantando o serviço e depois esperando o relatório atualizado de emissões de carbono.

> Não deixe que a perfeição seja inimiga do progresso. Embora existam muitas oportunidades de melhoria nos dados de sustentabilidade que estão sendo disponibilizados atualmente pelos provedores de serviços de nuvem, esperar apenas dados corretos impedirá que sua empresa desenvolva a cultura e as habilidades necessárias para a otimização e para a tomada de decisões com base na sustentabilidade das implantações de nuvem.

Parceria com os engenheiros referente à sustentabilidade

Uma tendência emergente é a prática relacionada — porém diferente — de GreenOps. O objetivo da disciplina de GreenOps é construir uma prática que envolva os engenheiros na sustentabilidade de sua nuvem. O termo *GreenOps* é usado para descrever a prática das empresas aumentarem a sustentabilidade de suas implantações de nuvem e de outras áreas de TI, como os datacenters, as plataformas de infraestrutura e o desenvolvimento de software.

Extensões recentes criadas pela AWS para seu Well-Architected Framework introduziram um pilar de sustentabilidade, que descreve um modelo de responsabilidade compartilhada. Inspirada nisso, a Figura 19.2 foi criada para ajudar a explicar a divisão entre as duas áreas principais: a sustentabilidade *da nuvem* e a sustentabilidade *na nuvem*, com a primeira sendo a responsabilidade do provedor (isto é, Microsoft, Google ou Amazon) e a outra cobrando nossas responsabilidades como consumidores.

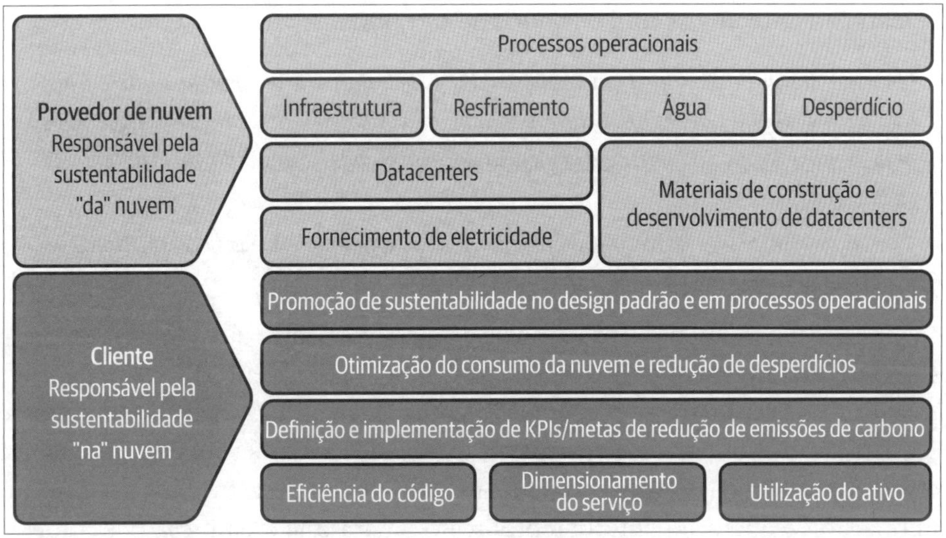

Figura 19.2: Modelo de responsabilidade compartilhada para a sustentabilidade da nuvem (contribuição de Mark Butcher).

A sustentabilidade *na nuvem* é um componente crítico de uma estratégia de nuvem sustentável, e em geral está diretamente alinhada com os princípios de FinOps. Resumindo, reflete a necessidade de criar sustentabilidade como um *NFR* (Nonfunctional Requirement, ou Requisito Não Funcional) a ser incorporado em toda a área de TI, o que a torna uma consideração essencial como outras áreas, por exemplo, acessibilidade, segurança, desempenho, custo e disponibilidade.

Talvez nem sempre seja possível tomar a decisão mais sustentável ao implantar recursos na nuvem, mas é importante que a sustentabilidade se torne um critério importante a ser pelo menos considerado e que as decisões sejam documentadas e registradas. Como discutimos no Capítulo 1, o Efeito Prius nos ajuda a tomar boas decisões de otimização quando temos informações sobre o uso e permite fazer gastos explicitamente ou aumentar o uso quando justificável.

As práticas de FinOps e GreenOps funcionam melhor juntas?

A sustentabilidade requer a inclusão de mais uma métrica além das que você já está avaliando dentro de FinOps. O objetivo é adicionar o impacto ambiental sobre as decisões que estão sendo tomadas pela empresa da mesma forma que introduzimos os custos. Isso não quer dizer que o profissional de FinOps é o novo profissional de GreenOps, e sim que grande parte do trabalho de inclusão de dados de custo no processo de tomada de decisões é o mesmo que precisará ser feito para GreenOps com os dados de carbono.

> *Uma estratégia de FinOps bem orquestrada, projetada para a otimização de custos, também expandirá GreenOps. O inverso também é verdadeiro; a estratégia de GreenOps pode influenciar positivamente a eficiência dos workloads, resultando em economia de custos.*
>
> – Bindu Sharma, gerente sênior de FinOps na Guidewire, em trecho extraído de sua palestra na FinOps X de 2022 (*https://oreil.ly/1Msvh*)

Imagine por um momento o processo de decisão que ocorre quando uma empresa está considerando em que região será construído um ambiente de recuperação de desastre. Os engenheiros se preocuparão com a latência, os objetivos de ponto de recuperação e os objetivos de tempo de recuperação. As métricas da engenharia considerarão o impacto sobre o cliente no caso de um desastre. FinOps introduziu o custo de operação em diferentes regiões para que a empresa possa tomar uma decisão que considere suas finanças, e atualmente GreenOps está trazendo o impacto ambiental e o custo das emissões de carbono das regiões que estão sendo consideradas para ajudar a mostrar como a decisão afeta as metas de sustentabilidade da organização.

Assim como a equipe de FinOps tem trabalhado para fazer seus dados de custo serem considerados nas decisões da engenharia, GreenOps precisará fazer o mesmo com os dados de sustentabilidade. Em vez de a equipe que estiver implementando GreenOps ter que descobrir com quem deve trabalhar e como implementar as alterações necessárias nos sistemas e processos existentes, você deve considerar o estabelecimento de uma parceria com a equipe de FinOps para o compartilhamento de conhecimento e uma possível ajuda na implantação de dados de sustentabilidade.

A ajuda da equipe de FinOps no estabelecimento de GreenOps na empresa é mutuamente benéfica. Várias equipes se preocupam muito com o ambiente, e os dados de sustentabilidade podem ser o fator motivador necessário para inclinar a escala da ação — o que foi abordado no Capítulo 3 — a favor do impulsionamento das otimizações de FinOps.

> *Crie uma análise comparativa de sua pegada atual. Documente qualquer suposição que estiver fazendo e demonstre as lacunas. Considere criar um grupo de coordenação da sustentabilidade para ajudar a introduzir uma cultura de responsabilização que lide com a maneira como as ações de cada equipe afetam as emissões de carbono da empresa. Uma vez que você tiver a linha de base, poderá começar a avaliar onde podem ocorrer possíveis economias de emissões de carbono. Trata-se da avaliação de qualquer hotspot de desperdício de carbono e da construção de uma cultura de correção, com um roteiro para que comecem as mudanças.*
>
> – Mark Butcher, fundador da Posetiv Cloud, na FinOps X de 2022 (*https://oreil.ly/YLoaz*)

Normalmente, a sustentabilidade pode levar a empresa a ter gastos adicionais, mas, com uma prática de FinOps estabelecida, é possível reduzir sua pegada de carbono na nuvem diminuindo ao mesmo tempo os gastos. Existe um alinhamento óbvio entre os universos de FinOps e GreenOps com a eliminação do desperdício na nuvem pela redução do uso de recursos desnecessários ou não otimizados. Com todos os avanços que ocorreram nas plataformas SaaS de FinOps nativas da nuvem e de terceiros, podemos detectar facilmente uma instância EC2 subutilizada. O que é mais difícil de perceber, por exemplo, é que a instância EC2 foi implantada de maneira não sustentável. FinOps pode trabalhar junto com GreenOps para otimizar os processos e práticas de uso da nuvem versus otimizar apenas os recursos da nuvem. Na implantação de workloads, é importante que você considere a sustentabilidade em seu processo de tomada de decisões ao selecionar uma região ou um tipo de recurso, assim como outros critérios essenciais como custo, desempenho, segurança etc. Isso pode demandar a verificação de fontes de informação de fora de seu provedor de nuvem, como as métricas de intensidade de emissões de carbono de fontes como a Electricity Maps (*http://www.electricitymaps.com*), em que podemos encontrar pontos de dados de intensidade de emissões de carbono quase em tempo real.

No mínimo, a equipe de FinOps pode ajudar a equipe de GreenOps a se estabelecer e a se conectar melhor com os diversos stakeholders da empresa, além de compartilhar a taxonomia, o tagueamento e as estruturas de relatório que foram definidos. Assim como a equipe de FinOps procurou ajuda para integrar os relatórios a qualquer grupo preexistente de ITAM, SAM (Software Asset Management, ou Gerenciamento de Ativos de Software), segurança, ou TBM, agora ela pode retribuir esses favores fazendo GreenOps avançar. Para começar a colaborar com sua equipe de GreenOps, consulte o Capítulo 25, que fornece um conjunto de princípios orientadores de como trabalhar com frameworks de tecnologia relacionados.

Correções de GreenOps

No caso de FinOps, existem algumas áreas conhecidas em que podemos começar a obter economias nos custos, e o mesmo ocorre para GreenOps. A lista a seguir não é definitiva, mas é um bom ponto de partida para qualquer profissional de FinOps que queira assegurar que seus serviços tenham baixo custo e sejam sustentáveis:

- Instâncias de computação superdimensionadas
- Instâncias órfãs sendo executadas
- Serviços sendo executados em instâncias antigas e ineficientes
- Microsserviços dimensionados incorretamente
- Instâncias de computação não encerradas, ou ambientes de desenvolvimento deixados em execução
- Retenção excessiva de snapshots de armazenamento
- Dados contidos na camada de armazenamento errada
- Serviços sendo executados na região/zona de disponibilidade errada

É claro que existem outras áreas, e essa lista é apenas a ponta do iceberg, mas uma primeira etapa crítica é avaliar onde você está hoje e construir KPIs sensatos com limite de tempo para a otimização de seus serviços com base em métricas reais. Também há muita coisa que você pode fazer para trabalhar com suas equipes de engenharia a fim de otimizar código. Isso pode trazer alguns benefícios importantes, porém obviamente demanda muita reflexão, planejamento, e tempo da engenharia. A automação — discutida no Capítulo 22 — pode ajudar no gerenciamento dessas áreas de desperdício não só para o benefício de FinOps, mas também de GreenOps.

Evite que FinOps trabalhe contra GreenOps

Nem todas as capacidades de FinOps estão alinhadas com as metas de GreenOps, e na verdade algumas operam ativamente contra elas. Veja, por exemplo, a *otimização de taxas*, que firma compromissos de uso de recursos da nuvem para gerar economia de dinheiro, o que não ajuda a diminuir as emissões de carbono. O custo e a sustentabilidade podem seguir em direções diferentes. Os compromissos para reduzir taxas de recursos subutilizados melhoram a eficiência do controle de custos da nuvem, mas também podem limitar a habilidade de redução do uso da nuvem e, portanto, reduzir o impacto sobre as emissões de carbono. Talvez você economize dinheiro, mas as otimizações de taxas de recursos não usados podem encorajá-lo a manter os recursos em vez de desativá-los. Isso pode impedi-lo de reduzir as emissões de carbono em recursos de nuvem dos quais talvez você na verdade não precise.

Na comparação de regiões para a operação de serviços de nuvem, nem sempre o custo e a sustentabilidade são equivalentes. A Tabela 19.1 mostra a comparação de um único recurso computacional *e2-highcpu-32* sendo executado em diferentes regiões do Google Cloud. Os dados foram extraídos da página de preços (*https://oreil.ly/IKmCC*) e da página de energia de carbono do Google Cloud. A comparação de regiões (*https://oreil.ly/NAiM3*) com base apenas no preço mostra Iowa, Carolina do Sul, Columbus e Oregon como iguais, com $578 por mês. Quando, além do custo, consideramos a sustentabilidade, a escolha entre as regiões se torna mais favorável para Iowa e Oregon, e a Carolina do Sul acaba sendo a que usa menos energia verde. Essa tabela também realça o problema do uso de médias em um país: a quantidade média de energia verde usada é de 54%, mas na verdade cinco das nove regiões usam menos de 54% de energia verde.

Tabela 19.1: Comparação do preço e da energia verde usada por uma única instância e2-highcpu-32 dentro do Google Cloud

Região	Local	% de energia verde	Preço por mês
us-central1	Iowa	97%	$578
us-east1	Carolina do Sul	25%	$578
us-east4	Virgínia do Norte	64%	$651
us-east5	Columbus	64%	$578
us-south1	Dallas	40%	$682
us-west1	Oregon	88%	$578
us-west2	Los Angeles	53%	$694
us-west3	Salt Lake City	31%	$694
us-west4	Las Vegas	21%	$651
Média		54%	$631

A comparação se torna ainda mais óbvia quando a consideramos de um ponto de vista global. Quando este texto foi escrito, a intensidade das emissões de carbono da eletricidade na Noruega era de 31 g de CO_2e por kWh, em comparação com as 620 g na Virgínia do Norte, nos EUA — uma diferença de 2.000%.

Uma decisão sobre a região em que ocorrerá a operação de serviços baseada apenas nos impactos financeiros pode afetar negativamente as metas de sustentabilidade de GreenOps. Ao tomar decisões que levem em consideração a sustentabilidade, tente chegar a um acordo compartilhado de equilíbrio entre custo e sustentabilidade. Alinhar os grupos fará com que eles trabalhem junto com as equipes de engenharia e evitem conflitos.

Conclusão

Este capítulo introduziu brevemente como práticas de sustentabilidade como a de GreenOps interagem com FinOps. À medida que o foco global na sustentabilidade cresce, achamos que o alinhamento entre FinOps e as equipes dedicadas à sustentabilidade da nuvem será crítico, e o alinhamento entre as duas disciplinas permitirá um ganho de eficiência que considerará tanto o dinheiro gasto quanto a geração de emissões.

Resumindo:

- A sustentabilidade se tornou muito importante para as empresas, impulsionada por vários círculos que incluem o governo, os clientes e as equipes.
- A nuvem pode ser mais verde do que as plataformas locais tradicionais, mas sem todos os dados necessários é impossível determinar o quanto ela é realmente sustentável.
- As práticas de FinOps existentes ocupam uma posição apropriada dentro das empresas para ajudar no sucesso de GreenOps com o uso de etapas de correção semelhantes, padrões de relatório e alinhamento multifuncional.
- A granularidade dos dados sustentáveis pode permitir que FinOps ajude as equipes a fazerem escolhas mais sustentáveis em suas implantações de nuvem.
- É recomendável aceitar as limitações dos dados disponíveis atualmente e continuar avançando, evitando esperar pela perfeição para começar a causar um impacto positivo.

- A sustentabilidade é uma oportunidade para os profissionais de FinOps se envolverem mais amplamente em suas empresas e poderem agir como um impulsionador adicional de suas correções de FinOps.
- Considere a sustentabilidade como uma métrica, junto com o custo, em suas conversas sobre FinOps.
- Use a sustentabilidade em suas conversas com outras equipes, como as de DevOps/engenharia, para ajudar a impulsionar uma cultura de eficiência e otimização.

Isso conclui a fase otimizar do livro. Neste momento, você já deve saber que otimizações estão disponíveis para a empresa, e deve ter definido metas para o que deseja realizar. A Parte IV seguirá com a fase operar do ciclo de vida de FinOps, em que você construirá processos que permitirão atingir suas metas.

PARTE IV

Fase Operar

Na última parte do livro, passaremos para a fase operar do ciclo de vida, em que a ação ocorre com a implementação de processos e automação. Também nos aprofundaremos na construção de parcerias que acelerarão a prática de FinOps na empresa. Para concluir, chegaremos ao estado final de FinOps: tomada de decisões com base em dados e o ingrediente secreto do sucesso em FinOps.

CAPÍTULO 20

Operar: alinhamento das equipes às metas da empresa

Sem um processo para a ação, as metas nunca serão atingidas. Ao passar para a fase operar de FinOps, você trabalhará para estimular e fortalecer os elementos identificados nas duas fases anteriores.

Neste capítulo, examinaremos os processos com mais abrangência, e como eles não só facilitam a automação, mas também ajudam as empresas a atingirem suas metas de FinOps.

Alcance de metas

Enquanto a fase otimizar define as metas, a fase operar parte para a ação. Não serão definidas novas metas aqui — nessa fase, você tomará decisões e definirá planos para lidar com as metas que já foram estabelecidas, de acordo com o caso e o contexto da empresa.

Vejamos o conceito de desativação de recursos fora das horas de trabalho — quando eles não são necessários — e aplicação da ordem de operações correta. Durante a *fase informar*, você identificou os recursos que poderiam se beneficiar da desativação. Na *fase otimizar*, calculou as economias que poderiam ser obtidas e definiu uma meta para quanto gostaria de economizar com base nessas métricas. Na *fase operar*, estabelecerá o processo de ativar e desativar recursos e poderá usar a automação para aumentar a probabilidade de o novo processo ser aplicado a eles. Essa é a fase em que você introduzirá escalabilidade e replicação definindo processos que poderão ser implementados em toda a empresa.

Nem sempre a fase operar leva à ação. Se considerarmos a fase otimizar como o momento em que identificamos a oportunidade de otimização e construímos um mini estudo de caso para a ação, a fase operar é onde tomamos a decisão de executar, ou talvez *não* executar, uma ação.

> *A maioria das informações é irrelevante. Saber o que ignorar economiza tempo, reduz o estresse e melhora a tomada de decisões.*
>
> – Shane Parrish, Farnam Street

A cada iteração do ciclo de vida, uma nova meta recebe prioridade, com novos processos e automação sendo criados para o seu alcance. Ao construir processos, você pode descobrir mais metas que gostaria de atingir. Quando isso ocorrer, volte às fases informar e otimizar para medir e definir corretamente objetivos para novos processos. Mantenha pequena e breve cada iteração do ciclo de vida para medir corretamente cada alteração que fizer.

Recrutamento de pessoas e aumento de sua equipe de FinOps

Com o tempo, a maioria das empresas contrata profissionais experientes de FinOps para aumentar suas equipes internas, como discutimos no Capítulo 3. No entanto, o número de novas funções na área cresceu muito nos últimos anos, excedendo o pool de pessoas experientes disponíveis no mercado. Em 2022, a IDC estimou que 60% das empresas já tinham ou estavam construindo equipes de FinOps. A competição por profissionais experientes pode ser feroz.

Inicialmente, muitas empresas recorrem a consultores de FinOps e começam a formar suas equipes tentando aprimorar as habilidades internamente com treinamento de FinOps e atrair talentos externamente. Todas as principais firmas de consultoria globais e grandes firmas de contabilidade já exibem práticas de FinOps, incluindo a Accenture, Deloitte, EY, KPMG, PWC etc., além de integradores de sistemas como a HCL, SADA, SoftwareONE, Virtasant etc.

Contudo, existe uma grande variedade na maturidade e no tamanho de cada uma dessas práticas. Por isso, certifique-se de confirmar se você está lidando com FinOps Certified Service Providers (*https://oreil.ly/nmDcx*) e verifique o número de FinOps Certified Professionals (*https://learn.finops.org*) que são oferecidos.

Processos

Na primeira vez que percorrem o loop do ciclo de vida, quase todas as empresas se concentram em conhecer seus custos atuais. Isso inclui construir processos para as contas que elas retêm, identificar como a cobrança está organizada e implementar algum tipo de ferramenta de análise de gastos, diretamente dos provedores de nuvem ou de plataformas de FinOps de terceiros, para usar capacidades de nível mais alto como relatórios completos de chargeback ou contêiner.

Passada essa etapa, o objetivo mais importante da empresa deve guiar os processos que você construir. Uma empresa preocupada com os custos definirá como objetivo principal controlá-los eficientemente, enquanto uma empresa dedicada a inovar com rapidez priorizará o aumento da velocidade.

Muitos processos operam em conjunto para formular uma prática bem-sucedida de FinOps. A automação segue o processo.

> Antes de você poder construir a automação, precisa criar os processos que ela seguirá.

É importante definir quem é responsável (ou "responde") pelo processo, que partes da empresa devem segui-lo e para que meta ou metas ele contribui. Um modelo operacional claramente definido descreve o que é esperado da equipe.

Quando você adotar ferramentas de automação de terceiros — abordadas no Capítulo 21 — elas descreverão como o processo deve funcionar. Aos usar essas ferramentas, você pode ter que ajustar os processos que definiu para que fiquem de acordo.

Inicialmente, formule como itens serão adicionados ao novo processo (*integração*), o que é esperado das equipes (*responsabilidade*), como as equipes serão informadas sobre quando o processo deve ser seguido e sobre os resultados do acompanhamento do processo (*visibilidade/alertas*) e, para concluir, comece a seguir o processo (*ação*).

Integração (onboarding)

As circunstâncias mudam, principalmente quando usamos a nuvem. Sua empresa pode fazer acréscimos nas implantações de nuvem existentes ou passar por uma fusão de empresas. Todos os processos devem definir claramente o que mudará com o crescimento da nuvem; caso contrário, você acabará tendo um processo que funciona no presente, mas não funcionará no futuro próximo. Não pense apenas no presente: considere o que o futuro pode trazer e comece a pensar com antecedência nas partes do processo que terão que evoluir para você se preparar para mudanças futuras e para o sucesso. A adesão das equipes que acionarão o processo deve ocorrer antes de a ação ter que ser executada, e é preciso avisá-las de que existirão mudanças à medida que a prática amadurecer. Transmita para as equipes a meta e os resultados que o novo processo está tentando atingir.

Histórias da nuvem – Mike

Na Atlassian, existem processos específicos para a integração de novas contas de nuvem. Esses processos definem como uma conta é adicionada às estruturas de cobrança existentes e como a ferramenta de FinOps é adicionada à nova conta. A ferramenta de governança é adicionada à conta, permitindo o gerenciamento de recursos ociosos e fornecendo recomendações de rightsizing. Qualquer RI existente na conta é incorporada ao gerenciamento centralizado pela equipe de FinOps. A existência dessa governança constrói uma abordagem padrão para o gerenciamento de contas, eliminando a necessidade de as equipes individuais gerenciarem suas RIs, e permite a geração de mais economia com o passar do tempo. Os itens gerenciados evoluem à medida que a prática de FinOps amadurece, como quando migramos do uso das otimizações de computação do Trusted Advisor para as recomendações do Compute Optimizer. Isso nos permitiu abranger mais serviços de nuvem além da computação básica. A equipe central responsável pela governança se esforça constantemente para fornecer melhores ferramentas para o trabalho com a próxima ordem de magnitude da escala.

Responsabilidade

Cada processo deve ser alocado para um responsável. Processos eficazes definem claramente quem faz o quê, quando e como o faz. As equipes devem seguir o processo com periodicidade diária, semanal, mensal ou com alguma outra frequência? Lembre-se de que alguns processos serão seguidos pelo profissional de FinOps (como a compra de compromissos), enquanto outros serão distribuídos (como o rightsizing e a otimização do uso).

As responsabilidades atribuídas às equipes crescerão à medida que os processos amadurecerem. Comunicar regularmente qualquer aumento nas expectativas reduzirá a probabilidade de as equipes reclamarem de que não sabiam o que deviam fazer e quando.

Você construirá os processos a cada passagem que fizer pelo ciclo de vida de FinOps. No começo da jornada de visibilidade dos custos, por exemplo, a única expectativa dos membros de uma equipe ao receber um relatório de custos pode ser lê-lo. Posteriormente, as equipes podem ser solicitadas a investigar e explicar qualquer custo que ultrapassar um limite específico. E ainda mais tarde, pode ser exigido que elas revisem os orçamentos e as previsões quando os projetos mostrarem que metas não serão atingidas.

Novamente, lembre-se de que você amadurecerá gradualmente a prática de FinOps. É impossível as equipes investigarem custos na primeira passagem pelo ciclo de vida de FinOps sem que antes seja definida uma bem desenvolvida estratégia de alocação de custos e orçamentos previstos corretamente. Em vez disso, você deve reduzir o tempo de passagem pelo loop, porque tentar construir todos os processos de uma só vez torna impossível rastrear os impactos de cada processo.

> No design de iluminação dos estúdios fotográficos e do teatro, existe um ditado que lembra o técnico de iluminação a *só mover uma luz de cada vez* — dessa forma, ele poderá ver o impacto de cada mudança antes de fazer ajustes adicionais. O mesmo ocorre aqui: se você alterar os processos relacionados ao rightsizing ou ao tagueamento e à instância reservada ou ao gerenciamento do plano de economias ao mesmo tempo, talvez não consiga identificar facilmente qual alteração gerou mudança em sua cobrança.

Visibilidade

Tanto antes quanto depois de uma ação ser executada, você deve fornecer visibilidade. Na fase operar, processos que facilitam a visibilidade asseguram que todos fiquem cientes das alterações requeridas e das que estão sendo feitas. Os processos operacionais de visibilidade mais comuns enviam para as equipes relatórios ou alertas gerados automaticamente para deixá-las a par dos eventos quando de sua ocorrência.

Os relatórios devem ser claros e fáceis de entender, com o uso da linguagem comum de FinOps que definimos no Capítulo 4. Treinamento e documentação devem ser disponibilizados para que toda a equipe se familiarize com o vocabulário. É preciso que haja o envio de alertas e a detecção de anomalias para previsões baseadas em métricas atuais, permitindo que a equipe responda antes que algo saia do controle. Em vez de esperar o não atingimento da meta, faça previsões para o prazo mais próximo a fim de identificar quando alguma ação terá que ser executada mais cedo. Um bom exemplo disso seria o AWS Budgets, que permite configurar alertas com base no gasto previsto para o fim do mês.

Com o tempo, a importância e a sofisticação dos processos e dos canais de comunicação crescerão. A equipe de FinOps poderá trazer as equipes de desenvolvimento, as equipes financeiras e as equipes de negócios para a mesa de reuniões a fim de saber quais informações podem ajudá-las a planejar e tomar decisões com mais eficácia, bem como para receber informações sobre seus planos. A quantidade e a variedade das informações fornecidas aumentarão, e será essencial que os profissionais de FinOps continuem melhorando a maneira como se comunicam.

Muitas equipes de FinOps começam fazendo reuniões mensais ou trimestrais com as equipes de tecnologia que constroem e executam aplicações. As primeiras reuniões podem ser difíceis, desconfortáveis e cautelosas, sem que nenhum dos lados saiba o que o outro lado quer. À medida que as discussões continuarem, a equipe de FinOps trabalhará com as equipes de TI para defender suas ideias, difundir as medidas que estão tomando para entender e controlar os custos e fornecer mais informações sobre as metas da empresa e os requisitos financeiros. Os registros dessas reuniões mostrarão conversas mais profundas sobre decisões complexas consideradas pela equipe relacionadas à nuvem, e os participantes começarão a chegar mais preparados para falar sobre ideias para economizar custos, em vez de não saber o que fazer com seus dados de custo.

Combinar visibilidade com uma definição clara das responsabilidades e funções gera confiança e leva a parcerias nas ações. O trabalho com as diversas equipes da empresa é um dos processos que a equipe de FinOps precisa construir. Tome cuidado para não se esquecer dos processos relacionados à operação de uma equipe bem-sucedida de FinOps quando construir processos como o rightsizing e o planejamento do programa de descontos baseados em compromissos, que se preocupam mais com os provedores de nuvem.

Ação

É no estágio da ação que as coisas realmente ocorrem — processos envolvendo atividades que permitirão que a empresa atinja suas metas de FinOps, que vão desde a geração de novos relatórios à ativação e desativação de recursos de nuvem. Geralmente os processos de ação são bons candidatos à automação. Quando discutimos o rightsizing no Capítulo 15, destacamos que com frequência as recomendações são geradas pela equipe centralizada de FinOps e então distribuídas para as equipes de engenharia para que elas possam investigar e ajustar seus recursos onde apropriado. Sem processos claros para como as recomendações de rightsizing serão geradas ou sem a comunicação do que é esperado dos engenheiros, o rightsizing não costuma ser bem-sucedido.

Os grupos centrais de FinOps podem ser ótimas fontes de informações de como executar as diversas capacidades de FinOps em níveis cada vez maiores de sofisticação. O compartilhamento interno de conhecimento, os repositórios de processos e as ferramentas podem ser um grande benefício, principalmente para empresas grandes ou complexas. Scripts, documentos de processos e materiais com instruções de como agir podem ser acessados e usados por todas as pessoas, junto a registros e logs de ações executadas ou decisões tomadas. Lembre-se: diferentes grupos de uma empresa estarão em níveis distintos de maturidade e estágios distintos do ciclo de vida de FinOps. Eles devem ter um local onde encontrar processos que funcionem.

Nem sempre chegamos a uma decisão que envolve uma ação direta. Mesmo se você tiver um ótimo estudo de negócio para o rightsizing, talvez ele não seja viável se membros essenciais da equipe tiverem que se dedicar a outra iniciativa estratégica. Você poderia adiar uma compra de compromisso por duas semanas para acomodar uma decisão pendente sobre a arquitetura da nuvem, o que mudaria radicalmente a demanda dos serviços que estão sendo considerados. Nem toda oportunidade de otimização leva a uma ação ou a uma economia concreta.

No entanto, é igualmente importante documentar essas decisões e a base lógica que as fez serem tomadas, para fornecer um registro da ação e guiar decisões futuras.

Como as responsabilidades ajudam a cultura?

Os processos que definem que equipes serão responsáveis por executar ações também ajudam a construir a cultura estabelecendo como diferentes equipes trabalharão juntas. As equipes devem saber como suas contribuições ajudarão a empresa a atingir metas. Quando elas não sabem como seus esforços ajudam, geralmente não seguem os processos.

Abordagem de recompensa versus punição

Relatórios que ajudem a realçar os impactos positivos do acompanhamento dos processos podem encorajar as equipes a se esforçar para obter esses benefícios. Também é importante rastrear e apresentar situações em que as equipes *não* estejam seguindo os processos e medindo os impactos. A criação da lista de melhores executores e piores colaboradores pode ajudar a empresa a alcançar suas metas. A maneira como esses relatórios serão distribuídos dentro da empresa será determinada por sua cultura. Algumas empresas recompensam o sucesso publicamente e lidam de maneira privada com as equipes que não se esforçam suficientemente, enquanto outras preferem usar um mural público de "piores colaboradores".

Embora normalmente empresas tradicionais de TI trabalhem com métricas positivas em vez de negativas, há uma grande diferença no universo da nuvem pública e de FinOps: as equipes podem eliminar desperdícios e comportamentos negativos de uma forma que não era possível quando da execução no datacenter. Não é útil punir uma equipe por desperdiçar capacidade de armazenamento em uma SAN (Storage Area Network, ou Rede de Área de Armazenamento) cujo custo já foi depreciado, mas faz sentido dar destaque a recursos não usados que continuem custando dinheiro por hora à empresa e que poderiam ser encerrados com alguns cliques.

Na otimização do uso, um problema comum é fazer as equipes implementarem mudanças. A possibilidade de mostrar a economia geral que suas equipes podem gerar e a economia que outras equipes geraram ajudará a convencer as equipes a se envolverem com o processo.

O que é preferível aqui é usar a *recompensa* como maneira de gerar colaboração com os engenheiros e evitar criar um ambiente *nós contra eles*. Infelizmente, a recompensa que foi mencionada pode não ser suficiente, e você terá que trabalhar com as equipes que não estiverem seguindo a orientação de FinOps.

> Lembre-se de que é esperado que algumas equipes gastem significativamente mais do que outras. Uma lista de "piores colaboradores" baseada nos gastos totais não será produtiva. Embora possa ser relevante o fato de a equipe A gastar mais do que a equipe B, é mais importante saber se a equipe B gasta mais do que o orçado, enquanto a equipe A está dentro do esperado. Concentrar a conversa no que é crítico, e não perder tempo com o que não é, faz parte da linguagem de FinOps.

Como lidar com a inação

É importante que a equipe executiva propague a mensagem de que as metas das reuniões são essenciais para o sucesso de toda a empresa. Quando as equipes entendem isso, elas são mais cuidadosas ao relatar seu desempenho geral. Se as equipes quiserem priorizar a velocidade em vez dos gastos, a gerência terá que aprovar. Essa exceção deve então ser incluída nos orçamentos.

Não é sempre que encontramos um membro da equipe que não quer saber se a empresa está gastando demais. Logo, se descobrirmos que nossas equipes não estão seguindo o conselho da equipe de FinOps, isso pode estar ocorrendo porque elas têm outras prioridades. Saber quais são essas prioridades pode evitar conflitos de opinião.

As equipes podem querer se concentrar mais na velocidade de execução do que no custo. Terminar um projeto mais cedo pode proporcionar para a empresa uma vantagem mercadológica. Se uma equipe estiver tendo problemas com o que implantou, não permitir que ela resolva isso para economizar dinheiro pode não interessar à empresa.

Se os membros da equipe estiverem relutantes para alocar tempo para reuniões de metas devido aos cronogramas de outros projetos, o gerente responsável pelo planejamento do roteiro terá que alocar tempo especificamente para a otimização, ou o líder do orçamento terá que considerar o aumento nos gastos por esse tempo não ter sido alocado.

Em casos em que houver uma boa razão para a meta ser excedida, detalhes podem ser perdidos na fase de definição de metas. Gastar um tempo maior na definição de metas pode impedir que uma equipe apareça na lista de "piores colaboradores".

O que você deve fazer quando uma equipe não estiver priorizando o alcance de metas e não quiser adotar as alterações necessárias? É nesse momento que um profissional de FinOps informa ao líder de orçamento da unidade de negócio quais metas estão sendo negligenciadas e quais oportunidades estão disponíveis para ajudar a equipe a voltar ao caminho certo.

Operação colocada em ação

Veremos um exemplo de otimização do uso pela remoção de recursos ociosos. A equipe de FinOps define um processo de detecção de recursos ociosos e estimativa da possível economia. Durante a fase otimizar do ciclo de vida de FinOps, o profissional de FinOps calcula a quantidade de recursos ociosos.

Suponhamos que você tivesse uma estimativa de $150.000,00 em custos evitados, para os quais uma meta de $50.000,00 foi estabelecida. Você define um processo que atribui responsabilidades e descreve claramente o que é esperado das equipes de engenharia, com que rapidez elas devem responder às recomendações e o que as equipes devem fazer para excluir seus recursos do processo. Você gera relatórios para esses recursos ociosos e os publica para as equipes responsáveis por eles.

À medida que as equipes forem removendo recursos ociosos, a quantia dos custos evitados será subtraída dos $150.000,00 iniciais. As equipes de engenharia também verão o número de recomendações que foram atribuídas a elas cair. Os dois resultados ajudarão a mostrar o impacto dos esforços das equipes.

Onde as equipes não estiverem seguindo o processo, suas recomendações e possíveis economias não mudarão ou, o que é pior, aumentarão. A gerência deve reiterar a importância de seguir o processo para a remoção de recursos ociosos, pressionando as equipes que não o estiverem aplicando. A equipe de FinOps deve colaborar com as equipes que não estiverem atingindo suas metas para determinar como pode ajudá-las. Isso será abordado com mais detalhes no Capítulo 24.

Quando a meta de $50.000,00 em custos evitados for atingida, novas metas — esperamos que mais ambiciosas — poderão ser definidas.

Conclusão

Para atingir metas, todas as empresas precisam de processos que definam claramente quem precisa fazer o que e até quando.

Resumindo:

- Defina metas na fase otimizar e construa processos para atingi-las na fase operar.
- A abordagem da maturidade de FinOps também é aplicável aos processos. Não tente atingir todas as metas de uma só vez.
- Desenvolver processos em pequenos incrementos permitirá que você meça o progresso que está fazendo em direção ao alcance de suas metas.
- A aprovação da gerência pode ajudar a evitar que as equipes não concluam suas tarefas.
- Colabore com profissionais de FinOps de fora de sua empresa para adotar processos cujo funcionamento já tenha sido comprovado em outras organizações; considere ingressar na FinOps Foundation, usar consultores de FinOps ou contratar profissionais experientes.

Existem muitos processos que se prestam à automação: a geração de relatórios e o envio de alertas são os dois principais candidatos. No próximo capítulo discutiremos como a automação em FinOps só deve seguir um processo claramente definido.

CAPÍTULO 21

Automatização do gerenciamento de custos

Quando você tiver uma tarefa repetitiva que precise ser executada com frequência, a automação pode eliminar o trabalho e manter a consistência. Em FinOps existem muitas oportunidades de automação. Neste capítulo, examinaremos algumas das tarefas de FinOps que normalmente são automatizadas e os benefícios e desafios da automação.

Como termo, a *automação de FinOps* pode significar várias coisas, que vão do simples processamento de cobranças ao gerenciamento direto da infraestrutura, incluindo o processamento de dados de cobrança, alertas de anomalia, criação e distribuição de relatórios, gerenciamento de instâncias reservadas ou planos de economia, criação e higiene de tagueamento/contas/assinaturas/projetos, otimização do uso e rightsizing, encerramento e inicialização de recursos de acordo com um cronograma, autodimensionamento preditivo baseado em demanda, seleção de tamanhos de instâncias na implantação, migração de workloads entre spot e sob demanda, distribuição de dados de custos da nuvem para sistemas externos etc.

A definição de automação apropriada para você vai depender da maturidade da nuvem e de FinOps na sua empresa, das habilidades técnicas da equipe e do nível de conforto geral trazido pela migração de processos repetitivos dos humanos para os computadores.

> **Devo automatizar?**
>
> Automatizar ou não automatizar? Eis a questão. Você pode determinar a resposta examinando dois aspectos em sua empresa. Em primeiro lugar, deve definir o resultado que deseja obter com a automação. Em segundo, precisa comparar a automação com um processo seguido manualmente dentro da empresa e determinar se ela é um método melhor para a obtenção do resultado desejado que você identificou.
>
> Você deve automatizar? Como costuma ocorrer, a resposta é "depende". Para responder à pergunta, devemos considerar os benefícios trazidos pela automação.

Que resultado você deseja obter?

É importante identificar um resultado empresarial real, e não apenas a maneira como a automação o obterá. Por exemplo, se voltarmos ao controle de recursos ociosos, não há problema se você achou que o objetivo é a *remoção de recursos ociosos* de seu ambiente de nuvem. No entanto, na verdade, o que você quer é *remover os custos* desses recursos porque eles estão causando gastos. Isso é importante porque você pode usar essas métricas para medir o desempenho de sua automação.

Se você calcular a quantidade bruta de recursos que estão desativados — desde que sejam identificados como ociosos — não verá o impacto real que isso causa em sua cobrança de nuvem versus quando são calculados os custos evitados pelo encerramento desses recursos. Se desenvolver a disciplina de automatizar o uso desperdiçado, ajudará a se proteger contra uma futura surpresa mais desagradável. Também fará sua empresa adotar o saudável hábito de ponderar onde pode surgir desperdício em novos produtos da nuvem.

Como outro exemplo, o controle de tags tem como objetivo promover a aderência ao padrão de tagueamento. Ele faz isso removendo recursos ou enviando alertas quando as tags não correspondem ao padrão. Você medirá o impacto de sua automação rastreando o número de recursos que com o passar do tempo não estão seguindo o padrão de tagueamento.

Com recursos agendados, você também pode diminuir seus custos reduzindo o uso de recursos durante as horas em que estiver fora da empresa.

Tarefas automatizadas versus manuais

Isso pode parecer algo tolo. Afinal, todo mundo quer automatizar o máximo que puder.

No entanto, pode ser benéfico fazer uma pausa no objetivo que você está tentando atingir e ponderar se a automação é a solução correta. Se o seu objetivo for economizar dinheiro, você deve parar e fazer uma comparação entre a possível economia que a automação proposta pode gerar e o custo da compra ou da construção da automação, prestando atenção às considerações de percepção de segurança interna do uso de uma ferramenta externa, assim como às considerações de manutenção de uma ferramenta interna.

Se você for usar uma plataforma de terceiros para automatizar a tarefa, deve examinar os custos correntes. Se a automação planejada não trouxer economia para a empresa em um período razoável, ou se o custo de manter a automação exceder a possível economia, não há um benefício empresarial discernível na implantação dessa automação.

Lembre-se de que às vezes o objetivo da automatização *não é* economizar dinheiro. Isso costuma ocorrer com o controle de tags, em que o objetivo é promover a adoção de um padrão de tagueamento, aumentar a precisão do showback e, na verdade, gerar responsabilização na equipe pelos custos da nuvem.

Seja qual for o caso, tente verificar se a automação o ajudará a atingir seus objetivos. Por exemplo, se a emissão de alertas para recursos tagueados de maneira inválida não for combinada com uma política corporativa de reação a esses alertas, talvez você decida que a automação está apenas adicionando ruído à rotina das pessoas sem atingir o objetivo e aumentar a conformidade.

> Para ambientes de nuvem de pequena escala ou com migração lenta, a implantação e o gerenciamento de uma ferramenta de automação de alertas podem requerer mais trabalho do que apenas exigir que alguém siga um processo manual. No entanto, à medida que seu ambiente de nuvem crescer e/ou se tornar mais dinâmico, será mais importante automatizar. Lembre-se: quando o número de tarefas de sua equipe aumentar, os processos manuais tenderão a perder prioridade ou ser totalmente esquecidos. Nesses casos, a automação assegura que as tarefas sejam concluídas da mesma maneira e no prazo.

Em certas situações, o esforço de automatizar — que pode exceder o de executar uma tarefa manualmente — pode valer a pena. Humanos cometem erros, e a automação pode ser usada para corrigi-los. As pessoas podem digitar incorretamente o par chave/valor de uma tag que diferencie letras maiúsculas de minúsculas. A automação não comete esse erro, e tem o benefício adicional de reduzir o trabalho da equipe. Um bom exemplo de uso da automação de FinOps para reduzir erros e trabalho é quando automatizamos o processo de adicionar dados de tags complementares aos recursos. As equipes podem taguear seus recursos com um identificador simples e fazer a automação incluir tags esclarecedoras adicionais com base na correlação entre esse identificador e uma fonte de dados externa, como um CMDB. É comum as equipes usarem uma tag identificadora de projeto que seja mapeada para centros de custo ou para tipos de ambiente, ou fazerem a própria tag identificadora do projeto ser identificada automaticamente a partir do CMDB externo com base apenas no identificador. A automação encontraria esse identificador de projeto, incluiria as tags adicionais nos recursos, distribuiria os dados relevantes de custos da nuvem para os sistemas dessa equipe para exibição ou futura automação e geraria relatórios de gastos na nuvem para a equipe, como alertas de anomalia. Isso reduz o número de tags que as equipes precisam aplicar, evita erro humano, garante que os dados das tags adicionais sejam aplicados de maneira consistente e faz os dados passarem pelos engenheiros para que eles os vejam nos locais em que estão trabalhando.

A possibilidade de ter uma conversa na empresa que não seja apenas sobre *como* usar a automação para atingir um objetivo, como o de economizar custos, mas também sobre *por que* a automação é a maneira correta de resolver um problema, permitirá que você considere com mais atenção os custos de implementar e manter a automação.

É importante reavaliar os benefícios e os custos da automação à medida que você for percorrendo iterativamente o ciclo de vida de FinOps: o que não fazia sentido automatizar pode acabar valendo a pena quando for atingida uma escala específica ou, inversamente, algo que inicialmente foi automatizado pode ser mais difícil de gerenciar ou corrigir do que o esperado, causando um retorno temporário para um processo manual. Quando seu ambiente de nuvem crescer, quando ferramentas gratuitas e open source estiverem mais amplamente disponíveis ou quando, por outras razões, você implementar ferramentas que ofereçam a automação como parte de um pacote, talvez surja uma análise de custo-benefício que mostre ser favorável a inclusão da automação.

Ferramentas de automação

Quando surge a necessidade de usar alguma ferramenta empresarial, temos o inevitável debate: comprar versus construir. Para FinOps, recomendamos começar com uma ferramenta de terceiros; inicialmente isso significa as ferramentas nativas dos provedores de nuvem, e posteriormente de provedores de SaaS, quando o tamanho e a complexidade de seus gastos justificar o uso. Em geral as ferramentas internas bem-sucedidas vêm de um profundo conhecimento do que funciona ou não para a empresa, obtido com o uso de várias soluções comerciais disponíveis.

Quando você começar sua jornada pela automação de FinOps, provavelmente repetirá o processo de aprendizado que muitos têm seguido. Usando ferramentas estabelecidas de terceiros, poderá evitar algumas armadilhas comuns, acelerar o tempo de distribuição da automação e saber o que funciona bem e o que não funciona para a empresa. Isso tudo faz parte da mesma conversa *construir versus comprar versus nativo* que introduzimos no Capítulo 8.

Embora a decisão de construir versus comprar dependa da empresa, achamos que você não deve tentar construir sua própria solução de FinOps sem ter atingido os limites das que já estão disponíveis, uma jornada que lhe permitirá entender as complexidades inerentes aos processos de FinOps e a suas aguerridas ferramentas (sejam elas nativas, de terceiros ou open source). Em nossa experiência vimos que é tolice construir novas ferramentas de FinOps quando somos iniciantes, mesmo se a equipe de engenharia for muito hábil.

Custos

No que diz respeito a custos versus benefícios, definitivamente o antigo axioma "você não sabe o que você não sabe" pode ser aplicado. Existem muitas empresas e fornecedores bem-informados que podem compartilhar seus insights sobre quais práticas e processos precisam ser implementados na automação de FinOps. Na verdade, eles podem levar a empresa inteira a conhecer os principais benefícios da ferramenta que oferecem.

Também é importante ser realista ao considerar o que você pode construir em comparação com o que pode comprar. É fácil cair na armadilha de comparar o mínimo que é preciso construir para a execução da tarefa. No entanto, isso nos deixa com informações inadequadas sobre como a ferramenta que foi construída será executada, e que impacto ela terá quando as coisas não estiverem funcionando como esperado. Provavelmente uma ferramenta de terceiros virá pronta para mostrar seus benefícios e valor, e haverá um grupo de pessoas cujo foco principal será fazer a manutenção da ferramenta e melhorá-la — para que nossas equipes não precisem fazê-lo.

Outras considerações

O custo não é, e não deveria ser, a única preocupação quando se trata de comprar versus construir. Existem implicações de segurança. Você também pode descobrir que os recursos que uma ferramenta oferece não são compatíveis com seu ambiente ou não podem ser integrados a algo que já é usado, como aplicações de chat e tíquetes para alertas e notificações. Alguns setores empresariais têm até mesmo requisitos específicos de conformidade, como FedRAMP, HIPAA, SOC 2 ou PCI, e atualmente os provedores de ferramentas podem não conter as certificações certas. Do ponto de vista da conformidade, encontrar um fornecedor com o conjunto certo de certificações pode facilitar seu processo de automação.

Poder auditar ações automatizadas é essencial, principalmente quando a automação interagir com ambientes de produção. Esse conhecimento constrói transparência.

Geralmente as ferramentas de automação de terceiros são bem documentadas e fornecem materiais de treinamento para o aprendizado das equipes, logo, quando você contratar funcionários novos, talvez eles já estejam familiarizados com a ferramenta. Se você mesmo construir a ferramenta de automação, terá que fornecer treinamento contínuo para os membros novos e os já existentes na equipe, e pode correr o risco de os responsáveis pela construção e manutenção da ferramenta saírem da empresa. A menos que não existam apenas alguns funcionários familiarizados com a ferramenta e sua implementação, você correrá o "risco da pessoa-chave".

Quando você decidir construir ferramentas de automação em vez de comprar as prontas para uso, deve fazê-lo de maneira informada. Você deve sempre comparar o trabalho de construção de todos os recursos requeridos — incluindo maneiras de medir a eficácia da ferramenta, a manutenção contínua, e as atualizações que terão que ser implementadas — com uma solução que fosse comprada. E deve tomar o cuidado de identificar os recursos ou os requisitos de conformidade ausentes em ferramentas de terceiros.

Opções de implantação da ferramenta

Como ocorre com a maioria dos softwares, existem algumas considerações sobre como as ferramentas de automação são implantadas que afetarão o processo de seleção.

Nativa da nuvem

Com uma automação que seja executada dentro de uma conta de nuvem, os scripts podem ser fornecidos pelo provedor de serviços de nuvem ou pela comunidade. Eles serão executados dentro da conta de nuvem em plataformas de Função como Serviço (como a AWS Lambda).

De construção própria

São softwares que os próprios membros da equipe constroem e executam. O desenvolvimento de recursos é realizado por equipes internas. Se você tiver muitas equipes de DevOps em sua empresa, pode descobrir que elas estão resolvendo o mesmo problema usando sua própria versão da automação. No entanto, seria melhor se uma equipe centralizada executasse uma ferramenta de automação que atendesse a todo o ambiente de nuvem. O gerenciamento centralizado de uma ferramenta reduzirá o trabalho duplicado na empresa, mas também significa que você precisará de uma única solução para todas as situações.

Auto-hospedada de terceiros

Quando se trata de soluções de automação pré-construídas, existem ferramentas gratuitas e open source disponíveis, assim como opções pagas de licenciamento de software. Nesse modelo de implantação, as equipes usam software de terceiros, mas o executam dentro de seu próprio ambiente, com elas mesmas mantendo e gerenciando o serviço. No espaço open source, uma ferramenta normalmente recomendada é a aplicação Cloud Custodian criada pela equipe da Capital One. Você deve considerar o custo de operar e talvez personalizar soluções auto-hospedadas de terceiros.

SaaS de terceiros

Essa opção remove a necessidade de execução e gerenciamento do software. Uma solução de software hospedada por terceiros fornece a configuração mais fácil e possivelmente o tempo mais rápido para a automação. Geralmente um fornecedor oferece ferramentas simples que lidam com a configuração necessária na conta de nuvem, e a plataforma do fornecedor faz a integração com o nosso ambiente. Métricas e configurações complexas já foram desenvolvidas e com frequência vêm anexadas a dashboards e telas de configuração fáceis de usar. Provavelmente você pagará uma taxa mensal, que poderá avaliar facilmente em relação aos benefícios da ferramenta. Esse modelo pode afetar a segurança, o que abordaremos em breve.

Nem sempre a decisão envolve simplesmente construir versus comprar: algumas empresas usam uma abordagem híbrida de *comprar e aumentar*, em que combinam recomendações ou dados de API de uma ferramenta pronta para uso com sua própria automação interna para evitar ter que construir as capacidades de FinOps de ingestão/gerenciamento de dados, mas serem as donas do código que realmente afeta sua infraestrutura.

Jason Fuller, da HERE Technologies, compartilhou que, embora use uma plataforma de FinOps de fornecedor para cuidar de seus relatórios e recomendações, ele depende muito do código de automação interno personalizado (baseado em uma ramificação interna da ferramenta open source Cloud Custodian) para fazer alterações em seu ambiente. Essa implementação híbrida de construir versus comprar é uma abordagem tripla (fornecedor + open source + código personalizado) que ele aprimorou após 10 anos de prática de FinOps em quatro usuários de nuvem de larga escala.

A automação funcionando como um conjunto

Raramente as ferramentas de automação operam isoladamente. Provavelmente você terá várias ferramentas operando em paralelo, principalmente com o passar do tempo à medida que seu ambiente de nuvem crescer.

Integração

A integração entre ferramentas pode ser muito poderosa e é algo que você deve tentar fazer e do qual deve se beneficiar. Evite usar várias ferramentas separadas que executem sua própria versão da mesma coisa. Por exemplo, se você já tiver um sistema de tíquete em sua empresa, o ideal seria implementar uma ferramenta de FinOps que gerasse tíquetes para itens de ação nesse sistema existente em vez de construir um sistema de rastreamento de tarefas separado.

Mesmo se a ferramenta de automação que você selecionou não tiver integração direta com suas outras ferramentas de software, é possível que ela suporte um processamento de eventos extensível. Então você poderá receber notificações sobre eventos gerados dentro da ferramenta de automação e construir uma extensão que conecte o evento a algum dos seus outros pacotes de software. É uma ótima maneira de estender funcionalidades — por exemplo, enviando notificações para sua aplicação de chat informando que tarefas específicas foram executadas, gerando tíquetes em seu sistema de tíquetes para tarefas de acompanhamento necessárias ou implementando suas próprias tarefas de correção automatizadas a partir das detecções.

Conflito de automação

Quando você implantar várias ferramentas de automação, terá que se certificar de que elas não entrem em conflito. Se uma ferramenta estiver tentando iniciar um servidor enquanto a outra estiver tentando encerrá-lo, as automações acabarão combatendo as ações umas das outras. Se você estiver implantando uma ferramenta de automação para um recurso específico, e essa mesma ferramenta tiver outro recurso que você não pretende usar, considere se é possível remover as permissões do serviço desse recurso desativado para a execução de alterações em suas contas de nuvem.

Vimos empresas implantarem ferramentas de automação distintas para os diferentes recursos que elas ofereciam e acabarem descobrindo que as duas ferramentas estavam tentando controlar os mesmos recursos. Ou uma equipe pode implementar uma automação que entre em conflito com a automação existente.

Esse é um problema mais difícil de resolver. Para evitá-lo, *você precisa educar a empresa inteira sobre a automação que está definida* e solicitar que as equipes trabalhem juntas, para assegurar que elas conheçam os possíveis impactos das automações planejadas dentro de suas contas de nuvem.

O ideal é que a automação nos notifique quando estiver em conflito com algo externo. Por exemplo, se a automação interromper um servidor mais do que um número definido de vezes em um curto período, ela deve enviar um alerta e impedir qualquer alteração adicional.

Às vezes o conflito que um serviço de automação enfrenta não é com outra ferramenta e sim com pessoas. Você poderia ter uma automação que interrompesse uma instância de servidor enquanto um dos membros de sua equipe precisasse de acesso a esse servidor. Isso pode levar o membro da equipe a iniciar a instância só para ver a automação interrompê-la. Lembre-se: você deve se certificar de que sua equipe tenha sido bem informada, inclusive sobre como excluir um recurso da automação.

Joe Daly, ex-Diretor de Otimização da Nuvem na Cardinal Health e na Nationwide, contou a história de como desativou acidentalmente um ambiente de produção removendo manualmente um recurso não pertencente à produção associado por meio da automação ao recurso de produção. Como já vimos, dar informações sobre a automação que está sendo usada é crítico na empresa. Para ouvir a história inteira, acesse o Episódio 13 do podcast FinOpsPod (*https://oreil.ly/uJCld*), chamado "FinOps — Lessons Learned the Hard Way".

Proteção e segurança

A segurança é uma preocupação importante em qualquer ferramenta de automação de FinOps. Geralmente, a automação de FinOps requer níveis de acesso muito altos para seus ambientes de nuvem, seja para a simples descrição de como tudo foi configurado na conta ou para a alteração (inicialização/interrupção/exclusão) dos recursos propriamente ditos. Esse acesso pode levar diretamente a um ataque de negação de serviço, perda de dados, adulteração ou à quebra de sigilo.

Normalmente a segurança é citada como uma das principais razões para ferramentas de terceiros não serem usadas dentro das empresas. É compreensivelmente difícil uma equipe de segurança aprovar o uso de uma ferramenta de terceiros que precise de amplo acesso às contas de nuvem. No entanto, o fato de suas equipes terem criado o software não significa necessariamente que ele será totalmente seguro. Você deve assegurar que todas as ferramentas de automação que implantar tenham a quantidade mínima de permissões para a execução das tarefas requeridas, além de proteger ao mesmo tempo o software contra ameaças externas.

Também é altamente provável que um fornecedor bem-sucedido tenha dedicado muito tempo e trabalho à segurança. Examinar sua documentação e qualquer anúncio anterior feito por ele o ajudará a avaliar o nível de atenção que esse fornecedor dá à segurança como parte de sua oferta.

Se você se inspirar no modelo de maturidade de FinOps, talvez inicialmente prefira fazer a integração com uma ferramenta de SaaS de terceiros no modo somente leitura. Poderá então receber notificações dessa ferramenta e automatizar as ações de correção usando suas próprias ferramentas. Quando tiver mais confiança no fornecedor, você poderá começar a permitir que ele execute mais ações em seu nome até ter ativado todos os recursos de que precise.

Como iniciar

Você não deve tentar implementar muitas funcionalidades de automação de uma só vez. Isso inevitavelmente causará problemas e você terá que se esforçar para assegurar que a automação que implantou funcione eficientemente. Veja algumas dicas:

Comece simples

Comece com uma seleção simples de ferramentas e de metas de automação. Tentar construir um conjunto de automações muito complexo e/ou coordenar vários conjuntos de ferramentas ao mesmo tempo geralmente traz desafios desnecessários.

Use primeiro em um modo informar

Comece a automação inicial em um modo informar, automatizando a descoberta e o alerta de possíveis problemas, mas não sua correção, para saber o que a automação faria se pudesse executar alterações.

Gere confiança na automação

Verifique que ações uma área da automação executará quando for ativada. Gere confiança compartilhando os resultados com as equipes para assegurar que elas se sintam à vontade com a introdução da automação.

Faça muitos testes

Após gerar confiança na automação, primeiro aplique ações a contas de desenvolvimento/teste e depois faça testes com grupos menores antes de ampliar para uma base de usuários maior.

Não construa tudo por conta própria

Use ferramentas comerciais ou open source. Além de economizar tempo, isso assegurará que você obtenha as soluções de eficiência comprovada mais recentes.

Meça o desempenho

A automação deve ser medida para verificarmos se está produzindo os efeitos desejados. À medida que ela for ampliada para toda a empresa, será essencial avaliar se o desempenho não está piorando.

Recomendamos o ingresso em grupos como a FinOps Foundation que permitam que você entre em contato com profissionais experientes. Saiba quais ferramentas eles usam e os benefícios que recebem.

> Nunca é demais reforçar a importância de começar pequeno. Lembre-se da lei de Gall, que convicentemente diz que "todos os sistemas complexos que funcionam evoluíram de sistemas mais simples que funcionavam".

O que automatizar

Profissionais bem-sucedidos de FinOps têm muitas ferramentas de automação à sua disposição. Partes da automação precisam atender à maneira como as empresas operam. Contudo, existem algumas soluções de automação comuns que vimos ser repetidamente implementadas por empresas com práticas de FinOps bem-sucedidas.

Controle de tags

Uma vez que você tiver um padrão de tagueamento definido para sua empresa, poderá usar a automação para assegurar que ele seja seguido. Comece identificando os recursos com tags ausentes ou aplicadas incorretamente e depois solicite que os responsáveis resolvam as violações. Em seguida, passe para a interrupção ou o bloqueio de recursos para forçar a execução de ações pelos responsáveis, e tente criar uma política de remoção/exclusão para esses recursos. A exclusão de recursos é uma automação de alto impacto, logo, muitas empresas não chegam a esse nível. Recomendamos que você não passe diretamente para a exclusão dos recursos infratores sem antes percorrer os níveis de automação de menor impacto.

Agendamento da inicialização/interrupção de recursos

O gerenciamento e a automação de recursos permitirá que você agende que os recursos sejam interrompidos quando não estiverem sendo usados (por exemplo, enquanto você estiver fora da empresa) e que sejam trazidos de volta à operação quando precisarem ser usados novamente. O objetivo dessa automação é reduzir o impacto sobre as equipes gerando ao mesmo tempo uma boa economia nas horas em que os recursos estiverem desativados. Geralmente essa é uma automação que é implantada nos ambientes de desenvolvimento e teste, em que a ausência do recurso não é notada fora das horas de trabalho. Você deve assegurar que as implementações permitam que os membros das equipes eliminem uma atividade agendada, para o caso de precisarem manter um servidor ativo ao trabalhar até tarde. O cancelamento de uma tarefa agendada também não deve remover totalmente o recurso da automação, devendo apenas eliminar a execução atual.

Redução do uso

O Capítulo 15 abordou itens como o rightsizing e a detecção de recursos ociosos. A automação da redução elimina esse desperdício ou pelo menos permite enviar alertas para os membros responsáveis da equipe fazerem uma otimização melhor dos custos. Se a automação incorporar dados de recursos de serviços como o Trusted Advisor (para a AWS), de uma plataforma de otimização de custos de terceiros ou diretamente de métricas, isso fornecerá uma maneira fácil de enviar alertas para os membros responsáveis investigarem ou, dentro de alguns ambientes, interromperem automaticamente ou redimensionarem os recursos.

Conclusão

A automação nos dá a oportunidade de aumentar a confiabilidade e a consistência dos processos fazendo verificações e emitindo alertas nas práticas de FinOps e nos processos. É importante que você saiba que objetivo está tentando alcançar com a automação e se lembre de que ela tem um custo.

Resumindo:

- Comece pequeno, meça os resultados e benefícios obtidos e itere lentamente pela automação, adotando a lei de Gall.
- Os custos da automação vêm da compra ou da construção de software; dos recursos que ela usa; e dos esforços para o seu gerenciamento, manutenção e monitoramento.
- Se desde o início você tiver estabelecido claramente o objetivo que espera atingir com seus esforços de automação, poderá medir os custos versus os possíveis benefícios que ela trará para a empresa.
- Considere comprar uma solução reconhecida de um fornecedor de SaaS ou de software antes de optar por construir suas automações a partir do zero.
- No entanto, antes de implementar uma solução externa, você deve considerar as implicações relacionadas à segurança e aos recursos que podem afetar seu ambiente de nuvem.

No próximo capítulo, examinaremos um processo avançado de FinOps que permite otimizações just-in-time com o uso de métricas e alertas.

CAPÍTULO 22

Otimização de custos guiada por métricas

A *MDCO (Metric-Driven Cost Optimization, ou Otimização de Custos guiada por Métricas)* é o impulsionador que mede as otimizações possíveis e usa objetivos e linhas de meta para disparar o processo de operação que as acionará. Quando você estiver comprando compromissos, estará na fase operar. Com a MDCO, usará o limite da métrica para determinar precisamente quando deve executar essas ações.

A MDCO também poderia ser descrita como "a abordagem que a pessoa preguiçosa usa para gerenciar os custos da nuvem". A principal regra da MDCO é: não faça nada. Isto é, não faça nada até ter uma métrica que meça o impacto de suas ações. Se você fizer otimizações, mas não tiver métricas para informar se elas foram positivas ou negativas para seus gastos, não estará executando a MDCO.

Quando terminar este capítulo, você saberá como usar métricas para conduzir corretamente suas otimizações de custos.

Princípios básicos

Existem alguns princípios básicos que definem a prática de MDCO:

Medição automatizada
: Computadores fazem a medição em vez de humanos.

Metas
: Métricas sem metas são apenas gráficos bonitos.

Objetivos atingíveis
: Você precisa ter um conhecimento apropriado dos dados para determinar resultados realistas.

Com base em dados

Não são as ações que afetam os dados: os dados é que o levarão a executar ações.

Explicaremos cada um desses princípios no decorrer deste capítulo.

Medição automatizada

Carregar dados de cobrança, gerar relatórios e criar recomendações são tarefas que devem ser executadas pela automação ou por meio de uma plataforma de FinOps. Quando quantidades massivas de dados de cobrança forem distribuídas por seu provedor de serviços de nuvem, todas essas atividades terão que ser iniciadas automaticamente. Se os profissionais de FinOps tentarem executar um processamento de dados específico e a geração de relatórios, isso retardará a MDCO e resultará em repostas lentas às anomalias.

O processamento repetível e confiável dos dados permitirá que você se concentre na tarefa real em questão: economizar dinheiro. Você poderá então dedicar algum tempo a aprimorar os processos que estão sendo seguidos e tentar entender melhor os programas de otimização de custos e como eles afetam os dados/métricas.

Metas

Para a MDCO, as linhas de meta são essenciais. Escrevemos no Capítulo 14 que as linhas de meta fornecem mais contexto aos gráficos. Sempre achamos que todos os gráficos devem ter uma linha de meta. Sem ela, você só poderá determinar informações básicas sobre o próprio gráfico, e não o que o gráfico significa para a empresa. A linha de meta cria um limite a partir do qual podemos derivar um ponto de disparo de alertas e ações.

Os humanos não conseguem entender bem a escala de números muito grandes, e é por isso que metas contextuais são tão importantes. Como uma solução para isso, uma dica do livro *Factfulness* (Flatiron Books, 2020), de Hans Rosling, foi citada por Anders Hagman do Spotify em uma conferência mensal recente da FinOps Foundation. No livro, Rosling diz aos leitores que "sempre que alguém lhe fornecer um número grande, peça outro número" como medida de comparação. Na MDCO, para sua métrica fornecer valor, você precisará de uma meta para usar na comparação.

Objetivos atingíveis

Existem várias métricas para serem monitoradas em programas de otimização de custos. Se cada métrica for rastreada corretamente, isso permitirá o uso de estratégias operacionais nas otimizações de custos. Cada otimização terá um impacto diferente sobre a economia gerada, logo, você não deve tratar todas as otimizações da mesma forma. Ao combinar métricas, você deve normalizar os dados com base na possível economia da otimização.

Uma das métricas que costuma ser medida incorretamente, e que pode ajudá-lo a entender os objetivos atingíveis da MDCO, é a *cobertura de compromissos*.

Existem muitas maneiras de medir o desempenho da otimização de custos, e cada método representa uma visão específica da eficiência. Dependendo do método que você usar, talvez não consiga atingir 100% de otimização. Para a MDCO, medições que são totalmente atingíveis têm que determinar a hora certa para a execução das ações.

Veremos a cobertura de compromissos para explicar isso com mais detalhes.

Cobertura de compromissos

A cobertura de compromissos é a métrica que mostra a quantidade de uso que está sendo cobrada com taxas sob demanda versus com taxas com desconto. Geralmente, as empresas definem uma meta de cobertura — que costuma ser de 90%. Compararemos os diversos métodos.

No modelo tradicional, medimos a cobertura somando todas as horas de compromissos que temos e dividindo esse número pelo total de horas usadas no período (veja a Figura 22.1).

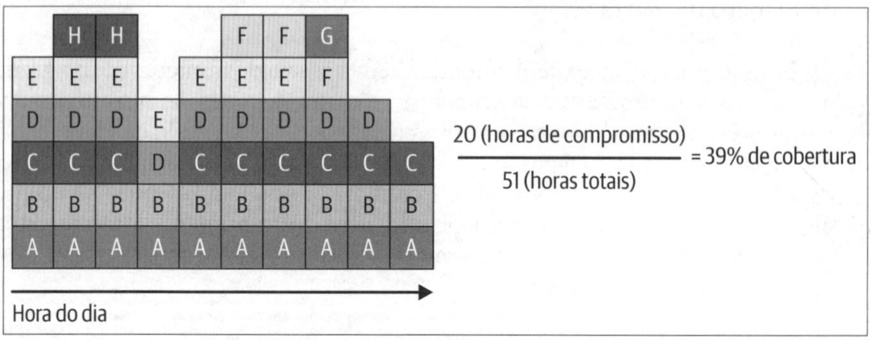

Figura 22.1: Cobertura de compromissos calculada por meio de horas brutas.

Ainda que a maneira como a cobertura é medida na Figura 22.1 esteja correta, essa pode não ser a forma certa de fazer isso. Com a infraestrutura elástica, recursos chegam e saem com frequência, e algumas horas não devem ser cobertas por um compromisso simplesmente por não ter ocorrido um uso suficiente durante o período para garantir sua aplicação. O ideal é que você não inclua o uso que estiver abaixo do ponto de equilíbrio, porque abaixo desse limite os compromissos custariam mais do que a economia gerada. Removendo essas horas não passíveis de cobertura, você pode medir a cobertura ao longo das horas às quais ela poderá ser aplicada (veja a Figura 22.2).

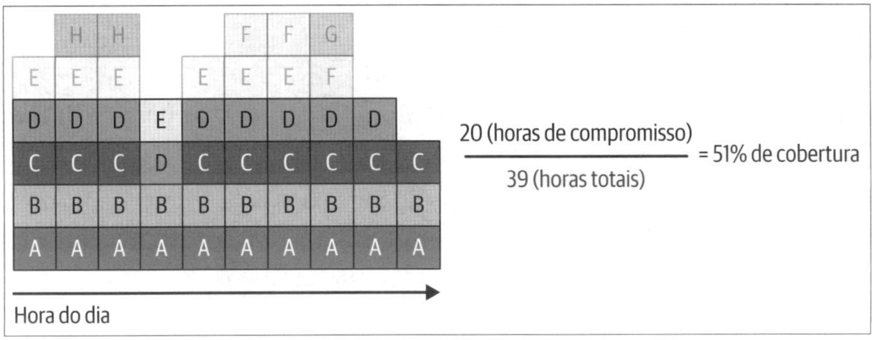

Figura 22.2: Cobertura de compromissos calculada por meio de horas passíveis de cobertura.

Se você remover as horas não passíveis de cobertura dos picos do gráfico (indicadas como H, F, G e E na Figura 22.2), obterá uma visão mais clara do percentual real de cobertura. A e B têm a cobertura de um compromisso, o que deixa as horas usadas para os recursos C, D e E com taxas sob demanda. A compra de dois compromissos adicionais forneceria 100% de cobertura, e esses dois compromissos economizariam dinheiro.

Até agora, tratamos as células dos gráficos como se fossem iguais: B é igual a A, que por sua vez é igual a C. No entanto, cada célula (ou hora ou segundo) pode ser correspondente a um uso de tamanho diferente. O uso marcado como A poderia custar mais de $1 por hora, enquanto B custaria $0,25 por hora. A quantia economizada com cada compromisso seria então bastante diferente. Compramos compromissos principalmente visando economia, logo, medi-los como blocos consistentes — quando na verdade são tão diferentes — fornece resultados incorretos. O objetivo é calcular quanto de sua cobertura está realmente gerando economia.

A conversão da célula de hora na possível economia gerada pela cobertura do compromisso mostra claramente o efeito de um compromisso na cobrança da nuvem. Ajustando o gráfico de acordo com a economia relativa de cada tipo de uso, você acabará obtendo um cenário muito diferente (veja a Figura 22.3).

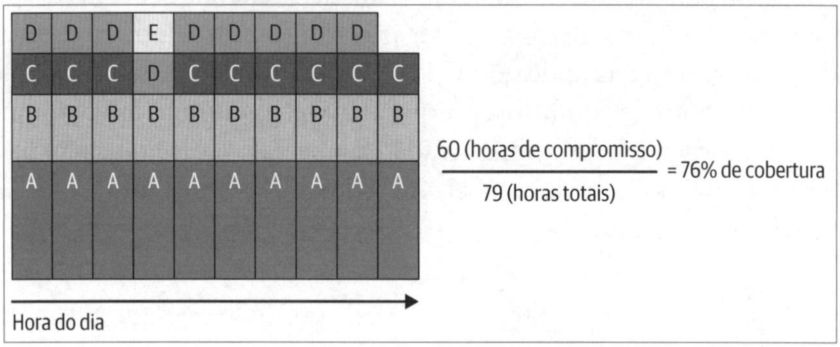

Figura 22.3: Cobertura de compromissos calculada por meio de horas ponderadas passíveis de cobertura.

A Figura 22.3 mostra que você está chegando perto dos 76% de economia possível. A avaliação original da Figura 22.1 mostrou uma situação de cobertura muito baixa. Contudo, a nova posição ponderada, que também remove as horas que não deveriam ter cobertura, mostra que sua situação não é tão ruim.

A principal lição que aprendemos aqui é que compromissos aplicados a diferentes recursos geram quantias de economia distintas. Nem todo uso é passível de cobertura, logo, incluir tudo nos resultados da cobertura de compromissos resulta em métricas para as quais será mais difícil definir metas. No entanto, se pensar em termos de cobertura possível, você poderá determinar com mais precisão como e onde pode fazer melhorias.

Métricas de economia para o cenário geral

Se somarmos as economias de tudo que for passível de compromisso, teremos o conceito de *economia possível total*. Por exemplo, suponhamos que todas as células da Figura 22.3 gerassem uma economia de $102.000,00 por ano se cobertas por um compromisso (economia possível total). Então, 76% de $102.000,00 seria o montante da economia realmente gerada (economia realizada), enquanto os 24% restantes ficariam sem cobertura e com taxas sob demanda (economia possível não realizada).

Isso nos leva novamente à linguagem de FinOps. Se deixarmos de falar sobre horas de uso e taxas de cobertura de compromissos e a conversa passar para algo como "atualmente você está se beneficiando de 76% da economia possível total para os $102.000,00", isso mostrará para todas as pessoas da empresa onde vocês estão e para onde podem ir. Também elimina a necessidade de conhecer profundamente as complexidades dos descontos baseados em compromissos e facilita as conversas dentro da empresa. Você criou um vocabulário comum para a compreensão mútua.

Combinação de métricas

Para determinar uma métrica de desempenho para seus compromissos, você pode medir quanto um compromisso está ou não sendo usado durante um período específico. Isso é o que chamamos de *utilização do compromisso*. Em um nível de compromisso individual, você fará o monitoramento pelo tempo, medindo a proporção de horas (ou segundos) de aplicação do desconto de um compromisso ao uso do recurso versus o número de horas (ou segundos) em que não houve uso para o compromisso aplicar o desconto.

No entanto, se você totalizar sua utilização do compromisso para exibir uma única métrica de desempenho geral, os compromissos individuais de baixo desempenho poderão ficar ocultos. Em vez disso, você deve medir cada compromisso e emitir alertas quando eles estiverem sendo individualmente subutilizados. Veja um exemplo disso na Figura 22.4.

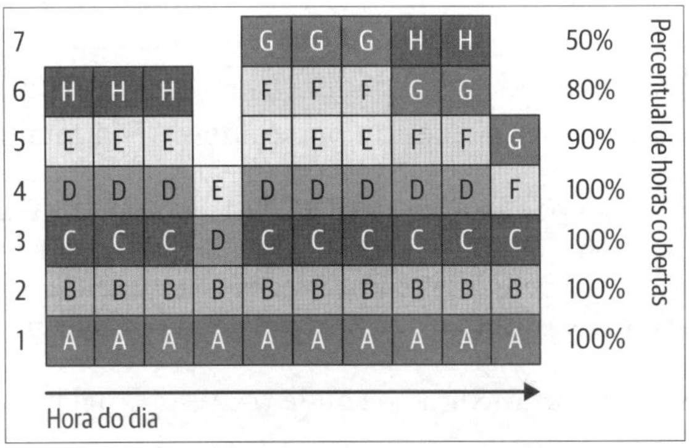

Figura 22.4: Uso de compromissos com o passar do tempo.

Consideraremos o uso mostrado na Figura 22.4 para determinar sua utilização do compromisso, baseando-nos na existência de sete compromissos. Podemos ver que os quatro primeiros compromissos têm 100% de utilização. O quinto compromisso terá 90% de utilização e o sexto terá 80%, com o último compromisso tendo apenas 50%.

Se você calcular a média das utilizações (100% + 100% + 100% + 100% + 90% + 80% + 50% / 7), obterá 88,5% de utilização. Uma taxa de utilização geral de

88% parece boa e não traria preocupação. Se você tivesse definido uma meta de 80% de utilização, a MDCO não mostraria necessidade de alterações. No entanto, lembre-se de que existe um compromisso individual atingindo apenas 50% de utilização, e isso merece atenção e uma possível modificação.

Com base em dados

Durante anos as equipes têm operado seus serviços usando métricas para monitorar itens como o desempenho do serviço, o uso do recurso e taxas de solicitação, o que funciona como um sistema de aviso antecipado que as alerta quando limites são ultrapassados ou eventos são acionados e ajustes posteriores são necessários.

Operar otimizações de FinOps sem métricas não fornece um método real para a identificação de se as otimizações estão atingindo as metas. Na verdade, sem métricas não podemos nem mesmo definir metas. As métricas rastreadas são construídas com base no feedback loop que discutimos no Capítulo 9. Elas nos ajudam a identificar onde nossa otimização está abaixo do ideal e o desempenho é insatisfatório para podermos fazer melhorias. Em outras palavras, as métricas ajudam a medir quanto as otimizações de custos estão economizando.

A aplicação da MDCO à prática de FinOps permitirá que você meça os resultados desejados em uma otimização de custos. Quando as métricas mostrarem que uma alteração não foi bem-sucedida, você poderá usar isso como um aviso antecipado de que a alteração precisa de ajustes ou poderá revertê-la totalmente.

No Episódio 11 do podcast FinOpsPod (*https://oreil.ly/ZxXh2*), TJ Johnson, da *Box.com*, explicou como a maioria das visualizações em FinOps ajuda a responder a quatro perguntas importantes que se enquadram bem em uma abordagem de MDCO, embora ele use uma terminologia um pouco diferente:

- *Como me saí até agora?* Medição de onde você está atualmente.
- *Como posso melhorar?* Identifica as otimizações que você pode fazer e ajuda a selecionar em quais áreas deve se concentrar.
- *Estou mesmo melhorando?* Medição do seu nível de aperfeiçoamento com o passar do tempo, formando um conjunto de KMIs (Key Momentum Indicators, ou Indicadores-Chave de Momentum) que o ajudarão a monitorar se você está melhorando — ou piorando.
- *Atingi meu objetivo?* Fornecimento de feedback para informar se você está atingindo os objetivos que definiu.

As medições que respondem a essas quatro perguntas fazem parte de uma mentalidade de DevOps, em que existem dados chegando constantemente para ajudar na tomada de decisões da equipe de aplicações, da equipe financeira e da empresa. Ouça o episódio para conhecer a história completa de como Johnson faz isso na *Box.com*.

Processos guiados por métricas ou pela cadência

No Capítulo 18, discutimos estratégias para os descontos baseados em compromissos. Quando a maioria das empresas começa a usar compromissos, os compra com base em um cronograma (mensal, trimestral e até mesmo anual). Chamamos isso de *otimização de custos guiada por cronograma* ou *pela cadência*.

Se você comprar em ciclos lentos, acabará tendo grandes quantidades de uso sem cobertura. A Figura 22.5 mostra o uso com o passar do tempo, e em cinza-escuro vemos a cobertura de compromissos que você tem. É possível ver no gráfico que as compras de compromissos estão ocorrendo em um ciclo relativamente definido e, entre essas compras, o uso de recursos continua a crescer. Comprando compromissos com mais frequência, você poderá gerar mais economia.

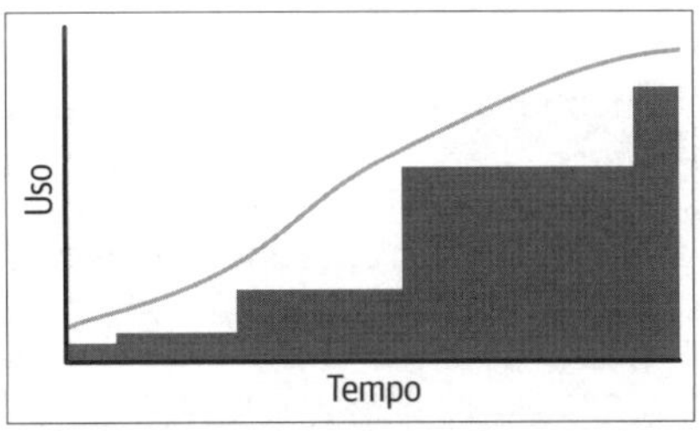

Figura 22.5: Cobertura de compromissos quando usada com pouca frequência.

A Figura 22.6 mostra um programa de compras de compromissos com frequência muito maior. Nem sempre a frequência é a mesma com o passar do tempo, mas a cobertura de compromissos resultante segue rigidamente o crescimento no uso dos recursos.

A otimização de custos guiada por cronograma é adequada no início, mas continuar a fazer compras lentamente não ajuda a aumentar a economia. No entanto, procurar compromissos com muita frequência resultará em tempo perdido, logo, você precisa alcançar um equilíbrio.

Você pode saber rapidamente se não está atingindo suas metas usando métricas com metas definidas.

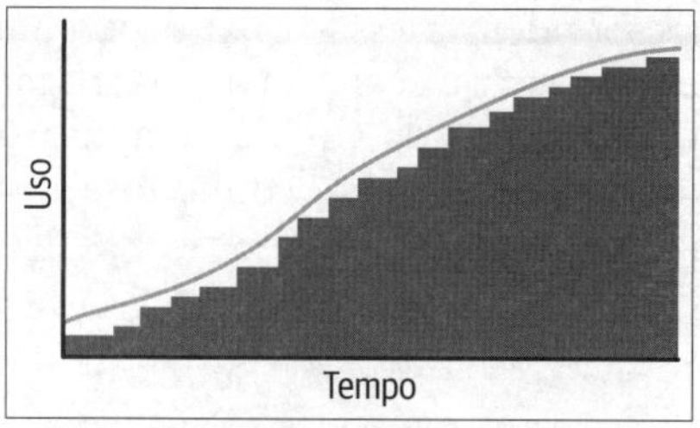

Figura 22.6: Cobertura de compromissos quando usada com frequência.

As métricas só acionarão alertas para a execução de otimizações quando necessário. A MDCO pode ser usada para todo o conjunto de otimizações disponíveis. É essencial avaliar as métricas apropriadamente, para que as otimizações sejam acionadas na hora certa. Também é importante definir metas atingíveis.

Definição de metas

Para algumas métricas, como a de cobertura de compromissos, recomendamos inicialmente definir uma meta conservadora e depois aumentar até chegar a uma meta mais alta, como de 80%. No entanto, uma meta baixa não faz sentido para a utilização. Com a aplicação de um modelo "começar de baixo" para a utilização de compromissos, o custo acabaria sendo mais alto que a economia.

Histórias da nuvem – Mike

Na Atlassian, minha equipe tenta chegar a 90% de utilização de um compromisso para obter a maior economia possível. Quando a utilização fica abaixo de 90% para um compromisso individual, isso faz os computadores criarem um tíquete, que me alerta para o fato de que alterações são necessárias. Nesse momento, modificações ou trocas dos compromissos afetados elevam os níveis de utilização. Esse processo mostra como uma métrica medida corretamente, e com providências sendo tomadas, promove a tomada de decisões guiada por dados.

Vejamos a aplicação de métricas aos métodos de redução do uso. Remover recursos não usados e redimensionar recursos subutilizados também gera economia. A economia possível total como percentual do custo é chamada de *percentual de desperdício*. Poderíamos dizer que uma equipe que gasta $100.000,00 por mês e pode gerar uma economia de $5.000,00 está tendo 5% de desperdício. Alternativamente, uma equipe que gasta $10.000,00 por mês e pode gerar uma economia de $2.000,00 está tendo 20% de desperdício. As equipes podem ser comparadas se avaliadas dessa forma, e metas generalizadas podem ser definidas para o desperdício. Se o desperdício exceder uma quantia definida, você pode tentar reduzi-lo.

Tomada de providências

Mencionamos que a MDCO engloba todas as três fases do ciclo de vida de FinOps. Mostramos como você pode usar esses dados para gerar visibilidade, medir possíveis otimizações e definir metas com base nesses números; todas essas tarefas são das fases informar e otimizar, e mesmo assim inserimos este capítulo na parte da fase operar do livro. Fizemos isso porque o sucesso da MDCO vai depender do que você fizer depois de definir os relatórios e alertas da MDCO, e os alertas forem acionados, demandando respostas para alterações necessárias no desempenho da otimização.

Como já vimos, sem processos e fluxos de trabalho claramente definidos é improvável que você atinja as metas de FinOps da empresa. É importante especificar quem é responsável por acionar um alerta da MDCO, qual é o processo de aprovação correto para ações como a compra de novos compromissos e qual é a ordem correta das operações para a modificação e/ou troca de compromissos existentes.

Tenha um programa de compras pré-aprovadas de compromissos dentro da empresa. Dar liberdade para a equipe de FinOps comprar compromissos quando necessário — até uma certa quantidade por mês — reduz o tempo de espera entre o acionamento de um alerta de cobertura e a compra de mais compromissos para cobrir a falta. A melhoria dos processos ajuda a reduzir o atraso na tomada de providências.

> Existe um equilíbrio sutil entre proatividade e reatividade. O que deve ser reativo? O que deve ser proativo? Não reaja ao tempo como faria com a otimização de custos guiada pela cadência; tente reagir aos dados de custo quando a MDCO demandar. Use esses dados para reagir mais rápido. Capacidades como a de previsão podem ajudá-lo a prever quando você cruzará os limites requeridos antes que eles ocorram, o que lhe permitirá ser proativo. Usando essa previsão proativa guiada por dados, você estará pronto para reagir rapidamente aos cenários de custo do mundo real que podem produzir efeitos graves em sua cobrança de nuvem.

Juntando tudo

Com a MDCO, você terá certeza de que as métricas o alertarão para se adaptar quando necessário. A MDCO fará você mudar da reação a um cronograma arbitrário baseado no calendário (como no gerenciamento mensal de RIs) para a reação a alterações nos dados. No entanto, não improvise a reação; tente ter planos definidos para as atividades funcionais que executará, como comprar compromissos de RIs adicionais quando a métrica sair do limite. E certifique-se de planejar quem executará quais ações.

Ashley Hromatko, ex-diretora de Cloud FinOps na Pearson, apresentou este exemplo — veja a Tabela 22.1 — de como ela usou a MDCO (associada às lentes de avaliação contidas na ferramenta FinOps Assessment da FinOps Foundation [*https://oreil.ly/23CZQ*]) para definir um processo claro de quem determina as alterações que terão que ser feitas para o enfrentamento de uma ameaça aos custos, e concluiu o loop com automação para o acionamento de alterações no ambiente, o que resultou em economias significativas nos custos.

Tabela 22.1: As mudanças na política e os processos de automação definidos para o gerenciamento de uploads de várias partes

Fase	Lentes	Processo	Ação
Informar	Conhecimento	Conhecimento do impacto da alteração	Mais de 800 contas da AWS e nenhuma regra de ciclo de vida configurada para uploads incompletos de várias partes no S3
Informar	Processo	Quem tomará decisões	Gasto de 11.000 por mês em uploads incompletos de várias partes, nenhuma conta excedendo mais de 1.000.
Otimizar	Métricas	KPIs de linha de base para o sucesso	FinOps envia política para o conselho de Governança da Nuvem avaliar; votação para a passagem para a implementação
Otimizar	Adoção	Como a implementação será divulgada	Decisão tomada para correção após 14 dias e possibilidade de optar pela não realização
Operar	Automação	Passagem de tarefas repetitivas para ferramentas	Política do Cloud Custodian criada pela equipe de engenharia do Gerenciamento de Nuvem

O resultado foi um processo que anexou uma política de ciclo de vida a todos os buckets S3 e automatizou a remoção de uploads incompletos de várias partes após 14 dias. A política resultou em economias automatizadas significativas nos custos do mês seguinte, como mostrado na Figura 22.7.

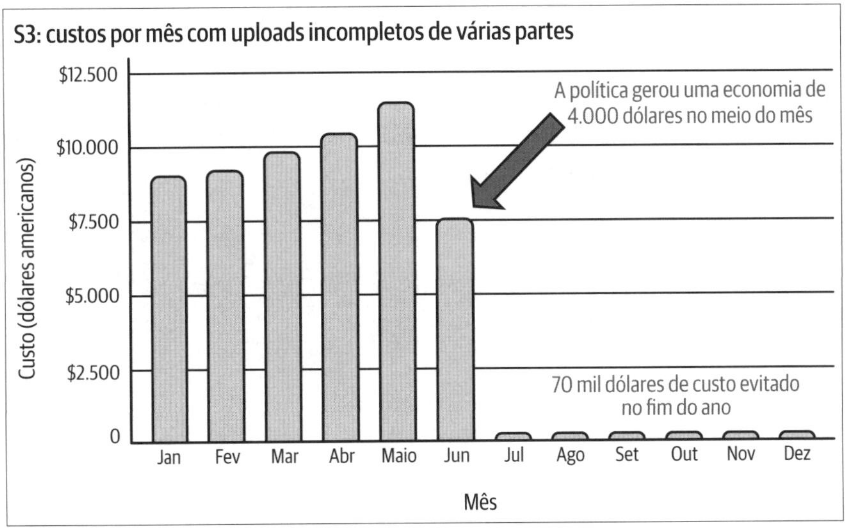

Figura 22.7: Os custos caíram após uma política de uploads de várias partes ser definida.

Conclusão

A otimização de custos guiada por métricas engloba todas as três fases do ciclo de vida de FinOps, com a visibilidade e as metas conduzindo o processo de otimização. A automação desempenha um papel importante no fornecimento de um processo repetível e consistente.

Resumindo:

- Todas as otimizações de custos são guiadas por métricas, e todas as métricas demandam metas atingíveis.
- Os computadores devem executar repetidamente análises de dados e alertar quando as métricas estiverem fora da meta.
- Todas as alterações feitas devem se refletir nas métricas. Como resultado, a economia deve crescer, e a eficiência na otimização de custos deve permanecer alta.
- A MDCO existe para sabermos quando é a melhor hora para a execução de processos de otimização.

Quando achamos que estávamos com a prática de FinOps sob controle, os engenheiros inovaram e introduziram um cenário totalmente novo baseado na nuvem usando a conteinerização. A seguir, examinaremos os impactos da clusterização com o uso de contêineres e como você pode usar seu conhecimento de FinOps para resolver os novos problemas que isso cria.

CAPÍTULO 23

FinOps para o universo dos contêineres

Os contêineres têm ganhado popularidade no suporte à adoção de arquiteturas de microsserviços. Nos últimos anos, o número de ambientes de contêiner sendo executados pelas empresas aumentou rapidamente. É muito fácil gerenciar uma única instância de contêiner em execução, mas passa a ser difícil quando existem centenas, milhares ou dezenas de milhares de contêineres em muitas instâncias de servidor. Logo, começaram a surgir soluções de orquestração, como o Kubernetes, que permite que as equipes de DevOps alterem a configuração e orquestrem a implantação e o gerenciamento de frotas de contêineres.

Já que os contêineres e seus orquestradores estão se tornando uma opção popular para muitas equipes, é vital conhecer o importante impacto desses workloads conteinerizados sobre as práticas de FinOps.

A razão mais importante para essa situação afetar tanto a prática de FinOps é que quase todos os ambientes de contêiner são complexos e compartilhados. Recursos compartilhados como os contêineres — que são executados em instâncias de computação compartilhadas na nuvem — trazem desafios para a alocação e a visibilidade dos custos e a otimização de recursos. No ambiente conteinerizado, a alocação de custos tradicional de FinOps não funciona como quando existem apenas VMs (Virtual Machines, ou Máquinas Virtuais). Você não pode simplesmente alocar o custo de um recurso para uma tag ou rótulo, porque cada recurso local ou de nuvem pode estar executando um conjunto constantemente variável de múltiplos contêineres, cada um suportando uma aplicação diferente. Eles também podem estar anexados a diferentes centros de custo da empresa. No entanto, não se preocupe. Neste capítulo examinaremos as alterações e os ajustes que permitirão que você opere com sucesso sua prática de FinOps no mundo dos contêineres.

Introdução aos contêineres

Percorreremos rapidamente os aspectos básicos para quem não estiver familiarizado com os contêineres. Também será útil criarmos um entendimento comum desses componentes durante este capítulo.

Os contêineres são, em uma descrição muito resumida, uma maneira de empacotar software. Todos os requisitos e configurações são incluídos em uma imagem implantável. Ferramentas de orquestração de contêineres, como o Kubernetes, ajudam os engenheiros a implantar contêineres nos servidores de maneira gerenciável e de fácil manutenção.

Existem alguns termos-chave que usaremos neste capítulo:

Imagem
: Um snapshot de um contêiner com o software que precisa ser executado.

Contêiner
: Uma instância de uma imagem de contêiner; você pode ter várias cópias da mesma imagem sendo executadas ao mesmo tempo.

Instância/nó de servidor
: Um servidor (por exemplo, uma instância EC2, uma VM, um servidor físico).

Pod
: Esse é um conceito do Kubernetes. Um pod é composto de pelo menos um contêiner, mas também pode conter um grupo de contêineres e tratá-los como um único bloco de recursos que podem ser agendados e redimensionados no cluster.

Orquestração de contêineres
: Um orquestrador gerencia o cluster de instâncias de servidor e também mantém o ciclo de vida de contêineres/pods. Algo que faz parte do orquestrador de contêineres é o agendador, que programa um contêiner/pod para ser executado em uma instância de servidor. Alguns exemplos seriam o Kubernetes ou o AWS Elastic Container Service (ECS).

Cluster
: Um grupo de instâncias de servidor, gerenciado pela orquestração de contêineres.

Namespace

Outro conceito do Kubernetes, um namespace é um mecanismo para o isolamento de grupos de recursos dentro de um único cluster em que os pods/contêineres podem ser implantados separadamente de outros namespaces.

Um cluster Kubernetes (veja a Figura 23.1) é composto de vários nós (instâncias de servidor) que executam contêineres dentro de pods. Cada pod pode ser composto de um número variado de contêineres. Os nós suportam os namespaces usados para isolar grupos de pods.

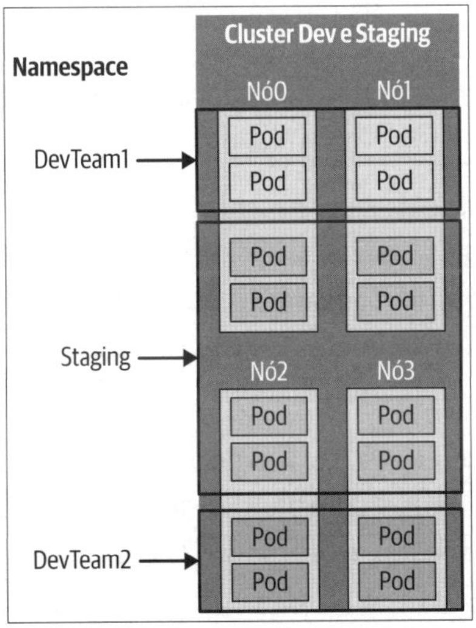

Figura 23.1: Visualização básica de um cluster Kubernetes.

A passagem para a orquestração de contêineres

Os engenheiros tomam a decisão de migrar para contêineres por várias razões, incluindo disponibilidade, confiabilidade e facilidade de gerenciamento. Lembre-se: a finalidade de FinOps é assegurar que você faça o que é melhor para a empresa, mantendo um equilíbrio constante entre custo e necessidades técnicas. *O custo não é o único motivo para a migração para os contêineres*, mas poder baixar o custo de uma aplicação em um modelo de contêiner e um modelo de VM (com todos os custos e implicações presentes nos dois lados) é um contexto útil a ser fornecido para a empresa.

Quando mudamos de um grande número de instâncias individuais de servidor de nuvem para uma solução de orquestração de cluster como o Kubernetes, geralmente acabamos ficando com um número menor de servidores maiores. Empacotando vários workloads de contêiner nesses servidores maiores (o que também é conhecido como *bin packing*), você pode ganhar eficiência por meio de uma melhor utilização dos recursos com a execução de muitos contêineres isolados no mesmo nó.

Uma analogia pode ajudá-lo a visualizar essa ideia: cada instância de servidor em um cluster é como um jogo de Tetris. Os contêineres são os blocos de diferentes formas e tamanhos, e o orquestrador de contêineres tenta inserir a maior quantidade possível desses "blocos" (contêineres) nos servidores.

Plataformas como o Kubernetes permitem definir diferentes garantias de recursos, possibilitando o empacotamento de mais contêineres em uma instância de servidor, o que abordaremos com mais detalhes posteriormente no capítulo.

Você perderá a visibilidade dos custos de cada contêiner quando executar vários contêineres em uma única instância de servidor, porque o provedor de serviços de nuvem fornecerá dados de cobrança referentes ao uso da instância de servidor subjacente. Quando uma instância de servidor estiver executando vários contêineres, você precisará de mais informações para ratear os custos do uso.

Em outras palavras, cada recurso de nuvem que não for compartilhado por vários workloads precisará ter dados complementares, para que ele possa mostrar que quantidade foi usada por cada workload. Os contêineres não consomem os servidores igualmente. Alguns contêineres podem ser configurados para fazer um uso maior de uma instância de servidor do que outros. Certos contêineres são executados por semanas ou meses. No entanto, uma pesquisa mostra que a maioria dos contêineres é executada por períodos curtos, na média (*https://oreil.ly/Nek9-*) menores do que 12 horas, e outros podem ser executados por apenas alguns segundos. Com contêineres de diferentes tamanhos chegando e saindo com taxas distintas, criar poucos snapshots do uso do cluster não fornecerá uma amostragem suficiente para a alocação de custos detalhada necessária. Dados detalhados que rastreiem todos os contêineres que chegam e saem o ajudarão a identificar como os custos individuais do servidor devem ser rateados e que parcela do servidor foi usada por um contêiner para o serviço A versus por um contêiner para o serviço B. Você verá qual é a aparência desses dados em "Proporções do contêiner", na página 432.

No entanto, uma das dificuldades da coleta de dados é seu grande volume. Os arquivos de dados de cobrança da nuvem já são extremamente grandes, mas você pode ter um número muito maior de contêineres como VMs, e cada um pode mudar de um recurso para outro muitas vezes, criando uma linha de dados a cada mudança. Esse é um desafio difícil que demandará uma ferramenta especializada se você quiser vencê-lo de maneira detalhada e granular.

Os profissionais de FinOps precisam preparar as equipes para o impacto dos recursos compartilhados sobre os processos de visibilidade e alocação dos custos. É vital que haja um conhecimento claro dos requisitos necessários para a manutenção de práticas de FinOps bem-sucedidas no universo dos contêineres e assegurar que eles sejam implementados pela equipe de DevOps.

Ciclo de vida de FinOps para os contêineres

Se você considerar os desafios que a conteinerização impõe a FinOps — visibilidade, showback/chargeback e otimização dos custos — perceberá rapidamente que existem as mesmas dificuldades encontradas na migração para a nuvem. Os contêineres representam outra camada de virtualização, também chamada de conteinerização, acima da virtualização da nuvem. Embora possa parecer um retrocesso, lembre-se de que você já acumulou todo o conhecimento, os processos e as práticas necessários para resolver esses desafios. Só precisa basear sua abordagem em como resolveu os desafios para a nuvem.

Podemos dividir então os desafios de FinOps para a conteinerização no mesmo ciclo de vida informar, otimizar e operar que você aplicou para a abordagem mais ampla de cloud FinOps.

Fase informar dos contêineres

Primeiro você deve se concentrar na geração de relatórios que lhe permitam determinar o custo dos contêineres individuais nos clusters que as equipes estão operando. Em outras palavras, você precisa construir visibilidade de seus gastos com contêineres.

Alocação de custos

Você será cobrado pelo provedor de serviços de nuvem por cada instância de servidor que fizer parte de um cluster. Quando os contêineres são implantados em um cluster, eles consomem alguma quantidade da capacidade dos recursos do cluster, como de CPU, memória e armazenamento. Mesmo quando os processos existentes no contêiner não consomem tudo o que foi provisionado para ele, em alguns casos ele impede que outros contêineres usem essa capacidade, mas é preciso pagar por ela. É como quando provisionamos um servidor junto ao provedor de nuvem. Pagamos pelo recurso desse servidor, não importa se ele foi ou não usado. Os custos do tráfego de rede que chega e sai do serviço já são por si só um desafio e também devem ser incluídos. Os custos de rede atribuídos a um único nó ou instância de servidor podem suportar vários contêineres, e os custos relacionados terão que ser rateados pelo uso de cada contêiner. A rede passa a ser um tipo de custo compartilhado que requer um modelo de distribuição equitativo, idealmente avaliando o volume real de tráfego de rede em cada contêiner e alocando os custos de rede com base nesses valores.

Para alocar os custos individuais de um contêiner executado em um cluster, você precisará de alguma maneira para determinar quanto do servidor subjacente o contêiner individual consumiu. Abordaremos isso com mais detalhes na próxima seção.

Você também precisará levar em consideração os custos de satélite de um cluster em execução. O gerenciamento de nós, os data stores usados para rastrear estados do cluster, o licenciamento de software, backups e os custos de recuperação de desastres fazem parte das estratégias de alocação de custos. Todos esses custos gerais fazem parte da execução dos clusters e devem ser considerados em sua estratégia de alocação de custos.

Proporções do contêiner

O maior problema do controle de clusters é que você estará compartilhando os recursos subjacentes, logo, não terá uma visibilidade total da alocação usando apenas a cobrança da nuvem. Lembre-se: a não ser que você use as ofertas de serviço gerenciado, o provedor de serviços de nuvem só poderá disponibilizar as métricas fornecidas pelos hipervisores de VM, e não de sistemas operacionais ou processos. Essa falta de visibilidade significa que os provedores não podem rastrear os contêineres e quanto do servidor eles estão usando. Logo, para sua equipe de FinOps ratear os custos do servidor subjacente para as equipes e serviços certos, é preciso que as equipes que estão executando os clusters relatem quais contêineres estão sendo executados em cada instância de servidor. Registrando a proporção que cada contêiner está usando de cada um dos servidores, você poderá complementar os dados da sua cobrança de nuvem.

Proporções personalizadas dos contêineres

É um processo complexo medir a proporção da instância do servidor da nuvem subjacente consumida por cada contêiner. No entanto, você pode começar usando a quantidade utilizada de vCPU e memória.

A Tabela 23.1 mostra um exemplo que o ajudará a entender esses dados.

Na tabela, existe uma instância de servidor com quatro vCPUs e 8 GB de memória que custa $1 por hora. Esse servidor faz parte de um cluster e, durante uma hora específica, executa os contêineres 1 a 4.

Tabela 23.1: Exemplo de alocação de contêineres em uma instância de servidor

ID do servidor	ID do contêiner	Rótulo do serviço	vCPU	Mem (GB)	Tempo (min)	Proporção
i-123456	1	A	1	2	60	25%
i-123456	2	A	1	2	60	25%
i-123456	3	B	0,5	1	60	12,5%
i-123456	4	C	1	2	15	6,25%

O cálculo da proporção parece simples quando olhamos para os contêineres 1 e 2. Eles usam um quarto de vCPU e de memória durante toda a hora cobrada, logo, um quarto dos custos do servidor pode ser alocado. Já que esses dois contêineres estão sendo executados para o mesmo serviço (A), podemos alocar 50% dos custos do servidor para o serviço A.

O contêiner 3 parece ter uma história semelhante. Contudo, dessa vez uma parcela ainda menor do servidor está sendo usada.

Se considerarmos o contêiner 4, veremos que ele está usando 25% da instância de servidor, mas só durante uma parcela de 15 minutos da hora (25%). Isso reduz os dados de sua proporção quando multiplicados pelo tempo: 0,25 × 0,25 = 6,25%.

Existem casos em que a proporção da métrica não apresenta uma simetria muito clara com o servidor subjacente, o que causa problemas no cálculo das proporções. Conhecemos duas abordagens que resolvem esse problema:

Métrica de maior impacto

Quando um contêiner usa mais vCPU do que memória, essa razão é usada no cálculo da proporção.

Métrica ponderada

Primeiro pondere as métricas (vCPU, memória etc.) e depois use-as para calcular as proporções.

Embora seja recomendável começar com a vCPU e a memória, elas não são as únicas métricas que podem ser importantes quando você estiver determinando as proporções de seus contêineres. Você pode ter que levar em consideração outras métricas, como uso de disco local, GPU e largura da banda de rede. Dependendo do tipo de workloads agendados em um cluster, a métrica ponderada geral mais relevante para clusters específicos pode ser diferente. Também é importante mencionar que com o Kubernetes existe uma diferença entre recursos solicitados e consumidos. Geralmente um pod usa menos recursos do que ele solicita, mas o oposto também pode ocorrer. Ao medir as proporções de uso, recomendamos que você utilize o recurso solicitado em maior quantidade e os recursos consumidos pelo workload.

Mesmo se você alocar os custos de seus clusters da maneira anterior, pode acabar tendo custos de capacidade não alocados. É improvável que seus clusters sejam 100% usados — ou solicitados — o tempo todo pelos contêineres em execução, o que deixará excesso de capacidade não alocada — e também não usada.

A Figura 23.2 mostra uma única instância de servidor que tem custo de $40 por hora. Nesse nó existem dois contêineres em execução. As equipes A e B receberam, respectivamente, $15 e $11 do total dos custos, ainda que certa quantidade da capacidade solicitada dentro do contêiner não tenha sido usada e possa ser considerada como perda. Ainda existem $14 de capacidade de nó avulsa (capacidade alocável) na instância de servidor que precisa ser atribuída ao orçamento de alguém.

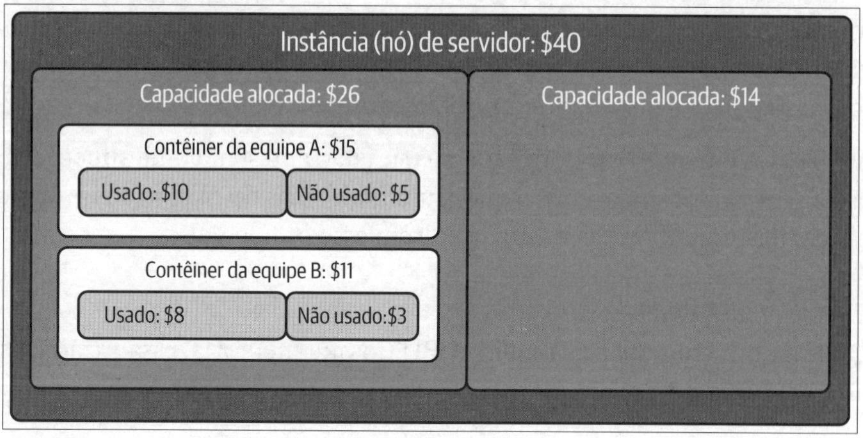

Figura 23.2: Capacidade não alocada em uma instância/nó de servidor.

Ainda não vimos uma abordagem padrão para a alocação da capacidade em excesso alocável do nó. Uma opção seria a própria equipe que está gerenciando a instância de servidor cobrir o custo; outra seria ratear o custo da capacidade alocável igualmente entre todos os contêineres com base em suas respectivas proporções de uso do nó.

> Você pode saber rapidamente se não está atingindo suas metas usando métricas com metas definidas. A capacidade reservada é um limite flexível, e os pods podem exceder os limites definidos para eles se existir capacidade alocável adicional restante dentro do nó. Portanto, a quantidade de capacidade consumida por um pod pode ser maior que 100% de sua capacidade reservada. Isso significa que a porção dos custos gerais correspondente ao pod aumentaria durante o período de uso, e uma parcela menor da capacidade não reservada do nó seria deixada sem uso.

Isso traz a questão de quem deve pagar pela capacidade em excesso: a equipe que está gerenciando o cluster ou as equipes responsáveis pelos workloads que estão sendo executados nas instâncias de servidor?

Ao passar algum tempo em empresas que estão alocando com sucesso os custos de seus contêineres, identificamos duas estratégias básicas para a atribuição desses custos não alocados quando eles existem:

Atribuição dos custos de capacidade ociosa a uma equipe central (opção recomendada)

Já que precisamos de uma estratégia de alocação para assegurar que os custos do cluster possam ser 100% alocados, algumas empresas pegam os custos de capacidade em excesso e os atribuem à equipe que gerencia o cluster. Essas equipes têm orçamento e previsões para os custos do cluster, logo, mapeando os custos da capacidade em excesso para elas você incentivará o grupo a otimizar o agendamento dos contêineres, reduzir o tamanho do cluster conforme permitido pelo workload e manter o desperdício do cluster em um nível mínimo, diminuindo assim os custos da capacidade em excesso.

A equipe que está executando e administrando o cluster tem visibilidade dos custos alocáveis no nível do cluster/nó. Quase sempre, o uso real por meio dos serviços/pods implantados depende das solicitações de recursos que são definidas pelos usuários, como a equipe da plataforma que está executando os serviços para todas as pessoas e as equipes de desenvolvedores com suas respectivas aplicações. A equipe da plataforma está em melhor posição para fazer o rightsize do cluster, mudar para outros tipos de instância, ou definir um autoscaler para reduzir o total de custos alocáveis, dimensionando melhor o cluster, o que aumentaria a utilização eficiente dos recursos do cluster.

– David Sterz, Mindcurv, líder do Grupo de Trabalho de Alocação de Custos de Contêineres

Rateio dos custos de capacidade ociosa entre as equipes que estão usando o cluster (opção alternativa)

A segunda estratégia é ratear os custos da capacidade em excesso entre as equipes que estão executando contêineres no cluster. Você pode determinar o que será rateado, e onde, usando os mesmos dados de proporção utilizados na alocação dos custos dos contêineres. Esse método elimina a necessidade de um orçamento central abrangente para os custos de capacidade em excesso.

Antes de escolher uma abordagem para a alocação dos custos de capacidade em excesso, recomendamos que você envolva tanto as equipes que estão executando os clusters quanto as que os estão usando, para poder chegar a um consenso sobre como proceder.

Proporções dos contêineres no Google Cloud

Quando você usar tipos de máquina personalizados, o Google Cloud cobrará pela vCPU e pela memória separadamente, logo, se essas forem as métricas usadas para a alocação de custos dos contêineres, não será preciso determinar a proporção do servidor subjacente consumida por um contêiner. Se você registrar apenas a vCPU e a memória alocadas para cada contêiner executado em seu cluster, poderá usar a tabela de preços comum do Google Cloud para alocar cobranças para cada contêiner. Os custos totais de seu cluster serão representados como uma cobrança geral de vCPU e memória. Quando você subtrair desses valores os custos registrados para o contêiner, ficará com os custos de não utilização do cluster.

No entanto, quando você estiver usando tipos de máquina predefinidos, precisará registrar dados de proporção personalizados para cada contêiner, como discutido anteriormente.

Tags, rótulos e namespaces

Como ocorre com as instâncias de servidor, contêineres sem identificador tornam difícil determinar o que é o que a partir do ambiente externo. Você pode ter centenas ou até milhares de pequenos contêineres. A existência de uma estratégia de tagueamento/rotulação permitirá a você categorizar o uso. Lembre-se de que você lidará com os contêineres com o mesmo padrão de FinOps da nuvem nativa, com o qual esperamos que já tenha se acostumado. Logo, não surpreende o fato de sua estratégia padrão de tagueamento na nuvem ser facilmente aplicável aos contêineres.

No universo dos contêineres, podemos taguear/rotular nossos contêineres. Essas tags formarão a identificação que você usará para alocar custos. Os namespaces permitirão que você agrupe recursos dentro de um único cluster. Gerando namespaces para equipes, ou para serviços específicos, você poderá criar um grupo de alocação de custos de pouca granularidade.

Os próprios contêineres ou pods também podem ser rotulados ao serem iniciados, fornecendo um mecanismo de alocação de custos com maior granularidade se necessário, mas a habilidade de ver esses rótulos e ratear custos entre eles é realizada com ferramentas fora dos dados de cobrança da nuvem.

Fase otimizar dos contêineres

Como a fase informar, a fase otimizar do universo dos contêineres é uma adaptação direta das práticas de FinOps originais construídas para plataformas de nuvem.

À primeira vista, pode parecer que a conteinerização resolve o problema do rightsizing. Afinal, parece mais barato mais elementos serem executados na mesma instância de servidor. Contudo, como vimos até agora, é uma tarefa complexa medir se estamos ou não gerando economia com os clusters.

Já ouvimos profissionais de FinOps dizerem: "já que você migrou para os contêineres, não precisa de rightsizing". Ou "recursos ociosos não são mais um problema". Embora haja alguma verdade nessas afirmações, elas não contam toda a história. Examinaremos como suas práticas de FinOps precisam evoluir para ser bem-sucedidas.

Atribuição de clusters

Se você executar todos os seus contêineres dentro de um cluster, talvez não consiga otimizar o cluster para ambientes diferentes. Executar contêineres de desenvolvimento em instâncias spot, ou em uma região que fique mais perto dos desenvolvedores, é mais fácil quando eles são executados em um cluster específico de desenvolvimento. E, além disso, ajudará se você executar esse cluster de desenvolvimento em uma conta de desenvolvimento separada da de produção.

A alternativa é executar vários clusters, mas pode ser difícil e caro gerenciar clusters demais. Cada cluster terá custos indiretos de gerenciamento, tanto em termos de recursos de nuvem quanto de necessidade de tempo da equipe. Também será mais difícil maximizar a utilização dos clusters se você tiver workloads espalhados por muitos clusters. Quanto maior for o número de contêineres espalhados em clusters, menor será a probabilidade de os contêineres preencherem os servidores em execução, o que significa utilização mais baixa.

Encontrar um equilíbrio para essa situação é tão importante quanto para o caso das contas dos recursos de nuvem que discutimos anteriormente. Trabalhar com as equipes que estão gerenciando e usando seus clusters é o melhor método para a busca do equilíbrio satisfatório entre clusters menores específicos de um domínio e clusters gerais maiores dentro da empresa.

Otimização do uso dos contêineres

Agora trabalharemos na adaptação das otimizações do uso discutidas em uma fase otimizar mais abrangente do ciclo de vida de FinOps.

> Você pode saber rapidamente se não está atingindo suas metas usando métricas com metas definidas.Existe um modelo de responsabilidade compartilhada para a otimização de contêineres: As equipes centralizadas que estiverem executando o cluster serão responsáveis pelo seu dimensionamento, incluindo o rightsizing horizontal/vertical e a atribuição de workloads, enquanto as equipes que estiverem executando contêineres dentro do cluster serão responsáveis pela definição e pelo uso da quantidade apropriada de capacidade solicitada ou garantida.

Centralize o rightsizing dos clusters

A responsabilidade pelas otimizações desta seção normalmente recai sobre as equipes centralizadas que estão gerenciando os clusters e as instâncias de servidor.

Se você perceber que seus clusters estão tendo um alto custo, as causas mais prováveis serão um agendamento insatisfatório e recursos subutilizados no cluster. Se as instâncias do cluster permanecerem sendo executadas após todos os contêineres em execução serem interrompidos, ou quando apenas um ou alguns contêineres estiverem sendo executados em uma instância grande do cluster, isso significa que a instância está sendo em grande parte subutilizada — levando a custos mais altos por cluster e à necessidade de rightsizing.

No mundo dos contêineres, existem várias estratégias que precisam ser aplicadas pela equipe central de gerenciamento dos clusters para a execução do rightsizing:

Rightsizing horizontal

Essa estratégia monitorará se você está empacotando satisfatoriamente seus contêineres nas instâncias de servidor. Quanto mais rígido for o empacotamento, menos instâncias de servidor precisarão ser executadas em um determinado momento. Quando isso é feito corretamente, os clusters podem aumentar o número de instâncias, gerando ao mesmo tempo economia nos custos ao evitar executar instâncias que não sejam necessárias. Os orquestradores devem procurar oportunidades de realocar os contêineres para aumentar a utilização das instâncias de servidor, liberando ao mesmo tempo instâncias que possam ser removidas do cluster — usando o autodimensionamento — quando a carga cair. Rastrear a quantidade de capacidade não usada do cluster com o passar do tempo permitirá que você meça alterações nos mecanismos de agendamento. Se então você atualizar/ajustar o agendador para que ele consiga empacotar seus contêineres em menos instâncias de servidor, poderá medir o aumento na eficiência.

Rightsizing vertical

Estratégia relacionada à alteração do tamanho das instâncias de servidor. Embora o esperado seja que um orquestrador empacote seus contêineres no menor número de servidores possível, existem outros fatores a serem considerados. Para o fornecimento de alta disponibilidade, alguns contêineres devem ser executados em diferentes instâncias de servidor subjacentes. Se isso fizer com que suas instâncias de servidor sejam subutilizadas, redimensionar as instâncias para que usem menos vCPU e memória reduzirá os custos.

Compatibilidade do workload

Se os workloads de seu contêiner não forem compatíveis com a razão entre vCPU e memória (usando mais memória do que vCPU, por exemplo), não haverá memória para um contêiner usar quando houver uma vCPU livre no servidor. Quando seus dados mostrarem que o equilíbrio entre vCPU e memória em seu servidor não atende ao workload do contêiner, você poderá executar um tipo de instância de servidor que seja uma opção mais compatível (por exemplo, com mais memória por vCPU) a uma taxa menor por hora, reduzindo assim os custos. É possível usar uma combinação de configurações de servidor dentro do cluster e atribuir workloads aos servidores que forem mais compatíveis com os workloads do contêiner.

Descentralize o rightsizing de contêineres/pods

As equipes que estiverem executando contêineres dentro de um pod serão responsáveis pelo dimensionamento correto de suas solicitações de capacidade aos clusters.

Mesmo se os contêineres tiverem passado por um bin packing eficiente, há o risco de contêineres individuais agendados em seus clusters ficarem inativos. Como já sabemos, os contêineres consomem uma parte dos recursos do cluster, logo, se um contêiner for maior do que o necessário, ele será menos eficiente no que diz respeito aos custos.

Em vez de rastrear métricas de utilização do servidor procurando instâncias de servidor ociosas, agora as equipes terão que rastrear métricas de utilização do contêiner para identificar instâncias de contêiner não usadas. Conceitos semelhantes aos usados para tratar instâncias de servidor ociosas são aplicáveis aos contêineres.

Soluções de orquestração de clusters, como o Kubernetes, permitem solicitar diferentes tipos de alocações de classes de recursos, chamadas classes QoS (Quality of Service, ou Qualidade de Serviço), nos contêineres agendados. Cada classe QoS traz com ela diferentes modelos de alocação de capacidade e de atuação sobre a alocação de custos relacionada:

Alocação de recursos garantida

Para contêineres de serviços críticos, você pode usar a alocação de recursos garantida para assegurar que uma quantidade definida de vCPU e memória esteja sempre disponível para o pod. A alocação de recursos garantida pode ser considerada como capacidade reservada. O tamanho e a forma do contêiner não mudam. Essa classe apresenta o maior potencial para a geração de custos de capacidade ociosa nos contêineres quando definida com uma alocação alta e o uso real for baixo.

Alocação de recursos expansível

Workloads que apresentem picos podem se beneficiar do acesso a mais recursos apenas quando necessário, permitindo que o pod use mais recursos do que os que foram solicitados inicialmente quando a capacidade estiver disponível na instância de servidor subjacente. A alocação de recursos expansível (Burstable Resource Allocation) é semelhante às instâncias de servidor expansíveis oferecidas por alguns provedores de serviços de nuvem (instâncias de desempenho expansível como a T3 da AWS ou a F4 do Google Cloud), que fornecem um nível básico de desempenho, mas permitem que o pod se expanda quando necessário. Embora essa seja uma maneira fácil de começar, mais barata com solicitação baixa de recursos, mas sem limites, também pode levar a um pico imprevisível de consumo de recursos que pode prejudicar outros workloads ou a uma piora no desempenho do serviço devido à falta de recursos disponíveis.

Alocação de recursos de melhor esforço

Adicionalmente, os contêineres de desenvolvimento/teste podem usar a alocação de recursos de melhor esforço (Best-Effort Resource Allocation), que permite que o pod seja executado enquanto houver capacidade em excesso, mas interrompa a execução quando essa capacidade não existir. Essa classe é semelhante às VMs preemptivas do Google Cloud ou às instâncias spot da AWS. De um ponto de vista que leve em consideração apenas a eficiência nos custos, é a melhor classe, já que não tem custos de capacidade ociosa; no entanto, não há nenhuma garantia de que os recursos estarão disponíveis em determinado momento, e deve ser usada com cuidado apenas para workloads específicos em sistemas de produção.

Quando o orquestrador de contêineres alocar uma combinação de pods com diferentes garantias de alocação de recursos em cada instância de servidor, haverá uma utilização maior da instância. Você poderá alocar uma quantidade básica de recursos para pods de recursos fixos, usar pods expansíveis para que eles consumam o restante dos recursos do servidor e empregar pods de melhor esforço para consumir qualquer capacidade avulsa que fique disponível.

Otimização de taxa da instância de servidor

A menos que você esteja usando clusters serverless — que examinaremos a seguir — seus clusters serão compostos de instâncias regulares do servidor de nuvem.

Se os seus clusters estiverem executando muitos pods de melhor esforço ou reiniciáveis, haverá a opção de executar parte do cluster com *instâncias spot*. As instâncias spot permitirão que você se beneficie de economias possivelmente massivas em seu provedor de serviços de nuvem. No entanto, sua execução em um cluster demandará que você considere o risco adicional de suas instâncias de servidor — e dos pods que elas estiverem executando — serem interrompidas pelo provedor sem aviso.

Essas instâncias de servidor podem ser solicitadas, como qualquer outra instância. Só porque você está executando um software de orquestração de clusters como o Kubernetes isso não significa que deve excluir seus clusters dos programas comuns de reserva/compromisso. Com frequência a conteinerização leva a instâncias de servidor de nuvem mais estáveis. Contêineres podem ser criados e removidos sem alteração dos servidores de nuvem. Isso pode significar um planejamento de reservas mais simples e uma utilização geral melhor das reservas. Reservar instâncias que sejam executadas o tempo todo pode levar a economias bem acima dos 50%, como discutido no Capítulo 17.

Fase operar dos contêineres

Ao percorrer nesta parte do livro uma fase operar mais abrangente de FinOps, devemos considerar quantas das operações que executamos no nível de recursos de nuvem podem ser aplicadas ao mundo dos contêineres. Agendar a ativação e a desativação de contêineres de desenvolvimento de acordo com as horas de trabalho, encontrar e remover contêineres ociosos e manter rótulos/tags de contêiner por imposição são apenas algumas das atividades paralelas que podemos executar na fase operar mais abrangente de FinOps.

Contêineres serverless

Os contêineres serverless, oferecidos por provedores de serviços de nuvem como o Fargate da AWS, adicionam uma visão interessante às estratégias de FinOps para contêineres. Com os clusters autogerenciados, temos que considerar o impacto no custo da execução de mais clusters. Existe um requisito adicional de custo e manutenção no gerenciamento de nós de computação para cada cluster que pode levar as equipes de engenharia a optarem por usar menos clusters em contas centralizadas.

Com a camada de gerenciamento de clusters sendo controlada pelo provedor de serviços de nuvem e os nós de computação ficando isolados, há menos necessidade de centralizar os workloads. No mundo da computação serverless, rastrear a eficiência do agendador e medir se os contêineres estão sendo empacotados apropriadamente nas instâncias do cluster não é um problema. Essa responsabilidade passa a ser do provedor. No entanto, monitorar contêineres superprovisionados ainda é um requisito, já que as ofertas atuais de contêineres serverless só permitem certos tamanhos de combinações de vCPU e memória.

A alocação de custos é feita para o usuário, já que a tarefa de cada contêiner é cobrada diretamente pelo provedor de serviços de nuvem. Isso ocorre porque agora eles podem ver quais contêineres estão sendo executados nos servidores. Logo, o desafio de ratear os custos proporcionalmente e dividir recursos compartilhados é eliminado. Quando um contêiner estiver sendo executado em uma instância de servidor de sua conta, sua remoção criará espaço livre no cluster, mas não reduzirá os custos até o nó de computação também ser removido do cluster. Com os contêineres serverless, quando eles são removidos, a cobrança cessa.

Isso pode soar como uma boa notícia, mas como ocorre com tudo que está relacionado com FinOps, existem muitas considerações. Por exemplo, o fato de ser o provedor de serviços de nuvem que gerencia o cluster significa que existem menos itens de configuração para as equipes ajustarem, o que pode impedir que você otimize o cluster para seus workloads.

Conclusão

Os problemas dos contêineres são semelhantes aos que enfrentamos inicialmente ao migrar para a nuvem, logo, você pode usar as práticas existentes de FinOps para resolvê-los.

Resumindo:

- A conteinerização não permitirá que você evite FinOps, porque os princípios de FinOps também são aplicáveis, e a necessidade de gerenciar custos é igualmente importante para aplicações conteinerizadas.
- A menos que você esteja usando plataformas de conteinerização gerenciadas por serviços de nuvem, terá que coletar dados complementares sobre como seus servidores estão sendo usados pelos contêineres em execução.
- Rastrear as proporções de instâncias de servidor que seus contêineres estão usando e comparar essas informações com as de sua cobrança de nuvem permitirá que você crie uma alocação de custos real.
- Conteinerização não significa necessariamente eficiência: serão necessários o monitoramento do uso do servidor e a execução de rightsizing e de otimizações do agendador.
- A orquestração serverless reduz as despesas indiretas de alocação de custos de FinOps, mas traz uma alta probabilidade de aumento nos custos.

O próximo capítulo examinará o processo de construção de parcerias com as equipes de engenharia.

CAPÍTULO 24

Parcerias com os engenheiros para habilitar FinOps

FinOps é um esporte em equipe, e muito pouco pode ser feito sem os engenheiros. Neste capítulo, falaremos sobre como é possível instalar uma cultura de FinOps motivando os engenheiros a serem eficientes nos custos, em vez de impor exigências hierárquicas. As exigências hierárquicas só fornecem ações de curto prazo enquanto são prioridade para a liderança. No fim das contas, a pressão exercida por elas acaba diminuindo e as coisas retornam ao ritmo normal, com a volta da ineficiência nos custos.

Neste capítulo, examinaremos por que a rotina diária de um engenheiro de software torna difícil para ele considerar a otimização de custos e abordaremos as transições que os engenheiros tendem a fazer quando começam a integrar considerações de custos em seus fluxos de trabalho diários.

Muitos engenheiros vieram de um mundo em que considerações de custos não eram historicamente parte de seu trabalho. Atualmente, na nuvem, eles estão sendo solicitados a considerar os custos como uma nova restrição. É essencial explicar por que agora o custo variável da infraestrutura é uma parte importante do trabalho, assim como seu impacto para a empresa; caso contrário, talvez essa área não receba prioridade.

Em uma prática madura, os engenheiros e desenvolvedores são uma parte essencial de FinOps, e seu envolvimento, alinhamento e aceitação desde o início são cruciais para o sucesso.

Integração da nossa equipe com a deles

Ao revisitar a primeira edição deste livro, notamos que ela estava usando um tom *nós versus eles* no que dizia respeito às equipes de FinOps e de engenharia. Algumas das frases sugeriam que os engenheiros não faziam parte do trabalho de FinOps e que geralmente eles não se preocupavam com os custos. Isso está longe de ser verdade nas empresas que estão maduras em sua transformação na nuvem — e em FinOps. Engenheiros pouco envolvidos que só fazem otimizações de custos reativas refletem uma prática e uma experiência de FinOps imatura, em que frequentemente as ineficiências são incluídas no processo de desenvolvimento e os processos de FinOps ficam limitados à remoção reativa do desperdício após a ocorrência do fato. Em vez de fazerem isso, as práticas maduras de FinOps firmam parcerias com os engenheiros, desde o design de serviços e da arquitetura, para evitar proativamente ineficiências na maneira como os serviços são implantados na nuvem.

As personas condutoras de FinOps mudaram nos últimos anos. Na pesquisa State of FinOps de 2022 (*http://data.finops.org*), a equipe responsável por conduzir FinOps se reporta predominantemente ao CTO e ao CIO e é formada por — e cada vez mais liderada por — engenheiros. Uma vez que a cultura de preocupação com os custos é difundida, o trabalho de FinOps é executado por engenheiros da empresa, o que deixa a equipe central de FinOps mais concentrada em outras funções. Como vimos no Capítulo 15, normalmente várias funções críticas de FinOps — como a redução e a otimização do uso — não são executadas de maneira centralizada pela equipe de FinOps; em vez disso, essas responsabilidades são distribuídas diretamente para as equipes de engenharia de vários grupos ou unidades de negócios. Os engenheiros que implantam os serviços conhecem melhor do que ninguém sua infraestrutura e estão mais aptos a otimizá-la.

O que se passa na mente do engenheiro?

As motivações da engenharia se contrapõem às motivações da equipe financeira. Esta tende a se concentrar na viabilidade do negócio, nas margens brutas e na estabilidade financeira futura da empresa, levando em consideração os valores gastos em relação aos orçamentos e previsões. Os engenheiros são motivados pela inovação, pela distribuição de valor por meio de melhorias nos softwares e geralmente por tornar as atividades mais eficientes em várias áreas, incluindo segurança, desempenho, tempo de atividade e confiabilidade.

No Capítulo 3, falamos sobre como aumentar a motivação das equipes e reduzir a perda de confiança. Você deve se lembrar da *escala da ação*, em que existe um equilíbrio entre a motivação e o esforço requerido. Às vezes podemos ter uma impressão equivocada de que os engenheiros não estão motivados a se concentrar na eficiência do controle de custos; na verdade, seu trabalho em FinOps compete com outras restrições e considerações críticas.

Para dar equilíbrio à escala da ação, os profissionais de FinOps precisam trabalhar com os engenheiros (e com o líder de engenharia, que define metas e incentivos) para tornar a eficiência no controle dos custos uma consideração tão importante quanto a segurança, o desempenho, a confiabilidade ou a sustentabilidade (como discutido no Capítulo 19). Dedicar-se a apenas uma medida de sucesso não é uma opção.

Normalmente a aparente falta de engajamento dos engenheiros não ocorre por falta de motivação. Devido à longa lista de áreas pelas quais são responsáveis, eles precisam tomar decisões regularmente sobre o que priorizar. Se a prática de FinOps demandar um período maior — ou indefinido — então talvez ela não caiba no cronograma da engenharia, a menos que seja priorizada pelo líder.

Histórias da nuvem – Abuna Demoz

Abuna Demoz, engenheiro de software que liderou grandes equipes de engenharia no Google Cloud e na Amazon Web Services, compartilhou os insights a seguir:

> Podemos supor que inicialmente a maioria dos engenheiros quer concluir o máximo de tarefas possível do ciclo de vida do software, passando pelo desenvolvimento, documentação, monitoramento, alertas, refatoração, dimensionamento etc. No entanto, eles sofrem com as restrições do que pode ser feito em um dia de trabalho ou até a data de lançamento de um novo recurso. Isso é uma realidade principalmente para engenheiros sêniores, para quem as exigências são maiores. Eles são forçados a definir prioridades constantemente e tomar decisões difíceis entre as tarefas que precisam executar em períodos que geralmente não permitem a inclusão de nada que não faça parte dos requisitos críticos.
>
> É nesse momento que a estrutura de recompensas da empresa pode ajudar. A maioria dos engenheiros define prioridades de acordo com o que será recompensado (pagamento, bônus etc.) ou reconhecido (elogios, visibilidade da liderança, promoção etc.). Usar recompensas e reconhecimento para controlar o comportamento pode ser muito eficaz, mas também precisamos conhecer as escolhas implícitas feitas.
>
> Por exemplo, na maioria das empresas, os engenheiros são recompensados pelo lançamento de novos recursos que os clientes usarão e pelos quais idealmente pagarão. Isso significa que, quando o tempo é escasso, é

> fácil investir menos em confiabilidade, manutenção, escalabilidade e, principalmente, custo baixo.
>
> Quando as empresas fazem a migração para FinOps, a associação de métricas e metas de custo às recompensas dos engenheiros é uma ótima maneira de todos os envolvidos prestarem atenção nos mesmos problemas. Recompensas podem ser associadas ao aumento da cobertura das tags, à redução do desperdício e da subutilização e/ou à melhoria na exatidão das previsões. O reconhecimento dos líderes referente ao trabalho de sua equipe para o alcance dessas metas ajudará a reforçar sua importância.

É importante que FinOps procure maneiras de reduzir a carga dos engenheiros, principalmente com automação. Como discutido no Capítulo 8, fazer os *dados de FinOps passarem pelos engenheiros* permitirá uma tomada de decisões mais rápida e reduzirá a perda de carga cognitiva causada pela mudança de contexto. Não queremos que os engenheiros gastem muito tempo (ou capacidade mental) para saber como suas ações estão afetando as projeções dos gastos, não só desviando-os de outras prioridades, mas também reduzindo a probabilidade de que eles se voltem às responsabilidades de FinOps. Os relatórios de FinOps devem fornecer para os engenheiros uma descrição clara das ações que eles precisam considerar e dos dados que suportam essas ações, diminuindo o comprometimento de esforço e tempo necessário para eles se preocuparem com os custos.

Restrições e a solução de problemas difíceis

Os seres humanos não gostam de restrições. No entanto, elas são necessárias para a inovação.

> *A criação de algo ótimo requer duas coisas: um plano e não muito tempo suficiente.*
>
> L. Bernstein

Geralmente as proteções contra custos altos podem ser recebidas com um sentimento como "Migramos para a nuvem para ter menos restrições e agora você está trazendo-as de volta". Outra frase recorrente que ouvimos das equipes de engenharia é "Diga-me onde você quer ir, mas não me diga como chegar lá". Pela colaboração na definição de proteções contra custos acordadas mutuamente na forma de orçamentos e previsões — e pelo fornecimento de dados confiáveis sobre os gastos e o uso da nuvem para as equipes que gerenciam a infraestrutura — FinOps pode oferecer aos engenheiros as restrições necessárias para lhes dizer *onde* eles precisam chegar em termos de custo, deixando ao mesmo tempo sob sua responsabilidade *como* atingir essa eficiência. Também ajudará se a liderança divulgar a *razão* de seu trabalho de eficiência no controle de custos para a empresa como um todo.

Uma visão clara do resultado desejado distribuída por meio de um conjunto de restrições bem definido é o objetivo. Sem restrições, o processo de desenvolvimento pode ser muito liberal e, no fim das contas, talvez não fique alinhado com o resultado desejado. Inversamente, restrições demais podem não deixar espaço suficiente para que ocorra uma engenharia criativa, já que não haverá como inovar. Algumas das melhores soluções para a eficiência na nuvem dão espaço para os engenheiros inovarem, com restrições claras de custos, mas sem rigor excessivo nas orientações para que elas sejam atendidas.

Em vez de permitir que os engenheiros selecionem qualquer arquitetura de custos que esteja disponível e removam as ineficiências posteriormente, as restrições de custos definidas com antecedência reduzem desperdícios desnecessários e eliminam a necessidade de remoção de débitos técnicos — e de custos — futuros e caros. No entanto, até mesmo uma arquitetura projetada para ser inicialmente eficiente nos custos quase sempre, com o passar do tempo, pode ser otimizada, já que eficiências serão introduzidas no uso do código, novos recursos de nuvem serão lançados e a carga do mundo real aumentará.

Engenheiros gostam de resolver problemas difíceis. Isso pode ser comprovado pelo número de histórias de engenharia bem-sucedidas que ouvimos nas conferências anuais dos maiores provedores de nuvem. A maioria dessas palestras aborda como as empresas têm usado a nuvem para crescer, ser mais inovadoras, adicionar novos recursos e introduzir oportunidades de negócios totalmente novas.

> *Engenheiros que constroem soluções que respeitam os limites das restrições de custos devem ser celebrados como inovadores. Forneça para os engenheiros uma plataforma para o compartilhamento das dificuldades técnicas que eles superaram com soluções de engenharia criativas a fim de atender suas restrições de custos.*
>
> – Benjamin Coles, gerente de engenharia de FinOps na Apple

O Capítulo 13 examinou diferentes níveis de orçamento de nuvem e mostrou que algumas equipes iniciantes na nuvem podem ser resistentes ao conceito de existência de um orçamento. Ironicamente, sempre houve um orçamento para gastos de TI na maioria das empresas com restrições relacionadas ao hardware, mas esses gastos foram isolados por meio da compra de equipamentos de hardware às vezes com anos de antecedência. Os dólares propriamente ditos estão sendo introduzidos como as novas restrições, em vez da quantidade de poder computacional disponível como ocorria historicamente.

Você está construindo um Porsche ou uma Toyota?

A inovação pode ocorrer com preço e qualidade altos, ou com preço e qualidade mais baixos. Considere em equipe se vocês estão construindo um Porsche das nuvens ou um Toyota das nuvens. As duas abordagens são válidas. Tanto o engenheiro da Porsche quanto o da Toyota têm treinamento semelhante, mas recebem diferentes conjuntos de restrições. Os dois devem fazer constantemente uma escolha entre custo versus valor, mas de acordo com restrições diferentes. Você não precisa construir o Porsche das nuvens para ser inovador.

O conflito surge quando uma equipe (ou um membro da equipe) acha que o modelo que está sendo seguido é o do Porsche, quando na verdade os outros envolvidos estão seguindo o do Toyota. Existe uma gradação entre o uso ótimo da nuvem e o que emprega todos os recursos possíveis com altos gastos.

Muitas pessoas podem achar que só com a construção do Porsche das nuvens é que os engenheiros darão seu melhor. Eles o projetarão para ser o mais disponível, o mais tolerante a falhas e o de melhor desempenho. Os engenheiros que construírem o Toyota das nuvens criarão serviços altamente eficientes operando dentro de restrições rigorosas e podem, em alguns casos, resolver um problema de engenharia mais difícil que o dos engenheiros do Porsche, que usarão qualquer serviço que estiver disponível para eles. Sempre que o orçamento fica apertado, ele introduz uma oportunidade de emprego de maneiras criativas de otimizar, como com instâncias spot, computação serverless ou novos designs de sistemas que se encaixem nas restrições. Mesmo assim é engenharia inovadora, apenas baseada em um equilíbrio diferente dos aspectos bom, rápido e barato do Triângulo de Ferro.

Adaptado da palestra de Gabe Hege na FinOps X (*http://x.finops.org*). Gabe é consultor em engenharia de software na Cupertino.

Princípios que podem dar à engenharia um controle de custos eficiente

Após introduzir o conceito de dólares como restrição e a analogia da Toyota versus Porsche em sua palestra na FinOps X de 2022, Gabe Hege compartilhou um conjunto de princípios para pessoas da área de negócios e técnica que devem ser lembrados no trabalho em uma transformação de FinOps. Gabe é um engenheiro que trabalha na equipe de capacitação de FinOps de uma empresa da lista Fortune 100, mas que se reporta a um diretor financeiro, que por sua vez se reporta a um CFO.

Como lição a ser aprendida, Gabe brincou dizendo que a "única limitação da nuvem é a profundidade de nossos bolsos. No entanto, existe uma grande diferença entre sem limite e gratuito. O que é barato, se usado muito se torna caro".

As seções a seguir resumem os seis princípios de Gabe para as equipes de FinOps trabalharem mais eficientemente com seus parceiros da engenharia.

Nº 1: Maximize o valor em vez de reduzir o custo

Nem sempre otimizar tudo é a resposta: você pode ter uma oportunidade de otimização local, mas não uma que ajude a empresa globalmente. O ponto de vista da engenharia é o de que a equipe de finanças se concentra muito nos gastos. Se ela puder se reformular para se concentrar no valor para a empresa, os engenheiros sentirão mais afinidade com essa abordagem e estarão mais abertos a ter conversas de priorização alinhadas com o princípio de FinOps de as decisões serem baseadas no valor da nuvem para a empresa. Os engenheiros se sentirão à vontade ao fazer escolhas — é parte essencial de seu trabalho.

A opinião de Gabe sobre isso: "Queremos que eles maximizem o valor. Não se trata apenas de gastar menos e sim de gastar nas coisas certas. Por exemplo, em um caso de manufatura, você poderia decidir usar um material mais caro para tirar mais proveito dele".

Tente mostrar aos engenheiros como eles podem adicionar valor à empresa e então assegure que sejam reconhecidos por fazê-lo permitindo que digam "Conseguimos obter melhorias no desempenho diminuindo ao mesmo tempo os custos". Qualquer pessoa pode investir mais dinheiro para resolver um desafio de desempenho, mas o problema realmente difícil é obter um desempenho com controle de custos eficiente.

A equação da qualidade

W. Edwards Deming, um renomado professor de engenharia do século XX, incluiu com convicção o custo no denominador da equação da qualidade:

Qualidade = Resultados de esforços do trabalho / Custos totais

A engenharia da qualidade — e todos os seus sinônimos, como engenharia de custos, engenharia financeira etc. — é um meio para se chegar a um fim: valor para a empresa. Todos são responsáveis pela obtenção de valor, e não uma única equipe ou pessoa. A filosofia de Deming foi resumida na Wikipedia (*https://oreil.ly/goCSo*) como:

> Adotando princípios apropriados de gerenciamento, as empresas podem aumentar a qualidade e simultaneamente reduzir os custos (reduzindo o desperdício, o retrabalho, o conflito e as brigas entre equipes e aumentando ao mesmo tempo a lealdade do cliente). O segredo é exercitar a melhoria contínua e pensar na manufatura como um sistema, e não como partes separadas.

Nº 2: Lembre-se de que estamos na mesma equipe

As equipes precisam colaborar para FinOps florescer. Gabe associou a parceria em sua empresa a um jogo de boliche: "A equipe de finanças representa os bumpers e a engenharia é a bola de boliche. Juntos, tentamos derrubar o máximo de pinos no menor número de jogadas".

Para muitas pessoas, o incentivo para a adoção ou a aceleração de FinOps vem do lado financeiro, que faz com que seus parceiros da engenharia controlem os custos e os persegue com relatórios pedindo a redução do desperdício. Com frequência isso ocorre com um tom acusatório e sem conhecimento suficiente de como a nuvem funciona para ser possível saber por que os engenheiros fizeram certas escolhas.

Nº 3: Priorize a melhoria na comunicação

Gabe também disse que "grande parte da terminologia usada em finanças não é entendida pelos engenheiros. Da mesma forma, a terminologia da engenharia não tem muita semelhança com a usada em finanças. É muito importante ficarmos do lado dos engenheiros e não contra eles. Considero o trabalho de FinOps uma parceria em que também temos de ajudar quem não é engenheiro, como quem trabalha em finanças, a entender como é firmar uma parceria com a engenharia. E ajudar os dois lados a entenderem como a cultura de FinOps passará a fazer parte de suas rotinas diárias: FinOps não é algo separado: deve ser um processo introduzido até se tornar um hábito, assim como o trabalho em segurança deve ser incorporado ao processo". A importância de uma linguagem comum para FinOps e a nuvem foi abordada no Capítulo 4.

Ele propôs que as empresas considerem transferir alguns profissionais de engenharia para a área de finanças, e alternativamente fazerem profissionais de finanças participarem de algumas atividades de engenharia para que eles possam conhecer mais diretamente as restrições que a engenharia deve considerar durante conversas de priorização.

Histórias da nuvem – Benjamin Coles

Benjamin Coles, gerente de engenharia da Apple, deu este conselho:

> Responsabilidade parece uma palavra simples. Você escreve código, o distribui e, quando o dia termina, vai para casa. É claro que nunca é tão fácil. Dá trabalho entender e lidar com requisitos, betas, bugs, regressão, faltas e os problemas gerais de desempenho que inevitavelmente surgem e

devem ser resolvidos — imediatamente. E ainda por cima, haverá alguém lhe dizendo quanto você está gastando e que você é a única pessoa disponível para fazer a correção.

Demora muito lidar com todo o trabalho que é preciso fazer, além de se preocupar com a demanda de outras pessoas; e nunca há sinais de que vai ficar mais fácil. No entanto, existe um segredo: as pessoas com quem conversamos em FinOps podem ter soluções para facilitar nossa vida. Elas estarão tentando atingir um objetivo — algo que atenda à empresa — e se você prestar atenção verá que ele também pode ajudá-lo em seu trabalho.

Suponhamos, por exemplo, que a equipe de FinOps dissesse que fazer algo resultará em grande economia, mas demandará um esforço significativo. Em um caso assim, primeiro confirme se o LOE (Level of Effort, ou Nível de Esforço) não excede a possível economia e, então, explique qual será o nível de esforço necessário e peça à equipe de FinOps que negocie com seu gerente para que ele reserve algum tempo para isso.

Você pode negociar pedindo mais funcionários, projetos adicionais e ações que ache importantes para você e seu grupo. Em muitos casos, a equipe central de FinOps encontra resistência, mas continua perguntando: "Você pode me ajudar a ajudá-lo?". Você pode fazer uma contraproposta com recursos ou dizer "Posso executar as cinco recomendações principais em vez da lista inteira? Alternativamente, podemos adiar essa tarefa para dois trimestres a partir de agora para atender melhor aos seus cronogramas?".

Você poderia dizer que essas são coisas que o seu gerente é que deveria resolver, mas FinOps é um conceito novo, e as equipes de FinOps precisam de talentos como você para ajudar a explicar isso para os gerentes. Sabemos que temos sempre uma grande lista de tarefas, e a última coisa que você quer fazer é adicionar mais itens a essa lista. Contudo, é preciso entender que seu gerente não é diferente, e ele precisa da sua ajuda para entender e planejar como seguir em frente como um grupo. As recompensas podem ser grandes. Além de você ajudar sua empresa, poderá levar as habilidades que aprendeu no gerenciamento de custos para outra empresa — o que o ajudará em suas ambições profissionais.

Como engenheiro, sugiro que você mantenha um cálculo contínuo dos custos que economizou para a empresa. As equipes de finanças e negócios já fazem isso, mas se você registrar esses dados poderá rapidamente se tornar um líder nesse espaço, já que não existem muitos engenheiros lutando pela causa. A responsabilização é bidirecional, logo, mantenha para as outras pessoas padrões no mesmo nível que mantém para você.

A principal pergunta que os parceiros de finanças devem fazer aos engenheiros é: "Você tem tudo de que precisa?". As perguntas básicas que os engenheiros devem fazer aos parceiros de negócios ou finanças são: "O custo economizado com as alterações será maior que o custo da ação da engenharia para fazê-las? Quais outras opções posso explorar para tornar essa ação bem-sucedida?"

Sua missão é encontrar um equilíbrio entre o custo e o benefício e então tomar uma decisão. Se alguém lhe pedir para remover algo pequeno, isso pode ser feito em um esforço de cinco minutos de boa vontade. Ou poderia ser o caso de uma implantação feita propositalmente abaixo do ideal que será aprimorada na próxima versão. Independentemente do que você decidir, seja responsável: faça sempre tudo que puder para atender aos seus compromissos com as ações.

Nº 4: Introduza restrições financeiras no início do desenvolvimento do produto

Se você introduzir rígidas restrições financeiras no fim do ciclo de desenvolvimento, não espere que elas estejam na próxima versão. Conquistas rápidas podem mover o processo na direção certa, mas provavelmente não o ajudarão a atingir as metas de longo prazo (consulte o posfácio do livro para saber mais sobre priorizar ganhos de longo prazo em vez de conquistas de curto prazo). A implementação de restrições financeiras é demorada, principalmente se elas forem introduzidas mais tarde, já que podem não ser compatíveis com escolhas básicas feitas no início, e se demandarem um novo projeto. O custo de reprojetar pode fazer com que a economia feita na nuvem não valha a pena se comparada com o tempo requerido da engenharia e seu impacto nos cronogramas de distribuição de outras versões. Como Gabe disse em sua palestra na FinOps X: "Será tarde demais se a equipe de finanças só se envolver quando um lançamento chegar no estágio de preparação ou produção. Você precisa incluir as restrições de custos no início, caso contrário terá que pedir continuamente à engenharia para construir um novo produto".

Nº 5: Facilitação em vez de controle

Os requisitos são os elementos que mais ganham a atenção dos engenheiros. Sua primeira missão é eliminar o ruído dos requisitos para determinar o que realmente precisa ser construído. Em seguida, eles examinam as restrições para decidir como será a construção. Se você tiver restrições muito rígidas, acabará tendo o que Gabe chama de *técnicos*: pessoas que apenas recebem instruções como "gire as válvulas até aqui" e nunca inovam. Em uma situação oposta, teríamos o que Gabe chamou de *artistas*, que se esmeram para trabalhar artesanalmente e costumam criar soluções muito caras para um problema. Há um episódio clássico dos *Simpsons* em que Homer ganha carta branca e um orçamento ilimitado para projetar o carro perfeito. O que isso acaba gerando é uma cara monstruosidade. Sem a busca de um nível apropriado de proteções contra custos altos e outras restrições, a inovação é afetada.

Em um meio-termo, as restrições devem ser suficientes, mas nos deixar ser criativos, sem ser rígidas demais a ponto de não permitir a criação de uma solução elegante. Proteções simples como um custo total, uma lista de SKUs de serviços de nuvem aprovados ou regiões aprovadas podem criar inovações. No entanto, se você decidir usá-las, terá que fornecer outros parâmetros em que os engenheiros tenham flexibilidade. Por exemplo, se eles permanecerem dentro do orçamento e evitarem certos serviços ou regiões, poderão fazer o que quiserem.

Sobre esse princípio, Gabe terminou sua fala compartilhando que "ficamos muito preocupados com os artistas, mas também não queremos técnicos. Restrições demais se transformam em limitações. Permita que as pessoas tenham o bom comportamento que você deseja. E lembre-se de que nem todos os engenheiros sabem tudo sobre a nuvem; a educação é a chave".

Nº 6: O suporte da liderança não é útil, é essencial

A liderança é o fator mais importante do sucesso de uma transformação de FinOps, ou de qualquer transformação organizacional. Se os seus líderes de engenharia e de finanças não concordarem sobre a importância dos resultados desejados, a mudança cultural estará fadada ao fracasso. Lembre-se de que isso não quer dizer que precisamos de imposições dos líderes e sim que precisamos que os líderes enviem constantemente sinais de que o custo — e sua consequência para o valor obtido para a empresa — é importante em todos os estágios do desenvolvimento. A mensagem não deve ser uma imposição como "reduza o custo em 10%" e sim um alerta constante de que "a eficiência nos custos é importante e é parte essencial de seu trabalho".

Aqui Gabe se lembrou de seu emprego anterior como engenheiro de segurança, dizendo, "Você não pode simplesmente executar sprints ocasionais de segurança; precisa sempre incluir a segurança em cada parte do ciclo de vida do desenvolvimento. Se um novo recurso exceder as restrições de custos, isso será um bug, assim como ocorreria com a segurança. É preciso aplicar esse nível de disciplina".

Histórias da nuvem – Mike

Minha equipe central de FinOps evoluiu sua abordagem com o passar dos anos para trabalhar mais próxima das centenas de parceiros de engenharia que temos na Atlassian.

Atualmente nós os abordamos com uma pergunta específica, como "Queremos firmar compromissos com alguns Savings Plans ou Instâncias Reservadas para atingir um objetivo. Aqui está o compromisso que estamos considerando, esse é o valor que esperamos como retorno e é isso que o compromisso trará para a empresa. Vocês conhecem algum obstáculo que nos impeça de seguir em frente?"

Com o passar dos anos, recebemos mais atenção e tempo à medida que melhorávamos nossa tentativa de dar mais ênfase a conversas sobre valor, e a equipe de FinOps foi se tornando mais estabelecida. No começo, nos concentrávamos apenas nas práticas recomendadas. Passei muito tempo tentando convencer as pessoas a pensarem mais nos custos.

Após nos solidificarmos como uma equipe dedicada com amplo suporte da liderança, ficou mais óbvio para a empresa como um todo que FinOps não é apenas um projeto paralelo para a Atlassian, como era no início. As pessoas estão vendo que nossa equipe está sendo considerada pela liderança como um investimento importante, e isso ajuda a passar a mensagem de que elas precisam firmar parcerias conosco.

Ao mesmo tempo, somos cautelosos com o que queremos obter. Tentamos nos certificar de que as pessoas entendam o que estamos pedindo, o que é preciso fazer e qual será o impacto desse esforço.

As conversas mais desafiadoras ocorrem quando uma equipe se compromete com um orçamento e depois não consegue segui-lo. Nesse caso, fazemos perguntas como:

- Por que não estamos atingindo as metas com as quais nos comprometemos?
- Essa foi uma ocorrência isolada?
- É uma nova tendência?

Tentamos chegar a uma solução com a equipe fazendo perguntas como:

- Vocês podem alterar alguma outra coisa para seguir os compromissos?
- Vimos recomendações de desperdício crescentes; podemos reservar algum tempo para resolvê-las?
- O que podemos mudar para reduzir a probabilidade dos recursos se tornarem perdas?

Quando precisamos fazer o papel de polícia, levamos informações ou dados que provam que existe algo que é preocupante. Gastos anômalos, um orçamento excedido ou uma previsão que mostre que provavelmente o orçamento será excedido. Fazemos perguntas como "Esses dados indicam que algo está errado, você pode nos ajudar a entendê-los?" Isso constrói lentamente a conexão para que — em vez de marcar uma reunião — possamos enviar para a equipe uma rápida pergunta assíncrona e obter uma resposta cooperativa.

Ainda enfrentamos resistência em certos pedidos, como para uma solicitação de remoção de recursos ociosos quando não houver valor percebido suficiente em relação ao tempo. No entanto, essas situações resultam em conversas, e não em discussões, porque construímos uma relação de confiança e temos suporte da liderança.

Dados passando pelos engenheiros

Geralmente os engenheiros — principalmente os desenvolvedores — operam em ciclos de foco profundo, que costumam ser chamados de *fluxo*. A interrupção de um desses ciclos pode afetar enormemente o desempenho do engenheiro. É por isso que só devemos interromper os engenheiros quando o timing da resposta ou da ação precisar ser imediato; o uso de métodos de comunicação em tempo real como chat, chamada de vídeo ou uma conversa presencial desviará os engenheiros de sua linha de raciocínio e interromperá o foco. Se a ação que você quiser que eles executem puder esperar, considere como pode informá-los sobre a tarefa de maneira que não os perturbe.

Voltando ao conceito de *dados passando pelos engenheiros* introduzido no Capítulo 8, os dados de FinOps estarem presentes nos locais em que as equipes de engenharia estão trabalhando é um fator essencial para a redução do trabalho requerido dos engenheiros para que eles se envolvam com FinOps. A integração com os processos já existentes dos engenheiros evita o trabalho de eles precisarem abrir um novo conjunto de relatórios e executar rituais adicionais relacionados a FinOps. No entanto, devemos evitar injetar FinOps nos relatórios e processos da equipe de engenharia sem avisar, já que isso pode interromper o fluxo dos rituais da equipe. O ideal é que os engenheiros ajudem a mostrar onde a inserção de dados de FinOps os ajudará mais dentro de seus processos de trabalho.

Se a liderança mandar que seus engenheiros eliminem imediatamente o desperdício na nuvem e cortem os custos em 10%, é provável que ela veja resultados rápidos. As imposições são um modo rápido de fazer os engenheiros agirem. Contudo, elas não costumam ser sustentáveis e podem criar uma cultura negativa de exigência. Assim que a imposição se tornar obsoleta e não for mais exigida pela liderança, ela será esquecida pelas equipes de engenharia, que voltarão a se concentrar na distribuição e otimização de outras métricas importantes. No entanto, o sentimento negativo direcionado a FinOps durará.

As exigências relacionadas a custos têm impactos pontuais que podem ser eficazes no curto prazo, mas com o tempo você verá os mesmos desperdícios voltando. A mensagem mais ampla de que as métricas de custo são importantes para a empresa devem ser reiteradas continuamente, como parte da maneira da engenharia operar.

Quando você começar a difundir no nível cultural que a eficiência nos custos é um valor básico, isso passará a fazer parte do fluxo de trabalho dos serviços. Tente incentivar a prática ensaiada e construir uma memória sólida. FinOps será parte do cenário geral. A cultura não desaparece — apenas se torna parte do dia a dia.

> Firme parceria com as equipes de engenharia para entender seus processos e relatórios e obtenha feedback sobre como e onde os dados de FinOps serão mais úteis. Quando os engenheiros puderem contribuir para a maneira da prática de FinOps ser implementada, provavelmente eles ajudarão a fazer as mudanças necessárias.

Modelos de parceria com as equipes de engenharia

Cada equipe de FinOps firma parceria com os engenheiros de sua empresa de maneiras diferentes, impulsionada pela combinação do conhecimento e das habilidades dos membros da equipe.

Contribuição direta

Geralmente equipes de FinOps com habilidades de engenharia adotam uma abordagem mais proativa ajudando diretamente os engenheiros a projetarem serviços de nuvem que sejam mais eficientes e a trabalharem com ferramentas que evitem a geração antecipada de desperdício. Esse é um método poderoso de construção de um ambiente colaborativo entre as equipes de engenheiros e de FinOps que pode ser mais eficaz para manter a otimização da quantidade de uso em um nível mínimo. Para empresas muito grandes, esse tipo de parceria pode ter suas limitações, já que o número de equipes de engenharia trabalhando ativamente na nuvem pode exceder a capacidade da equipe de FinOps.

Colaboração indireta

Nem todas as equipes de FinOps contêm engenheiros, mas isso não significa que elas serão ineficientes na parceria com as equipes de engenharia que as cercam. Esse tipo de parceria costuma gerar uma forte colaboração entre a equipe de FinOps e o CCoE (Cloud Center of Excellence, ou Centro de Excelência em Nuvem) ou o TAG (Technical Architecture Group, ou Grupo Técnico de Arquitetura) dentro da empresa. Peça às equipes do TAG e/ou do CCoE para ajudarem as equipes de engenharia a projetar com mais eficiência e use seu profundo conhecimento da nuvem para ajudarem a equipe de FinOps a entender os gastos atuais na nuvem, prever custos futuros e identificar claramente oportunidades de otimização.

Colaboração indireta com contribuição direcionada

Como uma abordagem híbrida para a parceria com equipes de engenharia, adote o modelo de colaboração indireta, mas use as habilidades de engenharia dos membros da equipe de FinOps para atuar em áreas específicas da empresa. Os membros de FinOps podem trabalhar diretamente com as equipes de engenharia que tiverem mais gastos ou se concentrar nas equipes menos maduras na nuvem para elevar seu nível. Os membros que fizerem essa colaboração direta poderão transitar pela empresa conforme as necessidades mudarem ou se dedicar a uma área específica da engenharia. Na Atlassian, existem *engenheiros de custos* que são incorporados em outras equipes para executar essa função.

Para selecionar um modelo para a construção de sua parceria, primeiro você deve avaliar as habilidades existentes na equipe de FinOps, se as equipes de CCoE/TAG estão bem estabelecidas dentro da engenharia e a maturidade da adoção da nuvem na empresa pelas equipes de engenharia. A escolha de um modelo não o forçará a permanecer nesse tipo de parceria indefinidamente, e à medida que seu ambiente de nuvem aumentar, será cada vez mais provável que você acabe adotando o modelo híbrido.

Conclusão

Esperamos que você tenha conhecido melhor a persona de engenharia e o papel central que ela desempenha em FinOps. Parceiros de todas as áreas terão que se comunicar e superar desafios que não serão necessariamente específicos da engenharia. Não podemos simplesmente jogar um desafio para um dos lados e esperar que ele seja totalmente superado. Os engenheiros têm um enorme conjunto de prioridades rivais que eles tentam equilibrar. Quando a preocupação com os custos é introduzida, uma carga cognitiva adicional a acompanha. O método e o timing da comunicação com os engenheiros podem afetar consideravelmente a impressão de que FinOps é uma parceria ou uma imposição.

Normalmente o conflito relacionado à execução de melhorias para o aumento da eficiência nos custos vem de um destes pontos:

- Outras prioridades sendo definidas pela liderança
- Prazos apertados para a distribuição de recursos ou serviços
- A preocupação de que as mudanças possam ter consequências negativas para o desempenho

- Expectativas pouco claras divulgadas para os engenheiros, ou o valor do esforço não ser adequadamente comunicado.

Resumindo:

- A construção de uma parceria com os engenheiros é mais importante do que a obtenção de uma lista de tarefas de FinOps concluídas.
- A economia nos custos não é o objetivo da parceria e sim um valor obtido aceitável para o gasto feito.
- Alinhe-se com as equipes de engenharia sobre as restrições financeiras no início do processo de desenvolvimento para reduzir qualquer desperdício de ações posteriores.
- A liderança deve tentar evitar imposições (isto é, períodos de curto prazo para a dedicação aos custos) e em vez disso deve encorajar as equipes a monitorar e gerenciar continuamente as necessidades de FinOps como parte do fluxo de trabalho e da cultura da empresa.
- Se a sua equipe de FinOps não tiver as habilidades para revisar/recomendar designs/alterações de engenharia, crie uma colaboração com as equipes de arquitetura da empresa.

O próximo capítulo examinará outros tipos de parceria que podem ser firmadas na empresa, pela interação com as equipes que gerenciam outros frameworks de TI.

CAPÍTULO 25

Conectividade com outros frameworks

A menos que sua empresa tenha nascido na nuvem e gaste grande parte de seu orçamento de tecnologia nesse ambiente, é provável que a prática de FinOps não exista isoladamente, não sendo a única disciplina de gerenciamento de TI à qual a empresa se dedica.

Quase todas as grandes empresas usam várias disciplinas de gerenciamento de TI para definir como distribuirão serviços de tecnologia, para conhecer o valor dos gastos associados a eles, acelerar a curva de adoção ou distribuição e manter a empresa segura contra uma ampla variedade de riscos.

Este capítulo descreverá um ponto de partida de como trabalhar com as equipes da empresa que usam outros frameworks relacionados a gastos de TI e tecnologia. Não daremos tanta ênfase à interseção técnica entre as metodologias (são detalhes demais para o espaço que temos aqui), nos atendo mais às maneiras de trabalhar com as equipes/pessoas que lidam com elas. O objetivo é trabalhar com sucesso com esses outros frameworks e disciplinas e complementá-los em vez de sobrepô-los ou criar rivalidade entre eles. Vimos com bastante frequência o surgimento de conflitos entre disciplinas ou áreas à medida que uma tenta subjugar a outra ou ser influente dentro da empresa. FinOps não tem como meta ser uma panaceia para todos os problemas de gastos de TI; seu objetivo é ajudar as áreas da empresa — incluindo outras funções e equipes de gerenciamento de TI — a gerenciar eficientemente o uso e o custo da nuvem.

A lista definitiva de frameworks relacionados à TI é longa e — para muitos de nós — confusa. Ela aborda várias áreas de gerenciamento de TI, como ativos, licenças, gerenciamento financeiro, segurança, práticas de desenvolvimento, processos de arquitetura e muito mais.

Descreveremos alguns dos frameworks mais comuns que costumamos ver associados a FinOps. Normalmente eles interagem com FinOps das seguintes maneiras:

Disciplinas de gerenciamento de TI

FinOps pode compartilhar detalhes, como o que está sendo executado dentro dos ambientes de nuvem, como os recursos de nuvem estão configurados e em que locais/regiões eles estão em execução. Os itens abordados no Capítulo 12, incluindo a alocação de custos, as hierarquias de contas e as tags, são importantes aqui.

- ITSM (IT Service Management)
- ITIL (IT Infrastructure Library)
- CM (Configuration Management)

Disciplinas financeiras de TI

FinOps pode ajudar a classificar os diferentes tipos e classes de uso da nuvem vistos na cobrança. As classificações necessárias também podem influenciar a abordagem de tagueamento. O rastreamento do uso de licenças em ambientes de nuvem e o ciclo de vida dos ativos são conceitos importantes. Eles têm como objetivo comparar os dados detalhados da cobrança de nuvem com as categorias de custos de TI existentes fornecidas por outros frameworks financeiros.

- ITFM (IT Financial Management)
- TBM (Technology Business Management)
- SAM (Software Asset Management)
- ITAM (IT Asset Management)

Segurança da informação/cibersegurança

Geralmente FinOps compartilha dados de detecção de anomalias que podem ajudar a alertar as equipes sobre áreas de preocupação. Os padrões de tagueamento podem ajudar as equipes de segurança a identificar rapidamente os responsáveis pelos recursos de nuvem e sua finalidade quando marcados para revisão pelos processos de segurança.

GreenOps

Esse tópico foi abordado com detalhes no Capítulo 19.

Provavelmente essas metodologias, disciplinas e práticas já eram utilizadas há muitos anos dentro de sua empresa para ajudar a controlar aspectos específicos de distribuição de TI antes do uso da nuvem pública. Um momento *revelador* é quando percebemos que essas disciplinas não estão preparadas para lidar com a natureza de autoatendimento, sob demanda e massivamente variável da nuvem, nem com o grande volume de dados de cobrança que ela gera. O objetivo de FinOps não é substitui-las e sim ajudar a distribuir o mesmo resultado geral: o valor máximo para cada real gasto com tecnologia, mas com foco principalmente na nuvem.

Sua empresa pode ter adotado ou estar usando uma das muitas implementações de frameworks Agile ou de DevOps para ajudar a acelerar e coordenar a distribuição de valor de TI. Pode ter equipes de arquitetura empresarial usando um dos muitos frameworks de arquitetura para conduzir como devem ser desenvolvidas e implementadas suas soluções de TI. Seu CCoE (Cloud Center of Excellence, Centro de Excelência em Nuvem) ou sua equipe de plataforma de nuvem pode já estar empregando um dos Cloud Adoption Frameworks ou Well-Architected Frameworks dos provedores de serviços de nuvem utilizados. E é claro que você deve ter uma equipe de segurança da informação dedicada a assegurar que as equipes de produtos e de engenharia deem atenção aos requisitos e riscos de cibersegurança.

> A segurança é um fenômeno que ocorre paralelamente à equipe de FinOps: a equipe de segurança não é responsável apenas por garantir práticas seguras na empresa, mas também por fornecer orientação, práticas recomendadas centralizadas e aceleração para as equipes de linha de negócios.

Nem toda empresa tem esses outros grupos. Em empresas estabelecidas, a equipe de FinOps pode ser o mais recente de muitos grupos a surgirem no cenário (exceto por GreenOps, discutido no Capítulo 19) para ajudar a mudar a cultura da empresa e aumentar o valor que a TI pode trazer para ela.

Custo total de propriedade

Já que FinOps se concentra principalmente na nuvem, você precisará envolver outras equipes da empresa para obter o TCO (Total Cost of Ownership, ou Custo Total de Propriedade) de uma aplicação ou portfólio que exista parcialmente na nuvem e parcialmente em instalações locais. Todos esses outros custos que não são gerados por meio da cobrança de nuvem — aluguel, mão de obra, contratos e algumas licenças — e como resultado normalmente acabam não entrando no relatório de FinOps fazem parte do TCO. Conhecer o TCO é crítico para a determinação do valor proveniente de compras de tecnologia e para a existência do estado de nirvana da tomada de decisões baseada em dados que discutiremos no Capítulo 26.

Existem peculiaridades na nuvem que tornam a prática de FinOps necessária — o grande volume de dados com o qual lidamos, a velocidade com a qual eles chegam e a disponibilidade ilimitada que cria oportunidades para gastos excessivos — e para as quais somente FinOps tem a solução. Se a sua equipe de finanças já estiver gerenciando esses custos *mensais* ou fixos de TI, a equipe de FinOps poderá incluir os custos da nuvem em um formato útil para fornecer para a empresa um cenário completo dos gastos por aplicação, por unidade de negócios, por produto etc. A equipe de FinOps pode ir ainda mais fundo e fornecer não só a alocação desses gastos, mas também um histórico que demonstre sua natureza, além de desbloquear possíveis otimizações que demandem uma visibilidade com granularidade maior do que muitas disciplinas tradicionais de gerenciamento de TI poderiam fornecer, o que é necessário para tornar os gastos em TI cada vez mais eficientes.

Emprego de outras metodologias e frameworks

Existem várias etapas que temos que executar ao desenvolver FinOps para evitar conflitos com outras metodologias ou frameworks que já estão estabelecidos.

> Com o passar do tempo, quando a nuvem se tornar a maioria dos gastos de TI para grande parte das empresas, alguns desses frameworks existentes poderão ser consolidados para operar como um. Reconheça isso no início e fique atento para as oportunidades de combinar esforços a fim de que sua empresa tire o máximo de proveito no longo prazo. Concentre-se nos resultados que cada framework foi projetado para obter.

Descubra quem já está operando

Não é raro uma equipe de FinOps começar seu trabalho e depois descobrir que existem equipes operando outros frameworks de TI. Isso pode levar a uma percepção entre as equipes de que elas estão em conflito umas com as outras no que estão tentando atingir ou estão duplicando esforços. O ideal é que você identifique quem está executando quais frameworks e funções no início do processo de implementação de FinOps. Primeiro tente saber o que cada equipe está fazendo e que valor elas estão distribuindo para a empresa. Converse com seus membros, descubra o que estão tentando realizar, quem é o executivo patrocinador e, principalmente, comece a construir um relacionamento de trabalho.

Histórias da nuvem – Ashley Hromatko

Durante sua permanência como líder de FinOps na Pearson, Ashley Hromatko compartilhou a história a seguir sobre como sua equipe se engajou e construiu uma iniciativa de cooperação com uma prática de SAM existente.

> No auge de nossa jornada de transformação digital e de migração de centenas de workloads para a nuvem, começamos a mudar para o AWS Marketplace e simplificar nossa compra de softwares e serviços de terceiros. Nossa empresa tinha centralizado as equipes de compras e de SAMS, mas queria incentivar a inovação com compras mais rápidas na nuvem. Essa agilidade seria possível se a empresa corresse o risco de acessar fundos sem aprovações ou negociações e comprar licenciamento sem o conhecimento de transações que abrangessem toda a organização, além de precisar fazer uma verificação apropriada dos contratos de fornecedor.
>
> Nossa equipe — personificando o princípio de FinOps de que as "Equipes precisam colaborar" — começou a aprender os processos de compras e de SAM existentes e a promover em nome das unidades de negócios de engenharia os benefícios da eficiência, as vantagens dos compromissos e um rastreamento granular que pudesse ser acessado.
>
> Juntas, essas equipes conseguiram estabelecer algumas regras, e um novo controle de terceiros na nuvem foi criado de forma conjunta. Isso incluía permitir o acesso ao AWS Marketplace apenas a líderes autorizados, criar diretrizes de integração com limites que demandavam o engajamento das equipes de SAM e de finanças antes da compra, documentar uma lista de vendedores qualificados, definir fluxos de trabalho que coletassem detalhes antes da compra, auditar as compras regularmente e uma nova exibição da alocação de custos amortizada. Continuamos a parceria anualmente para prever e tomar decisões de negócios no ano seguinte sobre onde comprar que tipo de software de terceiros e os limites do orçamento.

Faça amigos e compartilhe metas

Crie uma compreensão compartilhada de que não existe uma competição sobre quem fez o melhor trabalho. Ter uma atitude *nós* contra *eles* (discutida em relação às equipes de engenharia no Capítulo 24) só levará aos dois lados serem menos colaborativos, como acontece quando FinOps e outras equipes, como a de engenharia e de finanças, acham que têm metas opostas. A percepção é a de que o sucesso de um uma pode atrapalhar o sucesso da outra. No entanto, a meta compartilhada deve ser o sucesso da missão da empresa.

É esperado que as metas das equipes se sobreponham, logo, definir isso com clareza permitirá que um roteiro compartilhado evite duplicação, ou pior ainda, conflitos entre elas.

Algumas áreas onde podemos encontrar sobreposição de metas são:

- Quem fornece os dados necessários para a tomada de decisões na hora certa e como esses dados permitem que a empresa meça as escolhas projetadas para maximizar seu valor
- Que equipe é responsável por cada parte do gerenciamento dos custos e do uso de TI
- Como os gastos de TI devem ser controlados/administrados e quem definirá isso
- Como os dados, relatórios e dashboards que cada metodologia fornece serão gerados e distribuídos

FinOps não é — e nem pretende ser — responsável por tudo, e o mesmo pode ser dito para os outros frameworks. Identificar os pontos fortes e fracos de cada framework permitirá que você detecte onde pode ajudá-los no alcance do objetivo maior da empresa, com as saídas de um framework resolvendo os pontos fracos do outro. Desenhar um diagrama de responsabilidades pode ajudar a empresa inteira a conhecer como cada equipe trabalha em conjunto.

Aqui estão algumas áreas em que FinOps costuma ser diferente de outros frameworks:

Escopo

Geralmente os outros frameworks tentam abranger todos os gastos relacionados a TI, como os custos das equipes, contratos de consultoria, o gerenciamento de licenças e as operações dos datacenters, e FinOps enfoca os provedores de nuvem pública e de SaaS com custos especificamente variáveis.

Escala das entradas

Os outros frameworks costumam trabalhar com um grande número de fontes de entrada, todas de escala mais baixa, mas variando em complexidade e consistência. FinOps usa um número limitado de fontes de entrada contendo conjuntos de dados muito grandes e complexos.

Velocidade

Os outros frameworks trabalham melhor com elementos de custo tradicionais que operam em ciclos empresariais mais longos (mensal, trimestral). A prática de FinOps foi projetada para ser executada em um ciclo de ação que seja o mais rápido possível (por hora, diário) para reagir à variabilidade do uso da nuvem.

Uma combinação sólida dos frameworks pode criar uma abordagem *T-shaped* para a distribuição de valor da tecnologia. Em outras palavras, juntos eles distribuem ampla visibilidade por meio de frameworks como o ITFM com um escopo maior (mas menos granular) assim como habilidades de domínio granulares por meio de frameworks como o de FinOps com um escopo profundo (mas menos amplo).

Compartilhe influência, terminologia e processos

É provável que as equipes de frameworks existentes já tenham influência sobre as mesmas personas que você precisará influenciar com a introdução de FinOps, ou o crescente interesse de sua empresa em introduzir FinOps pode oferecer uma oportunidade para as equipes de frameworks existentes ampliarem seu impacto, como na história de Ashley sobre a interação com a equipe de SAM. As equipes que tiverem relacionamentos existentes em toda a empresa podem ajudar a introduzir FinOps e encurtar o processo de tornar FinOps uma prática conhecida dentro da organização. Criando alinhamento com uma troca de mensagens comum entre os frameworks você acabará tendo uma voz compartilhada.

Todos vocês estão fazendo coisas que:

- *Não são* a atividade final da empresa, isto é, o tempo e o esforço gastos na implementação desses frameworks são tempo e esforço não gastos na construção dos produtos que a empresa está vendendo
- *Requerem trabalho* e colaboração de muitas pessoas da empresa
- *São críticos* para o sucesso da empresa, isto é, sem esses frameworks a empresa terá desafios que afetarão negativamente seu sucesso

Tente construir uma influência compartilhada em sua empresa que tanto expresse a importância de cada framework relevante quanto ajude a reforçar por que eles são necessários para o sucesso da organização.

Para a implementação de qualquer um desses frameworks, são necessários conjuntos de dados, relatórios e a divulgação da terminologia específica da área. Antes de implementar uma nova política ou padrão em sua empresa, você deve identificar as políticas e padrões existentes que possam ser reutilizados ou reformulados. Precisa de um plano de tagueamento? A equipe de um framework existente como o ITFM, TBM, ITAM, de DevOps ou do CCoE pode já ter algumas regras de alocação definidas. Basear-se em processos e conhecimentos existentes na empresa simplificará as coisas e acelerará o esforço de construir uma prática madura. Talvez o mais importante seja que é muito mais fácil adotar uma terminologia e definições conhecidas dentro da empresa do que tentar criar novos — e possivelmente conflitantes — usos de termos semelhantes.

Compartilhe infraestrutura

Lembre-se do conceito de *fazer os dados passarem por cada persona*, abordado no Capítulo 8. É provável que os frameworks existentes já tenham relatórios e dashboards sendo usados pelos engenheiros, pela equipe de finanças e pela liderança. Em vez de criar novos relatórios e dashboards, você deve se alinhar com as equipes que possuem esses relatórios existentes e adicionar as informações de FinOps. Se os relatórios do ITFM já fizerem parte dos processos de relatórios dos executivos, tente adicionar a eles dados mais detalhados da nuvem por meio de sua prática de FinOps. Não tente reinventar a roda. Compartilhar os relatórios e dashboards existentes eliminará o trabalho de estabelecer relatórios de FinOps e evitará o esforço adicional requerido das personas relevantes de sua empresa.

Compartilhe conhecimento

FinOps é uma disciplina integradora que associa o trabalho de muitas outras áreas da empresa, logo, existem muitas disciplinas importantes que têm semelhanças essenciais com FinOps. Com frequência, os profissionais dessas áreas descrevem FinOps como "minha disciplina, mas para a nuvem". No entanto, existem diferenças importantes na nuvem, e é por isso que FinOps precisa de seu próprio foco na maioria das empresas.

> Sem conhecer os pontos fortes e fracos dos frameworks existentes discutidos no compartilhamento de metas, será fácil você achar que eles não são tão importantes e que não podem trazer benefícios para a empresa. Para FinOps, é um erro achar que os frameworks existentes não têm nada a oferecer. Muitas das atividades que eles já executam distribuem valor que pode ser aproveitado por FinOps. O compartilhamento de programas de educação, a divulgação e a doutrinação podem construir um conhecimento comum de cada framework: isso permitirá que todas as equipes tenham uma apreciação compartilhada de seus frameworks.

Conclusão

O objetivo de FinOps é construir pontes e não muros. Todas as metodologias de gerenciamento de TI têm o objetivo comum de ajudar a empresa a extrair o máximo de valor dos gastos em TI, mas elas fazem isso considerando ângulos diferentes, e algumas são especializadas em certos tipos de gastos de TI.

Resumindo:

- Tente identificar equipes dentro de sua empresa que estejam operando outros frameworks.
- Tente alinhar e complementar as equipes da empresa que estão gerenciando outros frameworks. Todas têm algo a aprender umas com as outras e encontrarão áreas em que você poderá apoiá-las.
- Trabalhem juntos para evitar duplicação e fortalecer as metas umas das outras.
- Decida que equipe será responsável por cada componente de responsabilidade sobreposta.
- Construa consistência em suas mensagens dentro da empresa relacionadas a custos da nuvem e as decisões que tragam valor para a organização.

Agora você sabe como construir relacionamentos e colaborar com engenheiros, membros da equipe de finanças e os diversos outros grupos com os quais sua equipe de FinOps trabalhará. É hora de fazer esses relacionamentos darem lucro.

Isso o levará para o que gostamos de chamar de *nirvana de FinOps*. O penúltimo capítulo englobará tudo que discutimos até aqui que ajude a atingir o objetivo definitivo: facilitar a tomada de decisões baseada em dados.

CAPÍTULO 26

Nirvana de FinOps: tomada de decisões baseada em dados

O estágio de nirvana de FinOps ocorre quando a responsabilização pelos gastos é totalmente descentralizada para as equipes de engenharia, que fazem escolhas eficientes todo dia — e não apenas quando existe uma imposição — incentivadas pelo suporte da liderança, com os custos sendo considerados um dos elementos mais importantes ao lado de outras métricas críticas de desempenho de softwares.

O objetivo é chegar a um ponto em que a empresa tome decisões contínuas, guiadas por dados, sobre os gastos na nuvem com base no valor a ser obtido para a empresa. Quem toma essas decisões?

- *Arquitetos*, quando projetam infraestrutura
- *Engenheiros*, quando escrevem código e implantam serviços
- *Equipes de finanças e compras*, quando firmam compromissos com provedores de nuvem
- *Liderança*, quando gerencia a estratégia referente à tecnologia

É um esforço colaborativo contínuo que só pode acontecer em sua totalidade se uma transformação cultural de FinOps tiver ocorrido.

Tudo que você fez até agora lhe permitiu chegar a esse ponto. Você alocou os gastos, definiu metas de otimização e implementou procedimentos para que suas equipes pudessem atingi-las. Você está continuamente percorrendo o ciclo de vida de FinOps, aprimorando suas estratégias de alocação, definindo limites de métricas e fornecendo uma visibilidade cada vez mais refinada do uso da nuvem a cada passagem pelo ciclo.

No entanto, existe uma lacuna. Sempre que sua conta aumentar, voltará o debate sobre se os gastos estão ou não sendo apropriados, isto é, se os níveis de gastos são os corretos para os resultados que você está tentando obter para a empresa. A cobrança aumentou devido ao crescimento da empresa? Aumentou devido à aceleração das migrações para a nuvem? Ou devido a padrões de uso ineficientes voltando a fazer parte dos hábitos de suas equipes? É muito difícil fornecer uma resposta definitiva, principalmente uma em que os executivos confiem.

Neste capítulo, você começará a associar seus gastos ao valor gerado para a empresa por meio de métricas por unidade aplicadas a agrupamentos de seus custos da nuvem. Essas métricas o ajudarão a identificar o valor de permitir certa quantia de gastos para a captura do valor adicional obtido para a empresa, a definição de metas de desempenho dos custos e, talvez o mais importante, para ser possível provar para os executivos que as decisões que as equipes de engenharia estão tomando geram valor para a empresa.

Unidade econômica e métricas

A primeira edição do livro concluiu que a unidade econômica era o estado de nirvana de FinOps. Contudo, alguns anos atrás, a prática de FinOps estava sendo executada principalmente por empresas maiores que não direcionavam grande parte de seus gastos totais de TI para a nuvem, ou dentro de empresas menores nas quais seu foco singular na nuvem e seu conjunto de produtos limitado tornavam mais fácil uma única unidade econômica conduzir a tomada de decisões da empresa.

A partir de 2022, quase todas as empresas passaram a usar a nuvem, muitas a utilizando em níveis relevantes que afetam seus lucros. Como resultado, FinOps se tornou uma parte crítica da tomada de decisões importantes que impactam quase todos os aspectos da empresa. Observando essa evolução, agora podemos ver que os dados da métrica de unidade econômica são apenas um dos elementos — mas um elemento importante — no caminho para a tomada contínua de decisões com base em dados pelas equipes de engenharia e negócios.

Para que os engenheiros possam tomar essas decisões sobre custos da nuvem diariamente, eles precisam que as métricas certas lhes sejam apresentadas. Assim como você não pode otimizar o desempenho sem métricas relevantes que mostrem a experiência do usuário, não é possível otimizar a eficiência no controle de custos sem métricas que revelem os resultados obtidos com os gastos. É nesse momento que as métricas por unidade — e o conceito mais amplo de unidade econômica — entram em cena.

Uma definição simples para as *métricas de unidade econômica* seria de que elas representam as receitas ou custos diretos, associados a um modelo de negócio específico, expressos especificamente por unidade. Para uma aplicação voltada para o usuário, essa unidade poderia ser uma assinatura de cliente ou usuário; para uma plataforma de e-commerce, poderia ser uma transação; e, para uma linha aérea, poderiam ser as milhas viajadas.

Com base no trabalho de um grupo de colegas da FinOps Foundation, (*https://oreil.ly/zTNb4*) uma definição mais longa está sendo desenvolvida para unidade econômica:

A Unidade Econômica da Nuvem é um sistema de maximização de lucros baseado em medições objetivas de como a empresa está se saindo em relação não só às metas de FinOps, mas também como um negócio no mercado. Ela atinge essas metas importantes beneficiando-se da medição do custo marginal (também conhecido como métrica de custo por unidade) específico do desenvolvimento e da distribuição de softwares baseados na nuvem, e da receita marginal (também conhecida como métrica de receita por unidade).

> Não existe *uma métrica única* que a empresa inteira deva seguir. Você deve tentar usar a unidade econômica em vários níveis na empresa, com muitas entradas e granularidades diferentes. Você poderia ter uma unidade econômica de alto nível com métricas como o custo da nuvem por cliente, mas também poderia usar a unidade econômica em um nível de aplicação com itens como o custo por transação, ou até mesmo usá-la em um nível de serviço individual com o custo de computação por execução de um microsserviço.

A unidade econômica não precisa estar relacionada à receita

Ouvimos falar que depois da primeira edição deste livro algumas pessoas acharam que era preciso haver uma métrica de unidade econômica universal, uma única métrica orientadora, para a empresa seguir. Não era essa a intenção naquele momento, e continua não sendo agora. Não existe uma única métrica orientadora e sim várias orientações que juntas formam um mapa que nos permite navegar seguramente nos agitados mares da jornada de adoção da nuvem em busca de enseadas mais calmas.

Não se sinta desencorajado se não conseguir chegar a uma métrica para a receita relacionada aos gastos na nuvem. Muitas empresas não conseguem fazer isso, devido ao tipo de negócio do qual fazem parte ou por causa de sua maturidade. As métricas de unidade econômica devem operar em vários níveis, como uma boneca russa. Se você fosse um gerente de portfólio, poderia ter uma unidade econômica operacional baseada na atividade para cada uma de suas aplicações, poderia tê-las para uma unidade de negócios inteira ou, como líder de uma aplicação, poderia ter um conjunto de medições que o informassem quanto custa para a aplicação executar uma ação impossível de ser associada à receita. As métricas poderiam ser muito diferentes e nenhuma revelaria o cenário completo do valor da nuvem, mas juntas forneceriam orientação e poderiam ajudá-lo (e a seus executivos) a maximizar o valor que está sendo obtido com a nuvem.

A tarefa importante que as métricas de unidade econômica executam é tornar fácil conversar sobre custos comparando-os com algum valor ou objetivo da empresa. Elas não precisam ser a panaceia que alinhará cada dólar dos gastos a cada dólar das receitas. Podem ser usadas em qualquer nível e com quase qualquer métrica operacional da empresa, independentemente do quanto for específica ou mínima. Elas permitem tomar decisões de maximização de valor baseadas em medições objetivas de como a empresa está se saindo no uso da nuvem.

Cálculo de métricas de unidade econômica

Em todos os cálculos de unidade econômica de custos, existe um numerador e um denominador. Você estará pegando algo (geralmente uma métrica de atividade ou resultado) e dividindo por alguma outra coisa (que costuma ser uma parte dos gastos na nuvem) para obter um valor de métrica por unidade.

O numerador é uma medição dos custos da nuvem que quantifica as escolhas feitas pelas equipes de arquitetura e engenharia. O denominador é a medição de um valor da engenharia, financeiro ou de negócios que dá ao gasto um contexto importante. O resultado desse cálculo é a medição do valor da unidade econômica da nuvem que você usará para gerenciar alguma parte de seu negócio ou para saber que alterações pode fazer.

Em outro local da empresa, algum tipo de unidade econômica já estará em uso. Talvez não seja em sua equipe ou unidade de negócios. Essa é uma das coisas que Anthony "TJ" Johnson, gerente de negócios na nuvem da Box, Inc., recomenda: procurar aliados que já estejam fazendo o gerenciamento com base em métricas de unidade econômica. Normalmente é alguém de finanças que pode já estar fornecendo dados relacionados ao responsável de uma unidade de negócios medindo se ele está utilizando bem um investimento em tecnologia. Essa será uma medição com potencial para a inclusão de infraestrutura de informações de nuvem, principalmente se a empresa for cloud-first ou nativa da nuvem e você estiver querendo usar isso como caminho para o futuro. Encontre o dashboard de métricas por unidade que a equipe está usando, descubra quem cria esse dashboard e converse com essas pessoas sobre a incorporação de dados de custos da nuvem.

Encontrar a unidade correta para as medições da empresa é uma tarefa especial e também algo que provavelmente você mudará ou atualizará com o passar do tempo. Geralmente empresas com estruturas complexas e muitas ofertas de produtos têm várias métricas de unidade econômica diferentes, sendo cada uma relevante para um produto, uma aplicação ou um serviço específico.

No Episódio 11 do FinOpsPod (*https://oreil.ly/3ge76*), Anthony "TJ" Johnson, gerente de negócios na nuvem da Box, Inc., compartilhou como ele considera a maturidade no que diz respeito à unidade econômica. Escute sua abordagem para o amadurecimento da integração e do orçamento dos custos por unidade, que acaba se transformando em uma abordagem do custo de servir (cost-to-serve).

Não há problema em gastar: o problema é desperdiçar

Tente se lembrar da fase informar do ciclo de vida de FinOps. Essa fase é dedicada à visibilidade dos custos da nuvem para a construção de conscientização e responsabilização pelos gastos. Por meio dessa visibilidade dos custos da nuvem, você poderá determinar tendências e construir previsões para custos futuros. Quando os custos da nuvem excederem os orçamentos planejados, obviamente a próxima etapa será começar a investigar o aumento e explicar o que está ocorrendo. Assim como outras métricas deram contexto às otimizações de custos no caso das otimizações guiadas por métricas do Capítulo 22, uma métrica por unidade fornecerá o contexto empresarial crítico para mudanças em custos da nuvem.

Às vezes vemos produtos SaaS inicialmente usar a receita empresarial gerada a partir de produtos — executados dentro da nuvem — como um simples ponto de partida. Dividindo os custos totais da nuvem pela receita gerada, você poderá determinar se o crescimento dos gastos na nuvem está aumentando os lucros da empresa — e, portanto, são *bons* gastos.

Calculando os gastos na nuvem em relação à receita total, você poderá relacionar o crescimento nos gastos ao crescimento geral da empresa. Quando eles estiverem alinhados, ficará claro que os gastos na nuvem não são desperdício. Quando os gastos estiverem crescendo mais rápido que a empresa, isso pode ser um alerta para preocupação.

O ideal é que a métrica que você usar para a unidade econômica tenha pouca volatilidade, caso em que as decisões de uma parte da empresa não afetarão as métricas usadas pelas outras partes. Veja um exemplo.

Na Figura 26.1, a empresa está rastreando a receita total da organização acima dos gastos na nuvem. Contanto que essas linhas permaneçam mais ou menos consistentes, a unidade econômica parece estar em ordem.

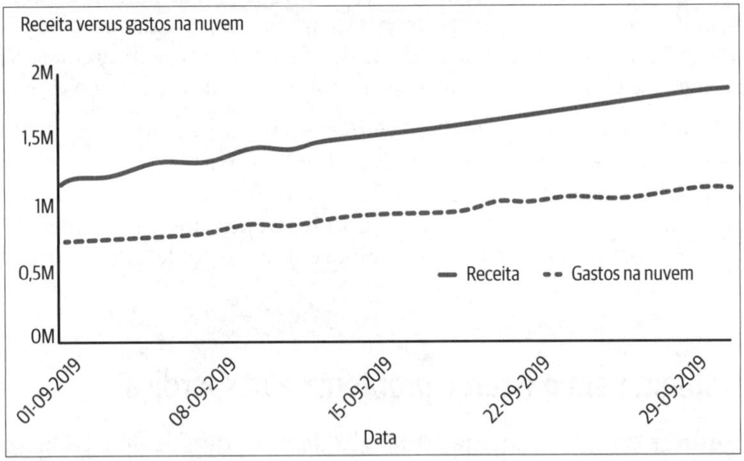

Figura 26.1: Empresa com receita e gastos na nuvem estáveis.

Na Figura 26.2, a empresa introduziu um nível gratuito na oferta de nuvem, permitindo que os clientes se inscrevam e usem o serviço de graça. A expectativa é que esses clientes isentos de pagamento acabem assinando a oferta paga e, portanto, aumentem a receita geral. Contudo, quando você introduzir essa nova oferta gratuita, os gastos da nuvem aumentarão sem causar impacto direto na receita. A unidade econômica será afetada. Se as equipes de engenharia usarem essa métrica para avaliar se a sua infraestrutura está apresentando um alinhamento adequado com o valor obtido para a empresa, isso terá um efeito negativo. É claro que você poderia pedir às equipes de engenharia para esperar a alteração — isto é, até seis meses a partir de agora quando sua equipe de marketing executar uma operação de propaganda para aumentar a adoção da camada gratuita e a métrica por unidade ser afetada.

Na Figura 26.3, você decidiu medir os gastos na nuvem em relação aos *MAU* (Montly Active Users, ou Usuários Ativos Mensais). À medida que você aumentar seus usuários ativos, é provável que os gastos na nuvem também aumentem. Com a introdução do nível gratuito, tanto os usuários ativos quanto os gastos da nuvem aumentarão, e sua métrica permanecerá consistente.

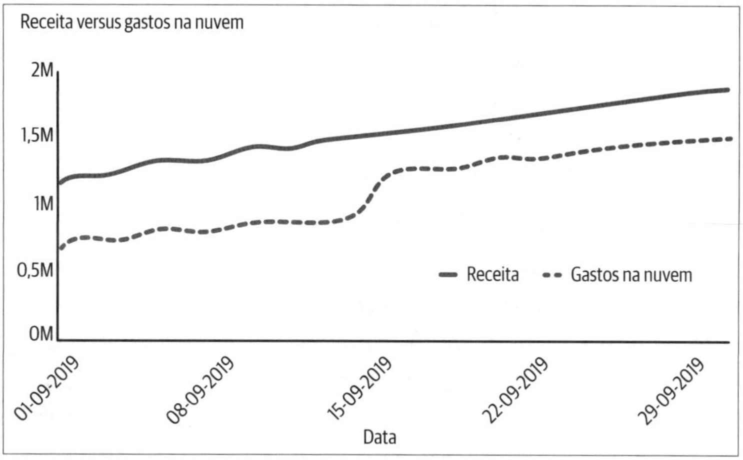

Figura 26.2: Receita e gastos da empresa na nuvem durante a introdução de uma oferta de nível gratuito.

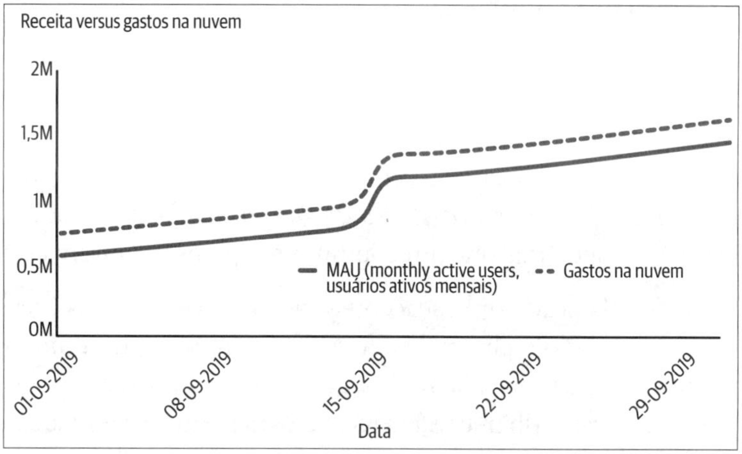

Figura 26.3: Usuários ativos mensais e os gastos na nuvem na empresa durante a introdução de uma oferta de nível gratuito.

Nesse caso, se uma futura campanha de marketing trouxer mais clientes, isso terá um efeito semelhante no gráfico e permanecerá consistente para as equipes de engenharia. Elas poderão ver que um aumento nos usuários ativos aumentou os gastos na nuvem. Nessa métrica, o valor para a empresa (os usuários ativos) é medido em relação aos gastos na nuvem.

A mudança da receita corporativa para uma unidade como os MAU, páginas servidas ou chamadas de API realizadas fornecerá um contexto melhor. Mudanças no preço cobrado dos clientes não alterarão o valor da métrica por unidade quando você estiver usando uma unidade que não esteja diretamente associada à receita da empresa. Quando você usar essas métricas, a medição da quantidade de taxa de transferência criada na empresa pela plataforma de nuvem — principalmente em relação aos gastos na nuvem — se tornará o elemento-chave da tomada de decisões para melhorar a eficiência dos custos da nuvem.

Essas duas métricas de unidade econômica são úteis para diferentes fins. A Figura 26.2 indica que a empresa tem trabalho a fazer para a conversão do nível gratuito em pago — que não é algo pelo qual a equipe de engenharia é responsável —, enquanto a Figura 26.3 nos dá informações sobre se a equipe de engenharia está controlando bem os custos. As duas métricas são importantes para a empresa, mas realçam decisões diferentes que têm que ser tomadas pelas várias áreas que influenciam e dependem dos custos da nuvem.

Custeio baseado em atividades

Você deve estar pensando: "Bem, isso parece bom, mas minha empresa não é tão simples para eu poder alinhar os gastos na nuvem à receita". Que tipo de métricas por unidade você deve fornecer se o modelo ou a estrutura de sua empresa tornar impossível ou um desafio associar a receita à nuvem? É nessa situação que outro tipo de métrica por unidade chamada *custeio baseado em atividades* considera as unidades de saídas não monetárias que um conjunto de gastos na nuvem está gerando.

Examine quais tarefas cada aplicação ou serviço específico está executando. A aplicação está atendendo a chamadas de API, está retornando uma unidade de dados específica ou está movendo algo de um lugar para outro? Geralmente essas medidas são mais eficazes do que usar a receita para permitir a tomada de decisões baseada em dados pela longa fila de equipes e aplicações na nuvem.

Profissionais avançados examinarão quanto custa executar tarefas específicas relacionadas a funções subjacentes da infraestrutura. Eles criarão um orçamento com o conhecimento das horas de máquina envolvidas na execução da tarefa: o custo por arquivo criado, custo por renderização etc.

Na Figura 26.4, você está rastreando o número de arquivos que estão sendo renderizados pelo serviço e os gastos na nuvem envolvidos no seu suporte. À medida que a tarefa de renderização aumenta, o mesmo acontece com os gastos na nuvem.

Na Figura 26.5, estamos rastreando os custos da renderização de arquivos. Os gastos na nuvem aumentam no meio do mês, mas o número de jobs renderizados não aumenta, o que mostra que algo mudou. Agora você está pagando mais para renderizar um arquivo do que pagava no início do mês. Isso pode estar ocorrendo devido a mais recursos estarem sendo usados ou a reservas não estarem mais sendo aplicadas aos recursos de nuvem.

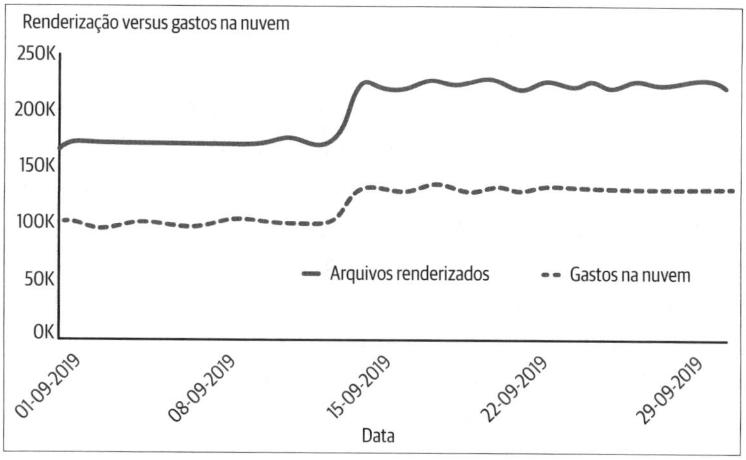

Figura 26.4: Os arquivos renderizados ficam acima dos gastos; há o aumento da renderização.

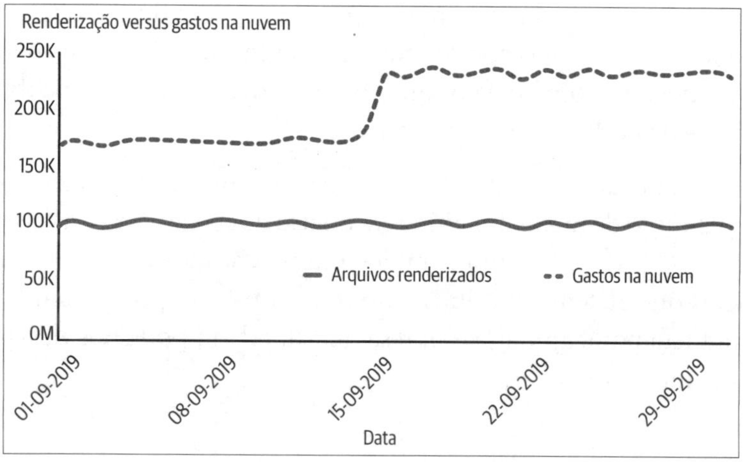

Figura 26.5: Os arquivos renderizados ficam acima dos gastos; há o aumento dos gastos.

Como discutimos no Capítulo 5, a cobrança da nuvem é gerida pela confluência do *uso* multiplicada pela *taxa*. Logo, quando você exceder o orçamento, poderá determinar se isso ocorreu devido ao uso dos recursos ou a alterações em seus descontos baseados em compromissos. Quando você estiver usando o custeio baseado em atividades, poderá gerenciar ativamente esses geradores de custos.

Voltando ao Triângulo de Ferro

Uma das melhores maneiras de permitir que sua empresa tome decisões é usando o Triângulo de Ferro (isto é, encontrando um equilíbrio entre bom, rápido e barato) discutido no Capítulo 14 para embasá-las.

As métricas por unidade fornecem para as equipes os dados necessários para a medição de como mudanças na infraestrutura afetarão os custos. Conversas entre as equipes de operações técnicas e de finanças abordarão menos os detalhes técnicos da mudança e mais o impacto que ela terá, liberando os engenheiros para se dedicar ao trabalho dentro das restrições financeiras mostradas pelas métricas acordadas com as equipes de negócios, como discutido no Capítulo 26. Isso permitirá que a empresa tome decisões que considerem os benefícios da mudança em relação ao impacto esperado nas métricas por unidade, como se o aumento do custo por usuário ativo em 2% pode melhorar o desempenho da aplicação em 10%, o que pode trazer resultados positivos que compensem o investimento adicional.

Ouvimos falar de alguns profissionais de FinOps que preferiram não implementar as métricas por unidade ou adiá-las devido à sua complexidade. No fim das contas, o estado de nirvana de FinOps ocorre quando a empresa toma decisões sobre o valor dos custos da nuvem, independentemente do método usado para medir o valor e compará-lo com os custos: decidir quando gastar mais para ter um impacto positivo sobre o valor que você obterá de seu ambiente de nuvem, e se reduzir custos pode ser mais apropriado.

Quando você aplicar métricas por unidade à fase otimizar do ciclo de vida de FinOps, a definição de metas amadurecerá do uso de apenas métricas operacionais, como atingir 90% de cobertura com descontos baseados em compromissos, ao uso de metas que afetem a receita, como reduzir o custo por assinante em 25%. A primeira meta pode ajudar a empresa, mas também pode nos desviar do que é realmente importante.

O que está faltando na equação?

Até agora, você usou os gastos na nuvem como numerador; no entanto, provavelmente terá que incorporar vários outros custos ao TCO. Afinal, geralmente os custos da infraestrutura são baixos em comparação com os de mão de obra.[1]

1 Matt Asay, "Labor Costs Can Make Up 50% of Public Cloud Migration, Is It Worth It?" *TechRepublic*, 9 de maio, 2016, *https://oreil.ly/76m57*.

As métricas por unidade são mais úteis quando temos todos os dados de custo relevantes, incluindo itens como os custos de mão de obra.

As histórias bem-sucedidas de FinOps que compartilhamos até aqui só deram ênfase aos custos da nuvem. A divisão apenas dos gastos na nuvem por uma unidade fornece contexto limitado ao custo real por unidade. Na verdade, uma empresa tem muitos outros custos que contribuem para o custo total de geração de receita.

No Capítulo 15, discutimos a refatoração de serviços em um modelo de arquitetura serverless. Quando decidir reprojetar serviços, você deve comparar as cobranças de infraestrutura e as possíveis economias com os custos de mão de obra da refatoração. Além disso, se um serviço for executado em uma arquitetura serverless, seu custo pode se tornar menor em relação aos custos dos recursos de nuvem que estão sendo cobrados e maior em relação aos custos operacionais da mão de obra.

É claro que você poderia estender a prática de FinOps para rastrear custos não pertencentes à cobrança da nuvem, como os custos do equipamento que ainda está sendo executado em seu datacenter ou os custos adicionais de licenciamento de software. No entanto, na nossa opinião, faz mais sentido FinOps operar junto com os modelos financeiros existentes, como discutimos no Capítulo 25. Trabalhando com esses outros frameworks, você poderá complementar com o custo total as métricas por unidade que estiver usando para tomar decisões, em vez de usar uma métrica que só inclua os gastos na nuvem.

Com o uso do modelo de maturidade de FinOps como guia, aqui estão as fases típicas da inclusão de custos não relacionados à nuvem no denominador da unidade econômica como apresentado no artigo *Introduction to Cloud Unit Economics* (*https://oreil.ly/FARCs*), de um grupo de trabalho recente da FinOps Foundation:

Etapa 1: Somente os gastos na nuvem

Dependendo da complexidade da aplicação, isso também pode ser feito em várias fases, caso em que alguns gastos na nuvem inicialmente são tratados como "diretos" e outros como "compartilhados".

Etapa 2: Nuvem + SaaS + custos de licenciamento

Poderia incluir itens como Datadog, ServiceNow ou PagerDuty, ou também o modelo BYOL ("Bring Your Own License") como no Windows ou SQL Server, que são executados na infraestrutura da nuvem. Uma vez que você começar a trazer ferramentas ou licenças SaaS, pode ter que trabalhar com a equipe responsável por esse produto, como a equipe de SAM ou ITAM, para conhecer os KPIs que eles consideram importantes e como quantificam o tempo gasto.

Etapa 3: Nuvem + SaaS + capital humano + custos híbridos

Essa etapa traz custos como a mão de obra ou até mesmo custos locais que suportem um produto ou serviço específico. Normalmente a fase de execução ocorre quando uma empresa começa a coletar mais de uma métrica para várias partes de um sistema complexo, tornando-se mais granular com o passar do tempo.

Quando você começar a incluir custos não relacionados à nuvem em sua unidade econômica de FinOps, como a mão de obra e investimentos em tecnologia não referentes à nuvem, não estará mais gerenciando apenas os gastos na nuvem; estará gerenciando a empresa como um todo.

Quando a cultura de FinOps permitir que os grupos da empresa examinem de maneira colaborativa todos os seus dados de custos, comparando-os com o valor que a empresa está fornecendo ou obtendo a partir deles, e tomem boas decisões, esse é o estado de nirvana da tomada de decisões baseada em dados sobre o valor da nuvem com o uso da unidade econômica. Não é algo que a prática de FinOps possa fazer sozinha. A nuvem está cada vez mais aumentando a geração de valor digital para todas as empresas do futuro, logo, é algo que não pode ser feito sem FinOps.

Como saber em que momento você venceu com FinOps?

Queremos realçar que não existe uma reta final quando se trata de FinOps. Não temos como dizer qual seria o ponto além do qual você não terá mais nada a aprender e a fazer. As práticas continuam evoluindo, e os provedores de serviços de nuvem lançam constantemente atualizações em suas ofertas e nos dados de cobrança relacionados. Resumindo, enquanto a nuvem estiver evoluindo e mudando, o mesmo ocorrerá com FinOps.

As empresas que estão implementando FinOps hoje — principalmente as que estão iniciando sua jornada na nuvem — obterão o máximo de valor a partir de seus investimentos na nuvem evitando os sustos com a cobrança e a lentidão na inovação proveniente deles. A prática de FinOps nessas empresas não será vista como uma função exclusiva ou uma pequena *equipe que executa a prática*; em vez disso, todas as personas relacionadas da empresa (da engenharia e de finanças às compras e aos negócios) conhecerão o papel que desempenham na *empresa que como um todo está executando a prática de FinOps*.

Quando a cultura de FinOps está funcionando bem:

- A equipe centralizada de FinOps tem fundos apropriados para resolver as atividades funcionais centralizadas de FinOps, reduzindo o esforço duplicado por equipes individuais e guiando a empresa ao longo de sua maturidade crescente de FinOps.
- Todas as equipes se comunicam eficientemente umas com as outras em uma cadência regular, usando automação, as mesmas plataformas e uma linguagem comum.
- As constantes atualizações nos serviços de nuvem, novas ofertas e a criação e a exclusão regulares de sistemas de acordo com o valor derivado ocorrem facilmente em todas as disciplinas.

Para engenheiros e responsáveis por produtos:

- Arquiteturas são criadas pelos engenheiros com preocupação desde o início com o custo.
- Os engenheiros incluem o custo como uma métrica prioritária, usando-a não só em decisões de construção, mas também como uma métrica contínua em seus principais KPIs para priorizar o trabalho de desenvolvimento.

  Métricas de certificação e maturidade de FinOps passam a fazer parte dos requisitos dos cargos, dos programas de treinamento e dos planos de incentivo.
- Todos os itens que sejam escaláveis, flexíveis ou dependam de serviços de nuvem são movidos para a nuvem.
- As equipes de produtos consideram e examinam regularmente o custo no preço dos produtos e em outras decisões.
- A engenharia tem uma plataforma de desenvolvimento totalmente voltada para a nuvem com um pipeline de integração e uma abordagem DevOps. Ela só implanta recursos com automação e tem um ambiente totalmente tagueado, com estratégias de contas e tags consistentes associadas aos orçamentos que têm alinhamento com os resultados da empresa.

Para finanças:

- A equipe de finanças migrou para um processo ágil de previsão e orçamento, reforçado por todas as equipes de engenharia que passam a ser responsáveis por suas próprias previsões e orçamentos.

- As despesas indiretas dos ativos anteriormente usados no datacenter são anotadas e eliminadas.
- A equipe de finanças fornece entradas contínuas para os requisitos de alocação operacional, como os pré-requisitos das tags que sobrepõem as estruturas de contas existentes para as aplicações, e também o acesso às exportações de dados necessárias para a previsão e o orçamento ágeis.

Para a liderança:

- A gerência adotou totalmente um modelo de operação baseado em nuvem.
- FinOps é apenas parte da maneira como a gerência espera que a empresa use a nuvem com eficiência. Chegou ao fim a época de divulgação da equipe de FinOps.
- Os líderes têm uma visibilidade clara dos retornos de seus investimentos em tecnologia, visão de flutuações regulares nos gastos previstos e um caminho responsivo para o fornecimento de orientações estratégicas sobre investimentos futuros.

À medida que a prática de FinOps amadurecer dentro de uma empresa, não haverá uma linha clara de onde ela está ou não ocorrendo. Todos na empresa contribuirão à sua maneira para o sucesso do valor que está sendo derivado do uso da nuvem.

Em um mundo ideal, FinOps apenas ocorreria; todos contribuiriam com a quantidade exata de esforço necessário e alinhamento perfeito com o objetivo de obter o máximo valor da nuvem. No entanto, sabemos que, sem alguém coordenando todos esses esforços, a probabilidade de esse objetivo ser alcançado dentro de uma empresa é baixa. Inicialmente, o profissional de FinOps serve para divulgar e construir processos a fim de criar e gerenciar de maneira centralizada elementos de FinOps que terão um tratamento melhor em um ponto único da empresa. Conforme os processos e a divulgação de FinOps forem amadurecendo, o potencial de desperdício da nuvem será considerado pelos grupos de engenharia *antes* que ocorra, as equipes de finanças terão comunicações ativas com os grupos de engenharia, as expectativas de custos da nuvem passarão a estar alinhadas e o tempo e a energia requeridos pelo profissional de FinOps para manter a prática operando com sucesso serão reduzidos.

Suponhamos que o profissional de FinOps fosse como um aquecedor que emitisse o calor da prática de FinOps. Quando o profissional gera um impacto positivo para a empresa, ele fornece calor para aquecer os outros que o circulam com a motivação para executar bem FinOps. Essas outras personas ficarão então aquecidas ao contribuir para FinOps e aquecerão as outras pessoas que estiverem ao seu redor. A empresa acabará ficando aquecida, e a quantidade de calor que o profissional de FinOps precisará distribuir será reduzida.

A pergunta passará a ser então: se eliminarmos a fonte original da energia de FinOps — o profissional de FinOps — a prática permanecerá ativa dentro da empresa?

Conclusão

Agora você sabe como os processos de FinOps que construiu permitirão começar a medir seus gastos na nuvem em relação ao valor que ela distribui. Você pode usar o valor obtido para a empresa para definir metas para as otimizações e usar métricas para rastrear os verdadeiros geradores de gastos na nuvem.

Resumindo:

- O estágio de nirvana de FinOps é aquele em que chegamos em uma situação em que a empresa toma decisões contínuas, baseadas em dados, sobre os gastos na nuvem considerando o valor obtido.
- Quem toma essas decisões? Os arquitetos quando projetam infraestrutura, os engenheiros quando escrevem código e implantam serviços, as equipes de finanças e compras quando firmam compromissos com os provedores de nuvem e a liderança quando conduz a estratégia relacionada à tecnologia.
- Esse é um esforço colaborativo que só pode ocorrer após uma transformação cultural de FinOps acontecer.
- Suas métricas de unidade econômica medirão o valor que seus gastos na nuvem estão trazendo para a empresa e guiarão tomadas de decisões contínuas relacionadas à nuvem.
- Empresas com estruturas complexas e várias ofertas de produtos geralmente têm muitas métricas por unidade, cada uma relevante para uma linha de produto, uma aplicação ou um serviço específico.
- As decisões não serão mais focadas no gasto na nuvem, mas sim nos benefícios que os gastos geram para a empresa.

No último capítulo, concluiremos com uma conversa sobre o motor existente por trás de FinOps: *você*.

CAPÍTULO 27

Você é o ingrediente secreto

Parafraseando a animação *Kung Fu Panda*, o ingrediente secreto de FinOps é que não há ingrediente secreto de FinOps. O ingrediente secreto do sucesso é você. Como também o são todas as outras pessoas da empresa que influenciam os gastos na nuvem.

Alerta de spoiler: na animação, o personagem principal Po (um panda encantadoramente desajeitado) tenta ser um grande guerreiro. Ele recebe um pergaminho místico, que supostamente desbloquearia um poder ilimitado dentro de quem o lesse. No entanto, quando Po finamente o abre, o pergaminho parece estar em branco, contendo apenas uma superfície interior refletora. Angustiado, Po desiste e volta à sua tediosa vida como vendedor de sopa de macarrão. Po pergunta a seu pai qual é o ingrediente secreto da famosa sopa da família. Seu pai faz uma revelação espantosa: não há ingrediente secreto na sopa—o ingrediente secreto são as pessoas que a preparam. Essa é uma metáfora perfeita para FinOps. Não podemos dizer como você poderia ser um guerreiro de FinOps, mas podemos lhe dizer que, caso se dedique a aprender, colaborar e melhorar, sua prática — e sua carreira — florescerá.

Se você leu esta obra até aqui, provavelmente está começando uma trajetória de trabalho em FinOps, ou está considerando seriamente uma carreira na área. Embora 60% das empresas já tivessem algum nível de prática de FinOps em 2022, a maioria ainda não tem uma equipe totalmente formada, e os outros 40% a formarão rapidamente. Porque quem estiver usando a nuvem em larga escala precisará ter FinOps.

Contudo, aí é que está o problema: FinOps precisa de pessoas, e simplesmente não existem profissionais de FinOps suficientes no mercado para atender à demanda. Sim, com o tempo você pode — e deve — tentar automatizar o maior número de tarefas repetitivas que puder, mas aumentar, ensinar, divulgar e construir a prática requer uma equipe de FinOps difundindo práticas recomendadas, padrões e modelos. À medida que for evoluindo, a prática precisará de executivos inteligentes para implementar de cima para baixo mudanças culturais, líderes de engenharia astutos para começar a integrar o custo aos fluxos de trabalho de sua equipe e líderes de finanças criteriosos para adotar processos mais ágeis a fim de formar parcerias mais bem-sucedidas com seus colegas da engenharia, e todas as pessoas devem entender que vencer o jogo do valor extraído da nuvem requer trabalho em equipe.

Chamada à ação

O maior desafio que o setor de FinOps — e alguém poderia alegar, por extensão, o setor de nuvem — enfrenta é uma escassez de profissionais de FinOps habilitados. No entanto, eles não podem ser criados da noite para o dia. Como em qualquer disciplina, são necessários anos para se tornar proficiente em FinOps, e ler este livro não o levará magicamente até esse nível — mas é um bom ponto de partida.

> *O melhor momento para plantar uma árvore era 20 anos atrás. O segundo melhor momento é agora.*
>
> – Provérbio chinês

Nosso desafio para você é duplo. Comece agora se comprometendo a aprender. Contudo, comece também a contribuir com a comunidade mais ampla. A primeira parte ajudará você e sua empresa, e a segunda ajudará a todos, que por sua vez o ajudarão, já que a maré crescente faz todos os barcos flutuarem.

O setor empresarial precisa que seus profissionais se tornem mais padronizados e rigorosos, compartilhem mais práticas recomendadas, façam contribuições de código open source, contribuam treinando e encorajando outras pessoas a se envolverem, se concentrem continuamente em melhorar as habilidades da equipe interna e procurem oportunidades de trazer novos profissionais para a carreira.

A FinOps Foundation oferece treinamento para várias personas associadas à prática, mas isso não é suficiente. Temos que trabalhar juntos para extrair valor da nuvem aprendendo os aspectos básicos incorporados em programas universitários, escolas de código e até mesmo aulas de ciência da computação do ensino médio. Existirá um diploma universitário de FinOps? Talvez não, mas achamos que um módulo dedicado deve ser adicionado na universidade às graduações relevantes nos próximos anos.

Os conceitos que você leu no decorrer destas quase 500 páginas devem começar a ser introduzidos nos programas da educação convencional não só para disciplinas relacionadas à ciência da computação, mas também para contabilidade, administração de empresas, finanças, gerenciamento, gestão de projetos e as graduações relacionadas que acabam formando os principais stakeholders de uma prática de FinOps. Os alunos que se graduarem em qualquer um desses programas e começarem a trabalhar em uma empresa que dependa da nuvem — o que inclui quase todas as empresas do mundo — estarão envolvidos de maneira direta ou indireta em uma prática de FinOps.

Existem normas para contabilidade, finanças e ciência da computação que permitem que profissionais experientes de qualquer uma dessas áreas se integrem rapidamente em funções semelhantes em diferentes empresas. Essas mesmas normas e princípios, que são grande parte do que vimos ser discutido durante anos na FinOps Foundation — e que foram resumidos neste livro — devem ser divulgados para que todas as pessoas possam ser mais bem-sucedidas.

Como ajudar:

- Leia os preceitos evolutivos do desenvolvimento de práticas open source em *FinOps.org*.
- Descubra onde existem lacunas que você possa ajudar a preencher: isso ajudará a todos e também dará um aumento de visibilidade em sua carreira.
- Receba treinamento em FinOps e dê feedback sobre o que mais ele precisa abordar ou que novos treinamentos precisam existir.
- Ingresse em um grupo de trabalho para colaborar com seus colegas na definição de melhores práticas.
- Assista a — ou se ofereça para falar em — um evento de FinOps. Summits virtuais, reuniões locais e eventos presenciais maiores ocorrem o tempo todo.
- Divulgue o tema trazendo conceitos de FinOps para seu trabalho em eventos e publicações relacionados ao seu setor empresarial.

Precisa de mais ideias? Consulte a página Getting Started da FinOps Foundation (*https://oreil.ly/tKfyO*) para ver as formas mais recentes de contribuir com a comunidade, dependendo de seu estágio de maturidade. Você pode começar no modo de somente ouvinte, mas com o tempo poderá participar de grupos de trabalho ou até mesmo tentar liderar um, moldando diretamente o futuro da indústria.

Certamente o uso da nuvem pública e seu modelo de custo variável continuarão a crescer. FinOps deve crescer junto para permitir que as empresas colham os benefícios de utilizar a nuvem sem incorrer nas enormes penalidades que podem resultar do uso insatisfatório. Você é parte de uma comunidade vibrante e crescente que tornará realidade a promessa de transformação digital para muitas pessoas ao redor do planeta, e mal podemos esperar para ver o que fará a seguir.

Esperamos encontrar você na comunidade, onde juntos poderemos celebrar, aprender, construir e lutar por FinOps.

Posfácio sobre o que priorizar (por J.R.)

Dez dias após o prazo de envio do primeiro esboço completo da primeira edição deste livro, um de meus gêmeos de oito anos morreu. Dois de seus três últimos fins de semana passei sozinho em meu escritório em casa, fazendo a edição da obra enquanto minha esposa e os meninos saíram para passear em lugares como a costa do Oregon.

Na sexta-feira, 16 de julho de 2019, Mike e eu cumprimos o prazo. Fiquei orgulhoso. Comemorei a data escrevendo "Livro de FinOps enviado em 26 de julho" em meu quadro branco, em casa. Fiz uma postagem no LinkedIn sobre tê-lo enviado. Mike, que também tinha passado inúmeras noites e fins de semana longe de sua família para escrever o livro, também postou a proeza.

No dia seguinte, no sábado de manhã, eu deveria estar brincando com meus meninos. No entanto, após meses de escrita (além do meu dia típico de trabalho que excede as horas normais), eu estava de volta em meu escritório em casa para me atualizar lendo e-mails. Meus gêmeos, Wiley e Oliver, entraram brincalhões enquanto eu digitava. Por eu não ter dado a eles a atenção merecida, Wiley modificou o texto do quadro branco já mencionado e adicionou o seguinte:

Pouco mais de uma semana depois, Wiley morreu dormindo. Além da dor e da tristeza, houve uma opressiva sensação de arrependimento pelo tempo que eu deveria ter passado com ele e gastei com coisas menos importantes. Escrevi uma longa postagem sobre sua vida e morte — e seu impacto em mim. Acho que ela viralizou devido à sua mensagem de valorização e priorização do tempo que temos. Convido você a lê-la (*https://bit.ly/2njjJAm*).

Embora este livro tenha sido escrito para ajudar sua prática de FinOps, não deixe que um compromisso ou rightsizing urgente o impeça de ir para casa para estar totalmente presente com sua família na sexta à noite. Mesmo se essa ação de compromisso economizar $100.000 para sua empresa. Isso não vai compensar o tempo perdido. Faça na segunda. Se o seu chefe não gostar, fale com o grupo da FinOps Foundation para encontrar outro emprego. É uma comunidade tanto de especialistas quanto de boas pessoas.

Provavelmente suas equipes não causarão um impacto no longo prazo da noite para o dia. Encontre um bom equilíbrio entre trabalho e vida pessoal. Mesmo se suas equipes passarem o fim de semana fazendo o rightsizing de tudo, será um esforço de uma única vez. Sem a construção da cultura, de processos e de práticas na empresa inteira que facilitem a prática de FinOps, esses projetos de ocorrência única para a redução de custos terão vida curta. As semanas de trabalho acabarão sendo levadas pelas areias do tempo.

E, para concluir, a prática de FinOps evoluirá. Ela mudará não só à medida que os provedores de nuvem continuarem inovando, mas também quando mais profissionais de FinOps compartilharem suas histórias. Este livro não é o fim da definição de FinOps — na verdade é apenas o começo. Se quiser contribuir para o que vem a seguir, ingresse na FinOps Foundation e faça parte da história.

Sobre os autores

J.R. Storment é Diretor Executivo da FinOps Foundation, um programa da Linux Foundation que contém quase 10.000 membros no mundo todo e envolve grande parte dos maiores consumidores de nuvem do planeta. Ele foi cofundador da Cloudability, uma pioneira no ambiente de gerenciamento de custos da nuvem de 2011 a 2019, quando foi comprada pela Apptio e se tornou seu principal produto. Após a compra, Storment passou um ano como VP de Produto/Engenharia e Gerente Geral de Nuvem na unidade de negócios da Cloudability, antes de deixar a empresa para realizar seu sonho de especializar as pessoas que trabalham na área de FinOps como funcionário em tempo integral da organização sem fins lucrativos Linux Foundation. A partir de 2023, ele já tinha 13 anos de trabalho junto aos maiores consumidores de nuvem do mundo — como a Apple, Spotify, BP, Nike, Uber e GE — ajudando-os a projetar estratégias para otimizar e analisar seus custos da nuvem por meio de tecnologia, cultura e processos. J.R. falou sobre os tópicos de FinOps em várias conferências AWS re:Invent e muitos congressos nos EUA, Ásia-Pacífico, Reino Unido e União Europeia. Nascido em Oregon e criado no Havaí, J.R. morou em São Francisco, Barcelona e Londres e agora reside novamente em Portland, Oregon, com sua esposa, Jessica, e o filho do casal, Oliver. Ele se identifica como pai de gêmeos, mas o irmão de Oliver, Wiley, faleceu durante a redação da primeira edição deste livro, em 2019.

Mike Fuller é engenheiro principal e trabalha com a nuvem e FinOps na Atlassian há mais de dez anos. Após redigir a primeira edição do livro *Cloud FinOps*, Mike formou uma equipe dedicada de FinOps dentro da Atlassian, movendo as funções e responsabilidades para fora do centro de excelência em nuvem para formar uma equipe dedicada de engenheiros de dados, analistas e profissionais de FinOps. A equipe de Mike ajuda a Atlassian a extrair o máximo de valor do dinheiro gasto na nuvem. Como engenheiro principal dentro da Atlassian, ele também é arquiteto na equipe de insights, trabalhando em estratégias para otimizar a maneira como os especialistas das áreas (segurança, conformidade, FinOps, confiabilidade) interagem com os engenheiros da força de trabalho global da Atlassian.

Mike graduou-se em ciência da computação na Universidade de Wollongong e obteve nove certificações da AWS. Ele se apresentou em vários eventos AWS re:-Invent e AWS Summit falando sobre tópicos que incluem a segurança da AWS e Cloud FinOps. Mike é membro do Conselho de Consultoria Técnica da FinOps Foundation e atualmente faz parte de seu conselho de administração. Com o passar dos anos ele fez muitos amigos no mundo todo que trabalham como líderes de FinOps dentro de suas empresas. Essas conexões têm ajudado a moldar o que Mike pensa sobre o que significa ser bem-sucedido em FinOps.

Mike vive na costa sul da Austrália com sua esposa, Lesley, e seus dois filhos, Claire e Harrison. Eles dividem o tempo da família entre as belas praias e os cenários rurais que tornaram a Austrália famosa.

Colofão

O animal da capa de *Cloud FinOps* é um pássaro solar de cabeça azul (*Cyanomitra alinae*). Eles são pássaros pequenos que vivem ao longo da região dos Grandes Lagos Africanos na África Subsaariana. Como membros da família Nectariniidae, têm bico curvado para baixo e asas curtas que permitem voos rápidos e diretos. Sendo sexualmente dimórficos, os machos ostentam uma plumagem muito mais colorida do que a das fêmeas; suas penas têm um brilho verde azulado iridescente contrastando com os olhos brilhantes vermelhos. O pássaro solar pode ser encontrado em qualquer lugar desde as florestas tropicais do Parque Nacional da Floresta Nyungwe, em Ruanda, até as densas florestas montanhosas do Parque Nacional Impenetrável de Bwindi, no sudoeste de Uganda.

O pássaro solar de cabeça azul passa grande parte do dia nas extremidades e clareiras das florestas em busca de comida. Ele se alimenta de insetos e pequenas aranhas, assim como de néctar, como o beija-flor americano e o papa-mel australiano. Embora não tenham ligação com seus companheiros do Novo Mundo, os pássaros solares compartilham a preferência por se alimentar em flores tubulares vermelhas e laranja, assim como têm uma língua com a forma da ponta de um pincel que lhes permite extrair o néctar.

Os pássaros solares de cabeça azul desempenham um papel crucial no ecossistema da África porque muitas das plantas mais icônicas do continente (como a babosa, a protea e as flores aves-do-paraíso) dependem deles para a polinização — dependem tanto que os pássaros solares são considerados a principal causa da especiação de plantas na África.

Muitos dos animais das capas da O'Reilly estão em perigo; todos eles são importantes para o mundo.

A ilustração da capa é de Karen Montgomery, baseada em uma gravura em preto e branco de *Illustrated Natural History* de *Rev. Wood*.

A

D

F

R

U

V

W